Harald Heinrichs · Katina Kuhn · Jens Newig (Hrsg.)

Nachhaltige Gesellschaft

Harald Heinrichs · Katina Kuhn
Jens Newig (Hrsg.)

Nachhaltige Gesellschaft

Welche Rolle für Partizipation
und Kooperation?

VS VERLAG

Bibliografische Information der deutschen Nationalbibliothek
Die Deutsche Nationalbibliothek verzeichnet diese Publikation in der
Deutschen Nationalbibliografie; detaillierte bibliografische Daten sind im Internet über
<http://dnb.d-nb.de> abrufbar.

1. Auflage 2011

Alle Rechte vorbehalten
© VS Verlag für Sozialwissenschaften | Springer Fachmedien Wiesbaden GmbH 2011

Lektorat: Frank Schindler | Verena Metzger

VS Verlag für Sozialwissenschaften ist eine Marke von Springer Fachmedien.
Springer Fachmedien ist Teil der Fachverlagsgruppe Springer Science+Business Media.
www.vs-verlag.de

Umschlaggestaltung: KünkelLopka Medienentwicklung, Heidelberg
Gedruckt auf säurefreiem und chlorfrei gebleichtem Papier
Printed in Germany

ISBN 978-3-531-17840-0

Inhalt

Abkürzungsverzeichnis

ACTS	Action research for Change and Sustainability
ALR	Amt für ländliche Räume
BLK	Bund-Länder-Kommission für Bildungsplanung und Forschungsförderung
BMBF	Bundesministerium für Bildung und Forschung
BMU	Bundesministerium für Umwelt, Naturschutz und Reaktorsicherheit
BNE	Bildung für nachhaltige Entwicklung
BUND	Bund für Umwelt und Naturschutz Deutschland
CSR	Corporate Social Responsibility
DJI	Deutsches Jugend Institut
EMAS	Eco-Management and Audit Scheme
IDE	Industrial Democracy in Europe
IHDP	International Human Dimensions Programme on Global Environmental Change
INNIG	Integriertes Hochwasserrisikomanagement in einer individualisierten Gesellschaft
IPCC	Intergovernmental Panel on Climate Change (Zwischenstaatliche Sachverständigengruppe über Klimaänderungen)
KUNTIKUM	Klimatrends und nachhaltige Tourismusentwicklung in Küsten- und Mittelgebirgsregionen
LOHAS	Lifestyle of Health and Sustainability
MIT	Multiple Identification Theory
MLR	Ministerium für ländliche Räume, Landesplanung, Landwirtschaft und Tourismus
NATO	North Atlantic Treaty Organization
NIMBY	Not In My Backyard
NGO	Non-governmental Organization
NN	Normalnull
OECD	Organisation for Economic Co-operation and Development
OFT	„Offenes Forum Tourismus"
RIMAX	Risikomanagement extremer Hochwasserereignisse
SNS	Soziale Netzwerkseiten
SUP	Strategische Umweltprüfung
UBC	University of British Columbia
UN	United Nations
UNDESD	Dekade „Education for Sustainable Development"
UNECE	United Nations Economic Commission for Europe
UNESCO	United Nations Educational, Scientific and Cultural Organization
UNWTO	Welttourismusorganisation
WBGU	Wissenschaftlicher Beirat der Bundesregierung Globale Umweltveränderungen
WRRL	Wasserrahmenrichtlinie

I. Einleitung und Problemstellung

Einleitung: Nachhaltige Gesellschaft – Gestaltung durch Partizipation und Kooperation?

Harald Heinrichs / Katina Kuhn / Jens Newig

Nachhaltige Entwicklung, Partizipation und Kooperation sind seit der Konferenz für Umwelt und Entwicklung in Rio de Janeiro 1992 zu Schlüsselbegriffen in Diskursen zur Gestaltung zukunftsfähiger Gesellschaften geworden. Eine nachhaltige Entwicklung, die das normative Ziel verfolgt, die Bedürfnisse der heutigen Generation zu befriedigen, ohne die Befriedigung der Bedürfnisse zukünftiger Generationen zu riskieren (Hauff 1987), ist der in Rio verabschiedeten Agenda 21 zufolge angewiesen auf eine breite Beteiligung und Kooperation gesellschaftlicher Gruppen (BMU 1992). Ebenso wie die Idee der Nachhaltigkeit ein kulturgeschichtliches Vorleben hat (vgl. Grober 2009), so sind auch Partizipation und Kooperation keine Erfindungen der jüngeren Nachhaltigkeits-Diskussionen. Die Idee der Partizipation ist untrennbar verknüpft mit der Geschichte der Demokratie und Kooperation. Sie kann im Gegensatz zu Konflikt und Konkurrenz als eine anthropologische Grundkonstante gesehen werden.

Gleichwohl hat sich in der zeitgenössischen Diskussion ein spezifisches Verständnis von Nachhaltigkeit, Partizipation und Kooperation herausgebildet. Aufgrund der sozialen und sachlichen Komplexität einer an inter- und intragenerationeller Gerechtigkeit ausgerichteten Ko-Optimierung ökologischer, sozialer und ökonomischer Dynamiken, kann nachhaltige Entwicklung nicht als kohärentes, von allen gesellschaftlichen Akteuren getragenes Programm zur Zukunftsgestaltung verstanden werden. Vielmehr sind gesellschaftliche (Selbst-)Verständigungsprozesse nötig, für die konfligierende Such-, Lern- und Gestaltungsprozesse, in die heterogene Interessen, Wertvorstellungen und Wissensansprüche von unterschiedlichen Akteuren eingebracht werden, charakteristisch sind. Die politische Arena ist dabei nur ein Schauplatz derartiger Aushandlungsprozesse, wenn auch ein besonders relevanter. Doch auch in Bereichen wie Wissenschaft, Medien oder Wirtschaft stellt sich vermehrt die Frage nach der partizipativen und kooperativen Ausgestaltung von nachhaltiger Entwicklung.

Das vorliegende Buch will mit seinen grundlagentheoretischen, methodischen, konzeptionellen und empirischen Beiträgen einen umfassenden Beitrag leisten zum besseren Verständnis der Bedeutung von Partizipation und Kooperation im Kontext nachhaltiger Entwicklung. Alle Beiträge verbindet dabei die übergeordnete Leitfrage, welche Bedeutung Partizipation und Kooperation für eine nachhaltige Zukunftsgestaltung haben (können). Das Interesse der Herausgeber und Autoren gilt der Erkundung des Möglichkeitsraums, der gesellschaftlichen Akteuren zur Verfügung steht oder verfügbar gemacht werden kann, um die ständig steigende Problemlast in einer komplexer werdenden Gesellschaft durch die Entwicklung einer *Kultur der Kooperation und Partizipation* unter dem Leitbild einer *nachhaltigen Entwicklung* zu bewältigen.

Der Fokus des Bandes ist dabei in dreierlei Hinsicht auf das Verhältnis von Partizipation, Kooperation und nachhaltiger Entwiclung in Deutschland gerichtet: Zunächst kom-

men alle Autoren aus Deutschland, d.h. sie sind gesellschaftlich-politisch in einem Staat
sozialisiert, der in den vergangenen zwei Jahrzehnten vielfältige Aktivitäten zur Förderung
von nachhaltiger Entwicklung initiiert und implementiert hat, und der seit den 70er Jahren -
unter dem (Ein-)Druck von Friedens-, Umwelt- und Frauenbewegung - bestehende Partizipationsmöglichkeiten kontinuierlich erweitert hat und heute über vielfältige Kooperations-
beziehungen zwischen zivilgesellschaftlichen, wirtschaftlichen und staatlichen Akteuren
verfügt. Ein Fokus auf Deutschland ergibt sich zweitens aus den empirischen Fallstudien,
die sämtlich Beispiele für Partizipations- und Kooperationsprozesse innerhalb Deutschlands
behandeln. Drittens bereiten zwar die methodischen und konzeptionellen Beiträge den internationalen Status-Quo der Debatte um Kooperation und Partizipation auf, werden aber
aufgrund der Herkunft der Autoren (s.o.) unweigerlich aus der deutschen Erfahrungsper-
spektive interpretiert.

Der erste Beitrag von Katina Kuhn und Harald Heinrichs verortet den Diskurs über Nachhaltigkeit, Partizipation und Kooperation im globalen Kontext. Vor diesem Hintergrund
wird deutlich, dass die von der Rio-Konferenz ausgehenden Aktivitäten zur Förderung
nachhaltiger Entwicklung und zur Stärkung von partizipativen und kooperativen Ansätzen
im Rahmen mächtiger geopolitischer und ökonomischer Dynamiken gesehen werden müssen. Im Anschluss daran diskutieren Jens Newig, Katina Kuhn und Harald Heinrichs in
einer kritischen Revision theoretische und konzeptionelle Ansätze der Partizipations- und
Kooperationsforschung, und arbeiten dabei sowohl Möglichkeiten als auch Grenzen von
Partizipation und Kooperation für die Realisierung einer nachhaltigen Entwicklung heraus.
Der erste Abschnitt des Buches schließt mit einem Methodenkapitel von Heiko Grunenberg, in dem gezeigt wird, inwieweit sich etablierte und neuere Methoden eignen, um Theorie und Praxis der Partizipation und Kooperation für nachhaltige Entwicklung dem Gegen-
standsbereich angemessen zu analysieren.
    Die Beiträge im zweiten Teil des Buches „Gesellschaftliche Bereiche von Partizipati-
on, Kooperation und nachhaltiger Entwicklung" widmen sich spezifischen konzeptionellen
und empirischen Erkenntnissen und Herausforderungen der Partizipation und Kooperation
in Politik, Wirtschaft, Wissenschaft, Bildung und Medien. Festgehalten werden kann, dass
sich, trotz einer erkennbaren signifikanten Diversität in der Ausgestaltung von Partizipation
und Kooperation in den unterschiedlichen Gesellschaftsbereichen, wesentliche im Theorie-
kapitel diskutierte theoretische Grundmuster wiederfinden. So werden in den Kapiteln zu
„Politik" (Jens Newig) und „Wirtschaft" (Maren Knolle) neben den Möglichkeiten von
Partizipationsansätzen auch ihre Grenzen (vgl. sozialwissenschaftliche Theorien) und die
Frage nach Effektivität und Legitimität von Partizipation bearbeitet. In den Beiträgen zu
„Wissenschaft" (Maik Adomßent und Gerd Michelsen) und „Bildung" (Marco Rieckmann
und Ute Stoltenberg) wird dagegen eine stärker präskriptive Perspektive verfolgt, die auf
die kommunikative Gestaltbarkeit und die Gestaltungsnotwendigkeit von Partizipation und
Kooperation verweist. Abschließend rückt das Kapitel zu „Medien" (Gesa Lüdecke und
Daniel Schulz) in diesem Zusammenhang das deliberative Potential neuer Medien und
damit die Veränderung der Medienlandschaft insgesamt in den Vordergrund und erörtert
die Bedeutung, die eine verstärkte Partizipation und Kooperation in der öffentlichen Kommunikation für eine nachhaltige Entwicklung haben kann. In allen Beiträgen wird deutlich,
dass theoretisch informierte empirische Analysen zur Relevanz von Partizipation und Kooperation für nachhaltige Entwicklungen in den ausgewählten gesellschaftlichen Teilberei-

chen bislang nur unzureichend vorliegen. Partizipation und Kooperation als gesellschaftliche Querschnitts-phänomene, an die hohe normative (Nachhaltigkeits-)Erwartungen geknüpft sind, bedürfen in dieser Hinsicht intensivierter Forschungsbemühungen.

Inwiefern sich Partizipation und Kooperation für nachhaltige Entwicklung innerhalb des skizzierten übergeordneten theoretisch-konzeptionellen Rahmens empirisch untersuchen lassen, zeigen beispielhaft die vier Beiträge im dritten Abschnitt. Dabei werden unterschiedliche der theoretisch beschriebenen Aspekte analysiert: Der Beitrag zum Thema „Abfallwirtschaft" (Kap.9) zeigt in einer retrospektiven Analyse, wie Partizipation in einem Entwicklungsprozess über drei Jahrzehnte hinweg im demokratisch-repräsentativen Entscheidungssystem institutionalisiert wurde. Ein zweifelsohne bemerkenswertes Beispiel, wie Legitimität und Effektivität mit erweiterter Partizipation einhergehen kann. Den Ausgangspunkt für den Beitrag „Hochwasser- und Küstenschutz" (Kap.10) bildet die normative, demokratietheoretische Forderung nach mehr (lokaler) Bürgerbeteiligung in umwelt- und nachhaltigkeitspolitischen Entscheidungsprozessen. Jenseits von Fragen nach Empowerment, der Legitimität und Effektivität, gehen die Autoren der empirisch und theoretisch spannenden Frage nach, inwieweit Bürger an Beteiligungsprozessen teilnehmen und wie ihre Meinung dazu ist. Die theoretisch interessante Analyse der Frage, wer, warum und wie partizipiert, wird empirisch unterfüttert. Kapitel 11 knüpft an die Theoriediskussionen zu den Möglichkeiten und Grenzen von Kooperation zur Lösung von Konfliktsituationen an. Am Beispiel von „Klimawandel und Tourismus" wird untersucht, inwiefern Kooperation durch Eigennutz der Akteure oder nicht hinterfragte soziale Praktiken und Handlungsroutinen ist. Das abschließende Empirie-Kapitel (Kap.12) zeigt schließlich, wie insbesondere neue Medien und Simulationen helfen können, die theoretisch gezeigten Grenzen der Partizipation und Kooperation zu überwinden, und die (deliberativen) Möglichkeiten zu stärken.

Der Ausblick am Ende dieses Buches beansprucht nicht, die Einzelbeträge zusammenzufassen. Er ist vielmehr als Vorschau auf neue Fragen gedacht, die durch die in diesem Buch erarbeiteten Erkenntnisse aufgeworfen wurden. Durch die Zusammenschau von grundlegenden theoretischen Überlegungen und spezifischen Gegenstandbetrachtungen, so hoffen wir, entsteht ein umfassenderes Bild zum Status-Quo der Partizipations- und Kooperationsforschung für eine nachhaltige Entwicklung.

Abschließend noch ein (Dankes-)Wort: Wie jedes Buchprojekt hat auch das vorliegende seine eigene Geschichte. Die Idee, ein Buch zur Bedeutung von Partizipation und Kooperation für nachhaltige Entwicklung herauszugeben, entstand 2008 an der Juniorprofessur „Partizipation und nachhaltige Entwicklung" der Leuphana Universität Lüneburg. In verschiedenen Drittmittel- und Promotionsprojekten wurde in einem jungen Team leidenschaftlich zu Themen wie Bürgerbeteiligung im Küstenschutz oder Konflikt und Kooperation zwischen Tourismusakteuren angesichts des projizierten Klimawandels geforscht. Dabei waren unterschiedliche Kompetenzen vorhanden: Methodiker, Theoretiker, praxeologisch Interessierte. Es gelang, die gemeinsame Idee zu einem (erfolgreichen) Ende zu bringen. Wir, das Herausgeberteam, bedanken uns dafür bei allen Autoren und weiteren Kollegen, die den intensiven Diskussionsprozess zu den einzelnen Beiträgen aktiv unterstützt haben. Wie bei jedem anderen Buchprojekt auch gilt ein besonderer Dank dem Lektoratsteam: Carolin Oppenrieder, Milena Schuldt und Isabella Wedl. Wir denken, die Mühen haben sich gelohnt und hoffen, dass Sie, liebe Leserinnen und Leser, das genauso sehen.

Literatur

Bundesministerium für Umwelt, Naturschutz und Reaktorsicherheit (BMU) (Hrsg.) (1992): Confe-
      rence on Environment and Development (1992 Rio de Janeiro), Agenda 21., Bonn.
Grober, Ulrich (2009): Die Entdeckung der Nachhaltigkeit. Kulturgeschichte eines Begriffs. Verlag
      Kunstmann, München.
Hauff, V. (1987): Unsere Gemeinsame Zukunft: Der Brundtland-Bericht der Weltkommission für
      Umwelt und Entwicklung, Greven.

Partizipation, Kooperation und nachhaltige Entwicklung im Kontext globalen Wandels

Katina Kuhn / Harald Heinrichs

1   Einleitung und Problemstellung

Das letzte Jahrzehnt des 20. Jahrhunderts war markiert vom scheinbaren Sieg der Demokratie und der freien Markwirtschaft im Kontext einer radikal veränderten politischen Weltlage (Fukuyama 1992). Das Ende der Blockstaatenkonfrontation und mit diesem auch das „Ende der Dritten Welt" (Menzel 1992) führten zu einer Aufhebung der ideologischen Demarkationslinien, welche fünf Jahrzehnte lang der Errichtung und Aufrechterhaltung des Eisernen Vorhangs und der dadurch symbolisierten Weltordnung gedient hatten. So gewannen mit Beginn der 1990er Jahre in dem Maße, in dem nationale Entwicklungsmodelle und Sonderwege ihre Überzeugungskraft abtreten mussten, neue globale Entwicklungsdynamiken verstärkt an Bedeutung.

Die außergewöhnlichen internationalen Umbrüche waren das Startsignal für die seitdem vielfach beschriebene „Globalisierung" (Beck 1998; Held et al. 1999; Robertson 2003). Der Begriff „Globalisierung" wurde dabei zu einem Schlüsselbegriff unserer Zeit. Der Historiker Jürgen Osterhammel interpretiert die Wirkung des Wortes vor allem entlang dessen Funktion einer „Gegenwartsdiagnose", die die konkrete Erfahrung vieler Menschen Anfang der 1990er Jahre widerzuspiegeln im Stande war: die Auflösung des Sowjetblocks ebnete den Weg für homogenisierte Lebensstile nach Vorbild des euro-amerikanischen Westens und in den reichen Ländern und wohlhabenden Gesellschaftsschichten erzeugten Konsum und Kommunikation das Gefühl, in einem „globalen Dorf" (McLuhan 1962) zu leben. Die Befreiung der Märkte aus den Fängen staatlicher Regulierung in Verbindung mit der Technologie-, Medien- und Informationsrevolution führte zu weiteren Entgrenzungserfahrungen. Die doppelte Fähigkeit des Globalisierungsbegriffs sowohl komplexe wirtschaftliche und politische Entwicklungen als auch leicht zugängliche Alltagserfahrungen gleichermaßen erfassen zu können, ist vor diesem Hintergrund als dessen besonderer Vorzug zu erachten (Osterhammel 2003: 7-8).

Politische Positionen variieren hinsichtlich des sich verstärkenden Globalisierungsdrucks: seitens der Sozialdemokratie zielte der „Dritte Weg" insbesondere in Europa (Giddens 1999) auf die Überwindung des Entweder-Oder von neoliberaler Marktwirtschaft und staatlicher Bürokratie; das konservative Lager begrüßte die Befreiung des Marktes aus den (steuerlichen) Kontrollzwängen des Staates (Müller 2002). Auf zivilgesellschaftlicher Ebene entstand eine globalisierungskritische Protestkultur, die – spätestens seit den Demonstrationen während der WTO-Ministerkonferenz 1999 in Seattle und dem G-8 Gipfel 2001 in Genua – zu einem empfindlichen aber festen Bestandteil globaler Vernetzungen und Interdependenzen geworden ist.

Die Anschläge auf das World Trade Center in New York am 11. September 2001 bilden eine weitere Zäsur für die Weltpolitik nach dem Ende des Kalten Krieges. Die Hoffnungen und Visionen, die mit den Wendejahren 1989/90 verbunden waren (wesentlich genährt durch die friedlichen Umbrüche in Osteuropa und die Diffusion einer „dritten Welle der Demokratisierung" (Huntington 1991) in andere Weltregionen) verkehrten sich nach dem 11. September 2001 in eine große Verunsicherung gegenüber der tatsächlichen Bewegungsrichtung der „neuen Weltordnung". Die globale Finanz- und Wirtschaftskrise schließlich hat seit ihrer Entstehung im Jahr 2007 globalisierungsbedingte Abhängigkeiten und Interdependenzen stets aufs Neue drastisch deutlich werden lassen. Trotz weltweit unterschiedlicher Verteilung werden globale Verwundbarkeiten wahrgenommen und die negative Utopie einer „Weltrisikogesellschaft" (Beck 2007) zusehends greifbar.

Im Kontext der sich verändernden geopolitischen, ökonomischen und ideologischen Machtverhältnisse avancierten globale Umwelt- und Entwicklungsprobleme in den vergangenen zwei Jahrzehnten zu weltpolitischen Top-Themen. Zwar hatte der Club of Rome bereits 1972 in seinem Bericht „Die Grenzen des Wachstums" auf die kritische Situation in Bezug auf Umweltbelastungen und Ressourcenverbrauch hingewiesen, die Grundlagen für eine qualitativ neue globale Zusammenarbeit in Umwelt- und Entwicklungsfragen wurden jedoch erst mit der Weltumweltkonferenz der Vereinten Nationen 1992 in Rio de Janeiro, geschaffen. Erst mit dem Ende des Ost-West-Konflikts und mit der damit einhergehenden Auflösung der bipolaren Struktur des internationalen Systems, eröffnete sich die Chance, dass die globale Gerechtigkeits- und die zunehmend sichtbare Umweltkrise, welche nun explizit in ihrer Wechselbeziehung mit (globalen) sozialen und ökonomischen Entwicklungen gesehen wurde (Drei-Säulen-Modell), in den Fokus der politischen und wissenschaftlichen Aufmerksamkeit rückten. Zu dieser Trendwende trug mit Sicherheit die Erkenntnis bei, dass Umweltübernutzung und die Verknappung natürlicher Ressourcen insbesondere im Kontext sozialer Ungleichheit und ökonomischer Instabilität ein gewaltiges Konfliktpotenzial bergen, welches sich immer deutlicher auf unterschiedlichen Ebenen in allen Weltregionen manifestiert (z.B. Umweltflüchtlinge, Verantwortlichkeiten im Zusammenhang mit dem globalen Klimawandel, Wasserkonflikte, geopolitisch-strategische Sicherung nicht-erneuerbarer Ressourcen, Finanz- und Wirtschaftskrise, Armutsentwicklung etc.). Die nachfolgende Grafik gibt einen Eindruck von der enormen Dynamik weltweiter industriegesellschaftlicher Produktion und Konsumption.

Aggregiert man die biophysikalischen Folgen gesellschaftlichen Umwelthandelns (z.B. CO_2-Emissionen, Fischfang, Abholzung von Wäldern), wird deutlich, wie weitreichend die durch die industrielle Revolution verursachten globalen Umweltveränderungen sind.

Die Herausforderungen des so genannten ‚globalen Wandels' für die Völkergemeinschaft sind enorm. Die auf der Rio-Konferenz von 189 Staaten verabschiedete Agenda 21 konstatierte dementsprechend, dass sich die globale Reichweite der vernetzten ökologischen, sozialen und ökonomischen Entwicklungsdynamiken nicht mehr nationalstaatlich bewältigen ließen und ein globales Leitbild notwendig geworden sei. Es geht um nichts weniger als darum, eine vorausschauende, intra- und intergenerationell gerechte soziale und ökonomische Weiterentwicklung der (Welt-)Gesellschaft mit der Stabilisierung der natürlichen Lebensgrundlagen zu verbinden. Die globalen Umweltveränderungen bilden dabei den (zu erhaltenden bzw. aufzustockenden) biophysikalischen, materiellen Rahmen für wirtschaftliches und gesellschaftliches Handeln und sind daher von besonderer Bedeutung.

Abbildung 1: Dynamiken im System Gesellschaft

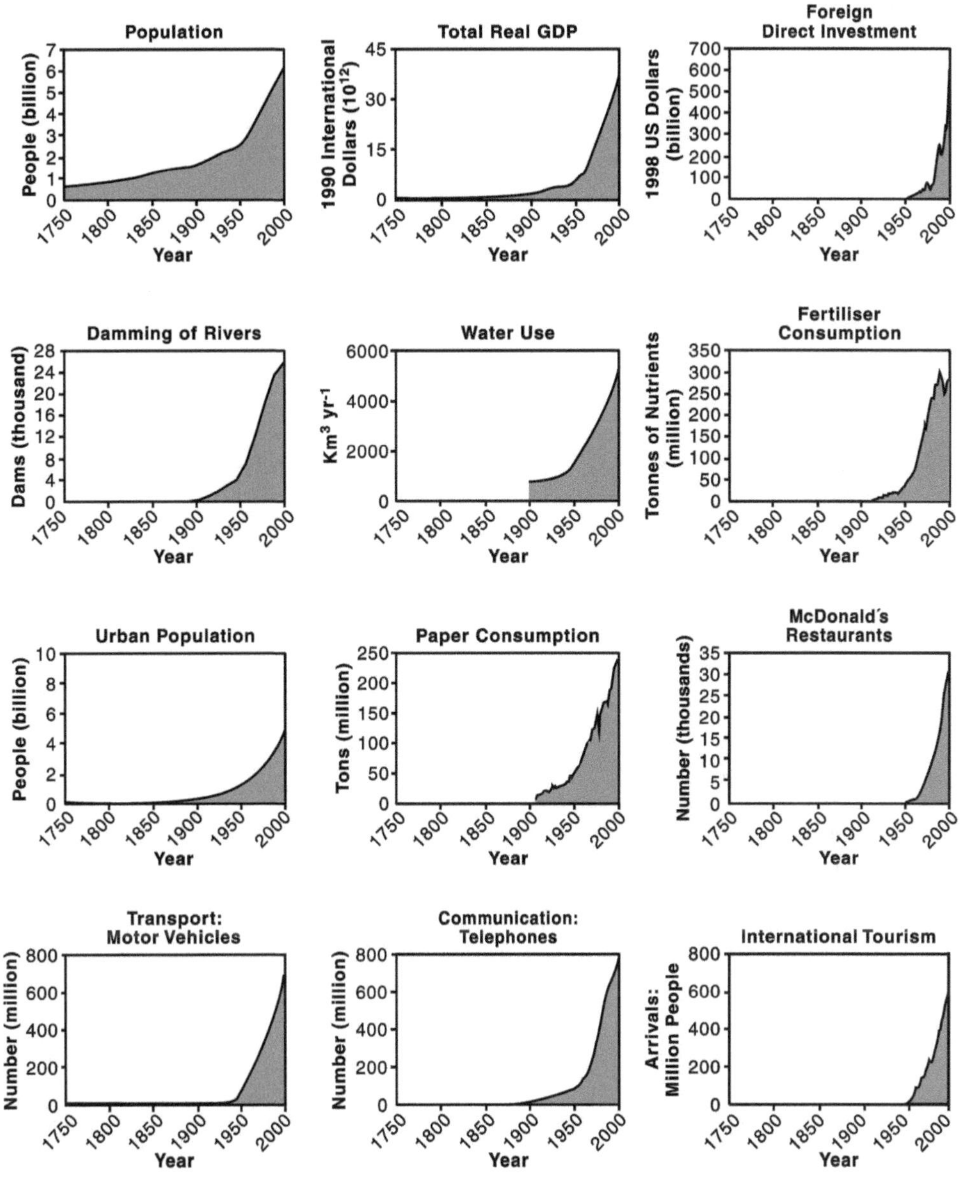

Quelle: Steffen et al. 2005: 132

Abbildung 2:   Dynamiken im System Umwelt

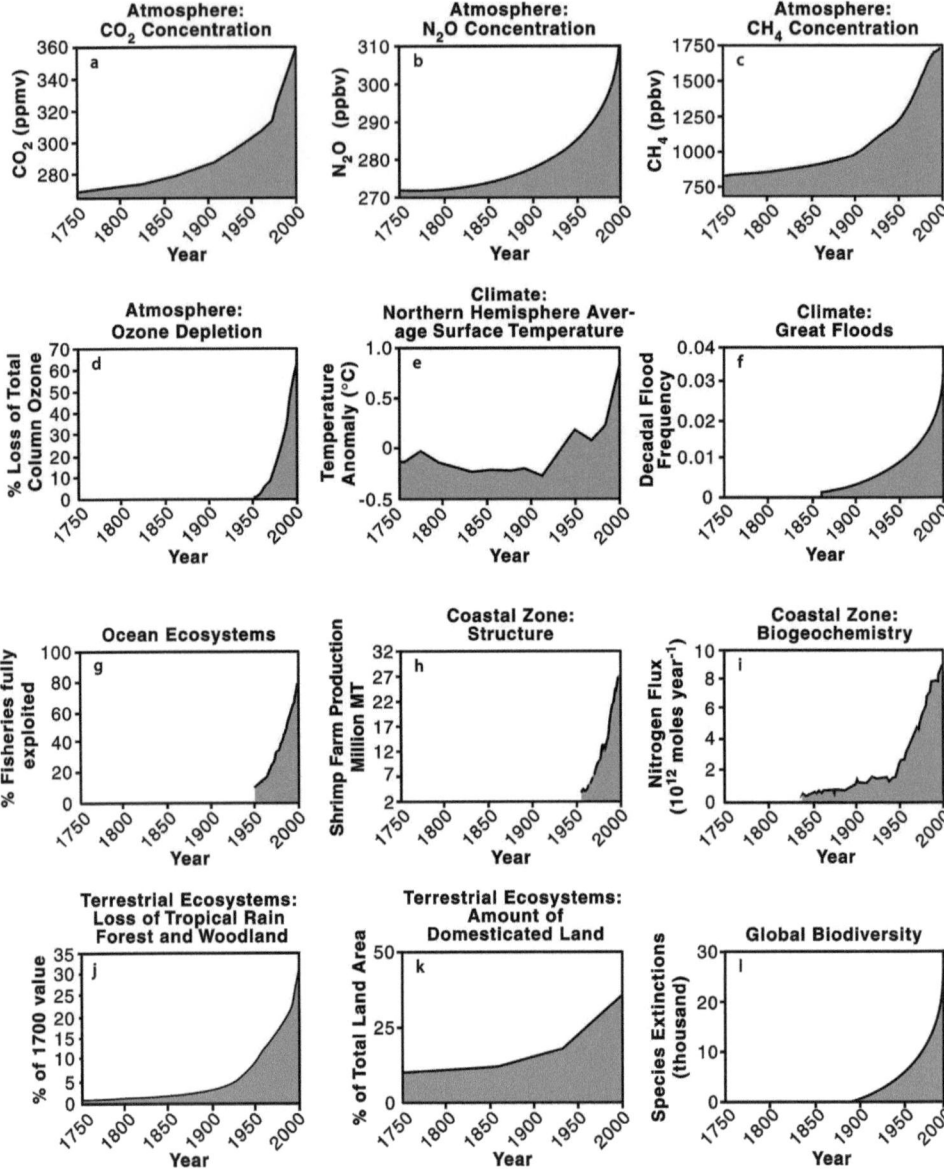

Quelle: Steffen et al. 2005: 133

Das Leitbild Nachhaltigkeit setzte dementsprechend seit 1992 den Rahmen für zahlreiche Initiativen auf lokaler, nationaler, regionaler und internationaler Ebene sowie in verschiedenen gesellschaftlichen Bereichen wie Politik, Wirtschaft, Wissenschaft und Zivilgesellschaft. Dabei ist für den hier untersuchten Zusammenhang bemerkenswert, dass sich die internationale Staatengemeinschaft im Umgang mit den großen „Weltproblemen" (Ferdowsi 2007) des 21. Jahrhunderts grundlegend für die Prinzipien der *Kooperation* und *Partizipation* entschieden hat. In der Präambel des dritten Teils der Agenda 21 heißt es: „Eine Grundvoraussetzung für die Herbeiführung einer nachhaltigen Entwicklung ist die umfassende Beteiligung der Öffentlichkeit an den Entscheidungsprozessen" (BMU 1992:). Einzelpersonen, Gruppen und Organisationen soll mit dem Ziel der „Stärkung der Rolle wichtiger Gruppen" der Zugang zu umwelt- und entwicklungsrelevanten Entscheidungsprozessen gewährleistet werden. Nachhaltigkeit im Sinne der Agenda 21 stellt darüber hinaus auch für politische Entscheidungsprozesse und politisches Handeln auf inter- und transnationaler, regionaler und schließlich globaler Ebene eine Herausforderung dar. Tradierte Konzepte von hierarchischer Entscheidungsfindung und sektoralen Handlungsmustern werden vor dem Hintergrund dieses Anpassungsdrucks zugunsten integrativer Handlungsvarianten zunehmend aufgegeben. Voraussetzungen für die erfolgreiche Umsetzung der Agenda 21 sind laut dem gleichnamigen Maßnahmenkatalog „einzelstaatliche Strategien, Pläne, Maßnahmen und Prozesse. Die auf nationaler Ebene unternommenen Anstrengungen sollten durch internationale Zusammenarbeit unterstützt und ergänzt werden. Hierbei kommt dem System der Vereinten Nationen eine Schlüsselrolle zu. Auch andere internationale, regionale und subregionale Organisationen sind aufgefordert, sich an diesen Anstrengungen zu beteiligen" (BMU 1992:). Die Rio-Konferenz 1992 kann damit zu Recht als Kristallisationspunkt für (neue) globale (Selbst-)Steuerungsansätze gesehen werden.

Der Ansatz einer „(Global) Governance", der auch im deutschen Kontext in den 1990er Jahren teils parallel und teils als Bestandteil der Nachhaltigkeitsdebatte Verbreitung fand, belegt die Suche nach einem neuen analytischen und normativen Referenzrahmen für politische Prozesse, Steuerungsmechanismen und gesellschaftliche Mobilisierungen.

Global Governance als Lösungsansatz für globale Problemlagen, repräsentiert häufig ein *normatives* Begriffsverständnis. Brand et al. (2000) sprechen in diesem Zusammenhang auch von der „empathischen Variante" des Governance-Konzepts, die aus dem Bedürfnis einer begrifflichen, theoretischen und normativen (Neu-)Orientierung von Weltpolitik resultiere (2000: 21). Dem gegenüber steht ein *deskriptives* bzw. *empirisch-analytisches* Verständnis. Benz (2004) zufolge charakterisieren vier Aspekte den Begriff Governance:

- Governance bedeutet Steuern und Koordinieren (oder auch Regieren) mit dem Ziel des Managements von Interdependenzen zwischen (in der Regel kollektiven) Akteuren.
- Steuerung und Koordination beruhen auf institutionalisierten Regelsystemen, welche das Handeln der Akteure lenken sollen, wobei in der Regel Kombinationen aus unterschiedlichen Regelsystemen (Markt, Hierarchie, Mehrheitsregel, Verhandlungsregeln) vorliegen.
- Governance umfasst auch Interaktionsmuster und Modi kollektiven Handelns, welche sich im Rahmen von Institutionen ergeben (Netzwerke, Koalitionen, Vertragsbeziehungen, wechselseitige Anpassung im Wettbewerb).
- Prozesse des Steuerns bzw. Koordinierens sowie Interaktionsmuster, die der Governance-Begriff erfassen will, überschreiten in aller Regel Organisationsgrenzen, insbe-

sondere aber auch die Grenzen von Staat und Gesellschaft, die in der politischen Praxis fließend geworden sind. Politik in diesem Sinne findet normalerweise im Zusammenwirken staatlicher und nicht-staatlicher Akteure (oder von Akteuren innerhalb und
außerhalb von Organisationen) statt (Benz 2004: 25).

Governance verweist somit auf eine neue Qualität (inter-)nationaler Politik und steht für
Koordinationsleistungen, die von einer neuen pluralen Akteurskonstellation auf lokaler,
nationaler, regionaler sowie internationaler politischer Ebene erbracht werden müssen (Behrens 2004: 104).

Neben Veränderungen auf der zivilgesellschaftlichen Ebene, durch die seither erhebliche Partizipationsanforderungen gestellt und die internationale Ordnung und ihre Organisationen zunehmend unter Legitimationsdruck gesetzt werden, befördern aber auch *politische*
und *ökonomische* Transformationen den Aufstieg globaler Governance. Im Zuge des Sys-
temwandels durchliefen die westlichen regionalen Organisationen (NATO, OECD) einen
Reformprozess, während sich die östlichen Organisationen (Warschauer-Pakt, Rat für gegenseitige Wirtschaftshilfe) auflösten. Im Kontext der Verständigung und Aushandlung
über neu zu organisierende politische Machtkonstellationen und angesichts erhöhter Komp-
lexitäten gewinnen – intendiert und unintendiert – neue Formen, Strukturen und Instrumente des Steuerns, Regierens und Koordinierens, die sich jenseits souveräner (d.h. mit verbindlichen Entscheidungskompetenzen ausgestatteter) Instanzen bewegen, an Bedeutung.
Ökonomische Globalisierungsprozesse (Welthandel, Weltfinanzmärkte, räumliche Flexibi-
lisierung der Produktion), die nicht zuletzt durch die Revolution der Informations- und
Kommunikationstechnologien ermöglicht worden sind, stellen einen weiteren Baustein für
die Erklärung des enormen Anstiegs der Gründung nicht-staatlicher Organisationen dar und
sind damit ein wichtiger Bezugspunkt in der Herausbildung der Debatte über Global
Governance (Behrens 2004: 109).

Auf politisch-strategischer Ebene, die in gewisser Weise die normative und die analytische Variante vereint, beherrschen zwei Diskurslinien die Diskussion um (Global)
Governance: eine rotgrüne (Brand 2001) bzw. sozialdemokratische (Behrens 2004) sowie
eine neoliberale Version. Pointiert formuliert, zielt die neoliberale Perspektive auf den
Abbau des staatlichen Protektionismus und begrüßt weltweite Liberalisierung und globalen
Wettbewerb; die sozialdemokratische Variante richtet ihren Blick hingegen auf die zahlrei-
chen durch Globalisierungsprozesse hervorgerufenen Problemlagen und proklamiert den
Entwurf eines ordnungspolitischen Gegenmodells zum globalen Kapitalismus bzw. zum
Neoliberalismus (vgl. Behrens 2004: 109 f.).[1]

Zentral für den hier untersuchten Zusammenhang ist die Bedeutung von Partizipation
und Kooperation in der Governance Diskussion. Partizipation von bislang nicht beteiligten
Akteuren an Entscheidungsprozessen auf unterschiedlichen politischen Handlungsebenen
und damit eng verknüpft die Notwendigkeit zur Kooperation zwischen heterogenen Akteuren werden weithin als essentiell für die Bewältigung der Herausforderungen des globalen
Wandels und einer nachhaltige Entwicklung angesehen.

---

[1] Die differenzierte Auseinandersetzung mit den normativen Implikationen verschiedener Governance-Ansätze
    obliegt der empirisch-analytischen Perspektive der Governance-Forschung und soll hier nicht ausführlich be-
    trachtet werden. Für eine kritische Auseinandersetzung mit dem Diskurs um Global Governance siehe Brand et
    al. 2000 und Brand 2001.

2 Partizipation und Kooperation für eine nachhaltige Entwicklung zu Beginn des 21. Jahrhunderts

Mit Blick auf das begonnene 21. Jahrhundert haben die Mechanismen von Partizipation und Kooperation auf allen politischen Ebenen (lokal, national, regional, international) sowie die wissenschaftliche Reflexion über beide Konzepte wie beschrieben an Bedeutung gewonnen. Dabei können einerseits durchaus Fortschritte hinsichtlich der Implementation beider Prinzipien verbucht werden (besonders hervorzuheben sind hier Entwicklungen die unter dem Stichwort „Zivilgesellschaft" subsumiert werden können), die langwährende weltpolitische Zielkonflikte – zumindest vordergründig – konstruktiv auflösen konnten. Ein prominentes Beispiel hierfür sind die Millenniumsziele der Vereinten Nationen, die 2001 verabschiedet wurden. Auf Grundlage der ein Jahr zuvor von 178 UN-Mitgliedstaaten unterzeichneten Millenniumserklärung gelang es, die konkurrierenden Entwicklungsansätze von UNO (sozialdemokratisch bzw. wohlfahrtsstaatlich) *und* Bretton-Woods-Institutionen (neoliberal) miteinander zu „versöhnen" und ein Set von entwicklungspolitischen Kernzielen zu definieren (für eine kritische Diskussion siehe Kuhn & Rieckmann 2006). Die Verbesserung der Zusammenarbeit der Vereinten Nationen, dem IWF und der Weltbank mit dem Ziel erhöhter Politikkohärenz stellte dabei ein zentrales Hintergrundanliegen dar (Martens 2006).

Andererseits offenbaren eine Reihe von Ereignissen aus der jüngeren Vergangenheit (wie bspw. der G-8 Gipfel 2007 in Heiligendamm, die Klimakonferenz 2007 auf Bali, der EU-Afrika-Gipfel 2007 in Lissabon oder der Klimagipfel in Kopenhagen 2009), dass die globalen Beziehungen der Gegenwart nach wie vor durchzogen sind von tief liegenden Interessenskonflikten, die kooperative und partizipatorische Lösungsansätze schwierig machen. Konfliktlinien verlaufen zwischen Nord und Süd (Entwicklungsländer vs. Industrieländer) bzw. Ost und West (EU und USA vs. Süd-Ostasien und Schwellenländer), Politik und Gesellschaft (G-8) oder Staaten und Wirtschaft (Bali).

Die Realität partizipativer Strukturen und kooperativer Prozesse insbesondere im Rahmen demokratischer Entwicklungen von Regionen und Nationalstaaten stellt sich deshalb gemischt dar. Nach Angaben der US-amerikanischen Nichtregierungsorganisation Freedom House (2010)[2], gab es im Jahr 2010 zwar 116 parlamentarische Demokratien, was 60 Prozent aller Staaten entspricht. Diese Entwicklung darf jedoch nicht darüber hinwegtäuschen, dass trotz der globalen Verbreitung demokratischer Staatsformen, noch immer 36 Prozent aller Menschen in unfreien Staaten leben. Aufgrund der demografischen Entwicklungen in diesen Ländern, gekennzeichnet durch ein überdurchschnittliches Bevölkerungswachstum, wird sich die Zahl der Menschen, die in nicht-demokratischen Staaten leben in den nächsten Jahren stark erhöhen (Bundeszentrale für politische Bildung 2007, vgl. hierzu auch den Bertelsmann Transformation Index 2010).

Der neokonservative, amerikanische Publizist Robert Kagan, kommt in Bezug auf die Demokratienentwicklung in China und Russland – als die zwei wichtigsten Schwellenländer des 21. Jahrhunderts – zu der Einschätzung:

> „China hat sich nicht liberalisiert, im Gegenteil, es hat seine autokratische Regierung abgesichert. Russland hat der unvollkommenen Liberalisierung den Rücken gekehrt und sich entschieden einer Autokratie zugewandt. Zwei der Großmächte, dazu noch – mit über einundeinhalb

---

[2] Freedom House (2010): Electoral Democracies. Online verfügbar unter http://www.freedomhouse.org/uploads/fiw10/ElectoralDemocraciesFIW2010.pdf.

Milliarden Menschen – zwei der bevölkerungsreichsten Länder der Welt suchen daher ihr Heil in einer autokratischen Regierung, und wie es aussieht, können sie, offenbar mit Zustimmung des Volkes, ihre Macht in der absehbaren Zukunft behaupten" (Kagan 2007).

An dieses pessimistische Bild fügt sich die Beurteilung des von der Friedrich-Ebert-Stiftung herausgegeben Kompass 2020 (zur globalen Demokratieentwicklung) an. Hier heißt es:

„Obwohl der Stellenwert der Demokratie als internationale Norm, Staatsform und außenpoliti-sches Ziel enorm gestiegen ist, prägt derzeit Skepsis die politische und vor allem die akademi-sche Debatte über die Aussichten auf eine demokratisch regierte Welt. Die Sicherung von De-mokratisierungsprozessen gestaltet sich vielerorts schwierig, während die Transitionsvoraus-setzungen in den verbliebenen autoritären Staaten eher ungünstig sind. Insgesamt können derzeit mehr negative als positive Trends benannt werden, die zugleich die Herausforderungen für die nächsten Jahre beschreiben" (Lerch 2007: 5).

Partizipative und kooperative Strukturen, verankert unter anderem in der politischen Kultur eines Landes, sind als Voraussetzung gesellschaftlicher (Selbst-)Verständigungsprozesse in vielen Regionen der Welt somit nur rudimentär oder überhaupt nicht gegeben. Weit rei-chende, auf (globale) Nachhaltigkeit zielende Forschungs- und Entwicklungsansätze wie die Wissenschaftsinitiative der „Earth System Governance" des „International Human Di-mensions Programm on Global Environmental Chance" (IHDP) stehen somit einer frag-mentierten Welt gegenüber. Aber es bleibt dabei: Trotz der nicht zu übersehenden Grenzen von (Global) Governance gibt es für eine nachhaltige Entwicklung keine Alternative zur (welt-)gesellschaftlichen Selbststeuerung - und damit auch keine Alternative zur Weiter-entwicklung von Partizipation und Kooperation. Dies gilt insbesondere für fortgeschrittene Demokratien wie Deutschland, in denen sich zeigen wird, inwieweit demokratisch-partizipative Ansätze zur einer nachhaltigen Entwicklung führen, die mittel- und langfristig erfolgreich ist im Vergleich beispielsweise zu Entwicklungen autokratischer Staaten wie China oder Singapur.

Literatur

Bartz, D. and L. A. Geese (2007): Atlas der Globalisierung. Berlin.

Beck, U. (2007). Weltrisikogesellschaft: auf der Suche nach der verlorenen Sicherheit, Bonn.

Beck, U. (Hrsg.) (1998): Perspektiven der Weltgesellschaft, 1. Auflage, Frankfurt am Main.

Behrens, M. (2004): Global Governance. In: Benz, Arthur (Hg.): Governance - Regieren in komple-xen Systemen: eine Einführung, Wiesbaden, 103–124.

Benz, A. (2004): Governance - Regieren in komplexen Regelsystemen: eine Einführung, Wiesbaden.

Bertelsmann Stiftung (2009): Transformation Index 2010. Politische Gestaltung im internationalen Vergleich. Herausgegeben von Bertelsmann Stiftung, Gütersloh.

Brand, U. (2001): Ordnung und Gestaltung. Global Governance als hegemonialer Diskurs postfordistischer Politik?, in: M. Berndt & D. Sack (Hrsg): Glocal Governance? Voraussetzun-gen und Formen demokratischer Beteiligung im Zeichen der Globalisierung, Wiesbaden.

Brand, U.; Brunnengräber, A.; Schrader, L.; Stock, C. & Wahl, P. (Hrsg.) (2000): Global Governance: Alternative zur neoliberalen Globalisierung?, Münster.

Bundeszentrale für Politische Bildung (2007): Globalisierung. Zahlen und Fakten. CD-Rom, Bonn.

Commission on Global Governance (1995): Our global neighbourhood: the report of the Commission on Global Governance, Oxford et al.

Bundesministerium für Umwelt, Naturschutz und Reaktorsicherheit (BMU) (Hrsg.) (1992): Conference on Environment and Development (1992 Rio de Janeiro), Agenda 21., Bonn.

Debiel, T. & Stiftung Entwicklung und Frieden (2006): Globale Trends 2007: Frieden, Entwicklung, Umwelt, Bonn.

Dienel, P. C. (1978): Die Planungszelle: der Bürger plant seine Umwelt; eine Alternative zur Establishment-Demokratie, Opladen.

Douglas, M. & Wildavsky, A. (1982): Risk and culture: an essay on the selection of technical and environmental dangers, Berkeley et al.

Eder, K. (2002): Die Natur: Ein neues Identitätssymbol der Moderne? Zur Bedeutung kultureller Traditionen für den gesellschaftlichen Umgang mit der Natur Metamorphosen der Natur, in: A. Gingrich & E. Mader (Hrsg.): Sozialanthropologische Untersuchungen zum Verhältnis von Weltbild und natürlicher Umwelt, Wien, Köln, Weimar, 31-68.

Feindt, P. H. (2001): Regierung durch Diskussion? Diskurs- und Verhandlungsverfahren im Kontext von Demokratietheorie und Steuerungsdiskussion, Frankfurt am Main et al.

Ferdowsi, M. A. (2007): Weltprobleme, Bonn.

Fischer-Kowalski, M. (1997): Society's metabolism: on the development of an operational concept for the interactions between society and its environment. Wien, Institut für Interdisziplinäre Forschung und Fortbildung der Universitäten Innsbruck, Klagenfurt und Wien.

Fischer-Kowalski, M. & Haberl, H. (1993): Metabolism and colonisation: modes of production and the physical exchange between societies and nature, Wien, , Institut für Interdisziplinäre Forschung und Fortbildung der Universitäten Innsbruck, Klagenfurt und Wien..

Fukuyama, F. (1992): The End of History and the Last Man, New York.

Giddens, A. (1999): Der dritte Weg: die Erneuerung der sozialen Demokratie, Frankfurt.

Groß, M. (2006): Natur, Bielefeld.

Held, D.; McGrew, A.; Goldblatt, D.; Perraton, J. (1999): Global transformations. Politics, economics and culture, Oxford, Cambridge.

Hauff, V. & World Commission on Environment and Development (1987): Unsere gemeinsame Zukunft: der Brundtland-Bericht der Weltkommission für Umwelt und Entwicklung, Greven.

Huntington, S. P. (1991): The third wave: democratization in the late twentieth century, Norman.

Jahn, T. (1991): Das Problemverständnis sozial-ökologischer Forschung. Jahrbuch für sozial-ökologische Forschung 1, Frankfurt am Main.

Jänicke, M. (2007): Evaluation for sustainable development: the Rio model of governance, in: C. George & C. Kirkpatrick (Hrsg): Impact Assessment and Sustainable Development. European Practice and Experience, Cheltenham, Northhamptopn, 31-44.

Kagan, R. (2007): Die gespaltene Welt. In: Cicero, November 2007. Online verfügbar unter http://www.cicero.de, zuletzt geprüft am 24.10.2010.

Klein, A.; Koopmans, R. & Geiling, H. (2001): Globalisierung, Partizipation, Protest, Opladen.

Kohout, F. (2002): Vom Wert der Partizipation: eine Analyse partizipativ angelegter Entscheidungsfindung in der Umweltpolitik, Münster et al.

Kraska, J. C. (2006): Global and going nowhere: sustainable development, global governance and liberal democracy, in: Denver Journal of International Law and Policy, 247-319.

Kropp, C. (2002): "Natur": soziologische Konzepte, politische Konsequenzen, Opladen.

Kuhn, K. & Rieckmann, M. (2006): Wi(e)der die Armut?: Positionen zu den Millenniumszielen der Vereinten Nationen, Frankfurt am Main.

Latour, B. (1995): Wir sind nie modern gewesen: Versuch einer symmetrischen Anthropologie, Berlin.

Latour, B. (2001): Das Parlament der Dinge: für eine politische Ökologie, Frankfurt am Main.

Lerch, M. (2007): Demokratie Kompass. Herausgegeben von Friedrich Ebert Stiftung, Bonn/Berlin.

Martens, J. (2006): Die Millennium-Entwicklungsziele der UN - konzeptionelle Defizite und politische Perspektiven. In: Kuhn, Katina (Hg.): Wi(e)der die Armut. Positionen zu den Millenniumszielen der Vereinten Nationen, Frankfurt am Main, 35–59.

Meadows, D. (1972): Die Grenzen des Wachstums, Stuttgart.

Menzel, U. (1992): Das Ende der Dritten Welt und das Scheitern der grossen Theorie, Frankfurt am Main.

Moreno-Ocampo, L., B. R. Barber, et al. (2004): Das Prinzip Partnerschaft: neue Formen von Governance im 21. Jahrhundert, München et al.

Bundeszentrale für Politische Bildung (2002): Globalisierung, Bonn.

Newig, J.; Voß, J.-P.; Kastens, B.; Monstadt, J. & Nöling, B. (2008): Governance for sustainable development: steering in contexts of ambivalence, uncertainty and distributed power, in: Journal of Environmental Policy & Planning 9 (3), 193-212.

Norgaard, R. B. (1994): Development betrayed: the end of progress and a coevolutionary revisioning of the future, London et al.

Nuscheler, F. (2004): Lern- und Arbeitsbuch Entwicklungspolitik: eine grundlegende Einführung in die zentralen entwicklungspolitischen Themenfelder Globalisierung, Staatsversagen, Hunger, Bevölkerung, Wirtschaft und Umwelt, Bonn.

Nuscheler, F. (2006): Armutsbekämpfung durch Umweltpolitik - Einsichten und Handlungsempfehlungen des WBGU, in: K. Kuhn & M. Rieckmann (Hrsg): Wi(e)der die Armut?: Positionen zu den Millenniumszielen der Vereinten Nationen, Frankfurt am Main, 108-122

Osterhammel, J. & Petersson, N. P. (2003): Geschichte der Globalisierung: Dimensionen, Prozesse, Epochen, München.

Renn, O., T. Webler, et al. (1995). Fairness and competence in citizen participation: evaluating models for environmental discourse, Dordrecht [u.a.], Kluwer Academic.

Renner, A. (2002): Nachhaltigkeit und Globalisierung, Partizipation, Demokratie - Identifizierung von Zusammenhängen und Gestaltungsansätzen. Kurzstudie für den Rat für Nachhaltige Entwicklung, Bensheim, Berlin.

Robertson, R. (Hrsg.) (2003): Globalization. Critical Concepts in Sociology. The Nation-State and International Relations, London.

Rosenau, J. N. (1995): Governance without government : order and change in world politics. Cambridge et al.

Shiva, V. & Helvetas Schweizer Gesellschaft für Entwicklung und Zusammenarbeit (2003): Der Kampf um das blaue Gold : Ursachen und Folgen der Wasserverknappung, Zürich.

Steffen, W. et al. (2005): Global change and the earth system. A planet under pressure, Berlin, Heidelberg, New York, Hong Kong, London, Milan, Paris, Tokyo.

Thompson, M.; Ellis, R. & Wildavsky, A.(1990): Cultural theory, Boulder.

United Nations - Department of Public Information (2000): United Nations Millennium Declaration: Millennium Summit, New York, 6-8 September 2000, New York.

Voß, J.-P.; Bauknecht, D. & Kemp, R. (Hrsg.) (2006): Reflexive governance for sustainable development,. Cheltenham et al.

Yearley, S. (1996): Sociology, environmentalism, globalization: reinventing the globe, London et al.

II. Theorien und Methoden

Nachhaltige Entwicklung durch gesellschaftliche Partizipation und Kooperation? – eine kritische Revision zentraler Theorien und Konzepte

Jens Newig / Katina Kuhn / Harald Heinrichs

1 Einleitung

Partizipation und Kooperation gelten weithin als Voraussetzung für nachhaltige Entwicklung (Meadowcroft 2004). In einem prozeduralen Verständnis von nachhaltiger Entwicklung kommt den Prozessen gesellschaftlicher Partizipation und kollektiven Lernens ein Eigenwert etwa als Ausdruck einer „sozialen Säule" von Nachhaltigkeit zu (kritisch hierzu Lele 1991). In einem substanziellen Verständnis von nachhaltiger Entwicklung dagegen werden Partizipations- und Kooperationsprozesse als förderlich zur Erreichung bestimmter materieller Ziele wie Ressourcenschonung, Wohlstand oder Verteilungsgerechtigkeit angesehen. Das zuletzt genannte Verständnis scheint dabei im wissenschaftlichen Diskurs zu dominieren, denn meist ist von Nachhaltigkeit *und* Partizipation, weniger dagegen von Nachhaltigkeit *als* Partizipation die Rede (Baranek & Walk 2005; Feindt & Newig 2005; Koontz 2006; Heinrichs 2007).

Der vorliegende Beitrag wendet sich der These des substanziellen Nachhaltigkeitsverständnisses zu und stellt diese auch vor dem Hintergrund empirischer Forschungsergebnisse kritisch auf den Prüfstand. Wir fragen also: Inwieweit besteht Anlass zu der Annahme, dass Partizipation und Kooperation *tatsächlich* zur Erreichung von Nachhaltigkeitszielen förderlich sind?

Zunächst wird in Abschnitt 2 der (normative) Nachhaltigkeitsdiskurs rekonstruiert, in dem Partizipation und Kooperation als (implizite) Voraussetzungen für Nachhaltigkeit thematisiert werden. Dazu wird auf wissenschaftstheoretische Arbeiten (z.B. post-normal science) sowie auf Literatur aus den Umwelt- und Nachhaltigkeitswissenschaften zurückgegriffen und Annahmen aus der Nachhaltigkeitspolitik seit dem Brundtland-Bericht bis hin zu aktuellen EU-Richtlinien herausgearbeitet.

Abschnitt 3 wirft einen nüchternen Blick auf den unterstellten Zusammenhang zwischen Partizipation und Nachhaltigkeit im Lichte ausgewählter sozialwissenschaftliche Theorien und Konzepte (Politikwissenschaft, Sozialpsychologie, Rational Choice und Allmendetragödie). Es zeigt sich, dass die Annahme, Partizipation und Kooperation seien unabdingbare Voraussetzungen für nachhaltige Entwicklung, zunächst lediglich eine Vermutung über Kausalzusammenhänge darstellt, deren Gültigkeit durchaus bezweifelt wird.

Vor dem Hintergrund dieser Überlegungen beleuchtet Abschnitt 4 zunächst die Grundlagen partizipativen und kooperativen Handelns aus anthropologischer sowie kultur- und praxistheoretischer Perspektive. Mit dem in Abschnitt 3 geschärften Blick wird überprüft, unter welchen Bedingungen es zu erfolgreicher Partizipation und Kooperation im Kontext von nachhaltiger Entwicklung kommen kann und welche Methoden dabei eine Rolle spielen. Hierzu wird auf Überlegungen aus Spieltheorie, Erweiterungen der Rational-Choice-

Theorie, der Theorie des kommunikativen Handels, der Mediationstheorie, der Procedural-Justice-Forschung sowie der Politikwissenschaft zurückgegriffen.

Der Beitrag schließt mit Folgerungen aus der Auswertung von Konzepten und Theorien mit Blick auf nachhaltige Entwicklung allgemein sowie in Bezug auf die gesellschaftlichen Bereiche und Praxisfelder, die im Buch vorgestellt werden, im Besonderen. Dabei wird eine konzeptionelle Folie erarbeitet, auf der sich die Analysen der nachfolgenden Beiträge entfalten.

2   Diskurse: Partizipation und Kooperation als Bedingungen für Nachhaltigkeit

Partizipation und Kooperation – im Englischen oft unter dem Begriff „collaboration" zusammen gefasst – gelten als essentielle Bedingungen für Nachhaltigkeit bzw. nachhaltige Entwicklung (Van Huijstee et al. 2007).[3] Dabei geht es in den Diskursen unterschiedlicher gesellschaftlicher Teilbereiche regelmäßig darum, „etablierte" Prozesse gegenüber üblicherweise nicht involvierten Akteuren und Gruppen zu öffnen, um auf diese Weise die Wissens- und Wertebasis oder die Akzeptanz von nachhaltigkeitsorientierten Entscheidungen zu verbessern. Beispielsweise öffnen transdisziplinäre Forschungsprojekte wissenschaftliche Verfahren gegenüber Praktikern, die so Forschungsagenden mitgestalten oder ihr spezifisches Alltagswissen einbringen können (siehe den Beitrag von Adomßent & Michelsen in diesem Band). Funtowicz & Ravetz (1993) nehmen an, dass die Lösung komplexer und häufig globaler Umweltprobleme von einer „Demokratisierung" der Wissenschaft insbesondere dann profitiert, wenn die Unsicherheiten, mit denen man es zu tun hat, und/oder die Werte, um die es geht („decision stakes"), hoch sind. Eine solche „postnormal science" umfasst die Partizipation breiter gesellschaftlicher Gruppen und profitiere, so die Verfechter dieses Ansatzes, von einer erhöhten Vielfalt des Wissens und der Meinungen (siehe auch Funtowicz et al. 1998).

Abstrakt gesprochen, lässt sich die Ausweitung der Akteurs- und Bürgerbeteiligung als ein Ergebnis gesellschaftlicher Resonanzfähigkeit in Reaktion auf die gewachsene sachliche und soziale Komplexität der (Welt-)Gesellschaft begreifen (Heinrichs 2005):

> "With respect to 'societal participation', sound environmental governance has been held to imply increasingly complex patterns of public and private co-operation. The idea of 'partnership' has been regularly invoked to capture the extension of dialogue and collaboration to manage the interaction of economic, social and environmental factors as society comes to terms with the implications of sustainable development" (Meadowcroft 2000: 378).

Drei Kerndiskurse lassen sich mit Bezug auf Partizipation identifizieren, die historisch unterschiedliche Bedeutung hatten und haben: Emanzipation, Legitimation und Effektivität (siehe Tabelle 1).

---

[3] Im Kontext dieses Beitrags werden Nachhaltigkeit und nachhaltige Entwicklung synonym verwendet und im Sinne einer ökologisch bzw. umwelt- und ressourcenbezogen nachhaltigen Entwicklung verstanden (siehe den einflussreichen Beitrag von Lele 1991; vgl. auch den Überblick über Nachhaltigkeitsindikatoren bei Parris & Kates 2003).

Tabelle 1:   Mit Partizipation verbundene Ziele und Motivationen

Emanzipation	Legitimität	Effektivität
Gleichberechtigung	Demokratische Willensbildung	Bessere Entscheidungen durch lokales Wissen
Teilhabe	Transparenz und Kontrolle	Verbesserte Akzeptanz und Identifikation
Infragestellen von Autoritäten	Vorgelagerter Rechtsschutz	Konfliktlösung, Nutzung von Win-win-Potenzialen

(Quelle: Newig 2011)

Mit der Umweltbewegung der 1960er Jahre wurde im gesellschaftlichen Diskurs über Partizipation ein *emanzipatorisches* Motiv deutlich, das wissenschaftlich am treffendsten durch Habermas' Konzept der deliberativen Demokratie erfasst worden ist (Habermas 1991 [1962]). Im Mittelpunkt standen und stehen dabei Motive wie die Möglichkeit zur Mitbestimmung, die Öffnung von Entscheidungsprozessen und die Demokratisierung der Gesellschaft (von Alemann 1975).

Während emanzipatorische Motive auch in den neueren Debatten über Partizipation im Nachhaltigkeitskontext, vor allem in der Agenda 21-Bewegung der 1990er Jahre (Renn et al. 1995b; Dryzek 1997; Oels 2003) und der entwicklungspolitischen Debatte (Matschke 2006), ihren festen Platz haben, hat sich der Schwerpunkt des Diskurses auf eine Partizipation „von oben" verlagert. Zwar spielt auch bei Fragen von Umwelt und Nachhaltigkeit eine Bottom-Up-Partizipation – in dem Sinne, dass Bürger/innen, zivilgesellschaftliche und wirtschaftliche Verbände die Initiative ergreifen – eine Rolle (Cuthill 2002; Koontz 2006). Der heute dominante Diskurs ist jedoch der einer zivilgesellschaftlichen Einbindung „von oben" (Newig & Fritsch 2008). Was wie ein Widerspruch in sich klingt, meint die von Seiten der Entscheidungsträger angestoßenen Möglichkeiten zur Beteiligung und Mitwirkung von üblicherweise nicht entscheidungsbefugten individuellen Akteuren und Organisationen.

So steht als zweiter wichtiger Diskurs die Vermutung einer gesteigerten *Legitimität* von Entscheidungen durch Beteiligung im Vordergrund, die auch in der jüngeren politikwissenschaftlichen Partizipationsdebatte nach wie vor eine wichtige Rolle spielt (Renn et al. 1995b; Feindt 2001; Fisahn 2002).

Drittens haben, vor allem in jüngerer Zeit, staatliche, wirtschaftliche, wissenschaftliche und andere Entscheidungsträger Partizipation als ein Mittel zur Sicherung von Akzeptanz entdeckt sowie als Möglichkeit, Entscheidungsprozesse zu öffnen (Smith 2003; Kastens & Newig 2007; Kastens & Newig 2008) und (lokales) Wissen und Perspektiven einer Vielzahl von Akteuren einzubeziehen (Berkes & Folke 2002; Pellizzoni 2003; Koontz 2006). Im Mittelpunkt steht damit die Verbesserung der *Effektivität* in Bezug auf gesetzte Nachhaltigkeitsziele. So geht Heinelt (2002: 17) davon aus "that participation leads to a higher degree of sustainable and innovative outcomes". Ähnlich fassen Randolph & Bauer (1999: 169) zusammen, dass kooperative und partizipative Prozesse im Umweltmanagement mit größerer Wahrscheinlichkeit in Entscheidungen resultieren, die Umweltschutz fördern. Schließlich diagnostizieren Beierle & Cayford (2002: 5), das Ziel von Partizipation habe sich gewandelt von einer reinen Förderung von Transparenz und Zurechenbarkeit hin zur Entwicklung der inhaltlichen Substanz von Entscheidungen.

Die Abschlusserklärung der UN-Konferenz über Umwelt und Entwicklung in Rio de Janeiro 1992 („Rio-Deklaration") fordert in ihrem Prinzip 10, dass „Umweltschutzprobleme [...] am besten unter Beteiligung der betroffenen Bürger – auf der jeweiligen Ebene – zu lösen" sind:

> „Auf der nationalen Ebene muß jeder Bürger angemessenen Zugang zu den die Umwelt betreffenden Informationen bekommen, in deren Besitz die öffentlichen Verwaltungen sind – auch über Gefahrstoffe und Vorhaben in ihren Städten und Gemeinden – und die Möglichkeit haben, bei den Entscheidungsprozessen mitzuwirken. Die Staaten müssen die Bewußtseinsbildung und die Mitwirkung der Öffentlichkeit erleichtern und fördern, indem sie Informationen allgemein zugänglich machen. Ein guter Zugang zu juristischer Überprüfung und Einfluß auf Verwaltungsabläufe, darunter Einspruch und andere Rechtsmittel, muß gesichert sein".

Dieser internationale Partizipationsdiskurs wurde auf europäischer Ebene aufgenommen und 1998 zunächst in einem Abkommen der UN-Wirtschaftskommission für Europa (UNECE), in der Folge auch in verschiedenen Richtlinien der Europäischen Union institutionalisiert. So wurde das UNECE-Aarhus-Übereinkommen „über den Zugang zu Informationen, die Öffentlichkeitsbeteiligung an Entscheidungsverfahren und den Zugang zu Gerichten in Umweltangelegenheiten" von 1998 in der EU durch die Öffentlichkeitsbeteiligungsrichtlinie 2003/35/EG implementiert. In diesem Geiste wurden drei weitere EU-Richtlinien erlassen, die explizit die Beteiligung der Öffentlichkeit an umweltbezogenen Entscheidungen festschreiben. Von besonderem Interesse ist hier die Wasserrahmenrichtlinie (2000/60/EG), die materielle Umweltziele („guter Wasserstatus") mit prozeduralen Erfordernissen wie Information und Konsultation der Öffentlichkeit sowie einer „aktiven Einbeziehung" von Stakeholdern in den Implementationsprozess verbindet (Art. 14 WRRL).

Betrachtet man das Aarhus-Übereinkommen und die Wasserrahmenrichtlinie stellvertretend für die aktuellen Entwicklungen auf europäischer Ebene, so findet man eine dominierende Motivation für Partizipation, die sich dem oben skizzierten Diskurs der *Effektivität* zuordnen lässt. Beide Rechtsdokumente heben die Bedeutung besser informierter Entscheidungen durch die Hinzuziehung (lokalen) Laienwissens hervor. Insbesondere die Begleitdokumente zur WRRL unterstreichen die Bedeutung von Information in Bezug auf die Akzeptanz von Entscheidungen durch die potenziellen Adressaten. Ein weiteres Ziel von Partizipation wird in der Verbesserung der Implementation von Entscheidungen gesehen. Gemäß Präambel 14 WRRL hängt „der Erfolg der Richtlinie" von „Information, Konsultation und Einbeziehung der Öffentlichkeit, einschließlich der Nutzer" ab. Der Leitfaden zur Öffentlichkeitsbeteiligung in Bezug auf die WRRL führt aus: „Die Beteiligung der Öffentlichkeit ist kein Selbstzweck, sondern ein Instrument, um die Umweltziele der Wasserrahmenrichtlinie zu erreichen" (EU 2002: 7). Daneben gehen beide Dokumente davon aus, dass Partizipation das Umweltbewusstsein nicht-staatlicher Akteure erhöht. Vor allem wird von Partizipation erwartet, dass sie die Akzeptanz von und die Identifikation mit Entscheidungen erhöht. Weiterhin wird eine Verbesserung der gegenseitigen Vertrauensverhältnisse sowohl zwischen nicht-staatlichen Akteuren untereinander als auch zwischen diesen und den beteiligten Behörden erwartet. Auch dies, so ist beiden Dokumenten zu entnehmen, soll zu einer verbesserten Akzeptanz und Umsetzung nachhaltiger Governance-Entscheidungen beitragen.

*Legitimitäts*ziele sind in den untersuchten Dokumenten weitaus weniger präsent, spielen aber dennoch eine wichtige Rolle, insbesondere im Aarhus-Übereinkommen. Das Hauptargument ist hier die Transparenz von Entscheidungsprozessen im Sinne einer Kontrolle von Entscheidungsträgern. Das vielleicht stärkste Legitimitätsargument, nämlich die Stärkung der Demokratie, wird lediglich im Aarhus-Übereinkommen erwähnt.

Als Zwischenfazit lässt sich mithin festhalten, dass im aktuellen gesellschaftlichen Diskurs um Partizipation und Nachhaltigkeit – vor allem auf europäisch-politischer Ebene – die instrumentelle, effektivitätsorientierte Perspektive dominiert. Es liegt nahe zu vermuten, dass die Gründe hierfür unter anderem in dem häufig genannten Legitimitätsdefizit der Politik auf der Ebene der Europäischen Union liegen. Während sich die demokratischen Defizite der *Formulierung* europäischer Politik kaum kurzfristig beheben lassen, kann die Legitimation in der Phase der *Implementierung* von Politiken wie der Wasserrahmenrichtlinie durch Partizipation kurzfristig verbessert werden (Newig & Fritsch 2009b).

3　Ein nüchterner Blick auf Partizipation und Nachhaltigkeit

Es ist dargelegt worden, dass die wichtigsten europäischen Rechtsdokumente zum Thema Partizipation im Umwelt- und Nachhaltigkeitskontext durch die Annahme charakterisiert werden, dass Partizipation und Kooperation entscheidende Einflussfaktoren für eine nachhaltige Entwicklung seien. Es stellt sich aber die Frage, inwieweit diese Behauptung empirische Gültigkeit besitzt. Konzeptionelle Überlegungen aus unterschiedlichen Disziplinen zeigen, dass Partizipation und Kooperation durchaus das Gegenteil bewirken können, nämlich insgesamt zu weniger nachhaltigen Ergebnissen führen im Vergleich zu solchen, die in klassischen Top-Down-Entscheidungen erzielt werden. Im Folgenden sollen vier „Kronzeugen" im Hinblick auf diese Frage zu Worte kommen, und zwar sind dies Arbeiten aus den Gebieten der Sozialpsychologie, der Rational-Choice-Theorie, der Demokratietheorie sowie der Implementationsforschung.

3.1　Sozialpsychologie: Die „Tyrannei" der Partizipation?

In ihrem Buch mit dem provokanten Titel „Partizipation – die neue Tyrannei?" stellen Cooke & Kothari (2001) gängige Annahmen hinsichtlich der Vorzüge von Partizipationsverfahren in Frage. Zwar bezieht sich der Sammelband schwerpunktmäßig auf Partizipation im Kontext von Entwicklungshilfe und -zusammenarbeit, die Beiträge stellen aber zugleich sehr grundsätzliche Fragen der Partizipationsforschung und diskutieren allgemeine sozialpsychologische Mechanismen, die an den Vorteilen partizipativer und kooperativer Prozesse generell zweifeln lassen. So macht Cooke (2001) insbesondere auf drei problematische sozialpsychologische Aspekte konsensorientierter Gruppenprozesse aufmerksam, wie sie für Kooperation und Partizipation kennzeichnend sind. Hier ist zunächst der sogenannte „risky shift" zu nennen, also die Tendenz zu riskanten Entscheidungen in Gruppenprozessen, die sich aus der Gruppendynamik ergibt. Gestärkt durch einen wechselseitigen Rückhalt in der Gruppe würden Entscheidungen allgemein riskanter ausfallen als wenn die betreffenden Personen sie alleine fällten. Ein weiteres problematisches Ergebnis von kooperativen Gruppenprozessen ist die Tendenz zur Immunisierung gegenüber unabhängigen, kritischen Argumenten („group think"), ebenfalls bedingt durch die wechselseitige Bestätigung innerhalb der Gruppe. Schließlich bergen Gruppenprozesse die Gefahr der „coercive persuasion". Die Gruppensituation kann es rhetorisch geschickteren Akteuren erleichtern, die Gruppe für ihre Ansichten und Anliegen einzunehmen und erzeugt so Ungleichgewichte, die Partizipation eigentlich beseitigen will.

Nun lässt sich argumentieren, dass die genannten sozialpsychologischen Mechanismen erstens nicht zwangsläufig auftreten müssen und sich zweitens durch eine geeignete Prozessgestaltung durchaus vermeiden lassen (Näheres dazu in Abschnitt 4). Nicht zu leugnen ist jedoch, dass selbst geschickt geführte Partizipations- und Kooperationsprozesse fundamentale Risiken in Bezug auf erwartete Umwelt- und Nachhaltigkeitswirkungen bergen, die im Folgenden dargelegt und diskutiert werden sollen.

3.2 Rational Choice: Die Tragik von Eigennutz versus Gemeinwohl?

Die Rational-Choice-Theorie geht bekanntermaßen davon aus, dass menschliche Akteure rational handelnde, Eigennutz-orientierte Individuen sind (siehe beispielsweise Coleman 1990). Während in der Ökonomie häufig gefolgert wird, dass Eigennutz-orientiertes Handeln zu einer Vermehrung der Wohlfahrt aller führt (Adam Smith's These von der „unsichtbaren Hand"), beschreiben Spieltheoretiker und Umweltsoziologen Situationen, in denen das Streben nach individuellem Nutzen gerade zu Lasten des Gemeinnutzens geht. Das Gefangenendilemma wurde zum Sinnbild einer Konstellation, in der es zwar für alle Individuen „rational" ist, die Kooperation zu verweigern, dieses Verhalten aber – kollektiv betrachtet – zu einem suboptimalen Ergebnis führt. Auf die nachhaltige Nutzung begrenzter (oder beschränkt regenerationsfähiger) Ressourcen bezogen, hat Hardin (1968) die „Tragik die Allmende" als eine Situation beschrieben, in der viele Akteure gemeinsam über eine knappe Ressource verfügen. Aus dem Eigennutzstreben der Akteure resultiert eine Tendenz zur Übernutzung der Ressource, da die Kosten jedes einzelnen, sich auf eine nachhaltige Nutzung zu beschränken, höher liegen als die anteiligen Kosten der Übernutzung.

Für die nachhaltigkeitsbezogene Effektivität von Partizipation und Kooperation folgt aus diesen Überlegungen dreierlei: Zum einen ist Kooperation angesichts dominierender Eigeninteressen überhaupt unwahrscheinlich. Zweitens – und dies ist in Konstellationen einer „Top-Down"-Partizipation noch wichtiger – muss auch in Partizipationsverfahren mit dem Fortbestehen individueller Eigeninteressen gerechnet werden. Was trivial klingt, könnte in der Praxis eine fatale Konsequenz haben: Wenn die beteiligten Akteure nämlich ihre nicht- nachhaltigen Nutzungsinteressen in partizipativen und kooperativen Entscheidungsprozessen durchzusetzen vermögen, ist dem Ziel nachhaltiger Entwicklung nicht gedient (Layzer 2008). Aus diesen Argumenten wird, drittens, üblicherweise die Notwendigkeit institutioneller Arrangements abgeleitet, die entweder in klassisch staatlich-hoheitlichem Handeln oder aber in Privatisierung (sprich „Markt") münden. So kann der Übernutzung der Allmende entweder durch staatliche Nutzungsbeschränkungen oder aber durch eine Aufteilung und Privatisierung der Weidegründe begegnet werden. Beide Regelungsformen sind aber gerade nicht auf Partizipation und Kooperation zwischen den Beteiligten ausgerichtet (Ostrom 1990).

3.3 Demokratietheorie: Dilemma zwischen Beteiligung und System-Effektivität?

Wie oben gezeigt, sollen Partizipation und Kooperation dazu dienen, „lokales" Wissen in Entscheidungsprozesse einzubeziehen. Damit ist die Frage nach den räumlichen Skalen angesprochen, auf denen Entscheidungen getroffen werden. Während Entscheidungen auf kleinräumigen Skalenebenen, die eine geringe Zahl von Menschen betreffen, bürgernah getroffen werden können, erhöhen sich mit größerem Maßstab der Entscheidungsebene die Komplexität der Probleme, die Heterogenität der Ansichten der Bevölkerung und die Schwierigkeit einer Rückkopplung dieser Ansichten mit denen der Entscheidungsträger. Viele gesellschaftliche Probleme können jedoch nur auf größerskaligen Ebenen effektiv angegangen werden, vor allem dann, wenn lokale Entscheidungen wegen der vorherrschenden Interessenstrukturen im Sinne der Rational-Choice-Annahmen zu Lasten Dritter getroffen werden. Dies ist bei Umweltproblemen, die durch zunehmend komplexe räumliche Vernetzungen von gesellschaftlichen und ökologischen Vorgängen (Lafferty & Meadowcroft 1996; Meadowcroft 2002; Young et al. 2006; Liu et al. 2007) gekennzeichnet sind, regelmäßig der Fall. Die damit verbundene Bürgerferne und die resultierenden Legitimitätsprobleme werden bereits seit einiger Zeit diskutiert (Scharpf 2001; Hooghe & Marks 2003; Benz 2006). Zwischen den beiden Desideraten Bürgernähe und Effektivität resultiert damit zwangsläufig ein Spannungsverhältnis, das Dahl (1994) als „demokratisches Dilemma zwischen System-Effektivität und Bürgerbeteiligung" auf den Punkt gebracht hat.

3.4 Implementationsforschung: Partizipation als Hemmschuh für effektive Umsetzung?

Die Effektivität von Entscheidungen spielt eine zentrale Rolle in der Implementationsforschung. Im Mittelpunkt des Forschungsinteresses steht die Frage, unter welchen Voraussetzungen getroffene Entscheidungen tatsächlich so umgesetzt werden, dass die postulierten Ziele – wie beispielsweise Umweltverträglichkeit und Nachhaltigkeit – schlussendlich erreicht werden. Einen hemmenden Faktor für erfolgreiche Implementation von Entscheidungen sieht die klassische Implementationstheorie im Allgemeinen in der typischen Ausweitung des Kreises beteiligter Akteure durch Partizipation und Kooperation (Hill & Hupe 2002). Begründet wird dieser hemmende Einfluss vor allem mit der erhöhten Zahl von Entscheidungsstellen („clearance points" im Sinne von Pressman & Wildavsky 1984 [1973]) und Veto-Spielern (Tsebelis 1995).

Bereits dieser kurze Überblick etablierter Forschungsstränge legt nahe, dass Partizipation und Kooperation mitunter das Gegenteil von dem bewirken können, was in Bezug auf nachhaltige Entwicklung ursprünglich intendiert war. Die skizzierten Dilemmata und Spannungsverhältnisse suggerieren – jedenfalls in der Theorie – für bestimmte Konstellationen ein unausweichliches Scheitern partizipativer und kooperativer Vorhaben.

4   Bedingungen erfolgreicher Partizipation und Kooperation

Dass Partizipation und Kooperation – wider die oben skizzierten theoretischen Einsichten – keine bloße Donquichotterie wohlmeinender Sozialromantiker bleiben müssen, werden wir in diesem Abschnitt genauer herausarbeiten. Dabei soll überprüft werden, wie es zu erfolgreicher Partizipation und Kooperation im Kontext von nachhaltiger Entwicklung kommen kann und welche theoretischen Ansätze dabei eine Rolle spielen.

4.1   Anthropologische Grundlagen: Evolution der Kooperation

Kooperations- und damit Beteiligungsfähigkeit in sozialen Situationen ist eine grundlegende menschliche Verhaltensdisposition. Ganz im Sinne von Darwins Theorie, wonach die Evolution richtungslos durch die grundlegenden Mechanismen von Variation, Selektion und Anpassung vorangetrieben wird, lässt sich sagen, dass sich Kooperationsfähigkeit aus biologischer Sicht im Allgemeinen als ‚vorteilhaft' und damit überlebensfähig erwiesen hat. Im Zuge der Menschwerdung (Hominisation) wurde die Kooperationsfähigkeit über die rein genetisch bedingte Instinktsteuerung hinaus zur spezifisch menschlichen Disposition, zu bewusstem Verhalten und sozialem Interagieren in kulturellen Kontexten erweitert (Esser 1993: 141 ff.).

Evolutions- und soziobiologische Studien zur menschlichen Kooperationsfähigkeit argumentieren, dass sich Kooperation im menschlichen Zusammenleben aus dem egoistischen Eigeninteresse der Individuen heraus entwickelt hat (Vogel 1992; Voland 2003). Nach dem Motto „der wahre Egoist kooperiert" lassen sich Kooperationsarten beziehungsweise sogenannte „Strategien der Solidarität" unterscheiden (Voland 2003: 16):

1.   Mutualismus: die Investition in ein gemeinsames Verhalten bei unmittelbarer Gewinnerwartung z.B. im Mannschaftssport;
2.   Reziproker Altruismus: die Investition in einen Partner bei späterer Gewinnerwartung z.B. gegenseitige Hilfe in wechselnden Notsituationen;
3.   Nepotistischer Altruismus: die Investition in einen Verwandten bei Gewinnerwartung in Einheiten indirekter Fitness z.B. Familiensolidarität;
4.   Prestigeakkumulation: die Investition in kommunikative Reliabilität z.B. durch öffentliches Spendenverhalten.

Dieser Denkrichtung zufolge sind weder ein ‚echter', genetischer Altruismus noch bestimmte kulturelle Moralvorstellungen über das gute Zusammenleben notwendig, damit es zu einer Kooperation zwischen am Eigennutz orientierten Menschen kommt, die bessere Ergebnisse für die Kooperierenden erzeugt als nicht-kooperatives Handeln (Plussummenspiel).

Insbesondere mit Blick auf Konflikt und Kooperation in den internationalen Beziehungen und der globalen Wirtschaft haben, analog zu dieser Perspektive, verschiedene Varianten der Spieltheorie in den vergangenen Jahrzehnten konzeptionell, experimentell und empirisch interessante Erkenntnisse zu der Frage produziert, unter welchen Bedingungen Kooperation zwischen egoistischen, rationalen Akteuren in sozialen Situationen ohne zentralen (Steuerungs-)Akteur – wie bei internationalen, globalen Herausforderungen gegeben – möglich ist. Ausgehend vom Gefangenendilemma, dem grundlegenden Denkmodell für Strategiealternativen für kooperatives oder nicht-kooperatives Handeln, ist vor allem der Ansatz von Axelrodt für unseren Zusammenhang instruktiv, weil er aufzeigt, wie Kooperation im Zeitverlauf entstehen kann (Axelrodt 2006). Von zentraler Bedeutung ist dabei die Annahme, dass sich Akteure stets mehrmals begegnen und sich Kooperation dann entwickelt, wenn die Akteure Kooperationsangebot und –verweigerung strategisch einsetzen. Entsprechend dieser Logik und nach dem Motto „Wie du mir, so ich dir" („Tit for Tat") reagieren Akteure auf Kooperationsverweigerungen gleichfalls mit Kooperationsverweigerung, machen jedoch immer wieder neue Kooperationsangebote. Geht die Gegenseite auf diese Angebote ein, besteht die Möglichkeit eine Kooperation zu stabilisieren. Wird Kooperation zu einem späteren Zeitpunkt erneut verweigert, wäre darauf ebenfalls mit Kooperationsverweigerung zu reagieren, um anschließend wieder Kooperation anzubieten. Diese Perspektive kann gewinnbringend sein für die Analyse, welche Akteure in welcher Form an lokalen, nationalen und insbesondere globalen „Nachhaltigkeitsspielen" partizipieren und ob und wie dabei solche Kooperationen entstehen, die notwendige Transformationen in Richtung Nachhaltigkeit ermöglichen. Darüber hinaus eröffnet der Ansatz Denkräume hinsichtlich der möglichen Optimierung von Partizipation und Kooperation.

Sowohl die evolutionsbiologischen als auch die spieltheoretischen Ansätze zeigen, dass Kooperation zwischen egoistischen, rationalen und strategisch handelnden Individuen möglich ist und benennen auch Bedingungen, die (teilweise) bewusst gestaltet werden können. In beiden Perspektiven ist weder Mitgefühl noch echter Altruismus notwendig, um zu kooperativen Lösungen zu kommen; aufgeklärtes Eigeninteresse ist hinreichend. In der aktuellen neuro- und biopsychologischen Forschung wird nun die bislang als ‚unwahrscheinlich' beschriebene ‚genetische Altruismus' (Voland 2003: 16) als wahrscheinlich anerkannt. Es häufen sich die experimentellen und empirischen Erkenntnisse für theoretische Ansätze, welche die genetisch bedingte, in Hirnstrukturen und hormoneller Ausstattung realisierte soziale Orientierung des Menschen betonen (Bauer 2008; Tomassello 2009). Eine nicht nur rationale, sondern emphatisch bedingte Kooperationsfähigkeit ist zweifelsohne folgenreich für die Ausgestaltung von Partizipation und Kooperation im Kontext nachhaltiger Entwicklung. Sie ermöglicht und erfordert die Modifizierung und Erweiterung bisheriger Methoden und Verfahren und eröffnet neue Horizonte für eine partizipative und kooperative, an Nachhaltigkeit orientierte, Gesellschaft. Die grundsätzliche Soziabilität des Menschen, der sich aufgrund seiner Bewusstseins- und damit Strategiefähigkeit immer auch nicht-kooperativ verhalten kann – gerade auch entgegen seiner emphatischen Prädisposition – wird aber in hohem Maße beeinflusst von raum-zeitlich spezifischen soziokulturellen Kontexten.

4.2 Kultur- und Praxistheorien

Menschliches Handeln stellt einen Angelpunkt für die Auseinandersetzung mit als „nichtnachhaltig" klassifizierten Dynamiken – also Störungen des Gesellschaft-Umwelt-Verhältnisses – dar. Aus der spezifischen Perspektive nachhaltigkeits- und damit transformationsorientierter Partizipations- und Kooperationsforschung spielen sozialwissenschaftliche Handlungserklärungen daher eine zentrale Rolle. Hier prägen bis heute insbesondere individualistische Handlungsmodelle (deren Grundfigur der *homo oeconomicus* ist) und normorientierte Perspektiven (repräsentiert durch die Figur des *homo sociologicus*) die Diskussion.[4] Vor der Folie von Rational Choice und normorientierten Handlungstheorien erschließen sich Partizipations- und Kooperationsbereitschaft sowie ihre Ablehnung aus dem Vorhandensein individueller Zwecke und Interessen sowie normativer sozialer Erwartungen bzw. aus der Geltung kollektiver Sollens-Regeln (Reckwitz 2004). Dagegen setzen sogenannte *praxistheoretische* Ansätze (Schatzki et al. 2000, Schatzki 2003) eine Ebene davor an, indem sie nach den Voraussetzungen fragen, welche die Entstehung von Normen ermöglichen und damit individuellen Präferenzen erst Bedeutung verleihen.

Die praxistheoretische Perspektive setzt zur Erklärung von Handlungen auf die Rekonstruktion *kollektiver Wissensordnungen, Deutungsschemata und symbolischer Codes,* die sich in gesellschaftlichen Handlungsmustern manifestieren (Hörning 2004: 19). Das Hintergrundwissen der Akteure expliziert sich, und das ist entscheidend, in der Form eines „Wissens, wie" (*knowing how*), nicht in einem explizierbaren „Wissen, dass" (*knowing that*). Damit verschiebt sich der handlungstheoretische Fokus weg von benennbaren gesellschaftlichen Normen oder definierten individuellen Kosten-Nutzen-Kalkülen hin auf das in aller Regel nicht reflektierte Alltags- oder Routinehandeln von Akteuren. „Praxis" meint dann die Repetitivität eines Komplexes von Aktivitäten, der „typischerweise" von verschiedenen Individuen in der zeitlichen Sequenz zu unterschiedlichen Zeitpunkten und in verschiedenen räumlichen Settings hervorgebracht wird (Reckwitz 2003: 289). Der Begriff schließt die *Materialität* des Handelns ausdrücklich ein. Reckwitz schreibt: „(...) die Praxistheorie betont (...) die körperlich-leibliche Mobilisierbarkeit von Wissen, die häufig gar nicht mit einer Explizierbarkeit oder Explizierungsbedürftigkeit dieses Wissens einhergeht" (ebd.: 290). Praktiken konstituieren sich demzufolge ganz elementar aus der Bewegung von Körpern und den Umgang von Menschen mit Dingen (ebd.: 290).

Für die Frage nach gesellschaftlicher Partizipations- und Kooperationsfähigkeit im Kontext nachhaltiger Entwicklung stellt diese theoretische Perspektive eine wichtige Erweiterung dar. Sie erlaubt herauszuarbeiten, warum Partizipation und Kooperation als Mittel gesellschaftlicher Gestaltung in einigen raum-zeitlichen Zusammenhängen Geltung erlangen, in anderen jedoch nicht. Zudem hebt sie vor allem die Routiniertheit gesellschaftlichen Handelns hervor und beleuchtet die Möglichkeit gesellschaftlichen Wandels aus einem neuen Blickwinkel.[5]

Die Rekonstruktion eines *praktischen Wissens* steht im Vordergrund praxistheoretischer Ansätze. In Übereinstimmung mit dem normorientierten Ansatz gehen Praxistheorien davon aus, dass kollektive Handlungskriterien gelten. Kollektive Regeln werden aus dieser Sicht jedoch nicht als regulativ, sondern als kognitiv-konstitutiv definiert. Dies bedeutet, dass subjektive Interessen und kollektive Normen ihre Wirkung nur vor dem Hintergrund allgemeiner Wissensordnungen entfalten können. Praxistheoretische Perspektiven arbeiten also *handlungsanleitende kulturelle Schemata* heraus, welche die Akteure zwar fortlaufend

---

[4] Während die *individualistische* Perspektive danach fragt, unter welchen Bedingungen sich ein Akteur für eine bestimmte Handlungsalternative entscheidet (z.B. die Beteiligung an einem Planungsverfahren zur Stadtteilentwicklung im Sinne der lokalen Agenda 21), interessiert sich die *normativistische* Perspektive dafür, welche sozialen Normen das Handeln der Akteure bestimmen (z.B. hinsichtlich der Teilnahme an der Gestaltung gemeinschaftlicher Interessen).

[5] Nicht die einzeln ansetzenden Handlungen der Individuen stehen im Vordergrund, sondern Prozesse, die nichtintentionalem Handeln entspringen und in denen sich gemeinsame Handlungskriterien und Beurteilungsmaßstäbe herausbilden, die in der Regel nicht expliziert werden (können) (vgl. Reichardt 2004: 142).

in ihrem Handeln mit anderen einsetzen, auf die sie in ihren alltagsweltlichen Handlungser-klärungen jedoch keinen Bezug nehmen, da ihnen diese Wissensordnungen implizit bleiben (Reckwitz 2004). Aspekte des Schemas „Partizipieren" sind beispielsweise die Zusammen-kunft am „Runden Tisch", die Darstellung von Positionen und Interessen, das Argumentie-ren, Zuhören und sich Austauschen sowie die Idee, dass sich jeder einbringen kann und Lösungen gemeinsam entwickelt werden.

Kulturelle Schemata bilden jedoch die Voraussetzungen, unter denen Akteure norm- und zweckorientiert handeln. Die Wirksamkeit von Normen und die Geltung von Interessen hängen davon ab, auf welche Weise die Akteure symbolisch-kognitiv ihr Hintergrundwis-sen organisieren, also davon, über welches komplexe Hintergrundwissen sie verfügen (Reckwitz 2000: 138). Es werden solche Bedeutungsmuster herausgearbeitet, vor deren Hintergrund sich die Bereitschaft bzw. Motivation zur Partizipation überhaupt erst Sinn macht. Welches Bild vom Menschen kommt im untersuchten Zusammenhang zum Tragen (Bedeutung von Altruismus vs. Egoismus, des Individuums vs. Gemeinschaft)? Welcher Umgang mit Zeit herrscht vor? etc.

Für eine praxistheoretisch inspirierte Partizipationsforschung erweitert sich die Unter-suchungsperspektive um die Beobachtung und Analyse von konkreten Partizipations- und Kooperationsprozessen, d.h. also nicht das *vor* oder *nach* einer Beteiligungsentscheidung explizierte Handlungswissen steht im Vordergrund, sondern das sich in der konkreten Pra-xis der Partizipation und Kooperation manifestierende Handlungswissen.

Praxistheoretische Ansätze vermögen auf dreierlei Weise das Verständnis von Partizi-pation und Kooperation im Kontext nachhaltiger Entwicklung zu erweitern.

Zum einen sind sie in der Lage, *dichte* (Geertz 1983) – im Gegensatz zu *dünnen* – Handlungsbeschreibungen und Handlungserklärungen zu liefern: Das komplexe, zwar selbstverständlich scheinende, aber tatsächlich alles andere als selbstverständliche Hinter-grundwissen der Akteure, auf deren Grundlage die Bewertungen von bestimmten Handlun-gen als erstrebenswert und notwendig überhaupt Sinn machen, wird expliziert (Reckwitz 2000: 139 ff.).

Zweitens fußen gesellschaftliche Umweltprobleme, als zentraler Gegenstandbereich im Nachhaltigkeitsdiskurs, in hohem Maße auf gesellschaftlichem *Routine*handeln (Kon-summuster, Mobilität usw.). Die kulturellen Schemata, die das Routinehandeln der Akteure erzeugen und ermöglichen, werden von den Praxistheorien herausgearbeitet (vgl. Brand 2010; Spaargaren 2006). Ein wichtiger Punkt dabei ist: Zwar ist nicht jedes Handeln norm-orientiert, Handeln ist aber immer von Sinnzuschreibungen abhängig (Reckwitz 2000: 134f.). Im Zusammenhang mit partizipativen Verfahren zur Erreichung einer nachhaltigen Entwicklung werden Verhaltensroutinen zur Disposition gestellt und dadurch explizierbar. Partizipation und Kooperation als Anforderungen einer gemeinsamen Gestaltung nachhalti-ger Entwicklung stehen im Gegensatz zu den Individualisierungstendenzen der Gegenwart. Die gesellschaftliche Auseinandersetzung mit partizipativer Verhaltenskoordination in Gang zu setzen, bedeutet vor diesem Hintergrund also vor allem in der Regel nicht reflek-tierte Verhaltensroutinen zu problematisieren.

Das Zustandekommen und die Konstitution verschiedener Wissensordnungen in Bezug auf die Idee einer nachhaltigen Entwicklung sind für die nachhaltigkeitsorientierte Partizipati-onsforschung von hoher Relevanz. Erst wenn die unterschiedlichen Deutungen und Interpre-tationen, denen nicht-nachhaltige Handlungsentscheidungen oder Zielkonflikte darüber zu-grunde liegen, explizierbar werden, sind sie auch verhandelbar. Somit kann die praxistheoretische Perspektive drittens bei heterogenen Akteurskonstellationen (und daraus resultierenden Zielkonflikten, widersprüchlichen Werte- und Interessenspluralismen etc.) dazu beitragen, unterschiedliche Wissensordnungen am Beispiel konkreter Handlungs-kontexte offenzulegen. Denn aus der hier skizzierten Perspektive wird (gesamt-)gesellschaftliche Handlungskoordination als durch (kulturelle) Praktiken organisiert verstanden (dazu gehören z.B. Praktiken des Verhandelns, Argumentierens, der Partizipation und Kooperation).

4.3 Institutionenökonomische Erweiterungen des Rational-Choice-Modells: Die „Verfassung der Allmende"

Spieltheoretische Überlegungen können, wie gezeigt, Kooperation konzeptionell begründen. In Abschnitt 3 haben wir gezeigt, dass die Annahmen rational-eigennützigen Verhaltens eine eher kontraproduktive Rolle von Partizipation und Kooperation für das Erreichen einer nachhaltigen Entwicklung nahelegen. „Staat" oder „Markt" erscheinen hier als einzige Lösungen, um das Allmende-Dilemma zu bewältigen.

Angesichts dieser widersprüchlichen Befunde stellt sich nun die Frage nach den Bedingungen, unter denen Partizipation und Kooperation eine Rolle spielen können. Wesentliche Einsichten hierzu stammen aus den in den letzten zwei Jahrzehnten vorgelegten Arbeiten am „Workshop in Political Theory and Policy Analysis" der Bloomington University, Indiana. Das Team um Elinor Ostrom, die für ihre Arbeiten 2009 mit dem Nobelpreis für Ökonomie ausgezeichnet wurde, untersucht, wie knappe Ressourcen unter Beteiligung der jeweiligen Nutzer nachhaltig bewirtschaftet werden, ohne dabei auf eine staatliche Regelung oder eine Privatisierung zu setzen. Denn beide Alternativen bringen klare Nachteile mit sich. Zu nennen wären beispielsweise der hohe Verwaltungsaufwand für die Durchsetzung staatlicher Regelungen oder privater Besitz- und Verfügungsrechte, aber auch die problematische Abhängigkeit lokaler Ressourcennutzer von extern vorgegebenen Regeln. Ostrom hält dagegen jahrtausendelange Erfahrungen mit der lokalen, kollektiven Nutzung von Ressourcen. Ihr Ansatz, der in zusammenhängender Form in dem Buch „Die Verfassung der Allmende" (Ostrom 1990) beschrieben worden ist, setzt zentral auf eine Einbeziehung der Betroffenen (Nutzer) in die Erarbeitung von Institutionen (kollektive Regeln und Normen) bei der Nutzung natürlicher Ressourcen. Auch hier wird letztlich rationaler Eigennutz der Akteure vorausgesetzt, die Lösung des spieltheoretischen Problems ist jedoch eine andere als in der klassischen Spieltheorie.

Für eine nachhaltige, kollektive Ressourcenbewirtschaftung in Eigenregie durch die Nutzer gelten laut Ostrom jedoch eine Reihe von Randbedingungen. So muss zum einen die Gruppe der Nutzer überschaubar genug sein, um eine kollektive Formulierung von Regeln und deren gegenseitige Überwachung zu ermöglichen. Zweitens muss die Ressource, um die es geht, grundsätzlich gegenüber Außenstehenden abgrenzbar sein, wie es auch bei klassischen Allmendegütern der Fall ist. Damit sind viele Kollektivgüter, vor allem auf globaler Ebene, von einem partizipativen Modell der Bewirtschaftung ausgeschlossen. Die dritte notwendige Bedingung für eine erfolgreiche Regelformulierung im Kollektiv ist die Anerkennung der lokal erarbeiteten kollektiven Regeln durch übergeordnete Institutionen, z.B. auf nationalstaatlicher Ebene.

4.4 Theorie kommunikativen Handelns und kooperativer Diskurs

Eine völlig andere, gleichwohl komplementäre Perspektive auf Partizipation nehmen Überlegungen ein, die auf der Theorie kommunikativen Handelns des Soziologen und Philosophen Jürgen Habermas fußen (Habermas 1981). Wichtig ist hierbei zunächst die zentrale Unterscheidung zwischen strategischem und kommunikativem Handeln. Ersteres bezeichnet Handeln zur Erreichung bestimmter (materieller) Ziele („objektive Welt"), während kommunikatives d.h. verständigungsorientiertes Handeln sich auf die „soziale" und „subjektive" Welt bezieht. Unter Rückgriff auf sprachphilosophische Arbeiten, insbesondere die Sprechakttheorie, entwickelt Habermas normative Kriterien für eine kommunikative Rationalität. Darin spielt die „ideale Sprechsituation" eine zentrale Rolle. Ein idealer d.h. „herrschaftsfreier" Diskurs kommt zu einem konsensualen Ergebnis im Zuge rationaler Auseinandersetzung. Dazu ist eine vollkommene Chancengleichheit aller Beteiligten – sowohl in Bezug auf den Zugang zum Diskurs als auch in Bezug auf die Argumentation innerhalb des Diskurses – sowie die Authentizität der Sprechakte (d.h. keine Täuschungsversuche) notwendig. Eine diese Kriterien erfüllende Sprechsituation beschreibt Habermas weder als empirische Realität noch als empirisch erreichbaren Zustand, sondern lediglich als normatives Ideal.

An diesem normativen Ideal orientieren sich neuere Arbeiten der Partizipationsforschung. Die wissenschaftliche Debatte und die Praxis von Partizipationsverfahren wurden stark geprägt durch die Arbeiten von Ortwin Renn, Thomas Webler und anderen, die basierend auf Habermas' Theorie das Modell des „kooperativen Diskurses" für gesellschaftliche Konfliktmittlungs- und Partizipationsverfahren vor allem im Bereich Umweltpolitik und -planung entwickelten (Renn et al. 1995a; Renn & Webler 1996). Die Autoren schlagen theoretisch informierte Verfahrensschritte für partizipative Verfahren im Sinne des „kooperativen Diskurses" vor, die von einer Klärung der Werthaltungen der Teilnehmer über eine Operationalisierung in Form messbarer Kriterien bis hin zu einem Prozess der Abwägung und Entscheidung verlaufen. In klarer Abgrenzung zu den oben skizzierten Rational-Choice-Ansätzen betonen Renn und Webler das Potenzial von Diskursen, „Leitlinien einer sozialen Rationalität zu entwickeln, die über das Interesse der einzelnen Parteien hinausgehen. Ein Diskurs kann nämlich ein „Instrument der Normgenerierung sein" (Renn & Webler 1996: 189). Hierin zeigt sich einerseits deutlich die Abgrenzung von der Theorie rationalen Handelns andererseits aber auch die Komplementarität beider Ansätze. Denn in Beteiligungs- und Kooperationsprozessen verfolgen Akteure in der Regel beide Arten von Handlungen: strategische und kooperative.

Als normative Beurteilungsmaßstäbe partizipativer und kooperativer Entscheidungsprozesse entwickeln Renn und Webler die Kriterien von „Fairness" und „Kompetenz" (Renn et al. 1995a). Beide beziehen sich, wie auch Habermas' Kriterien des rationalen Diskurses, in erster Linie auf die Qualität des Prozesses selbst, nicht aber auf dessen Ergebnisse. Vielmehr wird angenommen, dass ein gut geführter Beteiligungsprozess auch substanziell hochwertige Ergebnisse produziert. Diese ungeprüfte Annahme ist ein zentraler Kritikpunkt, den die neuere Forschung verstärkt aufnimmt (Koontz 2006; Newig & Fritsch 2009a).

Eine weitere Dimension, die im Modell des kooperativen Diskurses und darüber hinaus für Partizipations- und Kooperationsprozesse eine wichtige Rolle spielt, ist kollektives oder „soziales Lernen" (Webler et al. 1995). Damit ist gemeint, dass die Beteiligten sich im

Verlaufe eines Verfahrens Wissen über das zugrundeliegende (Umwelt-)Problem, dessen Lösbarkeit und mögliche Nebenwirkungen von Maßnahmen, aber auch über die Perspektiven anderer Teilnehmer aneignen, darüber hinaus ihre eigenen Perspektive reflektieren – und möglicherweise im Sinne des kooperativen Diskurses verändern – und insgesamt eine ganzheitlichere Perspektive einnehmen (ebd.: 446). Gemeinsam ist allen Modellen deliberativer Verfahren, dass sie typischerweise auf lokalen Ebenen angesiedelt sind, sich aber zumindest auf einen überschaubaren Kreis von Teilnehmenden beschränken. Neuere Ansätze untersuchen die Bedingungen und Wirksamkeit sozialen Lernens im globalen Kontext (Heinrichs 2005; Siebenhüner et al. 2007; Pahl-Wostl et al. 2008) sowie den Einfluss der Struktur von Akteursnetzen auf soziale Lernerfolge (Newig et al. 2010).

5   Konsequenzen für nachhaltige Entwicklung

Sind also Partizipation und Kooperation, wie eingangs gefragt, förderlich für eine nachhaltige Entwicklung? Tatsächlich wird diese Frage erst in jüngerer Zeit vermehrt gestellt, obwohl – wie die Analyse zeigt – das instrumentelle Verständnis von Partizipation und Kooperation, dass sich durch emanzipatorische und legitimatorische Motive charakterisiert, im Nachhaltigkeitskontext weit verbreitet ist. Bei dem Versuch, die aufgeworfene Frage zu beantworten, ergibt sich vor dem Hintergrund der in diesem Beitrag diskutierten Theorien und Konzepte ein differenziertes Bild. Ein Blick auf etablierte Theorien der Politikwissenschaft, Soziologie und Sozialpsychologie dämpft zunächst jeden „naiven" Partizipationsoptimismus. Partizipation und Kooperation, so scheint es, sind höchst unwahrscheinliche Phänomene und darüber hinaus gerade bei (globalen) Nachhaltigkeitsfragen nur bedingt Erfolg versprechend. Andere theoretische Perspektiven lassen hingegen erwarten, dass Partizipation und Kooperation sehr wohl nachhaltigkeitsrelevant sein können. Allerdings sind diese positiv besetzten Wirkungen an bestimmte Voraussetzungen geknüpft:

- Neuere Studien der Evolutionsbiologie und Neuropsychologie zeigen, dass es eine anthropologisch gegebene Fähigkeit zur Kooperation gibt, die über bisherige Vorstellung von Kooperation als Eigennutz hinausgeht. Sie betonen die Bedeutung von Empathie in kooperativen Handlungssituationen. Damit diese Prädispositionen verwirklicht werden können, bedarf es eines Kooperation ermöglichenden und unterstützenden sozio-kulturellen Umfelds.
- Wie soziale und kulturelle Kontexte auf Handeln wirken, zeigen neuere praxistheoretische Ansätze. Sie arbeiten die Deutungsmuster und Sinnzusammenhänge heraus, die Praktiken der Partizipation und Kooperation konstituieren und anleiten. Damit werden auch soziokulturelle Spezifika gesellschaftlicher Partizipations- und Kooperationsbereitschaft in Raum und Zeit nachvollziehbar. Daneben stellen praxistheoretische Analysen von Partizipations- und Kooperationsprozessen im Kontext nachhaltiger Entwicklung einen Ansatz bereit, der das Routinehandeln von Akteuren problematisiert. Dieses steht ja gerade in der Auseinandersetzung mit gesellschaftlich erzeugten Umweltproblemen in vielerlei Hinsicht zur Disposition (exemplarisch können hier Konsum- und Mobilitätsverhalten angeführt werden). Die Praxistheorien leisten also einen zweifachen Beitrag für die nachhaltigkeitsorientierte Partizipations- und Kooperationsforschung: nicht nur geben sie Aufschluss über das Zustandekommen partizipativen

und kooperativen gesellschaftlichen Handelns, sie geben auch Einsichten in die Chancen und Resistenzen eines möglichen Zusammenspiels von Partizipation und nachhaltiger Entwicklung.

- Sowohl die konzeptionellen, als auch die empirischen Arbeiten zur Verfassung der Allmende zeigen, dass zum einen die Gruppe der Nutzer überschaubar genug sein sollte, um eine kollektive Formulierung von Regeln und deren gegenseitige Überwachung zu ermöglichen. Zweitens muss die Ressource, um die es geht, grundsätzlich gegenüber Außenstehenden abgrenzbar sein, wie es auch bei der klassischen Allmende der Fall ist. Dies schließt viele Kollektivgüter, vor allem globale, von einem partizipativen Modell der Bewirtschaftung aus. Drittens sollten die lokal erarbeiteten kollektiven Regeln durch übergeordnete Institutionen, z.B. auf nationalstaatlicher Ebene, anerkannt werden.

- Aus den Arbeiten aus dem Bereich der Theorie kommunikativen Handeln und des kooperativer Diskurses lässt sich zweierlei ableiten. Zunächst ist für eine intensive, deliberative Interaktion typischerweise eine lokale Ebene bzw. eine kleine Gruppengröße notwendig. Vor allem aber sollte ein Gruppenprozess so gestaltet werden, dass er möglichst nahe an die von Habermas skizzierte (und praktisch nicht erreichbare) „ideale Sprechsituation" heranreicht. Der Prozessgestaltung kommt damit eine entscheidende Rolle zu.

Damit wird insgesamt deutlich, dass eine eindeutige Antwort auf die Frage, ob Partizipation und Kooperation nachhaltige Entwicklung fördern, aus bloßer theoretischer Warte nicht möglich ist. Vielmehr zeigt sich, dass Partizipation unter bestimmten Bedingungen sehr wohl effektiv sein kann, unter anderen hingegen möglicherweise kontraproduktiv ist. Auch neuere empirisch-vergleichende Studien heben die Bedeutung des Kontexts für den Erfolg von Partizipation und Kooperation hervor (Lawrence & Deagen 2001; Newig & Fritsch 2009a).

Die in diesem Kapitel dargestellten, übergeordneten theoretisch-konzeptionelle Ansätze verstehen sich auch als Orientierungsrahmen für die folgenden Kapitel dieses Bandes. Durch die Zusammenschau von Theorierahmen und den spezifischen Gegenstandsbetrachtungen in den folgenden Kapiteln, so hoffen wir, entsteht ein umfassenderes Bild zum Status Quo der Partizipations- und Kooperationsforschung für eine nachhaltige Entwicklung.

Literatur

Axelrodt, R. (2006): The Evolution of Cooperation: Revised Edition, New York.

Baranek, E. & Walk, H. (2005): Partizipation und Nachhaltigkeit - zwei Seiten ein und derselben Medaille, in: P. H. Feindt & J. Newig (Hrsg.): Partizipation, Öffentlichkeitsbeteiligung, Nachhaltigkeit. Perspektiven der Politischen Ökonomie, Marburg, 65-86.

Bauer, J. (2006): Das kooperative Gen. Abschied vom Darwinismus, Hamburg.

Beierle, T. C. & Cayford, J. (2002): Democracy in Practice. Public Participation in Environmental Decisions, Washington, DC.

Benz, A. (2006): Governance in Mehrebenensystemen, in: G. F. Schuppert (Hrsg.): Governance-Forschung. Vergewisserung über Stand und Entwicklungslinien, 2. Auflage, Baden-Baden, 95-120.

Berkes, F. & Folke, C. (2002): Back to the Future: Ecosystem Dynamics and Local Knowledge, in: L. H. Gunderson & C. S. Holling (Hrsg.): Panarchy. Understanding Transformations in Human and Natural Systems, Washington, Covelo, London, 121-146.

Brand, K.-W. (2010): Social Practices and Sustainable Consumption. Benefits and Limitations of a New Theoretical Approach, in: M. Gross & H. Heinrichs (Hrsg.): Environmental Sociology: European Perspectives and Interdisciplinary Challenges. Dordrecht, 217–236.

Coleman, J. S. (1990): Foundations of Social Theory, Cambridge, Mass. et al.

Cooke, B. (2001): The Social Psychological Limits of Participation?, in: B. Cooke & U. Kothari (Hrsg.): Participation: the new tyranny?, London, New York, 102-121.

Cuthill, M. (2002): Exploratory research: Citizen participation, local government and sustainable development in Australia, in: Sustainable Development 10 (2), 79-89.

Dahl, R. A. (1994): A Democratic Dilemma: System Effectiveness versus Citizen Participation, in: Political Science Quarterly 109 (1), 23-34.

Dryzek, J. S. (1997): The Politics of the Earth. Environmental Discourses, New York.

Esser, H. (1993): Soziologie. Allgemeine Grundlagen. Campus, Frankfurt a.M.

EU (2002): Leitfaden zur Beteiligung der Öffentlichkeit in bezug auf die Wasserrahmenrichtlinie. Aktive Beteiligung, Anhörung und Zugang der Öffentlichkeit zu Informationen (Übersetzung der englischen Originalfassung). Endgültige, nach dem Treffen der Wasserdirektoren im November 2002 erarbeitete Fassung. Guidance Document No. 8.

Feindt, P. H. (2001): Regierung durch Diskussion? Diskurs- und Verhandlungsverfahren im Kontext von Demokratietheorie und Steuerungsdiskussion, Frankfurt a.M.

Feindt, P. H. & Newig, J. (Hrsg.) (2005): Partizipation, Öffentlichkeitsbeteiligung, Nachhaltigkeit. Perspektiven der politischen Ökonomie. Ökologie und Wirtschaftsforschung, Marburg.

Fisahn, A. (2002): Demokratie und Öffentlichkeitsbeteiligung, Tübingen.

Funtowicz, S.; Ravetz, J. & O'Connors, M. (1998): Challenges in the use of science for sustainable development, in: International Journal of Sustainable Development 1 (1), 99-107.

Funtowicz, S. & Ravetz, J. (1993): Science for the post-normal age, in: Futures 25 (7), 739-755.

Geertz, Clifford (1983): Dichte Beschreibung: Beiträge zum Verstehen kultureller Systeme, Frankfurt am Main.

Habermas, J. (1981): Theorie des kommunikativen Handelns, Frankfurt am Main.

Habermas, J. (1991 [1962]): The Structural transformation of the public sphere: an inquiry into a category of bourgeois society, Cambridge, Mass.

Hardin, G. (1968): The tragedy of the commons, in: Science 162, 1243-1248.

Heinelt, H. (2002): Achieving Sustainable and Innovative Policies through Participatory Governance in a Multi-level Context: Theoretical Issues, in: H. Heinelt; P. Getimis; G. Kafkalas; R. Smith & E. Swyngedouw (Hrsg.): Participatory governance in multi-level Context. Concepts and experience, Opladen, 17-32.

Heinrichs, H. (2005): Herausforderung Nachhaltigkeit: Transformation durch Partizipation?, in: P. H. Feindt & J. Newig (Hrsg.): Partizipation, Öffentlichkeitsbeteiligung, Nachhaltigkeit. Perspektiven der Politischen Ökonomie, Marburg, 43-63.

Heinrichs, H. (2007): Kultur-Evolution: Partizipation und Nachhaltigkeit, in: G. Michelsen & J. Godemann (Hrsg.): Handbuch Nachhaltigkeitskommunikation, München, 709-720.

Hill, M. & Hupe, P. (2002): Implementing public policy: governance in theory and practice, London et al.

Hörning, K.H. (2004): Soziale Praxis zwischen Beharrung und Neuschöpfung. Ein Erkenntnis- und Theorieproblem, in: K. H. Hörning & J. Reuter (Hrsg.): Doing Culture. Neue Positionen zum Verhältnis von Kultur und sozialer Praxis, Bielefeld, 19-39.

Hooghe, L. & Marks, G. (2003): Unraveling the central state, but how? Types of multi-level governance, in: American Political Science Review 97 (2), 233-243.

Kastens, B. & Newig, J. (2007): The Water Framework Directive and Agricultural Nitrate Pollution: Will Great Expectations in Brussels be Dashed in Lower Saxony?, in: European Environment 17, 231-246.

Kastens, B. & Newig, J. (2008): Will participation foster the successful implementation of the WFD? The case of agricultural groundwater protection in North-West Germany, in: Local Environment 13 (1), 27-41.

Koontz, T. M. (2006): Collaboration for sustainability? A framework for analyzing Government impacts in collaborative-environmental management, in: Sustainability: Science, Practice & Policy 2 (1), 15-24.

Lafferty, W. M. & Meadowcroft, J. (1996): Democracy and the environment: congruence and conflict - preliminary reflections, in: W. M. Lafferty & J. Meadowcroft (Hrsg.): Democracy and the Environment. Problems and Prospects, Cheltenham, Lyme, 1-17.

Lawrence, R. L. & Deagen, D. A. (2001): Choosing Public Participation Methods for Natural Resources: A Context-Specific Guide, in: Society & Natural Resources 14, 857-872.

Layzer, J. (2008): Natural Experiments: Ecosystem-Based Management and the Environment, Cambridge, Mass.

Lele, S. M. (1991): Sustainable Development: A critical review, in: World Development 19 (6), 607-621.

Liu, J.; Dietz, T.; Carpenter, S. R.; Alberti, M.; Folke, C.; Moran, E.; Pell, A. N.; Deadman, P.; Kratz, T.; Lubchenco, J.; Ostrom, E.; Ouyang, Z.; Provencher, W.; Redman, C. L.; Schneider, S. H. & Taylor, W. W. (2007): Complexity of Coupled Human and Natural Systems, in: Science 317 (5844), 1513.

Matschke, K. (2006): Empowerment und Partizipation in der Entwicklungszusammenarbeit: Wege zur Nachhaltigkeit und ihre Fallstricke. Eine Studie in Südafrika, Hamburg.

Meadowcroft, J. (2000): Sustainable Development: a New(ish) Idea for a New Century?, in: Political Studies 48, 370-387.

Meadowcroft, J. (2002): Politics and scale: some implications for environmental governance, in: Landscape and Urban Planning 61, 169-179.

Meadowcroft, J. (2004): Participation and sustainable development: modes of citizen, community and organisational involvement, in: W. M. Lafferty (Hrsg.): Governance for Sustainable Development. The Challenge of Adapting Form to Function, Cheltenhan, Northhampton, 162-190.

Newig, J. (2011): Partizipation und neue Formen der Governance, in: M. Groß (Hrsg.): Handbuch Umweltsoziologie, Wiesbaden.

Newig, J. & Fritsch, O. (2008): Der Beitrag zivilgesellschaftlicher Partizipation zur Effektivitätssteigerung von Governance. Eine Analyse umweltpolitischer Beteiligungsverfahren im transatlantischen Vergleich, in: I. Bode; A. Evers & A. Klein (Hrsg.): Bürgergesellschaft als Projekt. Eine Bestandsaufnahme zu Entwicklung und Förderung zivilgesellschaftlicher Potenziale in Deutschland, Wiesbaden, 214-239.

Newig, J. & Fritsch, O. (2009a): Environmental Governance: Participatory, Multi-Level – And Effective?, in: Environmental Policy and Governance 19 (3), 197-214.

Newig, J. & Fritsch, O. (2009b): More Input – Better Output: Does citizen involvement improve environmental governance?, in: I. Blühdorn (Hrsg.): In Search of Legitimacy. Policy Making in Europe and the Challenge of Complexity, Opladen, Farmington Hills, 205-224.

Newig, J.; Günther, D. & Pahl-Wostl, C. (2010): Synapses in the network. Learning in Governance Networks in the Context of Environmental Management, in: Ecology & Society 15(4): 24. [online] URL: http://www.ecologyandsociety.org/vol15/iss4/art24/.

Oels, A. (2003): Global discoure, local struggle. Die Rekontruktion des Lokalen durch Lokale-Agenda 21-Prozesse, in: E. M. Döring; G. H. Engelhardt; P. H. Feindt & J. Ossenbrügge (Hrsg.): Stadt – Raum – Natur. Die Metropolregion als politisch konstruierter Raum, Hamburg.

Ostrom, E. (1990): Governing the Commons. The Evolution of Institutions for Collective Action. Political Economy of Institutions and Decisions, Cambridge et al.

Pahl-Wostl, C.; Mostert, E. & Tàbara, D. (2008): The Growing Importance of Social Learning in Water Resources Management and Sustainability Science, in: Ecology and Society 13 (1): 24.

Parris, T. M. & Kates, R. W. (2003): Characterizing and measuring sustainable development, in: Annual Review of Environment and Resources 28, 559-586.

Pellizzoni, L. (2003): Uncertainty and Participatory Democracy, in: Environmental Values 12 (2), 195-224.

Pressman, J. L. & Wildavsky, A. (1984 [1973]): Implementation: how great expectations in Washington are dashed in Oakland, Berkeley, Calif. et al.

Randolph, J. & Bauer, M. (1999): Improving Environmental Decision-Making Through Collaborative Methods, in: Policy Studies Review 16 (3-4), 168-191.

Reckwitz, Andreas (2000): Die Transformation der Kulturtheorien. Zur Entwicklung eines Theorieprogramms, Weilerswist.

Reckwitz, Andreas (2003): Grundelemente einer Theorie sozialer Praktiken: Eine sozialtheoretische Perspektive, in: Zeitschrift für Soziologie 32 (4), 282–301.

Reckwitz, Andreas (2004): Die Entwicklung des Vokabulars der Handlungstheorien: Von den zweck- und normorientierten Modellen zu den Kultur- und Praxistheorien. In: M. Gabriel (Hrsg.): Handlungstheorien in der Soziologie, Wiesbaden,303-328.

Reichardt, S. (2004): Praxeologie und Faschismus. Gewalt und Gemeinschaft als Elemente eines praxeologischen Faschismusbegriffs, in: K. H. Hörning & J. Reuter (Hrsg.): Doing Culture. Neue Positionen zum Verhältnis von Kultur und sozialer Praxis, Bielefeld, 129-153.

Renn, O. & Webler, T. (1996): Der kooperative Diskurs: Grundkonzept und Fallbeispiel, in: Analyse & Kritik 18 (2), 175-207.

Renn, O.; Webler, T. & Wiedemann, P. (Hrsg.) (1995a): Fairness and Competence in Citizen Participation: Evaluating Models for Environmental Discourse. Technology, Risk and Society, Dordrecht.

Renn, O.; Webler, T. & Wiedemann, P. (1995b): The Pursuit of Fair and Competent Citizen Participation, in: O. Renn; T. Webler & P. Wiedemann (Hrsg.): Fairness and Competence in Citizen Participation: Evaluating Models for Environmental Discourse, Dordrecht, 339-368.

Scharpf, F. W. (2001): Notes Toward a Theory of Multilevel Governing in Europe, in: Scandinavian Political Studies 24 (1), 1-26.

Schatzki, T. R. (2003): Social Practices. A Wittgensteinian Approach to Human Activity and the Social. [Nachdr.]. Cambridge.

Schatzki, T. R.; Knorr-Cetina, K.; Savigny, E. von (Hrsg.) (2000): The practice turn in contemporary theory, London et al.

Siebenhüner, B.; Hoffmann, E.; Beschorner, T.; Arnold, M.; Behrens, T. & Barth, V. (Hrsg.) (2007): Gesellschaftliches Lernen und Nachhaltigkeit, Marburg.

Smith, G. (2003): Deliberative Democracy and the Environment, London.

Spaargaren, Gert (2006): Governing Environmental Flows. Global challenges to social theory. Cambridge, Mass. et al.

Tomasello, M. (2009): Why We Cooperate, Cambridge.

Tsebelis, G. (1995): Decision Making in Political Systems: Veto Players in Presidentialism, Parliamentarism, Multicameralism and Multipartism, in: British Journal of Political Science 25 (3), 289-325.

Van Huijstee, M. M.; Francken, M. & Leroy, P. (2007): Partnerships for Sustainable Development: A Review of Current Literature, in: Environmental Sciences 4 (2), 75-89.

Vogel, C. (1992): Der wahre Egoist kooperiert. Ethische Probleme im Bereich Evolutionsbiologie, Verhaltensforschung und Soziobiologie. In: H.-D. Ebbinghaus & G. Vollmer (Hrsg.): Denken unterwegs: fünfzehn metawissenschaftliche Exkursionen, Stuttgart, 169-182.

Voland, E. (2003): Eigennutz und Solidarität. Das konstruktive Potenzial biologisch evolvierter Kooperationsstrategien im Globalisierungsprozess, in: ZEP 26 (4), 15-20.

von Alemann, U. (1975): Partizipation, Demokratisierung, Mitbestimmung - Zur Problematik eines Gegenstandes, in: U. von Alemann (Hrsg.): Partizipation - Demokratisierung - Mitbestimmung, Opladen, 13-40.

Webler, T.; Kastenholz, H. & Renn, O. (1995): Public Participation in Impact Assessment: A Social Learning Perspective, in: Environmental Impact Assessment Review 15, 443-463.

Young, O. R.; Berkhout, F.; Gallopin, G. C.; Janssen, M. A.; Ostrom, E. & van der Leeuw, S. (2006): The globalization of socio-ecological systems: An agenda for scientific research, in: Global Environmental Change 16, 304-316.

Neue Entwicklungen der empirischen Zugänge in der Partizipations- und Kooperationsforschung

Heiko Grunenberg

1   Einleitung

Die vielseitigen Einsatzmöglichkeiten und Einsatzgebiete von Partizipations- und Kooperationsverfahren, die in diesem Sammelband zusammengetragen worden sind, verdeutlichen den Stellenwert, den diese Partizipation und Kooperation im Hinblick auf nachhaltige Entwicklung mittlerweile einnehmen. Das sich stetig vergrößernde Einsatzspektrum und der damit einhergehende Bedeutungszuwachs spiegeln sich auch in der Forschungslandschaft wider, die sich zunehmend den Beteiligungsverfahren annimmt und mehr und mehr Forschungsaktivitäten auf diesen Bereich konzentriert. Der Bereich der Partizipations- und Kooperationsforschung lässt sich durch eine vergleichsweise geringe Standardisierbarkeit und damit auch durch eine geringe Befragbarkeit sowie eine große Heterogenität kennzeichnen. Eine weitere Schwierigkeit stellt die Komplexität der zu untersuchenden Prozesse dar.

Bei genauerer Betrachtung zeigt sich eine Aufteilung der Forschungsbemühungen in zwei große Stränge: Einerseits wird theoretisch an den Grundlagen von Partizipations- und Kooperationsverfahren gefeilt und gearbeitet. Andererseits wird empirisch über den Einsatz jener Verfahren geforscht. Diese beiden Hauptrichtungen unterteilen sich jeweils wiederum in mehrere Arbeitsbereiche mit unterschiedlichen Schwerpunkten. An dieser Stelle sollen die größten Strömungen kurz skizziert werden.

Arbeiten, die eher der theoretisch-abstrakten Richtung zuzuordnen sind, betrachten den zu untersuchenden Gegenstand analytisch und nehmen eine argumentativ-logische Ableitung von Inhaltskomponenten mit meist grundlegender Bedeutung vor. Folgende Fragestellungen und Forschungsrichtungen lassen sich hier unterscheiden:

a.   Die Grundlagenforschung, die für die Einbettung von Partizipation und Kooperation unerlässlich ist. Hierzu zählen, neben anderen, vor allem anthropologische, kulturelle und psychologische Basiserkenntnisse.
b.   Die grundsätzliche normative Beurteilung von Partizipation und Kooperation sowie ihrer speziellen Verfahren. Zu dieser normativen Perspektive werden auch demokratietheoretische und gerechtigkeitstheoretische Fragestellungen gezählt.
c.   Die Steigerung des pragmatisch-effizienten Vollzugs von Partizipation und Kooperation und damit zusammenhängend auch technische und taktische Überlegungen.
d.   Die fachgeschichtliche Bearbeitung von Partizipation und Kooperation und ihrer speziellen Verfahren.

Neben dieser eher theoretisch orientierten Forschung werden Thematiken und Fragestellungen aus dem Bereich der Partizipation und Kooperation auch durch den Abgleich mit der empirischen Realität untersucht. Zu diesem Zweck werden Daten (Achtung, gemeint sind an dieser Stelle nicht nur quantitative Daten in Form von Zahlen, sondern auch Daten eher qualitativer Natur bspw. Texte, Aussagen etc.) neu erhoben oder bereits erhobene Daten ausgewertet, um solche Fragestellungen zu beantworten, die sich nicht ausschließlich theoretisch-abstrakt untersuchen lassen. Hierzu ist eine Überführung abstrahierter Inhalte in beobachtbare Untersuchungsbestandteile vorzunehmen, die schließlich wieder in abstrakte Aussagen einmünden. Der Bereich der empirischen Forschung über Partizipation und Kooperation lässt sich in die nachstehenden vier Hauptrichtungen unterteilen:

e. Die empirische Bearbeitung demokratietheoretischer und gerechtigkeitstheoretischer Fragestellungen von Partizipation und Kooperation in Anlehnung an b). Normative Folgerungen können allein aus empirischen Forschungsdesigns und -ergebnissen nicht abgeleitet werden sondern mit empirischem Material lediglich unterfüttert werden. Beispielsweise gelingt eine demokratiefördernde Argumentation nicht, wenn lediglich Daten über undemokratische Prozesse vorliegen.. Der Selbstwert der Demokratie muss stattdessen normativ hergeleitet werden und kann Zahlenmaterial nur unterfütternd verwenden.

f. Die empirische Untersuchung zur Steigerung des pragmatisch-effizienten Durchführung von Partizipation und Kooperation sowie ihrer technischen Aspekte in Anlehnung an c).

g. Empirische Untersuchungen, die grob der Untersuchungsrichtung „Evaluation" zuzuordnen sind.

h. Fachgeschichtliche Untersuchungen oder geschichtliche Arbeiten mit eigenen geschichtswissenschaftlichen Forschungsmethoden in Anlehnung an d).

Diese grobe Einteilung in acht Blickrichtungen macht sehr deutlich, dass die Trennung von theoretischer und empirischer Forschung im Bereich der Partizipation und Kooperation meist nicht gegeben ist, sondern sich die beiden Bestandteile sehr häufig ergänzen. Die Einteilung dient folglich eher der Strukturierung des Gegenstandsbereiches und ist zum Teil vor allem analytischer Natur. Der vorliegende Beitrag fokussiert auf methodische Entwicklungen, die sich den Bereichen e), f) und g) zuordnen lassen sofern sie einen Bestandteil in einem wissenschaftlichen Arbeitsprozess bilden, und sei dieser noch so klein. Entwicklungen im Bereich der fachgeschichtlichen Untersuchungen (g) werden an dieser Stelle nicht behandelt, weil dieser Bereich eher der Geschichtswissenschaft und dem ihr eigenen Arsenal an empirischen Methoden zuzuordnen ist.

Der vorliegende Beitrag führt in die Verwendung empirischer Forschungsmethoden in der Kooperations- und Partizipationsforschung ein, behandelt aber nicht die Analyse- und Disseminationsphase empirischer Forschungsprojekte. Zwar ist die Analyse sicherlich das Herzstück empirischen Arbeitens, zugleich ist sie aber derart komplex und variiert von Verfahren zu Verfahren so stark, dass eine detaillierte und angemessene Darstellung nur durch die Fachliteratur der jeweiligen Verfahren zu geleistet werden kann.

Diese Aussage resultiert aus der grundlegenden These dieses Artikels, dass nämlich im Bereich der Partizipations- und Kooperationsforschung an sich keine eigenen Forschungsmethoden vorhanden sind, welche in anderen Themenbereichen nicht ebenfalls zu finden wären. Stattdessen können sich Untersuchungen der Partizipations- und Kooperationsforschung aus dem breiten Angebot der menschenwissenschaftlichen Disziplinen (vgl. Reh-

berg 1996) bedienen. Die beschriebenen und zu beschreibenden Eigenheiten des Forschungsbereichs legen aber, wie aufgezeigt wird, eine besondere Schwerpunktsetzung auf
ein bestimmtes Methodenspektrum nahe, weil kaum davon ausgegangen werden kann, dass
schlicht quantifizierbare Untersuchungsgegenstände vorgefunden werden, die mit dem
klassischen standardisierten Arsenal unangepasst beforscht werden können. Den Besonderheiten der innovativen Methodenverwendung wird im Folgenden nachgegangen.

2   Die Auswahl der Methode

Zwar kann der Stellenwert von Theorie innerhalb eines Forschungsvorhabens selbstverständlich sehr stark variieren, in den allermeisten Fällen jedoch treten Theorie und Empirie
gemeinsam auf und sind im besten Falle aufeinander bezogen.

2.1 Die Verwendung von Methoden

Ausdrücklich beruht der vorliegende Artikel auf einem Verständnis von Empirie als „auf
der Erfahrung beruhend" (vgl. Schmitz von Hülst 1991) und umschließt daher quantitative
und qualitative Forschungsmethoden. Den epistemologischen Auseinandersetzungen zwischen beiden Lagern ist zwar ausgesprochen viel zu entnehmen, doch wird in der heutigen
Forschungspraxis mehr und mehr dem vermittelnden Ansatz gefolgt (vgl. von Saldern
1998), welcher die Stärken und Schwächen beider methodologischer Reinformen kennt und
forschungspraktisch handhabt. Dies darf aber nicht zu einer Methodenbeliebigkeit führen,
denn eine falsche Indikation einer Methode ist und bleibt eine falsche Indikation (Steinke
1999). Nach dem Prinzip der „Gegenstandsadäquanz" hängt die Verwendung einer geeigneten Methode direkt vom Forschungsgegenstand und der Fragestellung ab. Ein Entscheidungsbaum für die Auswahl der passenden Methode sieht folgendermaßen aus:

1. Legt die Forschungsfrage empirische Arbeit nahe?
2. Legt die Forschungsfrage eine qualitative oder eine quantitative Vorgehensweise nahe
    (meist: Induktion versus Deduktion) ?
3. Erlaubt die Arbeit eine triangulative Vorgehensweise (s.u.)?
4. Welche spezielle Methode ist auszuwählen?

Bei der Abwägung dieser Fragen lassen sich im Wesentlichen fünf Standardfehler ausmachen, die zu beobachten sind und die aus den subjektiven Begrenzungen der Forschenden
oder ihres Umfeldes resultieren. Diese Phänomene sind im Bereich der Partizipations- und
Kooperationsforschung ebenso häufig zu finden wie in vielen anderen Forschungsbereichen. Eine kurze Betrachtung lohnt sich an dieser Stelle dennoch.

1. *Fehlerhafte Methodenauswahl aufgrund mangelnden Wissens:* Ein typisches Ausbildungsproblem, das i.d.R. dann offenbar wird, wenn Forschende am Ende oder nach Ihrer Ausbildung (z.B. für eine Qualifizierungsarbeit) empirisch arbeiten wollen oder
    sollen. Unzureichendes Wissen über Stärken und Schwächen einzelner Methoden führt

dann dazu, dass - oftmals mit der besten Absicht - falsche Entscheidungen getroffen oder aber inadäquate Heuristiken zur Methodenfindung herangezogen werden.

2. *Gewohnheit neigt zur Wiederholung*: Eine Methode, die bereits einmal mit gewissem Erfolg angewendet wurde, wird erneut herangezogen. Hierbei ist die nachvollziehbare Überlegung, eine bereits eingeübte Methode zu beherrschen und durch deren Verwendung nicht eine neue Methode von Grund auf erlernen zu müssen. In der Folge wird eine Methode zunehmend souverän beherrscht – was durchaus begrüßenswert ist, solange sie dem Forschungsgegenstand angemessen ist – das Methodenspektrum insgesamt bleibt jedoch sehr flach.

3. *Lehre einseitigen Methodenwissens*: Einseitiges Wissen über Methoden, welches den eigenen Standpunkt für sakrosankt erklärt und Alternativen als irrelevant ansieht, hat zur Folge, dass jeder beliebige Gegenstand mit ein- und derselben Methode untersucht wird. Dies stellt insbesondere Studierende, die einen Fakultätswechsel mitmachen, vor große Herausforderungen.

4. *Individuelle Vorlieben und Abneigungen beschränken die Methodenauswahl*: Hat eine Person beispielsweise eine starke Abneigung gegen „kaltes" und „unpersönliches" Zahlenmaterial oder setzt sich ungern mit „Erzählungen" und „Geschichtchen" auseinander, wird es schwer, eine Methodenvielfalt handzuhaben. Tendenzen diesbezüglich sind oft fachbereichsspezifisch, von Kind auf erlernt oder geschlechtsspezifischer Tendenz. Das Aha-Erlebnis bei der Erlernung und Anwendung einer „neuen" Methode ist in der Regel umso stärker, je größer der Unterschied zu den bislang präferierten Methoden ist.

5. *Der Gegenstand wird irregulär synchronisierend mit der Methode vermischt*: Dies ist ein eher selten anzutreffender Fehler, der auf einer nicht vorhandenen Trennung von eigentlich trennbaren Inhalten beruht. Ein Beispiel ist die Aussage, dass über qualitative Forschung nur mit qualitativen Methoden geforscht werden könne, oder dass über transdisziplinäre Prozesse nur transdisziplinär geforscht werden kann. Tatsächlich hängen zwar Inhalt und Methode immer zusammen, jedoch nicht in einer Weise, die eine derart starke Synchronisation von Thema und Methode verlangen würde.

Leider liegen kaum Daten über die angemessene Indikation von Methoden im empirischen Forschungsprozess vor. Eine Untersuchung von 60 Zeitschriftenartikeln mit qualitativen Forschungsmethoden ergab im Jahre 2001, dass lediglich in knapp 10% der untersuchten Forschungsprojekte die Anwendung der gewählten qualitativen Methode nicht angemessen war und stattdessen ein quantitatives Design besser gewesen wäre. Etwa ein weiteres Drittel der untersuchten Forschungsdesigns verwendete zudem nicht die angemessenste qualitative Methode (Grunenberg 2001 & 2007).

Die häufigsten Quellen für Fehler in der Methodenauswahl der Partizipations- und Kooperationsforschung sind Fehlerquelle 1, weil die entsprechenden Ausbildungsgänge oftmals in der Empirie nur wenige oder schwache Akzente setzen, und Fehlerquelle 4, weil sich die Vorlieben von Partizipationsforschern im Mittel eher im Bereich der qualitativen Verfahren bewegen dürften – dagegen bewegt sich die Kooperationsforschung zumindest mit ihrem experimentellen Zweig eher im Bereich der quantitativen Methoden. Fehler aufgrund der Synchronisation von Inhalt und Methode (Fehlerquelle 5) sind zwar seltener aber dennoch klassisch für das vorliegende Gebiet. An dieser Stelle soll mit einem Missverständnis gebrochen werden: Bisweilen wird behauptet, dass empirische Forschung im

Themenfeld Partizipation per se näher an den qualitativen Methoden anzusiedeln sei. Die Begründung dafür ist meist, dass die Partizipationsprozesse ihre methodische Entsprechung eher in den menschennahen, ergebnisoffenen und diskursiven Methoden finden. Dies ist aber keineswegs zwingend der Fall. Rein numerisch kann an dieser Stelle kein Urteil gefällt werden, welche empirische Methodenrichtung im Umfeld der Partizipationsforschung häufiger anzutreffen ist. Inhaltlich jedoch legt der Gegenstand keine derartige Einseitigkeit hinsichtlich der Methode nahe.

2.2 Welche Methoden bieten sich für die Partizipations- und Kooperationsforschung besonders an?

Die Auswahl der grundsätzlich anwendbaren Methoden ist ebenso vielfältig wie der Forschungsgegenstand selbst. Die Wahl der Methode hängt im Wesentlichen davon ab, inwieweit der Gegenstand unbekannt ist (unbekannt = qualitativ/induktiv) bzw. inwieweit (Arbeits-)Hypothesen bereits vorhanden sind (vorhanden = quantitativ/deduktiv). Weitere wichtige Kriterien bei der Methodenwahl sind die Beschaffenheit und Verfügbarkeit der Grundgesamtheit, für welche die später gefolgerten Aussagen gelten sollen, die Beschaffenheit der Fragestellung hinsichtlich ihres Verallgemeinerungsgrads (je geringer der Verallgemeinerungsgrad desto qualitativer die Forschung) und schließlich die Beschaffenheit des Aussagemodus' („erklären" versus „verstehen", vgl. von Wright 1982). Weitere Kriterien werden von Lamnek (2008) übersichtlich, wenngleich etwas stark einander gegenübergestellt, angeführt.

Nehmen wir unser zu Beginn dargestelltes Raster der Forschungsfelder auf, so zeigt sich keine klare Tendenz für eine bestimmte Methodenausrichtung in den Felder e) und f). Lediglich Methoden der Evaluation werden häufiger mit quantitativen als mit qualitativen Verfahren untersucht.

Methoden der Aktionsforschung zähle ich nicht im strengen Sinne zu den empirischen Forschungsmethoden, wenngleich empirische Anteile innerhalb des Forschungs- und Implementationsverfahrens eine Rolle spielen. Im Rahmen einer interventionistischen Forschung können ihre Bestandteile, die Praxis und die Wissenschaft sowie die Schnittmenge der beiden, zwar voneinander getrennt werden, jedoch legen die unbedingte Bezugnahme aufeinander und der Schwerpunkt auf die Effekterzielung nahe, dass eher personennahe Methoden gewählt werden, damit die Menschennähe synergetisch effektiv genutzt werden kann. Für die Erkenntnisrichtung ist dies zwar oft nachteilig, wird aber hingenommen, wenn es der Implementation dient. Da demzufolge Gegenstandsadäquanz im Bereich der Aktionsforschung nicht das (primäre) Referenzkriterium der Erkenntnis ist, unterliegt die Methodenauswahl nicht den oben dargestellten Bedingungen. Mit Aktionsforschung nicht zu verwechseln sind jene interventionistischen Ansätze transdisziplinärer Forschung (siehe Adomßent & Michelsen in diesem Band), welche Erkenntnisvorteile aus der Integration mit praktischen Sachgebieten ziehen möchten und mitunter auf diese stärker abzielen als die klassische hermetische Forschung im „Elfenbeinturm". Folglich ist die transdisziplinäre Forschung in diese Ausführungen ausdrücklich eingeschlossen.

Für die nach den jeweiligen Spezifika von Forschungsfrage und Forschungsgegenstand ausgesuchte empirische Vorgehensweise gilt das Prinzip der bestmöglichen Anwendung.

Wie eine Methode am besten angewendet wird, kann an dieser Stelle natürlich nicht abschließend geklärt werden. Zu zahlreich sind die Paradigmen, Grundideen und Varianten auch in der Partizipations- und Kooperationsforschung. An dieser Stelle sollen deswegen lediglich einige Literaturtipps für den Einstieg in die gängigsten Ansätze angeführt werden. Im Falle der quantitativen Methoden kann ein Einstieg in die Methodenanwendung über Schnell et al. (2008) oder Diekmann (2010) gelingen. Beschreibungen statistischer Verfahren finden sich bei Bortz (2008) sowie Kuckartz und Rädiker (2010). Für den Einstieg in die Anwendung qualitativer Methoden bieten sich Flick (2007), Lamnek (2008) sowie Gläser und Strauss (2008) an.

Die am häufigsten verwendeten Verfahren in der Partizipations- und Kooperationsforschung sind die sogenannten klassischen Methoden. Die Bezeichnung „klassisch" bedeutet jedoch nicht, dass sie immer auch die besten oder die geeignetsten Methoden sein müssen. Zu den klassischen Methoden zählt sicherlich der schriftliche oder mündliche Fragebogen (Kirchhoff 2008; Porst 2008), welcher je nach Standardisierungsgrad in das qualitative Interview (Lamnek 2008; Froschauer & Lueger 2003) bzw. das qualitative Experteninterview (Bogner et al. 2005) übergeht. Gängig sind auch verschieden standardisierte Beobachtungsverfahren (Greve & Wentura 1997; Flick 2007) als teilnehmende oder nicht-teilnehmende Beobachtung. Die teilnehmende Beobachtung, im Sinne von „Participatory Research" ist hier zwar bedeutsam, allerdings trotz der begrifflichen Nähe zur Partizipation nicht prinzipiell zu bevorzugen. Zwei ebenfalls nützliche Ansätze sind Gruppendiskussionsverfahren (Lamnek 1998) und die Analyse von Einzelfällen bzw. Case Studies (Yin 2009; Borchardt & Göthlich 2007).In der Kooperationsforschung werden zudem häufig experimentelle Designs (vgl. Sarris 1990) mit einem besonderen Schwerpunkt auf empirischen Ansätze der Spieltheorie (Peters 2008) verwendet.

Unter den quantitativen Analyseverfahren finden sich einerseits die klassischen Verfahren der Deskriptions- und Inferenzstatistik sowie die quantitative Inhaltsanalyse (Früh 2007). Auf der qualitativen Seite finden häufig interpretative inhaltsanalytische Verfahren (Mayring 2000; Kuckartz 2010), die Grounded Theory (Strauss & Corbin 1996) sowie hermeneutische Verfahren (Hitzler & Honer 1997) Anwendung.

Etwas getrennt von diesen Ansätzen stehen die Evaluationsverfahren (Stockmann et al. 2009), die in der letzten Zeit ein immer breiteres Anwendungsfeld gefunden haben. Mithilfe dieser Verfahren soll überprüft werden, ob ein Sachverhalt einem zu erreichenden Zustand entspricht. Insbesondere für die Partizipationsforschung ist dies eine bedeutsame Aufgabenstellung, da es hier sehr häufig darum geht, den Ablauf eines Partizipationsverfahrens oder dessen Ergebnis zu beurteilen. Evaluation bietet die Möglichkeit einer standardisierten Beurteilung von Prozessen oder Ergebnissen und liefert die benötigten Erkenntnisse für die Weiterentwicklung von bestimmten Partizipationsverfahren. Auch auf diesem Gebiet finden sich vielfältige Forschungsansätze, die das Spektrum zwischen qualitativer Evaluation (Kuckartz et al. 2008) und quantitativer Evaluation abdecken (Bortz & Döring 2006).

Abschließend sei noch einmal betont, dass diese Vorschläge lediglich die Hauptströmungen eines breiten Methodenspektrums einfangen möchten. Eine Einengung auf ein schmales und approbiertes Methodenspektrum ist weder wünschenswert noch zielführend. Besondere Forschungsprobleme erfordern immer auch besondere Antworten, die mitunter in vergleichsweise ausgefallenen empirischen Methoden zu finden sind.

3   Aktuelle Trends in der Verwendung empirischer Forschungsmethoden

Warum ist es besonders im Bereich der Partizipations- und Kooperationsforschung wichtig, aktuelle Entwicklungen zu berücksichtigen? Abgesehen von der generellen, themenunabhängigen Relevanz der Aufnahme wichtiger Trends und Neuerungen vertritt dieser Beitrag die These, dass der Kooperations- und Partizipationsforschung eine besondere Notwendigkeit zur Aktualität anhaftet. Dies lässt sich mit mehreren Umständen begründen.

Zunächst handelt es sich um ein vergleichsweise junges Thema. Als eigenständiges Themenfeld ist Partizipations- und Kooperationsforschung noch nicht sehr lange etabliert. Gerade neue Themen, die noch nicht auf ein bewährtes Methodenspektrum zurückgreifen können, erleben erfahrungsgemäß einen „Hype", der häufig mit viel Aktionismus einhergeht. In der darauffolgenden Roll-Back-Phase werden viele der inadäquaten Vorgehensweisen reflektiert und abgewertet. Andere Vorgehensweisen werden auf der Basis der ersten Erfahrungen bewertet und verbessert. Auf diese Weise ist ein juveniler Forschungsbereich in der Regel stärker in Bewegung als ein etablierter, adulter Forschungsbereich.

Zweitens befindet sich das Themenfeld selbst, vor allem hinsichtlich der neuen politischen Aushandlungsmodi, immer noch in einem kontinuierlichen Veränderungsprozess, der auch unter methodischen Gesichtspunkten immer neue Herausforderungen produziert. Eine deutlich bemerkbare Gegenstandsveränderung führt mitunter zu Unsicherheit darüber, ob das empirische Instrument schlichtweg wenig reliabel ist und divergierende Ergebnisse im Wiederholungsfall mithin lediglich Artefakte sein könnten.

Drittens hängt die Ausgestaltung von Partizipationsprozessen per se immer auch von politischen, sozialen und ökonomischen Rahmenbedingungen ab. Politisch kann sich administrativ oder auch eigendynamisch viel umgestalten. Soziale und ökonomische Rahmenbedingungen sind ebenfalls nicht statisch sondern bspw. abhängig von der konjunkturellen Lange, dem Vorhandensein von Freizeit, der Mitbestimmungskultur, der Demografie sowie dem Bildungssystem. Diese Rahmenbedingungen werden ergänzt durch die fortwährende Entwicklung der Medien, die für die Ausgestaltung möglicher Kommunikationskanäle und -wege ebenfalls prägend sind.

Die Geschwindigkeit, mit der sich empirische Forschungsmethoden verändern, hat sich etwas verlangsamt. Viele der grundlegenden Debatten auf dem Feld der Epistemologie und der Fehlertheorie sind ausgetragen worden, die heutigen Debatten sind eher kleinskaliger Natur. Entsprechend gelangen völlig neue Methoden kaum auf den „Marktplatz der Methoden". Hauptsächlich werden bestehende Methoden unter Maßgabe der kontextuellen Begebenheiten weiterentwickelt und den veränderten technischen Möglichkeiten angepasst. Für den hier interessierenden Forschungsgegenstand der Partizipations- und Kooperationsprozesse gilt ähnliches. Auch er wandelt sich in einem volatilen Zustand beständig weiter und verlangt aufmerksames methodisches Nachpirschen. Dies geschieht derzeit vor allem auf folgenden drei Gebieten, die nachstehend näher beschrieben werden sollen:

1.   Kombination verschiedener Methoden innerhalb eines Forschungsprozesses
2.   Zunahme des Einsatzes technischer Hilfsmittel im gesamten Forschungsprozess
3.   Neuentwicklung und Weiterentwicklung von Forschungsmethoden (seltener)

3.1 Kombination verschiedener Methoden innerhalb eines Forschungsprozesses

Im Anschluss an Kelle (2007) ist eine der aktuellsten und erfolgversprechensten Tendenzen im Umgang mit Methoden, die Kombination verschiedener Methoden innerhalb des Forschungsprozesses. Dies wird als Triangulation oder Multi-Method-Design bezeichnet. Triangulation bietet sich insbesondere in der Partizipations- und Kooperationsforschung an, weil es dadurch möglich wird, verschiedene Blickwinkel unterschiedlicher Ebenen erkenntnisgewinnend aufeinander zu beziehen. Beispielsweise lässt sich eine numerische Strukturebene mit einer subjektnahen Erfahrungsebene sehr gut verbinden, wenn es um Teilhabe und Kooperation geht.

Eine Methoden-Kombination bietet sich besonders bei insgesamt fünf methodischen Problemen an (vgl. Kelle 2007: 231): Bei mangelnder Verfügbarkeit von lokalem Wissen, bei unzureichender Varianzaufklärung, bei fehlerhafter oder unsicherer kausaler Interpretation von statistischen Zusammenhängen, bei der schwierigen Auswahl relevanter Fälle und bei einer ungeklärten Geltungsreichweite der Ergebnisse. In der Forschungspraxis wird die Idee der Methodenintegration mittlerweile verstärkt aufgenommen. Demnach verwendeten in den Jahren 1995-2000 bereits 28% der qualitativen Forschungsprojekte aus Zeitschriften der Soziologie und Erziehungswissenschaft mehr als eine Forschungsmethode – Tendenz steigend. Gut die Hälfte dieser Forschungsprojekte kombinierte qualitative und quantitative Verfahren (Grunenberg 2001 & 2007).

Der ursprüngliche Triangulationsgedanke von Denzin (1978) zielte auf eine Validitätssteigerung des Erkenntnisprozesses. Heute wird die Idee eher entsprechend einer Metapher aus der Landvermessung angewendet: Durch die Einnahme unterschiedlicher Blickwinkel auf einen Gegenstand soll der Gesamteindruck vervollkommnet werden (vgl. Flick 2004). Nach der Reaktivitätsthese, wonach ein Gegenstand immer auch durch die Methode konstituiert wird, kann allerdings denklogisch derselbe Gegenstand niemals zweimal erfasst werden. Ein Vergleich ist immer nur zwischen verschieden reagierenden Gegenständen möglich. Erkenntnistheoretisch ist dieser Einwand zwar nicht von der Hand zu weisen, eine multiperspektivische Annäherung kann jedoch bereichernd sein, wenn die Bezugnahme über eine solide kommunikative Validierung geschieht.

Multi-Method-Designs (d.h. mindestens zwei Methoden) sind nicht auf die Kombination gleichartiger Methoden (qualitativ-qualitativ oder quantitativ-quantitativ) beschränkt sondern können qualitative und quantitative Ansätze miteinander verbinden. Viel grundsätzlicher bedeutet Triangulation aber auch, dass verschiedene theoretische Perspektiven oder mehrere Datensorten eingesetzt werden können. Kelle unterscheidet zwischen parallelen Designs, in denen verschiedene Ansätze gleichzeitig angewendet werden und sequenziellen Designs, in denen die verschiedenen Ansätze nacheinander und zumeist auch hierarchisch zum Einsatz kommen (Kelle 2007: 287).

Eine explizite Einsatzmöglichkeit für Triangulation ist die Kopplung quantitativer und qualitativer Verfahren in der Textanalyse. Wenn interpretative Verfahren mit der quantitativen Inhaltsanalyse (Früh 2007) verknüpft werden, können – sofern die methodologischen Grundlagen (Seale 1999) beachtet werden - ausgezeichnete Ergebnisse erzielt werden. Für die zählende Inhaltsanalyse stehen Programme wie Textpack oder MAXdictio zur Verfügung, die die Verbindung und gegenseitige Ergänzung von numerischen Häufigkeiten und Inhalten mit Interpretationsergebnissen erlauben.

Den vielen Vorteilen des Einsatzes mehrerer Verfahren stehen allerdings auch Nachteile gegenüber. So weist Kelle (2001: 205f.) darauf hin, dass das Erlernen und die fachkundige Anwendung verschiedener Methoden stets auch ein Ausbildungsproblem ist. Mehrere Methoden ließen sich eben nicht einfach so erlernen und ohne Probleme oder Verluste aneinander reihen. Dieses Argument ist besonders stichhaltig vor dem Hintergrund des Bologna-Prozesses und der entsprechenden Umstrukturierung vieler Studiengänge. Die Ausbildung der kommenden Generation von Methodenanwendern erfolgt ersten Eindrücken zu Folge geballter, oberflächlicher, verschulter und anwendungsbezogener. Dadurch wird das selbstständige Auswählen und Anwenden aus einem bunten Methodenarsenal deutlich erschwert und gerät zu einer Sache für Spezialisten.

3.2   Einsatz technischer Hilfsmittel im gesamten Forschungsprozess

Die zweite aktuelle Tendenz moderner Methodenanwendung, der zunehmende Einsatz technischer Hilfsmittel in allen Teilen des Forschungsprozesses, eröffnet eine Vielzahl von Möglichkeiten und Chancen.

3.2.1   Die Datengewinnung

Bei der Datenerfassung wird zum Beispiel Tonmaterial digital aufgenommen und dann als Datei an einen Rechner übertragen. Dort können mittels kleiner kostenloser Transkriptionsprogramme Funktionstasten mit Funktionen wie „rückwärts", „stopp und x Millisekunden zurück" oder „Ablauf langsamer" belegt werden. Auch eine digitale Videoerfassung von Situationen ist mittlerweile leicht zu bewerkstelligen. Spracherkennungsprogramme erleichtern heute die Transkription spürbar.

Eine große Chance für die Gewinnung von Daten bieten die vielen Digitalarchive von Zeitungen und Zeitschriften. Hier können per Mausklick tausende Artikel gesammelt werden. Eine ebenfalls reichhaltige Quelle bietet das Internet mit zahllosen Foren, Blogs, Mailinglisten, Netzwerken, Archiven uvm., die mehr oder weniger leicht eingelesen und für Untersuchungen zugänglich gemacht werden können.

Für die klassischen Erhebungsmethoden, wie die schriftliche und mündliche Befragung bzw. das Interview, bieten sich heute völlig neue Formen an: Unterhaltungen per VoiceIP, Chat, Videotelefonie und Videokonferenzen spielen im Themenfeld der Partizipation und Kooperation eine große Rolle.

Über das Internet können gar ganze Forschungsprozesse und Evaluationen (Kuckartz et al. 2008) online gestaltet und so von lokal nicht verbundenen Forschungsgruppen vernetzt durchgeführt werden. Aus diesen Neuerungen ergibt sich eine deutlich erhöhte Möglichkeit der Reziprozität im gesamten Forschungsprozess, in der Art wie es Online-Delphis zeigen. Phasen der Datengewinnung lassen sich enger mit den Probanden gemeinsam durchführen. Daneben ist es aber auch möglich, Daten an diese zurückgeben. Die Durchführung von Konsekutivphasen oder Panelerhebungen in der Erhebung wird dadurch deutlich gefördert.

3.2.2 Die Datenanalyse

Im Bereich der Datenanalyse ist die Entwicklung zweigeteilt. In den quantitativ-statistischen Analyseverfahren gehen die Fortschritte derzeit entweder nur langsam von statten oder aber die Verfahren sind auf Grund ihres erreichten mathematischen Spezialisierungsgrades nur noch einem sehr kleinen Anwenderkreis zugängig. Dies vor allem auch deswegen, weil die Methodenlehre generell in der Regel nur eine Begleiterscheinung der meisten primär fachspezifisch interessierten Forschenden ist und einzelne Verfahren entsprechend nur mehr die Begleiterscheinung der Begleiterscheinung sind.

In den qualitativ-interpretativen Analyseverfahren entwickeln sich die technischen Grundlagen derzeit kontinuierlich weiter, so dass neuen Möglichkeiten der Datenanalyse in der Regel eine breite Resonanz finden. Qualitative Verfahren unterstützende Softwarelösungen bieten immer neue Tools und erlauben eine Vielfalt von Optionen im Forschungsprozess, die früher undenkbar war. Programme wie MAXqda oder NVivo[6] gehen weit über die klassischen „Ausschneiden und Buntstift"-Methoden hinaus. Besonders ausgefeilt unterstützt werden die induktive Modell- bzw. Theoriebildung sowie immer bessere Textretrivalverfahren, die auch sehr große Textmengen handhabbar werden lassen. Insgesamt erscheinen Textanalysen somit mehr und mehr nachvollziehbar und weisen eine tiefere analytische Komplexität auf. In eine etwas andere Richtung gehen Ansätze der Analyse von Videoaufnahmen, die ebenfall durch die verbesserten technischen Möglichkeiten häufiger geworden sind (Hindmarsh 2008).

Insgesamt bieten sich damit für Text- und Bildanalyse mithilfe qualitativer und quantitativer Verfahren in der Partizipations- und Kooperationsforschung Möglichkeiten, die der Beschaffenheit des Forschungsfelds entgegenkommen, geht es doch oftmals um die Analyse konkreter Situationen, in denen Menschen interagieren und sich in einen diskursiven kommunikativen Prozess begeben. Daneben eröffnen viele technische Entwicklungen völlig neue empirische Untersuchungsfelder und Herausforderungen, die im Folgenden dargestellt werden.

3.3 Neuentwicklung und Weiterentwicklung von Forschungsmethoden

Die bestehenden Methoden und Ansätze in der Untersuchung empirischer Sachverhalte entwickeln sich im Bereich der Partizipations- und Kooperationsforschung in meinen Augen rascher fort als in vielen anderen Forschungsbereichen. Die Erwähnung von Methodeninnovation ist im Rahmen dieses Beitrags daher unerlässlich. Die Annahme, dass Methodeninnovation im Bereich der Partizipations- und Kooperationsforschung verstärkt auftritt, basiert darauf, dass es sich um ein junges Forschungsfeld handelt dessen Kommunikationsmodalitäten auf einigen Gebieten vergleichsweise innovativ sind, weil sie von solchen kommunikativ-innovativen Kreisen eingeführt werden, die von Partizipations- und Kooperationsprozessen stark angesprochen werden. Ganz allgemein stellt das Internet mit seinen immer neuen Facetten einen unermüdlichen Innovationsmotor für die empirische Forschung im Bereich der Partizipations- und Kommunikationsforschung dar. Einige der wichtigsten Entwicklungen sollen hier nachgezeichnet werden.

---

[6] Für eine vergleichende Übersicht von Software siehe Lewins & Silver 2006, 2007.

Zum einen sind diese Weiterentwicklungen veranlasst durch eine Veränderung des Gegenstandsbereiches, der zum Teil durch völlig neue Formen der Kommunikation bedingt ist. Zu erwähnen ist hier insbesondere die Microblogging-Plattform „Twitter". Über Twitter können kurze Texte von lediglich 140 Zeichen (sogenannte „Tweets") in Echtzeit an ein umfassendes soziales Netzwerk gesendet werden. Die sich daraus ergebenden Möglichkeiten zur Verbreitung von Inhalten fernab einer kontrollierten Medienlandschaft wurden während der politischen Verwerfungen im Iran nach der dortigen Präsidentenwahl 2009 offenbar. Für die Forschung muss auch dieses Medium mit einer Methode untersuchbar gemacht werden. Dies könnten u.a. die teilnehmende Beobachtung, eine Experimentalsituation oder Analysen aus der Makro-Sicht sein. Eine besondere Herausforderung stellt hierbei die Verifizierung der verbreiteten Inhalte bzw. die leichte Instrumentalisierbarkeit des Mediums dar.

Nicht weit davon entfernt findet sich als neuer Forschungsgegenstand die Analyse von Flashmob-Aktivitäten, die einer engen Kooperation bedürfen und durchaus Teil eines partizipativen Prozesses sein können. Während Flashmobs ursprünglich eher unpolitisch waren, werden sie zunehmend zur abgestimmten politischen Meinungsäußerung eingesetzt („Smart-Mobs").

Als weiterer Gegenstand zukünftiger Forschung bietet sich die Analyse von öffentlich zugänglichem Videomaterial an, das bspw. in Internetforen eingestellt wurde. Dies können Bilder politischer Teilhabe sein, wie Demonstrationen, öffentliche Veranstaltungen oder individueller Zeugnisse. Derartige Filme sind häufig leicht verfügbar und mitunter sowieso für die Öffentlichkeit bestimmt. Sie unterliegen keiner Reaktivität in der Datenerhebungsphase und reichen oft in die Privatsphäre hinein. Einen reichhaltigen Fundus bieten Online-Videoportale, wie Myvideo oder Youtube, in denen unzählige Bilddateien abgelegt sind. Darunter finden sich auch subjektive Selbstzeugnisse aus ansonsten eher schwer zugänglichen Milieus. Die gesamte Bandbreite dieses Materials kann mithilfe der gängigen Methoden der Videoanalyse ausgewertet werden.

Interessante, wenngleich nicht mehr völlig neue Gegenstände für Untersuchungen im Bereich der Partizipation und Kooperation sind die virtuellen sozialen Netzwerke. Darin können sich Personen mit anderen Personen vernetzen und Informationen aller Art austauschen. Hier gibt es einerseits allgemeine Netzwerke, wie etwa StudiVZ, Facebook, Xing oder Stayfriends. Andererseits gibt es Netzwerke mit besonderem thematischen Fokus und entsprechend besonderen Zielgruppen, z.B. für den Umweltschutz, für christlichen Glauben, für Singles oder für die Bewertung von Personen, wie Lehrern, Ärzten, Professoren oder Einrichtungen wie Hotels, Urlaubsressorts oder Firmen. Schließlich gibt eine Vielzahl von simplen Foren für alle möglichen Themen, in denen eine Fülle von Kommunikation betrieben wird und zum Teil auch (virtuelle) soziale Charakteristika von Personen bekannt sind.

Eine für die Forschung ergiebige, intendierte Form der Mitteilung sind Blogs. Dort wo individuelle Sichtweisen ausführlich expliziert werden und unterschiedlich starken Widerhall erzeugen, entstehen scheinbar unbeobachtet Argumentationsketten und bieten interessante Milieueindrücke.

All diese Kommunikations- und Partizipationsformen und -foren bieten einen breiten Fundus an Analysemöglichkeiten für die Untersuchung von Texten, Bildern, Kommunikation, Netzwerkanalysen etc. Freilich müssen die spezifischen ethischen Grundlagen der jeweiligen Fachdisziplinen für Analysen beachtet werden – ein Eingriff in Form einer Undercover-Teilnahme/Beobachtung kann problematisch sein.

Ganz generell bietet das Internet für quantitative und qualitative Forschungsdesigns sowohl eine Vielzahl von Daten, die der Analyse zugänglich gemacht werden können, als auch einen neuen Modus der Datenerhebung. Fragebögen oder schriftliche Interviews können leicht online gestellt oder per Mail versendet werden. Ein Interview oder die Beantwortung eines Fragebogens kann per Chat oder per Videotelefonie durchgeführt und mitgeschnitten werden. In diese Richtung geht auch die Durchführung von Online-Delphi-Untersuchungen, in denen in einem mehrstufigen Verfahren Datengewinnung, -analyse und -rückspiegelung an die Probanden praktiziert werden kann.

Partizipations- und Kooperationsprozesse lassen sich sehr gut virtuell untersuchen, indem künstliche Situationen geschaffen werden oder bereits geschaffene Situationen für die Analyse verwendet werden. Eine Zeit lang schien die virtuelle Landschaft „Second Life" vielversprechend zu sein für Analysen aller Art, allerdings ist ihre Bedeutung zuletzt stark zurückgegangen. Erwähnenswert sind in diesem Zusammenhang aber interaktive Spiele wie „Die Sims-Online" oder Taktik-Shooter, bei denen Kampfhandlungen sorgfältige und abgestimmte Planung erfordern.

Speziell programmiert werden für Kooperationsuntersuchungen solche Simulationen, in denen die Teilnehmenden gemeinsam eine Aufgabe bewältigen müssen, etwa die Koordination der Welt-Fischereiflotte. Diese Simulationen zielen meistens auf spieltheoretische Entscheidungsfindung oder Koordination eines Allmende-Problems ab. Nahezu ohne subjektive Entscheidungseinflüsse laufen simulative Modelle ab, die zur Berechnung summativer Zustände herangezogen werden (siehe Panebianco in diesem Band).

Neben diesen technisch bedingten Neuerungen möchte ich im Folgenden auf einige Möglichkeiten hinweisen, die zwar nicht mehr ganz neu sind, die sich aber neben den klassischen empirischen Methoden dennoch durch die verbesserten technischen Möglichkeiten ausgesprochen gut für eine Verwendung in der Partizipations- und Kooperationsforschung eignen und trotzdem kaum verbreitet sind: Netzwerkanalysen, Experimente, Meta-Analysen und die Sekundäranalysen.

3.4 Netzwerkanalysen

Ausgesprochen tauglich für einen Einsatz im Bereich der Partizipations- und Kooperationsforschung sind die immer beliebter werdenden Verfahren der sozialen Netzwerkanalyse (Trappmann 2005; Jansen 2006). Mithilfe der Netzwerkanalyse wird versucht, Personen, Einrichtungen oder andere Einheiten hinsichtlich eines Ordnungskriteriums als zusammenhängend oder nicht-zusammenhängend darzustellen. Die von Probanden geäußerten Ordnungskriterien können ganz unterschiedlicher Natur sein. Beispiele sind etwa die Einschätzung von Freundschaft, Sympathie und Teamfähigkeit oder auch die Abschätzung präferierter und weniger-präferierter Kooperationspartner, persönlicher Erwartungen an Effizienz und Ergebnisorientiertheit, Machtpotential sowie anderer relationaler Merkmale. Das Gegenteil kann in jedem Beispiel selbstverständlich auch untersucht werden. Da solche Fragestellungen oftmals im Kern des Gegenstandsbereiches des vorliegenden Bandes liegen, können Netzwerkanalysen vielseitige Erkenntnisse liefern, die nicht auf den Einzelfall bezogen bleiben müssen sondern abstrahierte Einsichten produzieren können.

3.4.1   Experimente und Quasi-Experimente

Wie generell außerhalb der Psychologie, sind Experimente oder Feldexperimente auch im Bereich der Partizipations- und Kooperationsforschung sehr selten (vgl. Oakley et al. 2003) obwohl sie gute Möglichkeiten bieten, die Bedingungen für die Teilnahme oder Nicht-Teilnahme an Verfahren oder für Erfolg und Misserfolg von Maßnahmen und Verfahren herauszuarbeiten. Der Vorteil von Experimenten gegenüber anderen Methoden liegt in der Kontrollierbarkeit einzelner oder mehrerer Faktoren, die variiert werden können um Kausalbeziehungen zu überprüfen. Während Laborexperimente auf einer künstlichen Situation beruhen und damit zwar eine hohe Reliabilität aber eine eingeschränkte Validität aufweisen, können Feldexperimente in den herkömmlichen Settings der Probanden durchgeführt werden. Im Falle von Feldexperimenten verhält es sich dann genau umgekehrt: ihre Validität ist deutlich höher, ihre Reliabilität aber geringer als die von Laborexperimenten, weil die vorherrschenden Bedingungen nicht vollständig kontrolliert werden können.

Mit Experimenten werden in der Regel bereits vorliegende Theorien oder Annahmen über Zusammenhänge geprüft. Eben solche prüfbaren Theorien und Annahmen liegen in etablierten Teilbereichen der Partizipations– und der Kooperationsforschung schon seit langem vor. Daher bietet sich die Verwendung experimenteller Verfahren mehr denn je an. In der Politikwissenschaft gibt es bereits einige gute Erfahrungen mit der Methode des Experiments (vgl. Green & Gerber 2003).

3.4.2   Meta-Analysen

Eine ebenfalls unterschätzte empirische Forschungsmethode ist die Meta-Analyse. Auch in der Partizipations- und Kooperationsforschung hat in den letzten Jahren eine enorme Ausweitung der Forschungskapazitäten eingesetzt. Dies führt dazu, dass sogenannte Replikations- und Meta-Studien in den empirisch arbeitenden Wissenschaften vermehrt durchgeführt werden könnten. Eine Flut von bereits erhobenem Datenmaterial, das für einen weiteren Umgang zur Verfügung steht, gäbe es zumindest.

Der Grundgedanke dieser Methode ist die Erstellung eines möglichst objektiven Forschungsüberblicks und einer Forschungsbilanz (vgl. Drinkmann 1990: 2). Die Wirkung einer übergeordneten Analyse kann grundsätzlich in zwei Richtungen verlaufen: Zum einen können Daten „Bottom-Up" zu Meta-Analysen integriert werden. Zum anderen können meta-analytische Resultate quasi „Top-Down" der Identifizierung von Forschungslücken dienen und so neue Primärstudien motivieren (Farin 1997: 163). Denkbar wäre auch eine Meta-Analyse bereits vorhandener Meta-Analysen, also eine Analyse 2. Ordnung.

Ursprünglich waren Meta-Analysen quantitative Verfahren, die auf einer statistischen Integration beruhten. Heute gibt es aber auch Verfahren, welche die Ergebnisse von qualitativen Forschungsprojekten aggregieren können.

Die Flut an vorhandener Forschung und Datenmaterial macht es möglicherweise teilweise überflüssig, bestimmtes Material nochmals, womöglich redundant, zu erheben. Besonders in ressourcen- und zeitengen Kontexten sollte daher genau abgewogen werden, ob die eigene Datenerhebung angemessen effektiv ist. Die ursprüngliche Meta-Analyse aggregierte Daten mittels statistischer Verfahren und war ein rein numerisches Verfahren zur Verbreiterung der Datenbasis.

Eine ebenfalls besonders erwähnenswerte Form der Zusammenführung ist die Case-Survey-Methode. Hier kann mit einem Kodierschema gearbeitet werden, das über bestehende Hypothesen aus der Literatur abgeleitet wird. Alle auffindbaren Einzelergebnisse werden in dieses Codierschema eingeordnet. Je nach Grad der Elaboriertheit der Hypothesen, kann das Codierschema offener oder standardisierter angelegt sein und sich entsprechend im Forschungsprozess mehr oder weniger stark verändern. Auf diese Weise können hunderte von Fallstudien vergleichbar gemacht werden anstatt die hundert-und-erste Fallstudie anzufügen. So ist die auf Fallstudien beruhende Meta-Analyse auch in der Lage, qualitatives Datenmaterial zu integrieren wenn dieses über das entsprechende Codierschema in (semi-)quantitative Daten überführt wird. Exemplarisch für die Möglichkeiten der Methode wird hier auf die Studie von Beierle und Cayford (2002) verwiesen (zum Überblick siehe Newig & Fritsch 2009).

Der vergleichende Fallstudien-Ansatz („Comparative Case Study Research") (Ragin 2004) versucht, entlang der vorgefundenen Hypothesen Kausalmechanismen sowie Kontext-, Prozess- und Ergebnisvariablen und ihre Relationen zu generieren. Im besten Falle können innerhalb eines Partizipationsverfahrens der soziale Kontext, der Partizipationsprozess, die Eigenarten der involvierten Akteure, Entscheidungsergebnisse oder Outputs genauer spezifiziert werden (Newig & Fritsch 2008; Newig 2007).

3.4.3 Sekundäranalysen

Unter Sekundäranalysen versteht man den Rückgriff auf Datenmaterial, welches ursprünglich zu einem anderen Zweck als der aktuellen Forschungsfrage erhoben wurde. Ein solcher Rückgriff kann für all jene Fälle interessant sein, in denen bestehende Hypothesen überprüft oder neue Hypothesen entwickelt werden sollen, aber eine eigenständige Datenerhebung nicht realisierbar ist. Mittlerweile bestehen mehrere Sammelstellen für quantitatives und qualitatives Datenmaterial, die dieses schnell zur Verfügung stellen können. Insbesondere für Qualifizierungsarbeiten besteht hier ein Fundus, aus dem man sich erkenntnisbringend bedienen kann, anstatt eigene Daten mit eventuell zweifelhafter oder minderer Qualität erheben zu müssen.

4   Ausblick: Empirische Methoden in der Partizipations- und Kooperationsforschung

Zusammenfassend kann konstatiert werden, dass im Bereich der Partizipations- und Kooperationsforschung zwar keine eigenen Methoden vorzufinden sind, die Methodenanwendung jedoch den Anforderungen des Forschungsbereich entsprechend zugeschnitten wurde und wird. Da im Bereich der Partizipations- und Kooperationsforschung rein standardisierte Wege oftmals nicht praktikabel sein werden, bieten sich Forschungsdesigns an, die verschiedene Methoden kombinieren. Aufgrund der Innovationskraft des Feldes und der recht jungen Fachgeschichte werden oft ungewöhnliche Gegenstände untersucht, neuartige Techniken eingesetzt und daher auch ausgefallene Methoden erforderlich sein. Hinzu kommt die heraufziehende Einbettung in eine stetig schneller werdende Ausbildungs- und Forschungslandschaft, die auf den Methodensektor deutlichen Qualitätsdruck ausübt, weil der Forschungsbereich im Allgemeinen schwerer standardisierbar und methodisch zu handhaben ist als andere Forschungsbereiche.

Wagt man einen Ausblick auf die weitere Entwicklung der Forschungsmethoden im Bereich der Partizipations- und Kooperationsforschung, so zeigt sich zunächst vor allem eine Entwicklung, die auch in vielen anderen Forschungsbereichen vorzufinden ist: die Pragmatisierung von Forschung. Reale Forschungspraxis muss sich mehr und mehr pragmatischen Kriterien unterordnen. Die Finanzausstattung und damit auch die Personaldecke in der Forschung wird seit langem geringer. Hatten die Entwickler der Grounded Theory noch ganze Forschungsteams, die sich über viele Jahre einem Thema widmen konnten, so gibt es heute, pointiert gesagt, für die Bearbeitung eines Forschungsvorhabens eine halbe Personalstelle über einen befristeten Zeitraum auf der nebenher promoviert werden soll. Diese Einengung schlägt sich in der Realität der Forschungspraxis nieder und kann unter keinen Umständen den forschenden Personen angelastet werden. Es müssen sich realiter mehr und mehr Möglichkeiten zu Abkürzung, Auslassung und zum Überfliegen finden. Entsprechend muss mit Handbuchwissen, welches eine zunehmende Diskrepanz zur Forschungspraxis offenbart, anders umgegangen werden als in der Vergangenheit Der Kontext bestimmt vermehrt Grenzen von Forschungsansätzen, die Erfordernisse der reinen Lehre werden oft untersprungen. Im Übrigen gilt dies, wie oben ausgeführt, auch für die Lehre und damit die Ausbildung künftigen Forschungspersonals. Hier einen praktikablen Weg aufzuzeigen wird sicherlich künftig eine Aufgabe des akademischen methodologischen Personals sein.

Grundsätzlich aber wird der Einsatz empirischer Forschungsmethoden im Bereich Kooperation und Partizipation wahrscheinlich weiter zunehmen, denn je mehr grundlegende theoretische Arbeit vorliegt, desto mehr bietet sich daran anschließende empirische Forschung an. Ein fundamentaler Paradigmenwechsel in der Nutzung der Methoden steht in näherer Zukunft aller Voraussicht nach nicht an. Lediglich die Akzentuierung bestehender Methoden wird sich im Gleichschritt mit technischem Fortschritt vollziehen. So bleibt abzuwarten, ob sich der Forschungsgegenstand und/oder die Forschungsmethoden weiter virtualisieren und entpersonalisieren. In der Vergangenheit hat sich jedoch gezeigt, dass die Euphorie bezüglich Neuerungen im Bereich der Methoden letztlich nicht immer erfüllt werden konnte. Heute spielt sich weit weniger Forschung im Internet ab, als noch vor einigen Jahren prognostiziert wurde. Sicherlich aber dürften sich Prozesse im Bereich der Partizipation und Kooperation zum einen weiter internationalisieren und zum anderen weiter regionalisieren. Im Bereich internationaler Forschung ergeben sich damit neue Herausforderungen z.B. in Bezug auf Sprache, Kultur, administrative Vorgaben und die institutionelle Einbettung, die an dieser Stelle nicht behandelt werden können.

Insgesamt kann der Zukunft eher mit Neugierde als mit Skepsis entgegen geblickt werden. Zwar werden die Rahmenbedingungen für empirische Forschung nicht gerade besser, wenn es den Empiriebetreibenden aber gelingt, sich mit bestem Wissen und Gewissen diesen sich ändernden Bedingungen zu stellen, dann können diese zur Triebfeder werden für einen innovativen, kreativen und situationsspezifischen Umgang mit empirischer Forschung. In der qualitativen Forschung wurde schon immer dazu aufgefordert, sich eine individuelle Methodenlösung zu schneidern und diese aber selbstverständlich auch herzuleiten und zu begründen. Womöglich gilt dieses Selbstverständnis mehr und mehr für alle Ansätze der empirischen Sozialforschung, insbesondere auf dem Gebiet der Partizipations- und Kooperationsforschung.

Literatur

Beierle, T. C. & Cayford, J. (2002): Democracy in Practice. Public Participation in Environmental Decisions, Washington, DC.

Borchardt, A. & Göthlich, S. E. (2007): Erkenntnisgewinnung durch Fallstudien, in: S. Albers; D. Klapper; U. Konradt; A. Walter & J. Wolf (Hrsg.): Methodik der empirischen Forschung, Wiesbaden, 33–48.

Bogner, A.; Littig, B. & Menz, W. (2005): Das Experteninterview. Theorie, Methode, Anwendung, Wiesbaden.

Bortz, J. (2008): Statistik: Für Human- und Sozialwissenschaftler, Berlin.

Bortz, J. & Döring, N. (2006): Forschungsmethoden und Evaluation für Human- und Sozialwissenschaftler, Berlin.

Denzin, N.K. (1978): The Research Act: A Theoretical Introduction to Sociological Methods, Englewood Cliffs, NJ.

Diekmann, A. (2010): Empirische Sozialforschung. Grundlagen, Methoden, Anwendungen, Reinbek.

Drinkmann, A. (1990): Methodenkritische Untersuchungen zur Metaanalyse, Weinheim.

Farin, E. (1997): Metaanalysen: Methodologische Grundlagen und praktische Durchführung, in: B. Strauß, B. & J. Bengel (Hrsg.): Forschungsmethoden in der medizinischen Psychologie, Göttingen, 161-180.

Flick, U. (2004): Triangulation – Eine Einführung, Wiesbaden.

Flick, U. (2007): Qualitative Sozialforschung – Eine Einführung, Reinbek.

Froschauer, U. & Lueger, M. (2003): Das qualitative Interview. Zur Praxis interpretativer Analyse sozialer Systeme, Stuttgart.

Früh, W. (2007): Inhaltsanalyse: Theorie und Praxis, Konstanz.

Gläser, B. & Strauss, A. L. (2008): Grounded Theory: Strategien qualitativer Forschung, Bern.

Green, D. P. & Gerber, A.S. (2003): The Underprovision of Experiments in Political Science, in: The Annals of the American Academy of Political and Social Science 589, 94-112.

Greve, W. & Wentura, D. (1997): Wissenschaftliche Beobachtung. Eine Einführung, 2. korrigierte Auflage, Weinheim.

Grunenberg, H. (2001): Die Qualität qualitativer Forschung. Eine Metaanalyse erziehungs- und sozialwissenschaftlicher Forschungsarbeiten", Marburg.

Grunenberg, H. (2007): Empirische Befunde zur Qualität qualitativer Sozialforschung. Resultate einer Analyse von Zeitschriftenartikeln, in: U. Kuckartz & H. Grunenberg & Th. Dresing (Hrsg.): Qualitative Datenanalyse: computergestützt. Methodische Hintergründe und Beispiele aus der Forschungspraxis, Wiesbaden.

Hindmarsh, J. (2008): Distributed Video Analysis in Social Research, in: N. Fielding; R. Lee & G. Blank (Hrsg.): The SAGE Handbook of Online Research Methods, London

Hitzler, R. & Honer, A. (Hrsg.) (1997): Sozialwissenschaftliche Hermeneutik, Opladen.

Jansen, D. (2006): Einführung in die Netzwerkanalyse. Grundlagen, Methoden, Forschungsbeispiele, Wiesbaden.

Kelle, H. (2001): Ethnographische Methodologie und Probleme der Triangulation. Am Beispiel der Peer Culture Forschung bei Kindern, in: Zeitschrift für Soziologie der Erziehung und Sozialisation 21 (2), 192-208.

Kelle, U. (2007): Die Integration qualitativer und quantitativer Methoden in der empirischen Sozialforschung. Theoretische Grundlagen und methodologische Konzepte, Wiesbaden.

Kirchhoff, S.; Kuhnt, S.; Lipp, P. & Schlawin, S. (2008): Der Fragebogen. Datenbasis, Konstruktion und Auswertung, Wiesbaden.

Kuckartz, U.; Ebert, T.; Rädiker, S. & Stefer, C. (2008): Evaluation Online. Internetgestützte Befragung in der Praxis, Wiesbaden.

Kuckartz, U. (2010): Einführung in die computergestützte Analyse qualitativer Daten, Wiesbaden.

Kuckartz, U. & Rädiker, S. (2010): Statistik: Eine Einführung, Wiesbaden.

Lamnek, S. (1998): Gruppendiskussion. Theorie und Praxis, Weinheim.

Lamnek, S. (2008): Qualitative Sozialforschung: Lehrbuch, Weinheim.

Lewins, A. & Silver, C. (2006): Choosing a CAQDAS Package, http://caqdas.soc.surrey.ac.uk (Zugriff: 01. Februar 2010).

Lewins, A. & Silver, C. (2007): Using Software in Qualitative Research: A Step-by-Step Guide, London.

Mayring, P. (2000): Qualitative Inhaltsanalyse. Grundlagen und Techniken,. Weinheim.

Newig, J. (2007): Does public participation in environmental decisions lead to improved environmental quality?, in: International Journal of Sustainability Communication 1 (1), 51-71.

Newig, J. & Fritsch, O. (2008): Der Beitrag zivilgesellschaftlicher Partizipation zur Effektivitätssteigerung von Governance. Eine Analyse umweltpolitischer Beteiligungsverfahren im transatlantischen Vergleich, in: I. Bode; A. Evers & A. Klein (Hrsg.): Bürgergesellschaft als Projekt. Eine Bestandsaufnahme zu Entwicklung und Förderung zivilgesellschaftlicher Potenziale in Deutschland, Wiesbaden, 214-239.

Newig, J. & Fritsch, O. (2009): The Case Survey Method and Applications in Political Science. APSA 2009 Toronto Meeting Paper, http://ssrn.com/abstract=1451643 (Zugriff: 01.Februar 2010.

Oakley A.; Strange, V.; Toroyan, T., Wiggins, M.; Roberts, I. & Stephenson, J. (2003): Using Random Allocation to Evaluate Social Interventions: Three Recent U.K. Examples, in: The Annals of the American Academy of Political and Social Science 589, 170-89.

Peters, H. (2008): Game Theory: A Multi-Leveled Approach, Berlin.

Porst, R. (2008): Fragebogen: ein Arbeitsbuch, Wiesbaden.

Ragin, C.C. (2004): Turning the Tables: How Case-Oriented Research Challenges Variable-Oriented Research, in: H. Brady & D. Collier (Hrsg.): Rethinking Social Inquiry. Diverse Tools, Shared Standards, Lanham, 125-144.

Rehberg, K.-S. (1996): Norbert Elias und die Menschenwissenschaften. Studien zur Entstehung und Wirkungsgeschichte seines Werkes, Frankfurt am Main.

Sarris, V. (1990): Methodologische Grundlagen der Experimentalpsychologie, 2 Bände, München.

Schmitz von Hülst, D. (1991): Empirische Sozialforschung, in: H.-J. Sandkühler (Hrsg.): Europäische Enzyklopädie zu Philosophie und Wissenschaften Bd.4, Hamburg, 327-340.

Schnell, R.; Hill, P.B. & Esser, E. (2008): Methoden der empirischen Sozialforschung, München.

Seale, C. (1999): The Quality of Qualitative Research, London.

Steinke, I. (1999): Kriterien qualitativer Forschung. Ansätze zur Bewertung qualitativ-empirischer Sozialforschung., Weinheim.

Stockmann, R.; Meyer, W. & Caspari, A. (2009): Evaluation. Eine Einführung, Opladen.

Strauss, A. & Corbin, J. (1996): Grounded Theory. Grundlagen qualitativer Sozialforschung, Weinheim.

Trappmann, M. (2005): Strukturanalyse sozialer Netzwerke: Konzepte, Modelle, Methoden, Wiesbaden.

von Saldern, M. (1998): Zum Verhältnis von qualitativen und quantitativen Methoden aus der Sicht des Forschungsprozesses, in: E. König & P. Zedler (Hrsg.): Bilanz qualitativer Forschung Band 1: Grundlagen qualitativer Forschung, Weinheim.

von Wright, G.-H. (1982): Erklären und Verstehen, Frankfurt am Main.

Yin, R.K. (2009): Case Study Research: Design and Methods, Thousand Oaks.

III. Gesellschaftliche Bereiche von Partizipation, Kooperation und nachhaltiger Entwicklung

Partizipation und Kooperation zur Effektivitätssteigerung in Politik und Governance?

Jens Newig

1   Partizipation als Instrument zur Erreichung ökologischer Nachhaltigkeit

Partizipation und Öffentlichkeitsbeteiligung im Bereich der Umwelt- und Nachhaltigkeitspolitik haben eine lange Tradition in modernen Demokratien beiderseits des Atlantiks.
Nachdem in den USA bereits 1990 der „Negotiated Rulemaking Act" eine weitgehende
Bürgerbeteiligung in öffentlichen Umweltentscheidungen rechtsverbindlich einführte, war
es vor allem die Rio-Erklärung von 1992, die in ihrem Prinzip 10 eine Beteiligung aller
betroffenen Bürger an Umweltbelagen weltweit zum Standard erklärte. In Bezug auf Europa einigten sich 1998 in dem Århus-Übereinkommen[7] die internationalen Unterzeichner-
staaten auf drei Säulen der Öffentlichkeitsbeteiligung: das Recht auf Zugang zu Informationen über die Umwelt, das Recht auf Öffentlichkeitsbeteiligung an Entscheidungsverfahren
sowie das Recht auf Zugang zu Gerichten in Umweltangelegenheiten. Die Europäische
Union hat sich diese Politik auf vielfältige Weise zu eigen gemacht. Die neue Umweltin-
formationsrichtlinie[8] trägt vor allem zur Umsetzung der ersten Säule des Århus-Überein-
kommens bei und wurde jüngst durch eine Richtlinie über die Öffentlichkeitsbeteiligung an
umweltrelevanten Vorhaben (Öffentlichkeitsbeteiligungsrichtlinie)[9] ergänzt. Darüber hinaus wurde 2001 in der Richtlinie über die strategische Umweltprüfung (SUP-Richtlinie)[10]
festgeschrieben, dass die potentiell betroffene Öffentlichkeit „frühzeitig und effektiv" in die
Entscheidungsverfahren über bestimmte Pläne und Programme einbezogen werden muss.
Als erste *materielle* Regelung auf EU-Ebene mit weitreichenden Beteiligungsrechten für
die Öffentlichkeit wurde im Dezember 2000 die EG-Wasserrahmenrichtlinie (WRRL)[11]
erlassen.

Teils inspiriert durch diese internationalen und europäischen Tendenzen, teils parallel
dazu fand in den vergangenen zwei Jahrzehnten in Deutschland eine eigene Entwicklung in
Richtung verstärkter Information und Einbeziehung der Öffentlichkeit in (umweltrelevante)
Planungsvorhaben statt (Selle 1996; Voßkuhle 2001; Fisahn 2002a) – sieht man von dem

---

[7]   Zu dem nach dem Ort der Unterzeichnung, der dänischen Stadt Århus, benannten „Übereinkommen über den
      Zugang zu Informationen, die Öffentlichkeitsbeteiligung an Entscheidungsverfahren und den Zugang zu Ge-
      richten in Umweltangelegenheiten" vgl. Scheyli 2000; Zschiesche 2001.
[8]   RL 2003/4/EG vom 28. Januar 2003 über den Zugang der Öffentlichkeit zu Umweltinformationen und zur
      Aufhebung der Richtlinie 90/313/EWG des Rates.
[9]   Richtlinie 2003/35/EG des Europäischen Parlaments und des Rates vom 26. Mai 2003 über die Beteiligung der
      Öffentlichkeit bei der Ausarbeitung bestimmter umweltbezogener Pläne und Programme und zur Änderung der
      Richtlinien 85/337/EWG und 96/61/EG des Rates in Bezug auf die Öffentlichkeitsbeteiligung und den Zugang
      zu Gerichten.
[10] RL 2001/42/EG des Europäischen Parlaments und des Rates vom 27. Juni 2001 über die Prüfung der Umwelt-
      auswirkungen bestimmter Pläne und Programme.
[11] Richtlinie 2000/60/EG des Europäischen Parlaments und des Rates zur Schaffung eines Ordnungsrahmens für
      Maßnahmen der Gemeinschaft im Bereich der Wasserpolitik.

„Einbruch" durch die Beschleunigungsgesetzgebung Anfang der 1990er Jahre einmal ab (Fisahn 2002b). Diese Entwicklung stand und steht im Zusammenhang mit der Diskussion um ökologische und soziale Nachhaltigkeit (Heins 1998), den postulierten „Formwandel politischer Steuerung" (Mayntz & Scharpf 1995) hin zu einem „polyzentrischen Politikverständnis" (Minsch et al. 1998) sowie neue Formen von Governance, wie sie in dem Weißbuch der Kommission unlängst skizziert wurden.

Dabei haben sich die Motive zur Durchführung partizipativer im Unterschied zu klassisch hoheitlichen Entscheidungsverfahren im Laufe der Jahrzehnte gewandelt (Newig 2011). Noch in den 1960er und 70er Jahren standen emanzipatorische Motive im Mittelpunkt, so die Möglichkeit zur Mitbestimmung und die Öffnung von Entscheidungsprozessen (von Alemann 1975) bis hin zur Selbstbestimmung von Bevölkerungsgruppen (Arnstein 1969). Daneben wurden (und werden) mit Partizipation legitimatorische Ziele verfolgt, die auf eine stärkere Demokratisierung der Gesellschaft ausgerichtet sind. Wichtige Stichworte sind hier eine stärkere Transparenz und Kontrolle der Verwaltung (Voßkuhle 2001) sowie aus rechtlicher Sicht die Einbindung von Betroffenen im Vorfeld von Verfahren anstelle weitreichender Klagebefugnisse im Nachhinein („vorgelagerter Rechtsschutz"; Fisahn 2002a). Legitimatorische Motive spielen in der jüngeren politikwissenschaftlichen Partizipationsdebatte nach wie vor eine wichtige Rolle (Renn et al. 1995; Feindt 2001; Arbter et al. 2005).

In den letzten Jahren zeigt sich jedoch ein klarer Trend zu einem *instrumentellen, effektivitätsorientierten* Verständnis von Partizipation. Vor dem Hintergrund fortwährender Implementationsdefizite in der Umweltpolitik (Knill & Lenschow 2000) und zunehmend komplexer gesellschaftlicher sowie sozial-ökologischer Wechselwirkungen wird Partizipation zum Mittel, um (umwelt-)politische Ziele zügiger, zielgenauer und effektiver durchzusetzen (Beierle & Cayford 2002; Coenen et al. 1998). So erwartet Heinelt (2002: 17) "that participation leads to a higher degree of sustainable and innovative outcomes". Als ein Beispiel aktueller Umweltpolitik sieht die Europäische Kommission Öffentlichkeitsbeteiligung als Voraussetzung zur Erreichung wasserpolitischer Ziele: „Die Beteiligung der Öffentlichkeit ist kein Selbstzweck, sondern ein Instrument, um die Umweltziele der Wasserrahmenrichtlinie zu erreichen" (EU 2002: 7; näher dazu Newig 2005).

Die Annahme, dass Partizipation zu effektiver Politik beitrage, das heißt im Umweltbereich eine ökologisch nachhaltige Entwicklung befördere, ist bislang weitgehend eine Behauptung geblieben. In der sozialwissenschaftlichen Literatur finden sich unterschiedliche, einander häufig widersprechende Thesen und die empirische Datenlage zeichnet ein ebenso lückenhaftes wie ambivalentes Bild. Koontz & Thomas (2006: 118) diagnostizieren daher, dass "a considerable gap remains in our understanding of the effect of [particpatory] process characteristics and policy outputs on environmental outcomes."

Der vorliegende Beitrag fasst den aktuellen Stand der Debatte in der internationalen Literatur zur ökologischen Effektivität von partizipativer Governance anhand von konzeptionellen und empirisch-vergleichenden Analysen zusammen. Der Beitrag schließt mit Perspektiven dazu, wie einerseits ein verbessertes Verständnis der Bedingungen, unter denen Partizipation tatsächlich ökologisch nachhaltige Entwicklung stärkt, erreicht werden kann und andererseits, wie Governance-Formen ausgestaltet sein können, um möglichen „Trade-offs" zwischen effektiver Politikdurchsetzung sowie Legitimation und Transparenz von Entscheidungsstrukturen zu begegnen.

2   Konzeptionalisierungen: Paradox zwischen Partizipation und ökologischer Nachhaltigkeit?

Was ist Partizipation? Übliche Definitionen reichen von Bürger- und Öffentlichkeitsbeteiligung und zivilgesellschaftlichem Engagement über (betriebliche) Mitbestimmung bis hin zu Kooperation und gemeinsamer Entscheidungsfindung. Die Politik- und Governance-orientierte Perspektive zielt vor allem auf fünf Elemente:

1. Zunächst einmal lässt sich Partizipation abgrenzen zu einseitigem bzw. ausschließlich hoheitlichem Handeln (Verwaltungs- oder Gerichtsentscheidungen). Bei Partizipation geht es um das gemeinsame Problemlösen, die gemeinsame und konsensuale Entscheidungsfindung, die Rolle von Kommunikation und Interessenausgleich. Der sach- und zielorientierten wechselseitigen Kommunikation in Gruppen (Rowe & Frewer 2005) und deliberativen Prozessen (Habermas 1981, Webler et al. 1995) kommt damit eine wichtige Bedeutung zu.
2. Bei Partizipation geht es um eine Teilhabe an *Entscheidungen im öffentlichen Raum*. Entscheidungen sind kontingent, das heißt, Entscheidungen im öffentlichen Raum machen für einen größeren Personenkreis Vorgaben über künftiges Handeln, die auch anders ausfallen könnten (Luhmann 1987: 400) und damit potenziell eine konflikthafte Materie regeln. Wenn also nichts von öffentlichem Interesse zu entscheiden ist, gibt es auch keine Partizipation im so verstandenen Sinn. Beispielsweise kann sich bürgerschaftliches Engagement auf „Graswurzel-Aktionen" im Bereich der Naturschutzpflege beziehen. Solange diese reinen Aktionscharakter tragen, aber keine Bindungswirkung über künftige Aktivitäten entfalten, liegt keine Partizipation im Sinne der Politik- und Governance-Perspektive vor.
3. Darüber hinaus geht es bei Partizipation um eine Teilhabe von *Personenkreisen, die nicht routinemäßig derartige Entscheidungen vornehmen* (Renn 2005). Damit bilden beispielsweise Wahlen oder Bürgerentscheide keine Formen von Partizipation im hier verstandenen Sinne. Allerdings bedeutet dies nicht, dass in partizipativen Prozessen keine staatlichen Entscheidungsorgane beteiligt sind; es darf sich nur nicht ausschließlich um solche handeln.
4. Partizipation impliziert zudem eine Machtabgabe an die beteiligten Personenkreise. Solange also lediglich Kommunikation im Kontext öffentlicher Entscheidungen stattfindet, die Anliegen der Beteiligten aber die zu treffenden Entscheidungen nicht beeinflussen können, liegt keine Partizipation vor (Arnstein 1969).
5. Schließlich liegt Partizipation nur dann vor, wenn der Kreis der beteiligten Personen diejenigen mit einem legitimen Anliegen ausreichend repräsentiert (Schmitter 2002). Die Beteiligung nur bestimmter Interessengruppen ist dann eher als Lobby-Arbeit oder allgemein korporatistische Handlungsform einzustufen.

Einige der dieser fünf Kriterien können mehr oder weniger stark erfüllt sein, so dass sich unterschiedliche Grade oder Intensitäten von Partizipation unterscheiden lassen. Die Kriterien (2) und (3) sind hiervon ausgenommen, sie müssen erfüllt sein, damit Partizipation überhaupt vorliegt. Die Kriterien (1), (4) und (5) können hingegen in unterschiedlichen Abstufungen vorliegen. Dabei charakterisieren die jeweiligen Ausprägungen der Kriterien (1) und (4) den Prozess der Partizipation, die Ausprägung des Kriteriums (5) charakterisiert dagegen die beteiligten Akteure. Daraus ergibt sich, dass Partizipation ein mehrdimensionales Konzept ist. Frühe Klassifikationen von Partizipation haben häufig einseitig auf Machtaspekte abgehoben, so vor allem die bekannte „Ladder of Citizen Participation" der Amerikanerin Sherry Arnstein (1969). Andere Klassifikationen setzen einseitig auf die Art der Informationsflüsse (Rowe & Frewer 2005). Das hier verwendete Partizipationskonzept basiert auf folgenden Dimensionen, die jeweils variable Grade annehmen können:

- die Art, Richtung und Intensität der Informationsflüsse (z.B. reine Anhörungsverfahren oder intensive Face-to-Face-Kommunikation mit der Möglichkeit zu deliberativen Prozessen);
- die Stärke des Einflusses auf die zu treffenden Entscheidungen, der den Beteiligten gewährt wird;
- der Kreis der beteiligten Personen (wenige Interessengruppenvertreter oder eine breite Öffentlichkeitsbeteiligung).

Partizipation im hier verstandenen Sinne umfasst eine Vielzahl von Prozessformen wie beispielsweise Anhörungen (Rowe & Frewer 2000), Planungszellen (Dienel & Renn 1995) und die verwandte Form der Citizens Jurys (Smith & Wales 2000), deliberative Foren (Hendriks 2006), Stakeholder-Dialoge (Stoll-Kleemann & Welp 2006; van de Kerkhof 2006), Konsensus-Konferenzen und dialogische Verfahren (Feindt 1997; Heinrichs 2007) oder die vor allem in den USA verbreiteten Bürgerbeiräte („Citizen Advisory Committees") (Lynn & Busenberg 1995). Im englischen Sprachraum ist auch häufig von „collaborative governance" oder „management" die Rede (Randolph & Bauer 1999; Innes & Booher 2002; Koontz & Thomas 2006; Busenberg 2007), womit aber ähnliche oder gleiche Formen gemeint sind. Auch die vielfältigen Formen von Umweltmediation bzw. Mediation im öffentlichen Bereich (Fietkau & Weidner 1994; Baughman 1995; Claus & Wiedemann 1994; Weidner 1998; Zilleßen 1998; Holzinger 2000; Watson & Danielson 2004) bilden eine große Schnittmenge mit Prozessen partizipativer Governance.

Der hier gewählte Terminus „partizipative Governance" (Heinelt 2002; Schmitter 2002; Grote & Gbikpi 2002; Lovan et al. 2004) hebt vor allem auf zwei Aspekte ab: Obwohl Governance nicht dasselbe meint wie „Steuerung", impliziert das Konzept doch, dass gesellschaftliche Probleme oder Konflikte (wie etwa in den Bereichen Umwelt und Nachhaltigkeit) angegangen werden mit dem Ziel, kollektiv bindende Entscheidungen zu treffen (Mayntz 2003; Schmitter 2006; Heinelt 2008). Zugleich ist der Governance-Begriff breit genug, um unterschiedliche Formen von Partizipation, sowohl im Sinne staatlich initiierter Verwaltungsverfahren („Top-Down") als auch zivilgesellschaftliche Initiativen der Konfliktlösung („Bottom-Up"), zu umfassen, solange kollektiv verbindliche Entscheidungen angestrebt werden.

In der internationalen Literatur finden sich eine ganze Reihe theoretisch-deskriptiver und normativer Annahmen zur ökologischen Effektivität von Partizipation (für einen Überblick siehe Lafferty & Meadowcroft 1996; Feindt & Newig 2005; Reed 2008). Die Schlüsselannahme lautet, dass Partizipation in umweltbezogenen Governance-Prozessen (a) zu *Outputs* (kollektiven Entscheidungen) mit im Vergleich zu hoheitlichen Entscheidungsverfahren höheren Umweltstandards führt und (b) die Implementation dieser Outputs verbessere *(Outcomes)*. Allerdings finden sich zu allen Elementen dieser Annahme entsprechende Gegenpositionen in unterschiedlichen Forschungsrichtungen wie beispielsweise der

Implementationsforschung oder Sozialpsychologie. (c) Zunehmend setzt sich die Erkenntnis durch, dass dem gesellschaftlichen und umweltbezogenen *Kontext* von Entscheidungsverfahren eine Schlüsselrolle bei der ökologischen Effektivität von Beteiligungsprozessen zukommt. Im Einzelnen finden sich folgende, einander teils widersprechende, Argumentationen:

(a) Partizipation und umweltbezogene Outputs: Beteiligung wird das Potenzial zugesprochen, etablierte Netzwerke zwischen politisch-administrativen Entscheidungsträgern und wirtschaftlichen Eliten aufzubrechen und damit umweltbezogenen Anliegen größeren Raum zu geben (Smith 2003; Kastens & Newig 2007). Bei einem weniger umweltorientierten zivilgesellschaftlichen Umfeld wird dagegen eher eine Verwässerung ökologischer Standards vermutet (Layzer 2008). Durch die Einbeziehung des lokalen Wissens nichtstaatlicher Akteure wird weiterhin eine verbesserte Informationsbasis umweltbezogener Entscheidungen erwartet (Berkes & Folke 2002; Pellizzoni 2003). Andere Autoren bestreiten ebendies, da Umweltentscheidungen typischerweise komplexe technische Sachverhalte betreffen. Behörden und ausgewiesene Experten verfügten jedoch über eine entsprechende Wissensbasis und seien nicht auf lokales Laienwissen angewiesen (Fisahn 2002a; Rydin 2007).

Unter Rückgriff auf das von Habermas (1981) entwickelte Konzept des kommunikativen Handelns lassen gut durchgeführte partizipative und diskursive Gruppenprozesse kollektive Lernerfolge erwarten. So erhofft man sich eine kreativere Entwicklung neuer Lösungen durch Deliberation und eine Vielfalt von Perspektiven (Webler et al. 1995). Als Erfolgsvoraussetzung wird ein gegenseitiges Vertrauensverhältnis der Beteiligten genannt (Sabatier et al. 2005). Als weitere „Erfolgskriterien" seien nur beispielhaft genannt: die Transparenz des Verfahrens und offene Kommunikation, frühzeitige Beteiligung, gemeinsame Festlegung von Verfahrensregeln und die Über- bzw. Allparteilichkeit der Moderation (vgl. Linder & Vatter 1996). Eine Grundvoraussetzung dafür, dass die oben genannten erwünschten Effekte eintreten, liegt weiterhin darin, dass bezüglich der zu treffenden Entscheidung eine genügende Offenheit besteht. Aus sozialpsychologischer Sicht wird gleichwohl auf potenziell nachteilige Effekte partizipativer Gruppenprozesse verwiesen, so beispielsweise die Tendenz zu riskanteren Entscheidungen oder eine Schließung gegenüber kritischen Stimmen (Cooke 2001).

Allgemein wird die Effektivität von Partizipation in umweltbezogenen Entscheidungsprozessen aus Sicht der Ökonomischen Theorie der Politik (Public-Choice-Theorie) in Frage gestellt. Schon frühe Arbeiten verweisen darauf, dass die kollektive Nutzung bzw. Verschmutzung natürlicher Ressourcen regelmäßig soziale Dilemma-Situationen impliziert (Hardin 1968). Daher seien Institutionen auf ausreichend großen räumlichen Skalen nötig, um negative Externalitäten *(spillovers)* zu internalisieren. Partizipative Entscheidungsprozesse sind jedoch typischerweise lokal angelegt. Dahl (1994) nennt dies das „demokratische Dilemma zwischen System-Effektivität und Bürgerbeteiligung".

(b) Partizipation und umweltbezogene Outcomes: Von den oben diskutierten Outputs unterscheiden sich Outcomes durch den Vorgang der Implementation. Allgemein wird die Implementation umweltbezogener Entscheidungen in modernen Demokratien als unzureichend angesehen. Die Implementationsforschung hat wiederholt auf entsprechende „Implementationsdefizite" verwiesen (Mayntz et al. 1978; Svoboda 1988; Jordan 2002).

Häufig werden diese mit einer geringen Akzeptanz von Entscheidungen seitens staatlicher und nicht-staatlicher Akteure in Verbindung gebracht. Deren Beteiligung in Entscheidungsprozessen wird daher als potenziell förderlich zur Erhöhung von Akzeptanz angesehen, da so ihre Interessen in der Entscheidungsfindung berücksichtigt werden (Bulkeley & Mol 2003). Ergebnisse der *procedural-justice*-Forschung zeigen, dass als fair wahrgenommene Entscheidungsprozesse Akzeptanz selbst dann erhöhen, wenn die Ergebnisse den Akteurspräferenzen nicht entsprechen (Lind & Tyler 1988; Sabatier et al. 2005). Coglianese (1997) argumentiert dagegen, dass Partizipation wegen häufiger Meinungsunterschiede zum Beispiel über Fragen legitimer Teilnehmerkreise eher Akzeptanz vermindernd wirkt. Weiterhin sei es Partizipationsprozessen immanent, dass sie die Beteiligten auch über für sie negative Aspekte informieren, was zu einer weiteren Reduktion der Akzeptanz führe.

Die Implementationsforschung hat die Einbeziehung einer größeren Zahl von Akteuren in Entscheidungsprozesse traditionell als Hindernis für eine effektive Umsetzung von Entscheidungen angesehen (Pressman & Wildavsky 1984 [1973]; Hill & Hupe 2002), insbesondere wenn Akteure mit Veto-Macht Entscheidungen blockieren können (Tsebelis 1995). Hier ist die so genannte „Bottom-Up"-Schule keine Ausnahme (Lipsky 1971). Von einigen frühen Ausnahmen abgesehen (Mazmanian & Sabatier 1980) wird Partizipation erst in jüngerer Zeit als Desiderat im Implementationsprozess angesehen, allerdings hauptsächlich aus emanzipatorischen Überlegungen heraus und weniger mit Blick auf eine effektive Implementation selbst (deLeon & deLeon 2002). Anders als diese einflussreichen meist nordamerikanischen Arbeiten begreift die europäische Implementationsforschung Partizipation in jüngerer Zeit als förderlich im Kontext nachhaltiger Entwicklung (O'Toole Jr. 2004).

(c) Bedeutung des Kontexts: Klassischerweise liegt in der Partizipationsforschung der Schwerpunkt auf den Prozessen, ihrer Ausgestaltung und ihren Wirkungen. Zunehmend wird auf die Bedeutung der gesellschaftlichen und problembezogenen Rahmenbedingungen einerseits sowie der Akteure und ihrer Konstellationen andererseits verwiesen,, die ein Partizipationsverfahren und seinen Ausgang prägen können (Delli Carpini et al. 2004; Lejano et al. 2007). Beispielsweise mag eine spezifische Konstellation von Akteursinteressen mehr oder weniger förderlich für eine partizipative bzw. konsensuale Entscheidungsfindung sein: In sozialen Dilemma-Situationen etwa nach dem „St.-Florians" oder „NIMBY" (Not In My Back Yard)-Prinzip, die typischerweise bei Standortentscheidungen auftreten, wird zivilgesellschaftliche Partizipation als Mittel zur rationaleren Konfliktlösung genannt (Renn & Webler 1996; Schively 2007). Andere Autoren fanden, dass Partizipation in diesen Situationen ineffektiv bleibt (Holtkamp 2006; Bogumil et al. 2003).
Dieser kurze Überblick zeigt bereits die in der Literatur vorhandenen Inkonsistenzen zu der Frage, inwieweit Partizipation eine ökologisch nachhaltige Entwicklung fördere.

3   Empirische Forschungsergebnisse

Die mit Abstand wichtigste Quelle empirischer Daten im Bereich umweltbezogener Governance-Verfahren bilden Fallstudien. Zahlreiche Einzelfallstudien[12] wurden bisher

---

[12] Es ist schier unmöglich, eine auch nur annähernd repräsentative Auswahl dieser Vielzahl von Veröffentlichungen zu zitieren. Unter den besonders bekannten und einflussreichen Studien seien exemplarisch genannt der Snoqualmie-River-Konflikt, der zu einer der ersten intensiven umweltbezogenen Beteiligungsverfahren in den

veröffentlicht, die eine erhebliche Bandbreite an Anwendungsbereichen abbilden und stark hinsichtlich Länge und Qualität des Datenmaterials variieren. Viele wurden von Praktikern verfasst, von denen einige selbst in die beschriebenen Prozesse involviert waren, sei es als Mediatoren, Behördenvertreter, Teilnehmer oder Wissenschaftler. Viele wurden ohne expliziten konzeptionellen Hintergrund verfasst. Insgesamt wurden umweltbezogene Outputs, geschweige denn Outcomes, meist nur kursorisch einbezogen (siehe Newig & Fritsch 2007). Die Tatsache, dass die allermeisten Fallstudien aus Nordamerika stammen, reflektiert die Bedeutung von Beteiligungs- und Mediationsverfahren in den Vereinigten Staaten und Kanada.

Obwohl die überwiegende Mehrzahl von Veröffentlichungen Einzelfallstudien portraitiert, sind einige vergleichende Untersuchungen verfügbar, die fast ausnahmslos partizipative Entscheidungsprozesse in den USA zum Gegenstand haben und jeweils nur in Teilen die Beziehung zwischen Partizipationsverfahren und deren Outputs bzw. Outcomes untersuchen:

- Die Pionierstudie von Bingham (1986) vergleicht 161 Fälle von Umweltmediation in Bezug auf ihr Potenzial für konsensuale Entscheidungen. Es wird versucht, Outputs (hier: ob ein Konsens erzielt wurde oder nicht) mit bestimmten Einflussfaktoren in Beziehung zu setzen. Allerdings bleibt dieser Versuch kursorisch und kausale Einflussfaktoren werden nicht herausgearbeitet. Da weder die Implementation von Entscheidungen noch ihre Angemessenheit in Bezug auf die jeweiligen ökologischen Probleme überprüft wird, bleiben viele Fragen offen. Gleichwohl entwickelt die Studie eine Reihe potenziell wichtiger Kontext- und Prozess-Faktoren.

- Coglianese (1997) untersucht 67 Fälle von *negotiated rulemaking*, einer speziellen Form partizipativer Normfindung in den Vereinigten Staaten. Er stellt fest, dass – entgegen den Erwartungen – partizipative Prozess länger andauern und häufiger zu Rechtsstreitigkeiten führen als nicht-partizipative Verfahren. Allerdings wurden weder die Angemessenheit der Entscheidungen noch deren Implementation untersucht.

- Chess & Purcell (1999) vergleichen etwa 20 Fallstudien in umweltbezogenen Entscheidungsverfahren, von denen einige mehrere Fälle darstellen. Die Studie entwickelt eine Reihe von Kontext-, Prozess- und Ergebnisvariablen. Bezeichnenderweise zeigt sich hier, dass die Art des partizipativen Verfahrens *keinen* Einfluss auf Outputs bzw. Outcomes hat.

- Ein spezifischer Sektor partizipativer Governance – Wassermanagement in kleinen Einzugsgebieten – wurde von Leach et al. (2002), Sabatier et al. (2005) und Leach (2006) untersucht. In 76 der sogenannten „watershed partnerships" in den US-Staaten Kalifornien und Washington wurden die demokratischen Vorteile von Kooperation und Partizipation untersucht und deren Wirkung auf Outputs gemessen, wobei Variablen wie soziales Kapital und kollektives Lernen eine große Rolle spielen. Einflüsse des Kontexts sowie umweltbezogene Outcomes wurden jedoch nicht einbezogen.

- Die bislang umfangreichste vergleichende Analyse umweltbezogener partizipativer Governance-Prozesse haben Beierle & Cayford (2002) vorgelegt. In eine Fallstudien-Metaanalyse von 239 bereits veröffentlichten Fallstudien haben die Autoren Kontext-, Prozess- und Ergebnisvariablen untersucht. Partizipations-„Erfolg" wurde hauptsäch-

---

Vereinigten Staaten führte (Dembart & Kwartler 1980); weiterhin der Aargau-Mülldeponie-Standortfindungsprozess (Renn et al. 1996) oder die Mediation zur Sonderabfalldeponie Münchehagen (Striegnitz 1995).

lich im Sinne demokratischer Legitimität gemessen, umweltbezogene Outcomes dagegen kaum berücksichtigt, obgleich die Autoren feststellen, dass "the purpose of participation has shifted from merely providing accountability to developing the substance of policy" (Beierle & Cayford 2002: 5). Partizipation, so die Hauptschlussfolgerung der Autoren, bringe häufig Entscheidungen hervor, welche die Werte der Öffentlichkeit reflektieren, ausreichend robust sind und förderlich zur Lösung von Konflikten, der Bildung von Vertrauen und der Bildung der Bevölkerung in Umweltfragen sind (Beierle & Cayford 2002: 74). Die zentrale Rolle für den „Erfolg" von Partizipation wird der *Prozessgestaltung* zugeschrieben, wobei intensivere Prozesse allgemein als erfolgreicher gewertet werden als weniger intensive.

- Unlängst hat der US-amerikanische National Research Council (Dietz & Stern 2008) eine breit angelegte Studie zu den allgemeinen Vorteilen und Risiken von Partizipation und Öffentlichkeitsbeteiligung im Umweltbereich vorgelegt. Die Autoren sichten eine Fülle konzeptioneller und empirischer Literatur (fast 300 Fallstudien), fast ausschließlich in den Vereinigten Staaten, und leiten daraus eine Reihe von Politik-Empfehlungen ab. Während der Kontext von Partizipation zwar als wichtig für das Zustandekommen von Outcomes bezeichnet wird, lautet die zentrale Schlussfolgerung, dass „gut durchgeführte" Prozesse kontextbezogene Schwierigkeiten kompensieren können. Die Autoren schließen mit einem Appell für eine stärkere Berücksichtigung von Kontextfaktoren und mahnen verstärkte vergleichende Fallstudien an, "that allow a stronger assessment of generality and causality" and an "increased level of rigor in research design" (Dietz & Stern 2008: 9-15).

- Der Autor dieses Beitrags hat in Ko-Autorenschaft eine vergleichenden Meta-Analyse von 47 Fällen unterschiedlich partizipativer Entscheidungsverfahren in Nordamerika und in Europa durchgeführt (Newig & Fritsch 2009b). Es stellte sich heraus, dass Partizipation in den untersuchten Fällen zwar tendenziell zur Beilegung von Konflikten und dem Aufbau wechselseitigen Vertrauens beitrugt, umweltbezogene Outputs und Outcomes jedoch nicht signifikant beeinflusste im Vergleich zu stärker hoheitlichen Entscheidungsverfahren. Während umweltbezogene Outcomes weitgehend auf die Präferenzen der involvierten Akteure zurückgeführt werden konnten, hing der Einfluss von Partizipation entscheidend von einer Reihe von Kontextvariablen, z.B. der geographischen Skala des untersuchten Problems, ab. Weiterhin wurden trade-offs zwischen Outputs und Outcomes festgestellt, die auf die Notwendigkeit einer differenzierten Betrachtungsweise des „Erfolges" partizipativer Governance verweisen.

Anhand der hier summarisch skizzierten Ergebnisse größerer vergleichender Studien lassen sich einige vorsichtige Schlussfolgerungen ziehen. Zunächst fällt auf, dass der Gestaltung partizipativer Prozesse im Umwelt- und Nachhaltigkeitskontext ein erhebliches Gewicht für den – wie auch immer definierten – Erfolg beigemessen wird (Beierle & Cayford 2002; Dietz & Stern 2008). Die Prozessgestaltung nimmt denn auch den größten Raum bei der Analyse von Fallstudien ein. Daneben wird auch Kontextfaktoren eine erhebliche Bedeutung attestiert, zugleich wird aber häufig eingeräumt, dass diese nicht immer ausreichend analysiert wurden. So besteht noch erheblicher Forschungsbedarf zur tatsächlichen Rolle von Kontextbedingungen. Zu den Umwelt- und Nachhaltigkeitseffekten (Outcomes) besteht am wenigsten systematische Forschung, wie von den Autoren etlicher Studien eingeräumt wird.

Wie uneinheitlich sich die umweltbezogenen Wirkungen von Partizipation darstellen können, sei an folgendem Beispiel des Gewässerrandstreifenprojekts „Spreewald" (Baranek & Günther 2005) erläutert. Kurz nach der Wiedervereinigung sollten innerhalb des Biosphärenreservates „Spreewald" im Rahmen eines vom Bundesamt für Naturschutz geförderten Großprojekts Naturschutzziele wie beispielsweise eine Revitalisierung von Niedermoorstandorten oder eine Verbesserung der Biotopqualität in den Fließgewässern erreicht werden. Nach heftigem Widerstand seitens der lokalen Bevölkerung, insbesondere von Interessenvertretern aus Wasser-, Land- und Forstwirtschaft, Tourismus, Fischerei sowie aus Fachämtern der Kommunen vor Ort, wurde in einem mehrstufigen Beteiligungs- und Mediationsverfahren ein breit akzeptierter Kompromiss zwischen Naturschutz- und lokalen Nutzungszielen erzielt. Partizipation hat hier einerseits zu einer Abschwächung von Umweltzielen (Output im Sinne einer kollektiv verbindlichen Entscheidung) geführt. Andererseits steht zu erwarten, dass die Umsetzung dieser Ziele wegen der stark erhöhten Akzeptanz durch die lokalen Akteure – ohne die Maßnahmen kaum implementierbar sind – maßgeblich verbessert wurde. Solche trade-offs zwischen *Output* und *Outcome* mögen durchaus charakteristisch für umweltbezogene Partizipationsprozesse sein.

Zugleich bleibt die Frage offen, inwieweit partizipative Governance in der Lage ist, bestehende Zielambivalenzen und -konflikte innerhalb komplexer Probleme von Governance für nachhaltige Entwicklung zu lösen (Newig et al. 2008) und damit auch zum Ausbalancieren ökologischer, ökonomischer und sozialer Dimensionen beitragen kann.

4   Ausblick

Der kurze Überblick über den Stand der internationalen Debatte zur ökologischen Effektivität von Partizipation und Öffentlichkeitsbeteiligung zeigt zweierlei. Einerseits gibt es eine Vielzahl von teils komplementären, teils konkurrierenden, teils widerstreitenden Annahmen über die Wirkung von Partizipation auf ökologische Outputs und Outcomes. Während der „Mainstream" der Partizipationsliteratur einen positiven Zusammenhang zwischen Partizipation und ökologisch nachhaltiger Entwicklung annimmt, ja diesen oftmals gar als gegeben voraussetzt, erscheinen diese Annahmen aus Sicht anderer sozialwissenschaftlicher Disziplinen wie der Sozialpsychologie oder der Implementationsforschung in einem ganz anderen Licht. Zweitens sind die empirischen Forschungsergebnisse noch sehr lückenhaft und zudem ambivalent. Zwar liegen eine Vielzahl von Einzelfallstudien insbesondere aus Nordamerika und Europa vor, diese harren aber noch einer systematischen Auswertung. Deutlich wird vor allem, dass der gesellschaftliche und problembezogene Kontext mit darüber entscheidet, ob Partizipation eine ökologisch nachhaltige Entwicklung stärkt oder aber gar konterkariert. Eine Schlüsselrolle scheint dabei den Wahrnehmungen und Einstellungen der einbezogenen Akteure zuzukommen.

Für die Bewertung der Umwelt- und Nachhaltigkeitswirkungen partizipativer Governance hängt viel von der Unterscheidung in *Outputs* und *Outcomes* und die zwischen beiden möglichen trade-offs ab. Wie der Spreewald-Fall exemplarisch gezeigt hat, kann Partizipation durchaus zu einer Senkung des „Umwelt-Niveaus" von Outputs führen, auf dem Wege verstärkter Akzeptanz seitens der beteiligten Akteure und deren Netzwerkbildung untereinander aber dazu führen, dass Entscheidungen besser und zügiger umgesetzt werden, so dass Partizipation letztlich doch eine Effektivitätssteigerung in Umweltpolitik und -governance bewirkt.

Welche Rückschlüsse lassen sich aus diesen Ergebnissen – falls überhaupt – für die Gestaltung partizipativer (oder gerade nicht-partizipativer) Governance-Prozesse im Bereich der Umwelt- und Nachhaltigkeitspolitik ziehen? Wenn es eine zentrale Schlussfolgerung gibt, dann die, dass die Erfolgsaussichten von Partizipation stark vom jeweiligen Kontext abhängen. Partizipation kann also keine Patentlösung sein. Vor der unreflektierten Übertragung gängiger „Best-Practice"-Beispiele kann nur gewarnt werden. Zentral ist eine Klarheit über die Ziele von Partizipation. Warum sollen nicht-staatliche Akteure eingebunden werden? Je nachdem, ob deren Wissen gefragt ist, Konflikte gelöst werden sollen oder die Akzeptanz für Umweltmaßnahmen im Vordergrund steht, bietet sich die Beteiligung unterschiedlicher Akteursgruppen und der Einsatz unterschiedlicher Partizipationsformen an. Eine umfassende Stakeholder-Analyse kann hier hilfreich sein. Ein aufrichtiges Erwartungsmanagement trägt dazu bei, dass bei den beteiligten Akteuren keine unerfüllbaren Erwartungen etwa in Bezug auf ihre Mitentscheidungsmöglichkeiten geweckt werden.

Angesichts der nach wie vor unbefriedigenden Wissenssituation mag es verwundern, dass Partizipation und Öffentlichkeitsbeteiligung in umweltbezogenen Entscheidungsverfahren durchaus der politischen Mode unterliegen. Welche Forschungsstrategien bieten sich an? Zum einen gilt es, das in vielen Hunderten von Einzelfallstudien bereits vorhandene empirische Wissen systematisch zu aggregieren und mit Blick auf die ökologische Effektivität von Partizipation auszuwerten. Hierzu bietet sich die Methode der Fallstudien-Metaanalyse (Case survey) an (Larsson 1993; Beierle & Cayford 2002; Newig & Fritsch 2009b; Newig & Fritsch 2009a). Die – bisher kaum angewendete – Case-survey-Methode ermöglicht es, qualitatives, fallbasiertes Wissen systematisch zu aggregieren und statistisch auszuwerten und damit erheblich verlässlichere Ergebnisse zu liefern als Einzelfallstudien oder klassische „Reviews". Gleichwohl lassen sich durch dieses Vorgehen nicht alle systematischen Verzerrungen – etwa durch eine Selektion tendenziell „positiver" Verfahren, die zur Veröffentlichung als Fallstudien gelangen – ausschließen. Eine weitergehende Überlegung wären – zweitens – experimentelle Feldversuche. Experimentelle Methoden besitzen ein hohes Potenzial, unverzerrte Ergebnisse zu liefern und werden in der politikwissenschaftlichen Literatur zunehmend diskutiert (Green & Gerber 2003; Druckman et al. 2006). Die Methodologie komplexerer Feldexperimente, wie sie für Beteiligungsverfahren nötig wären, ist jedoch noch nicht ausgearbeitet. Hier bieten sich vielversprechende Perspektiven für eine zukünftige, inter- und transdisziplinäre Forschung.

Literatur

Arbter, K.; Handler, M.; Purker, E.; Tappeiner, G. & Trattnigg, R. (2005): Das Handbuch Öffentlichkeitsbeteiligung. Die Zukunft gemeinsam gestalten, Wien.

Arnstein, S. R. (1969): A Ladder of Citizen Participation, in: Journal of the American Institute of Planners 35 (4), 216-224.

Baranek, E. & Günther, B. (2005): Erfolgsfaktoren von Partizipation in Naturschutzgroßprojekten - Das Beispiel: Moderationsverfahren im Gewässerrandstreifenprojekt Spreewald, in: P. H. Feindt & J. Newig (Hrsg.): Partizipation, Öffentlichkeitsbeteiligung, Nachhaltigkeit. Perspektiven der Politischen Ökonomie, Marburg, 299-319.

Baughman, M. (1995): Mediation, in: O. Renn; T. Webler & P. Wiedemann (Hrsg.): Fairness and Competence in Citizen Participation: Evaluating Models for Environmental Discourse, Dordrecht, 253-266.

Beierle, T. C. & Cayford, J. (2002): Democracy in Practice. Public Participation in Environmental Decisions, Washington, DC.

Berkes, F. & Folke, C. (2002): Back to the Future: Ecosystem Dynamics and Local Knowledge, in: L. H. Gunderson & C. S. Holling (Hrsg.): Panarchy. Understanding Transformations in Human and Natural Systems, Washington, Covelo, London, 121-146.

Bingham, G. (1986): Resolving Environmental Disputes. A Decade of Experience, Washington, D.C.

Bogumil, J.; Holtkamp, L. & Schwarz, G. (2003): Das Reformmodell Bürgerkommune: Leistungen, Grenzen, Perspektiven, Berlin.

Bulkeley, H. & Mol, A. P. J. (2003): Participation and Environmental Governance: Consensus, Ambivalence and Debate, in: Environmental Values 12 (2), 143-154.

Busenberg, G. (2007): Citizen Participation and Collaborative Environmental Management in the Marine Oil Trade of Coastal Alaska, in: Coastal Management 35, 239-253.

Chess, C. & Purcell, K. (1999): Public Participation and the Environment: Do We Know What Works?, in: Environmental Science & Technology 33 (16), 2685-2692.

Claus, F. & Wiedemann, P. M. (Hrsg.) (1994): Umweltkonflikte. Vermittlungsverfahren zu ihrer Lösung - Praxisberichte-, Taunusstein.

Coenen, F. H. J. M.; Huitema, D. & O'Toole, L. J. (Hrsg.) (1998): Participation and the Quality of Environmental Decision Making, Dordrecht, Boston, London.

Coglianese, C. (1997): Assessing Consensus: The Promise And Performance Of Negotiated Rule-making, in: Duke Law Journal 46, 1255-1346.

Cooke, B. (2001): The Social Psychological Limits of Participation?, in: B. Cooke & U. Kothari (Hrsg.): Participation: the new tyranny?, London, New York, 102-121.

Dahl, R. A. (1994): A Democratic Dilemma: System Effectiveness versus Citizen Participation, in: Political Science Quarterly 109 (1), 23-34.

deLeon, P. & deLeon, L. (2002): What Ever Happened to Policy Implementation? An Alternative Approach, in: Journal of public administration research and theory 12 (4), 467-492.

Delli Carpini, M. X.; Cook, F. L. & Jacobs, L. R. (2004): Public Deliberation, Discursive Participation, and Citizen Engagement: A Review of the Empirical Literature, in: Annual Review of Political Science 7, 315–344.

Dembart, L. & Kwartler, R. (1980): The Snoqualmie River Conflict: Bringing Mediation into Environmental Disputes, in: R. B. Goldmann (Hrsg.): Roundtable Justice. Case studies in conflict resolution, Boulder, 39-58.

Dienel, P. C. & Renn, O. (1995): Planning Cells: A Gate to "Fractal" Mediation, in: O. Renn; T. Webler & P. Wiedemann (Hrsg.): Fairness and Competence in Citizen Participation: Evaluating Models for Environmental Discourse, Dordrecht, 117-140.

Dietz, T. & Stern, P. C. (Hrsg.) (2008): Public participation in environmental assessment and decision-making. Panel on Public Participation in Environmental Assessment and Decision Making, National Research Council, Washington, D.C.

Druckman, J. N.; Green, D. P.; Kuklinsky, J. H. & Lupia, A. (2006): The Growth and Development of Experimental Research in Political Science, in: American Political Science Review 100 (4), 627-635.

EU (2002): Leitfaden zur Beteiligung der Öffentlichkeit in bezug auf die Wasserrahmenrichtlinie. Aktive Beteiligung, Anhörung und Zugang der Öffentlichkeit zu Informationen (Übersetzung der englischen Originalfassung). Endgültige, nach dem Treffen der Wasserdirektoren im November 2002 erarbeitete Fassung. Guidance Document No. 8.

Feindt, P. H. (1997): Kommunale Demokratie in der Umweltpolitik. Neue Beteiligungsmodelle, in: Aus Politik und Zeitgeschichte 47 (27), 39-46.

Feindt, P. H. (2001): Regierung durch Diskussion? Diskurs- und Verhandlungsverfahren im Kontext von Demokratietheorie und Steuerungsdiskussion, Frankfurt a.M.

Feindt, P. H. & Newig, J. (2005): Politische Ökonomie von Partizipation und Öffentlichkeitsbeteiligung im Nachhaltigkeitskontext. Probleme und Forschungsperspektiven, in: P. H. Feindt & J. Newig (Hrsg.): Partizipation, Öffentlichkeitsbeteiligung, Nachhaltigkeit. Perspektiven der politischen Ökonomie, Marburg, 9-40.

Fietkau, H.-J. & Weidner, H. (1994): Mediationsverfahren im Kreis Neuss, in: F. Claus & P. M. Wiedemann (Hrsg.): Umweltkonflikte. Vermittlungsverfahren zu ihrer Lösung - Praxisberichte-, Taunusstein, 99-118.

Fisahn, A. (2002a): Demokratie und Öffentlichkeitsbeteiligung, Tübingen.

Fisahn, A. (2002b): Entwicklungstendenzen des Europäischen Planungsrechts, in: UPR 2002 (7), 258-263.

Green, D. P. & Gerber, A. S. (2003): The Underprovision of Experiments in Political Science, in: The Annals of the American Academy of Political and Social Science 589, 94-112.

Grote, J. R. & Gbikpi, B. (Hrsg.) (2002): Participatory Governance. Political and Societal Implications, Opladen.

Habermas, J. (1981): Theorie des kommunikativen Handelns, Frankfurt a.M.

Hardin, G. (1968): The tragedy of the commons, in: Science 162, 1243-1248.

Heinelt, H. (2002): Achieving Sustainable and Innovative Policies through Participatory Governance in a Multi-level Context: Theoretical Issues, in: H. Heinelt; P. Getimis; G. Kafkalas; R. Smith & E. Swyngedouw (Hrsg.): Participatory governance in multi-level Context. Concepts and experience, Opladen, 17-32.

Heinelt, H. (2008): Demokratie jenseits des Staates: partizipatives Regieren und Governance. Modernes Regieren, Baden-Baden.

Heinrichs, H. (2007): Kultur-Evolution: Partizipation und Nachhaltigkeit, in: G. Michelsen & J. Godemann (Hrsg.): Handbuch Nachhaltigkeitskommunikation, München, 709-720.

Heins, B. (1998): Soziale Nachhaltigkeit, Berlin.

Hendriks, C. M. (2006): When the Forum Meets Interest Politics: Strategic Uses of Public Deliberation, in: Politics & Society 34 (4), 571-602.

Hill, M. & Hupe, P. (2002): Implementing public policy: governance in theory and practice, London et al.

Holtkamp, L. (2006): Partizipative Verwaltung - hohe Erwartungen, ernüchternde Ergebnisse, in: J. Bogumil; W. Jann & F. Nullmeier (Hrsg.): Politik und Verwaltung, Wiesbaden, 185-207.

Holzinger, K. (2000): Limits of co-operation: A German case of environmental mediation, in: European Environment (10), 293-305.

Innes, J. E. & Booher, D. E. (2002). The Impact of Collaborative Planning on Governance Capacity. Annual Conference of the Association of Collegiate Schools of Planning, Baltimore.

Jordan, A. (2002): The Implementation of EU Environmental Policy: A Policy Problem without a Political Solution?, in: A. Jordan (Hrsg.): Environmental Policy in the European Union: Actors, Institutions and Processes, London, 301-328.

Kastens, B. & Newig, J. (2007): The Water Framework Directive and Agricultural Nitrate Pollution: Will Great Expectations in Brussels be Dashed in Lower Saxony?, in: European Environment 17, 231-246.

Knill, C. & Lenschow, A. (Hrsg.) (2000): Implementing EU Environmental Policy: New Directions and Old Problems, Manchester.

Koontz, T. M. & Thomas, C. W. (2006): What Do We Know and Need to Know about the Environmental Outcomes of Collaborative Management?, in: Public Administration Review 66, 111-121.

Lafferty, W. M. & Meadowcroft, J. (Hrsg.) (1996): Democracy and the Environment. Problems and Prospects, Cheltenham, Lyme.

Larsson, R. (1993): Case Survey Methodology: Quantitative Analysis of Patterns across Case Studies, in: The Academy of Management Journal 36 (6), 1515-1546.

Layzer, J. (2008): Natural Experiments: Ecosystem-Based Management and the Environment, Cambridge, Mass.

Leach, W. D. (2006): Collaborative Public Management and Democracy: Evidence from Western Watershed Partnerships, in: Public Administration Review 66 (Supplement 1), 100-110.

Leach, W. D.; Pelkey, N. W. & Sabatier, P. A. (2002): Stakeholder Partnerships as Collaborative Policymaking: Evaluation Criteria Applied to Watershed Management in California and Washington, in: Journal of Policy Analysis and Management 21 (4), 645-670.

Lejano, R. P.; Ingram, H. M.; Whiteley, J. M.; Torres, D. & Agduma, S. J. (2007): The Importance of Context: Integrating Resource Conservation with Local Institutions, in: Society & Natural Resources 20 (2), 177-185.

Lind, E. A. & Tyler, T. R. (1988): The Social Psychology of Procedural Justice, New York, London.

Linder, W. & Vatter, A. (1996): Kriterien zur Evaluation von Partizipationsverfahren, in: K. Selle (Hrsg.): Planung und Kommunikation, Wiesbaden, Berlin, 181-188.

Lipsky, M. (1971): Street-level Bureaucracy and the analysis of urban reform, in: Urban Affairs Quarterly (6), 391-409.

Lovan, W. R.; Murray, M. & Shaffer, R. (2004): Participatory Governance in a Changing World, in: W. R. Lovan; M. Murray & R. Shaffer (Hrsg.): Participatory Governance. Planning, Conflict Mediation and Public Decision-Making in Civil Society, Aldershot, Burlington, 1-20.

Luhmann, N. (1987): Soziale Systeme: Grundriß einer allgemeinen Theorie, Frankfurt a. M.

Lynn, F. M. & Busenberg, G. J. (1995): Citizen Advisory Committees and Environmental Policy: What We Know, What's Left to Discover, in: Risk Analysis 15 (2), 147-162.

Mayntz, R. (2003): New challenges to governance theory, in: H. P. Bang (Hrsg.): Governance as social and political communication, Manchester, New York, 27-40.

Mayntz, R.; Derlien, H.-U.; Bohne, E.; Hesse, B.; Hucke, J. & Müller, A. (1978): Vollzugsprobleme der Umweltpolitik. Empirische Untersuchungen der Implementation von Gesetzen im Bereich der Luftreinhaltung und des Gewässerschutzes.

Mayntz, R. & Scharpf, F. W. (1995): Steuerung und Selbstorganisation in staatsnahen Sektoren, in: R. Mayntz & F. W. Scharpf (Hrsg.): Gesellschaftliche Selbstregelung und politische Steuerung, Frankfurt a. M., 9-38.

Mazmanian, D. A. & Sabatier, P. A. (1980): A Multivariate Model of Public Policy-Making, in: American Journal of Political Science 24 (3), 439-468.

Minsch, J.; Feindt, P. H.; Meister, H.-P.; Schneidewind, U.; Schulz, T. & Tscheulin, J. (1998): Institutionelle Reformen für eine Politik der Nachhaltigkeit. Studie im Auftrag der Enquete-Kommission "Schutz des Menschen und der Umwelt" des Deutschen Bundestages, Heidelberg / New York / Tokyo.

Newig, J. (2005): Die Öffentlichkeitsbeteiligung nach der EG-Wasserrahmenrichtlinie: Hintergründe, Anforderungen und die Umsetzung in Deutschland, in: Zeitschrift für Umweltpolitik und Umweltrecht 28 (4), 469-512.

Newig, J. (2011): Partizipation und neue Formen der Governance, in: M. Groß (Hrsg.): Handbuch Umweltsoziologie, Wiesbaden.

Newig, J. & Fritsch, O. (2007): Der Beitrag zivilgesellschaftlicher Partizipation zur Effektivitätssteigerung von Governance. Eine Analyse umweltpolitischer Beteiligungsverfahren im transatlantischen Vergleich, in: I. Bode; A. Evers & A. Klein (Hrsg.): Bürgergesellschaft als Projekt. Eine Bestandsaufnahme zu Entwicklung und Förderung zivilgesellschaftlicher Potenziale in Deutschland, Wiesbaden, 1-23.

Newig, J. & Fritsch, O. (2009a): The case survey method and applications in political science. APSA 2009 Paper. Available at SSRN: http://ssrn.com/abstract=1451643, Toronto.

Newig, J. & Fritsch, O. (2009b): Environmental Governance: Participatory, Multi-Level – And Effective?, in: Environmental Policy and Governance 19 (3), 197-214.

Newig, J.; Voß, J.-P. & Monstadt, J. (2008): Governance for Sustainable Development in the Face of Ambivalence, Uncertainty and Distributed Power: an Introduction, in: J. Newig; J.-P. Voß & J. Monstadt (Hrsg.): Governance for Sustainable Development. Coping with ambivalence, uncertainty and distributed power, London, vii-xiv.

O'Toole Jr., L. J. (2004): Implementation theory and the challenge of sustainable development: the transformative role of learning, in: W. M. Lafferty (Hrsg.): Governance for Sustainable Development. The Challenge of Adapting Form to Function, Cheltenhan, Northhampton, 32-60.

Pellizzoni, L. (2003): Uncertainty and Participatory Democracy, in: Environmental Values 12 (2), 195-224.

Pressman, J. L. & Wildavsky, A. (1984 [1973]): Implementation: how great expectations in Washington are dashed in Oakland, Berkeley, Calif. et al.

Randolph, J. & Bauer, M. (1999): Improving Environmental Decision-Making Through Collaborative Methods, in: Policy Studies Review 16 (3-4), 168-191.

Reed, M. S. (2008): Stakeholder participation for environmental management: a literature review, in: Biological Conservation 114 (10), 2417-2431.

Renn, O. (2005): Partizipation – ein schillernder Begriff, in: GAIA - Ecological Perspectives for Science and Society 14 (3), 227-228.

Renn, O. & Webler, T. (1996): Der kooperative Diskurs: Grundkonzept und Fallbeispiel, in: Analyse & Kritik 18 (2), 175-207.

Renn, O.; Webler, T. & Kastenholz, H. (1996): Procedural and Substantive Fairness in Landfill Siting: A Swiss Case Study. 7: 145-168.

Renn, O.; Webler, T. & Wiedemann, P. (1995): The Pursuit of Fair and Competent Citizen Participation, in: O. Renn; T. Webler & P. Wiedemann (Hrsg.): Fairness and Competence in Citizen Participation: Evaluating Models for Environmental Discourse, Dordrecht, 339-368.

Rowe, G. & Frewer, L. J. (2000): Public participation methods: A framework for evaluation, in: Science Technology & Human Values 25 (1), 3-29.

Rowe, G. & Frewer, L. J. (2005): A Typology of Public Engagement Mechanisms, in: Science, Technology, & Human Values 30 (2), 251-290.

Rydin, Y. (2007): Re-examining the role of knowledge with inplanning theory, in: Planning Theory 6 (1), 52-68.

Sabatier, P. A.; Leach, W. D.; Lubell, M. & Pelkey, N. W. (2005): Theoretical Frameworks Explaining Partnership Success, in: P. A. Sabatier; W. Focht; M. Lubell; Z. Trachtenberg; A. Vedlitz & M. Matlock (Hrsg.): Swimming Upstream. Collaborative Approaches to Watershed Management, Cambridge, London, 173-199.

Scheyli, M. (2000): Aarhus-Konvention über Informationszugang, Öffentlichkeitsbeteiligung und Rechtsschutz in Umweltbelangen, in: Archiv des Völkerrechts 38, 217-252.

Schively, C. (2007): Understanding the NIMBY and LULU Phenomena: Reassessing our Knowledge Base and Informing Future Research, in: Journal of Planning Literature 21 (3), 255-266.

Schmitter, P. C. (2002): Participation in Governance Arrangements: Is there any reason to expect it will achieve "Sustainable and Innovative Policies in a Multi-Level Context"?, in: J. R. Grote & B. Gbikpi (Hrsg.): Participatory Governance. Political and Societal Implications, 51-69.

Schmitter, P. C. (2006): Governance in the European Union: a viable mechanism for future legitimation?, in: A. Benz & Y. Papadopoulos (Hrsg.): Governance and Democracy. Comparing national, European and international experiences, London, New York, 158-175.

Selle, K. (1996): Klärungsbedarf. Sechs Fragen zur Kommunikation in Planungsprozessen - insbesondere zur Beteiligung von Bürgerinnen und Bürgern, in: K. Selle (Hrsg.): Planung und Kommunikation, Wiesbaden, Berlin, 161-180.

Smith, G. (2003): Deliberative Democracy and the Environment, London.

Smith, G. & Wales, C. (2000): Citizens' Juries and Deliberative Democracy, in: Political Studies 48, 51-65.

Stoll-Kleemann, S. & Welp, M. (Hrsg.) (2006): Stakeholder Dialogues in Natural Resources Management. Theory and Practice, Berlin, Heidelberg.

Striegnitz, M. (1995): Das Münchehagen-Verfahren, in: A. Dally; H. Weidner & H.-J. Fietkau (Hrsg.): Mediation als politischer und sozialer Prozess, Rehburg-Loccum, 9-32.

Svoboda, W. R. (1988): Vollzugsdefizite im Umweltschutz I. Überblick über die Implementationsforschung, in: Informationen zur Umweltpolitik 47.

Tsebelis, G. (1995): Decision Making in Political Systems: Veto Players in Presidentialism, Parliamentarism, Multicameralism and Multipartism, in: British Journal of Political Science 25 (3), 289-325.

van de Kerkhof, M. (2006): Making a difference: On the constraints of consensus building and the relevance of deliberation in stakeholder dialogues, in: Policy Sciences 39, 279-299.

von Alemann, U. (Hrsg.) (1975): Partizipation - Demokratisierung - Mitbestimmung: Problemstellung und Literatur in Politik, Wirtschaft, Bildung und Wissenschaft. - Eine Einführung. Studienbücher zur Sozialwissenschaft, Opladen.

Voßkuhle, A. (2001): "Schlüsselbegriffe" der Verwaltungsrechtsreform. Eine kritische Bestandsaufnahme, in: Verwaltungsarchiv 92, 184-215.

Watson, J. L. & Danielson, L. J. (2004): Environmental Mediation, in: Natural Resources Lawyer 15 (4), 687-723.

Webler, T.; Kastenholz, H. & Renn, O. (1995): Public Participation in Impact Assessment: A Social Learning Perspective, in: Environmental Impact Assessment Review 15, 443-463.

Weidner, H. (Hrsg.) (1998): Alternative Dispute Resolution in Environmental Conflicts. Experiences in 12 Countries, Berlin.

Zilleßen, H. (Hrsg.) (1998): Mediation. Kooperatives Konfliktmanagement in der Umweltpolitik, Opladen.

Zschiesche (2001): Die Aarhus-Konvention - mehr Bürgerbeteiligung durch umweltrechtliche Standards?, in: Zeitschrift für Umweltrecht 12 (3), 177-240.

Nachhaltiges Wirtschaften durch Kooperation und Partizipation?

Maren Knolle

1   Einleitung und Problemstellung

Nachhaltiges Wirtschaften beinhaltet die Verknüpfung von sozialen, ökologischen und ökonomischen Zielen und basiert damit auf einem „Drei-Säulen-Ansatz" („tripple bottom line'), der eine nachhaltige Entwicklung unterteilt in ökologische Funktionalität, ökonomische Effizienz und soziale Verantwortung (vgl. Elkington 1997). Die ökologische Dimension beinhaltet die Erhaltung der Funktionsfähigkeit des Naturhaushalts und die Nutzungsfähigkeit von Naturgütern auch für kommende Generationen. Unter der ökonomischen Dimension versteht man die wirtschaftliche Stabilität und die Entwicklung von Wirtschaftsformen, die sowohl Ressourcenschonung als auch Lebensqualitätssicherung oder -steigerung ermöglichen. Die soziale Dimension steht unter anderem für die Wahrung von Freiheits- und sozialen Rechten, die Sicherung sozialer Systeme sowie die gerechte Verteilung von Wohlstand zwischen den heute lebenden und kommenden Generationen (vgl. Koplin 2006: 22). Konkrete Kriterien oder Prinzipien, wie Unternehmen sich der Herausforderung einer nachhaltigen Entwicklung stellen können, wurden von verschiedenen Seiten formuliert[13]. Als weiche Steuerungsinstrumente werden Beteiligungs- und Partizipationsprozesse, Diskussionsrunden, Kooperationen und Selbstverpflichtungen diskutiert (vgl. Arnold 2007: 32).

Ein Begriff, der im Zusammenhang mit nachhaltigem Wirtschaften häufig diskutiert wird, ist „Corporate Social Responsibility" (CSR) (vgl. Crane et al. 2008; Habisch et al. 2008; Ungericht et al. 2008). CSR wird ins Deutsche übersetzt als gesellschaftliche oder soziale Verantwortung eines Unternehmens. Von Verantwortung wird deshalb gesprochen, da Unternehmen immer in Wechselwirkung mit der Umwelt und der Gesellschaft stehen und daher bestimmte ökonomische, ökologische und/oder soziale Ansprüche an sie herangetragen werden. Die Akteure innerhalb und außerhalb eines Unternehmens, die solche Ansprüche formulieren können, werden als Stakeholder (zu Deutsch „Anspruchsgruppen") bezeichnet. Stakeholder können z.B. Arbeitnehmer, Kunden, Lieferanten, Kapitalgeber, Gewerkschaften, NGOs, Behörden, Anwohner und Universitäten sein (vgl. Schaltegger & Burritt 2003: 37). Im Grünbuch „Europäische Rahmenbedingungen für die soziale Verantwortung der Unternehmen"[14] der Europäischen Union wird CSR daher definiert als "ein Konzept, das den Unternehmen als Grundlage dient, auf freiwilliger Basis soziale Belange und Umweltbelange in ihre Unternehmenstätigkeit und in die Wechselbeziehungen mit den Stakeholdern zu integrieren" (Europäische Kommission Generaldirektion Beschäftigung und Soziales 2001: 8). Bislang existiert jedoch keine umfassende CSR-Theorie zu der Fra-

---

[13] Eine Übersicht findet sich dazu bei Koplin 2006.

[14] In diesem Grünbuch setzt sich die EU zum ersten Mal mit dem Thema „Unternehmensverantwortung" auseinander und trägt damit dazu bei, die öffentliche und wissenschaftliche Diskussion über das Thema anzuregen.

ge, wie diese Integration systematisch umzusetzen ist (vgl. Dubielzig & Schaltegger 2005: 241). Die Kommission der Europäischen Gemeinschaften (2002: 3) ergänzt, dass ein Unternehmen dann „sozial verantwortlich handelt […], wenn es anstrebt, ein für alle Beteiligten akzeptables Gleichgewicht zwischen den Erfordernissen und Bedürfnissen der verschiedenen Stakeholder herzustellen". Um dieses Gleichgewicht zwischen den Ansprüchen der Stakeholder herstellen zu können, müssen diese zunächst erkundet und gegeneinander abgewogen werden. Kooperation und Partizipation sind Verfahren, die diesen Prozess ermöglichen können und die Auseinandersetzung fördern. Von politischer, ökonomischer und wissenschaftlicher Seite werden sie als Verfahren zur gemeinsamen Entwicklung, Gestaltung und Umsetzung von nachhaltigen Lösungen in der Wirtschaft vorgeschlagen und analysiert (vgl. Konferenz der Vereinten Nationen für Umwelt und Entwicklung Rio de Janeiro 1992; Schneidewind 1998; BUND et al. 2002; Klemisch 2004).

Im angelsächsischen Sprachgebrauch werden die Begriffe Kooperation und Partizipation häufig synonym verwendet. So spricht man beispielsweise von „workplace cooperation", wenn von partizipativen Strukturen die Rede ist. Im Deutschen definiert man die Begriffe Kooperation und Partizipation in der betriebswirtschaftlichen Literatur hingegen verschieden.

Partizipation bezeichnet die Einbeziehung von Stakeholdern in Entscheidungsprozesse des Unternehmens. Ziele und Absichten in Bezug auf die Wirkungen von Partizipation reichen von der Gestaltung humanerer Arbeitsbedingungen und demokratischerer Verhältnisse im Betrieb bis hin zur Steigerung von Effizienz und Produktivität. Die Erfüllung nachhaltigkeitsrelevanter Forderungen, wie die Minimierung von Umwelteinwirkungen oder die Einhaltung von Umwelt- und Sozialstandards, können ebenfalls Ziele von partizipativen Organisationsstrukturen sein.

Unter Kooperation wird die vertikale, horizontale oder diagonale Zusammenarbeit gefasst, die zwischen rechtlich selbständigen Partnern freiwillig eingegangen wird. Die interne Zusammenarbeit in Unternehmen wird hierbei weniger fokussiert. Das Ziel von Kooperationen besteht in klassisch betriebswirtschaftlicher Hinsicht in der Ausgliederung von Unternehmensfunktionen (z.B. der Logistik) aufgrund ökonomischer Vorteile (vgl. Anonymus 1975: 623). In Bezug auf Nachhaltigkeit lassen sich die kooperative Durchführung von nachhaltigkeitsbezogenen Projekten, die Zusammenarbeit mit Lieferanten in der Wertschöpfungskette oder die gemeinsame Entwicklung von Produkten mit Stakeholdern unter Berücksichtigung von ökologischen und sozialen Aspekten als Aufgaben von Kooperation formulieren.

Die Gemeinsamkeiten von Partizipation und Kooperation bestehen darin, Einfluss auf bestimmte politische oder rechtliche Rahmenbedingungen und auf die Wahrnehmung von Stakeholdern auszuüben. Letzteres kann geschehen, indem unternehmensspezifische Perspektiven erläutert, Gründe für bestimmte Unternehmensaktivitäten berichtet und darüber Vorurteile abgebaut werden (vgl. Kurz 1997: 93). Aus strategischer Perspektive kann damit der Handlungsspielraum von Unternehmen erweitert werden (vgl. Schneidewind 1998).

In welcher Form Kooperation und Partizipation für nachhaltigkeitsrelevante Ziele eingesetzt werden können und welche Chancen und Herausforderungen sich dabei ergeben, wird in diesem Beitrag dargestellt. Darüber hinaus werden der theoretische Beitrag von Kooperation und Partizipation zu nachhaltigem Wirtschaften sowie die derzeitige Umsetzung der Verfahren in der Praxis untersucht. Im Folgenden soll jeweils getrennt für Partizipations- und Kooperationsverfahren ein kurzer Überblick über die historische Entwicklung gegeben werden. Anschließend werden jeweils Charakteristika, Herausforderungen und empirische Ergebnisse der Forschung zu Partizipation und Kooperation beschrieben und zusammengefasst. Am Ende erfolgt neben einer Zusammenschau der Verfahren auch die Herausstellung ihrer Relevanz für nachhaltiges Wirtschaften.

2   Partizipation – ein Weg zu mehr Nachhaltigkeit?

Partizipative Organisationsstrukturen sind als Gegenbewegung zur Scientific Management Schule entstanden. Frederick Winslow Taylor (1856-1915) vertrat als Begründer der Scientific Management Schule die Ansicht, ein Unternehmen lasse sich wie eine Maschine präzise und optimal konstruieren. 1911 veröffentlichte er die "Principles of Scientific Management", in denen er die Trennung von Kopf- und Handarbeit, die Kontrolle der Arbeiter nach Arbeitsschritten, die Orientierung des Lohns an den Leistungen der Arbeiter sowie eine starke Formalisierung und Spezialisierung der Arbeit befürwortet. Taylor unterstellte den Arbeitern grundsätzliche Unzulänglichkeit und fehlendes Wissen zur Optimierung der Arbeit. Daher sollten sie keinerlei Mitbestimmung bei der Ausführung der Tätigkeiten bekommen, jedoch durch monetäre Anreize effizient arbeiten (vgl. Bea & Göbel 1999: 58ff.).

Nachdem deutlich wurde, dass Taylors Konzepte die Bedürfnisse der Arbeitnehmer nicht ausreichend berücksichtigten, wurden verschiedene Experimente zur Arbeitszufriedenheit durch Beteiligung durchgeführt. Die Human-Relations-Bewegung entstand aus den empirischen Untersuchungen von F.J. Roethlisberger und W.J. Dickson in den Hawthorne-Werken der Western Electric Company in Chicago in den Jahren 1924-1932. Die Berücksichtigung sozio-psychologischer Bedürfnisse der Arbeitnehmer wird durch den Human-Relations-Ansatz betont, indem er unter anderem einen Fokus auf die ungeplanten, nicht rationalen Elemente menschlichen Handelns legt (vgl. Etzioni 1978: 38). Hierdurch sollte die Zufriedenheit der Arbeitnehmer steigen, wodurch wiederum eine Leistungssteigerung bewirkt werden sollte. Die Zusammenhänge zwischen Arbeitszufriedenheit und höherer Leistung konnten jedoch aufgrund methodischer Probleme der Hawthorne-Experimente nicht vollständig bewiesen werden (vgl. Bea & Göbel 1999: 67ff). Ein weiterer Ansatz, der den Zusammenhang zwischen Partizipation und höherer Unternehmensleistung herstellt, ist der Human-Resources Ansatz. Dieser geht von der Annahme aus, dass durch Partizipation eine bessere Ressourcennutzung und Entscheidungsfindung möglich wird, die eine höhere Unternehmensleistung und gleichzeitig eine größere Zufriedenheit der Angestellten bewirken sollten (vgl. Lie 1995: 35f.). Begründer dieses Ansatzes ist Miles (vgl. 1965).

Zahlreiche Arbeiten haben sich seit Mitte des 20. Jahrhunderts mit den Auswirkungen von Partizipation auf verschiedene Parameter wie Zufriedenheit, Produktivität, Motivation, Identifikation mit dem Unternehmen, etc. beschäftigt. In Hinblick auf die Verknüpfung von Nachhaltigkeit und Partizipation war die Veröffentlichung der Agenda 21 ein wichtiger Meilenstein für die Etablierung von partizipativen Organisationsstrukturen. In diesem Aktionsprogramm, das 172 Staaten auf der Konferenz für Umwelt und Entwicklung der Vereinten Nationen 1992 in Rio de Janeiro verabschiedeten, wird die Einbeziehung von verschiedenen gesellschaftlichen Akteuren bei der Umsetzung von nachhaltigen Lösungsansätzen besonders betont. Kap. 29 der Agenda stellt die Mitbestimmung von Arbeitnehmern in den Vordergrund zukünftiger Arbeitsverhältnisse (vgl. Konferenz der Vereinten Nationen für

Umwelt und Entwicklung Rio de Janeiro 1992). Seit den 1990er Jahren ist Partizipation Bestandteil von Umweltmanagementsystemen wie EMAS– und erfährt damit eine breitere Anwendung in Bezug auf ökologische Zusammenhänge. Seit 2001 ist der Umweltschutz auch gesetzlich im Betriebsverfassungsgesetz als Mitbestimmungsgegenstand festgeschrieben. So ist der Betriebsrat über Belange des betrieblichen Umweltschutzes zu informieren und bei umweltrelevanten Fragen und Untersuchungen vom Arbeitgeber hinzuzuziehen (§ 89 Absatz 2 BetrVG). Freiwillige Betriebsvereinbarungen können auch Maßnahmen des betrieblichen Umweltschutzes beinhalten (§ 88 BetrVG).

Die Gründe, die in den 70er Jahren zur Forderung nach Partizipation geführt haben, sind auch heute noch aktuell. Strauss (vgl. 1998: 8) befürwortet Partizipation in Hinblick auf humanistische Werte, die Verteilung von Macht („power-sharing") und eine höhere organisationale Effizienz. Damit bezieht er sich auf die soziale und ökonomische Dimension der Nachhaltigkeit. Als humanistisch wird Partizipation insofern bezeichnet, als dass hierdurch nicht-finanzielle Bedürfnisse, wie Kreativität, soziale Anerkennung und Anwendung von Kompetenzen jenseits von monotonen Arbeitsstrukturen, befriedigt werden. „Participation is a necessary antecedent to human psychological and social development" (Strauss 1998:8). Waren in den 60er und 70er Jahren des 20. Jahrhunderts die gerechtere Verteilung von Macht und die Teilhabe an Entscheidungen als Begründung von Partizipation vorherrschend, so wird seit den 90er Jahren vorwiegend die organisationale Effizienz als Hauptargument für Partizipation angeführt. Konzepte wie Lean Management und Total Quality Management verdeutlichen diesen Trend (vgl. Strauss 1998: 8ff.). Spricht man von Partizipation im Zusammenhang mit Nachhaltigkeit, so rücken ebenso die ökologischen Herausforderungen in den Mittelpunkt. Auch hier erhofft man sich durch die Einbeziehung von Mitarbeitern einen höheren Wirkungsgrad, z.B. von Umweltschutzkampagnen im Betrieb oder der ökologischen Optimierung von Produkten, Standorten und Produktionsabläufen. In sozialer Hinsicht rücken die Arbeitsbedingungen in den Fokus, die durch Partizipation der Beschäftigten beeinflusst und verbessert werden können. Auch externe Stakeholder können an Unternehmensentscheidungen partizipieren. Dies kann beispielsweise durch Unternehmensdialoge oder Runde Tische geschehen.

Im Folgenden wird ein Überblick über die theoretischen Grundlagen von Partizipation gegeben, empirische Forschungsergebnisse dargestellt und auf Herausforderungen von Partizipation im Zusammenhang mit nachhaltigem Wirtschaften eingegangen.

2.1 Theoretische Grundlagen von Partizipation

Partizipation wird nach Brose und Corsten (1983: 13) wie folgt definiert:

> „Sie ist neben der Teilnahme (Teilhabe, Beteiligung) auch die Möglichkeit zur Beeinflussung der Entscheidungsprozesse in Organisationen, die auf der Basis von Informationsaustausch und Problemlösungsbereitschaft und -fähigkeit durch die Betroffenen vollzogen wird."

An dieser Definition werden die konstitutiven Merkmale von Partizipation deutlich. Im Mittelpunkt steht der Einfluss auf Entscheidungen, die damit nicht mehr nur durch das Management vollzogen werden. Die Beeinflussung von Prozessen kann jedoch nur stattfinden, wenn die Beteiligten über ausreichende Informationen verfügen und die nötigen Partizipationsfähigkeiten vorhanden sind. Wall und Lischeron (vgl. 1977: 37) bezeichnen den Begriff „Einfluss" jedoch als unzureichend, um Partizipation vollständig zu beschreiben.

Sie weisen darauf hin, dass eine Zusammenarbeit zwischen Arbeitgebern und Arbeitnehmern stattfinden muss, die auf die Anwendung von Sanktionen verzichtet, wobei „die Art
der Interaktion, sei sie formal oder informal, kooperativ oder konfrontationsorientiert, direkt oder indirekt, (…) von zweitrangiger Bedeutung" (Wall & Lischeron 1977: 37) ist. Je
nachdem wie weitreichend die Mitbestimmung über Entscheidungen ausfällt, spricht man
von unterschiedlichen Stufen der Partizipation. Im Rahmen der wissenschaftlichen Arbeitsgruppe „Industrial Democracy in Europe" (IDE) (vgl. Industrial Democracy in Europe
(IDE) International Research Group 1981:56) wurde das folgende Partizipationskontinuum
entwickelt:

1.   I am not involved at all.
2.   I am informed about the matter beforehand.
3.   I can give my opinion.
4.   My opinion is taken into account.
5.   I take part with equal weight.
6.   I decide on my own.

Anhand dieses Kontinuums kann der Grad der Partizipation in Unternehmen beurteilt werden. Auf Stufe 1 findet keine Partizipation statt. In diesem Fall würden die Mitarbeiter über
soziale, ökologische oder ökonomische Belange des Unternehmens nicht informiert werden, und sie würden in keiner Weise die Möglichkeit haben, ihre Meinung mitzuteilen. Die
Stufen 2 und 3 stellen einen unverbindlichen Partizipationsgrad dar, bei dem die Mitarbeiter zwar informiert werden und ihre Meinung kundtun können, aber Entscheidungen damit
nicht unbedingt beeinflusst werden. Dies wäre in der praktischen Umsetzung dann der Fall,
wenn Mitarbeiter sich über Mitarbeiterzeitungen, Schwarze Bretter etc. informieren, in
Qualitätszirkeln mitarbeiten oder in anderen Gremien ihre Meinung zu bestimmten Fragestellungen mitteilen können. Unter verbindlicher Partizipation versteht man die Stufen 4
und 5. Hier werden die Meinungen und Positionen der Arbeitnehmer so einbezogen, dass
Entscheidungen aufgrund ihres Votums beeinflusst werden können. Stufe 6 kann als Indi-
kator einer vollkommenen Selbstverwaltung des Betriebs durch Arbeitnehmer betrachtet
werden.

Partizipation kann nicht nur anhand des Grades der Beeinflussung charakterisiert werden, sondern auch anhand der folgenden Dimensionen, die in Tabelle 1 überblicksartig
dargestellt werden.

Tabelle 1: Dimensionen von Partizipation (in Anlehnung an Lie 1995: 19ff.)

Partizipationssubjekt	An Entscheidungsprozessen teilnehmende Personen (Einzelper-sonen, Gruppen, Vertreter, Mitglieder einer Organisation, wei-tere Stakeholder (z.B. Konsumenten))
Partizipationsobjekt	Soziale (z.B. Arbeitsbedingungen, Sozialleistungen) und ökolo-gische Themen (z.B. Einsparung von Ressourcen, ökologische Optimierung von Produkten); personelle Angelegenheiten (z.B. Einstellung, Beförderung, Bildungsmaßnahmen); wirtschaftli-che Angelegenheiten (z.B. Produktionsentscheidungen, Rest-rukturierung)

Partizipationsebene	Interne Partizipation: auf jeder Hierarchieebene möglich; Externe Partizipation: Partizipation der Stakeholder an Unternehmensentscheidungen (z.B. durch Befragungen, Unternehmensdialoge, Runde Tische)
Partizipationsverhalten	Passiv: Arbeitnehmer werden aufgefordert, sich zu beteiligen Aktiv: Arbeitnehmer nehmen aus eigener Motivation an Entscheidungsprozessen teil.
Partizipationsform	Direkte Partizipation: unmittelbare Beteiligung eines jeden Organisationsmitglieds; Indirekte Partizipation: Repräsentant wird gewählt.
Partizipationsrichtung	Abwärts- oder aufwärtsgerichtete Partizipation zwischen oder innerhalb von Hierarchieebenen
Partizipationsgrundlage	Formale Partizipation: explizite, schriftlich gefasste Regelungen und Normen, die Partizipationsdimensionen festlegen; Informale Partizipation: nicht explizit gefasste Regelungen

Ein wichtiges Kriterium, um partizipative Strukturen im Unternehmen zu charakterisieren, ist die Tatsache, ob jeder Arbeitnehmer die Möglichkeit hat, sich direkt und/oder indirekt durch die Wahl eines Repräsentanten zu beteiligen. Als Formen von direkter Partizipation lassen sich Arbeitsgruppen (problem-solving groups) wie Qualitätszirkel und Gruppenarbeit als Form der regulären Arbeitsorganisation (z.B. teil-autonome Arbeitsgruppen) fassen. Qualitätszirkel sind kleinere Gruppen von Beschäftigten, die sich außerhalb des normalen Arbeitsprozesses treffen, um über Probleme der Arbeit und des Betriebes zu sprechen. Diese Ergebnisse werden dem Management zur Verfügung gestellt, so dass die Umsetzung der Vorschläge oder die Bearbeitung von Problemen in der Hand des Managements bleibt (vgl. Pekruhl 2001:72). Der Unterschied bei der Gruppenarbeit, beispielsweise in Form von teil-autonomen Arbeitsgruppen, besteht darin, dass einer Gruppe eine Arbeitsaufgabe aufgetragen wird, die innerhalb des Teams eigenständig bearbeitet wird. Dabei trifft sie Entscheidungen bezüglich des Arbeitsortes, der Arbeitszeiten, der Arbeitsmethode und der Aufgabenverteilung (vgl. Pekruhl 2001:83f.).[15]

Indirekte Partizipation erfolgt durch die Wahl von Repräsentanten, die entweder in bestimmten Komitees (z.B. für Gesundheitsschutz), im Betriebs- oder Aufsichtsrat aktiv sind. Betriebsräte stellen in Deutschland die gewählte Vertretung der Arbeitnehmerinteressen dar, die verschiedene Informations-, Anhörungs- und Beratungsrechte haben, welche im Betriebsverfassungsgesetz geregelt sind. Diese Form der Partizipation wird in Deutschland auch Mitbestimmung genannt.

Als Partizipationssubjekt können sowohl Mitarbeiter eines Unternehmens als auch externe Stakeholder verstanden werden. Der Unterschied zu Kooperationen, die auch mit externen Akteuren eingegangen werden, besteht darin, dass das Unternehmen das Ausmaß der Partizipation selbst bestimmt. Green und Hunton-Clarke (vgl. 2003: 295f.) verwenden auch für diese Form der Partizipation eine Einteilung anhand des Grades von Partizipation. Unter „*informative participation*" wird die reine Informationsweitergabe verstanden, bei der kein weiterer Dialog stattfindet und Einstellungen und Werte der Stakeholder nicht weiter berücksichtigt werden. Bei der „*consultative participation*" erfolgt eine Befragung

---

[15] Die Formen der direkten Partizipation können hier nur sehr verkürzt dargestellt werden. Vertiefend dazu siehe Heller et al. 1998.

von Stakeholdern, um die daraus gezogenen Erkenntnisse in den Entscheidungsprozess einfließen zu lassen. Die eigentlichen Hauptentscheidungen werden aber alleine vom Management getroffen. *„Decisional participation"* hingegen bezeichnet ein Vorgehen, bei dem Stakeholder an Entscheidungsprozessen partizipieren und deren Entscheidungen vom Top-Management mitgetragen werden. Dieser Forschungszweig zu externer Partizipation wird in diesem Beitrag nicht ausführlich betrachtet.

2.2 Empirische Ergebnisse zu Partizipation

Empirische Studien, die sich explizit mit Partizipation von Arbeitnehmern und nachhaltiger Entwicklung im wirtschaftlichen Kontext befassen, sind bislang nicht vorhanden, da der Fokus in den vorliegenden Untersuchungen nur auf eine oder zwei Dimensionen gelegt wurde und eine Integration aller drei Dimensionen bisher ausbleibt. In Bezug auf soziale und ökonomische Aspekte gibt es eine Vielzahl von Untersuchungen, teils mit sehr unterschiedlichen Ergebnissen hinsichtlich Parametern wie der Steigerung der Motivation der Mitarbeiter, der Produktivität, der Zufriedenheit der Beschäftigten, der Reduzierung von Arbeitsunfällen, der Gesundheit der Arbeitnehmer, der Höhe der Gehälter etc. (vgl. Smith 2006: xiii). Die Ergebnisse unterscheiden sich deshalb teilweise sehr stark, da unter dem Begriff Partizipation eine ganze Reihe von Methoden (Qualitätszirkel, Wahl von Arbeitnehmervertretern, Gewerkschaftsarbeit, Bildung von Komitees, Runde Tische, Vorschlagswesen etc.) verstanden werden. Je nach Anwendung von Methoden und Begriffsverständnis der Partizipationsformen werden unterschiedliche Umsetzungsformen in der wissenschaftlichen Literatur verglichen und führen so zu möglicherweise konträren Ergebnissen. Darüber hinaus sind partizipative Programme stark durch die organisationalen und sozio-kulturellen Rahmenbedingungen eines Unternehmens beeinflusst (vgl. Smith 2006). Unternehmen existieren und funktionieren in Gesellschaften und sind damit durch sie geprägt. Die Art und Weise, wie Partizipation durch die Arbeitnehmer praktiziert wird, ist beeinflusst durch deren mentale Strukturen, die sich durch den Prozess der Sozialisation in Gesellschaften entwickeln. Zudem üben andere Organisationen und Institutionen einen Einfluss auf die Umsetzung von Partizipation aus, indem sie Bedeutungen, Regeln, Werte und Wahrnehmungen produzieren und verstärken, die Einfluss auf das Verhalten von Menschen in und außerhalb von Unternehmen haben (vgl. Pusic 1998:72).

Da eine integrierte Umsetzung ökologischer, sozialer und ökonomischer Zielsetzungen im Zusammenhang mit Partizipation bislang nicht untersucht wurde, wird im Folgenden lediglich eine empirische Untersuchung von Fichter (vgl. 2000) vorgestellt, die sich mit der Anwendung von Partizipation im Rahmen des Umweltmanagements beschäftigt. Diese behandelt die Ausschöpfung der Beteiligungsformen im Rahmen von EMAS (Eco-Management and Audit Scheme). Die Vorzüge und Risiken einer Beteiligungspolitik werden anhand der Auswertung von fünf verschiedenen empirischen Untersuchungen, die im Auftrag des Bundesumweltministeriums, des Umweltbundesamtes, des hessischen Umweltministeriums, der Arbeitsgemeinschaft Selbständiger Unternehmer, der Bundesstiftung Umwelt und des Umweltgutachterausschusses durchgeführt wurden, aufgezeigt. Als Fazit dieser Studien wird insgesamt festgestellt, dass aktive Beteiligung in den Betrieben keine starke Unterstützung erfährt. Durch die Einführung eines Umweltmanagementsystems wird in erster Linie die Mitarbeiterinformation und weniger die aktive Beteiligung ausgebaut. So nehmen Arbeitnehmer weiterhin sehr selten an Arbeitsgremien, Workshops etc. teil, während Fach- und Führungskräfte stärker aktiv beteiligt werden. Die Arbeitnehmervertretung wird bei circa einem Viertel der in den Studien untersuchten Betrieben bei der Einführung eines Umweltmanagementsystems und der Durchführung von Audits nicht beteiligt. Bei der Hälfte der Unternehmen wird der Betriebsrat lediglich zu Umweltfragen informiert, eine aktive Mitarbeit findet nur in rund einem Viertel der Betriebe statt (vgl. Fichter 2000:32f.). Als Gründe für die oftmals mangelnde aktive Beteiligung der Arbeitnehmervertretung nennt Fichter (2000:33f.) „die fehlende oder zu geringe Information des Betriebsrats durch die Geschäftsführung", „das zum Teil mangelnde Interesse der Arbeitnehmervertreter", „der hohe Einarbeitungsaufwand in das Thema Umweltmanagement, ‚dringlichere Probleme' (Arbeitsplatzabbau usw.), mangelnde Fachkenntnisse der Arbeitnehmervertreter und fehlende Zeitkapazitäten". Die Studien legen den Schluss nahe, dass das Engagement einzelner Mitarbeiter oder Arbeitnehmervertreter, die Beteiligungskultur im Betrieb sowie die Unterstützung der Geschäftsführung und Umweltbeauftragten zur Beteiligung der Mitarbeiter und Arbeitnehmervertreter wesentlich beitragen (vgl. Fichter 2000:34).

2.3 Herausforderungen für partizipative Strukturen im Hinblick auf nachhaltiges Wirtschaften

Der Beitrag von Partizipation zu nachhaltigem Wirtschaften lässt sich daran messen, wie gut es einem Unternehmen gelingt, durch die Einbeziehung der Mitarbeiter in Entscheidungsprozesse deren Bedürfnisse zu befriedigen und gleichzeitig ökologischen und ökonomischen Anforderungen gerecht zu werden. Die Mitbestimmung der Arbeitnehmer kann die Integration der ökologischen, sozialen und ökonomischen Dimension insofern befördern, als dass die unterschiedlichen Perspektiven und Vorschläge der Mitarbeiter gemeinsam ausgehandelt werden.

Die Ergebnisse der eben dargestellten empirischen Studie zeigen jedoch, dass die Beteiligung der Belegschaft oder des Betriebsrates an ökologischen Fragen und Aufgaben in Unternehmen noch nicht genügend genutzt wird. Eine aktive Beteiligung sowohl der Beschäftigten als auch der Betriebsräte benötigt effektive Kommunikationskanäle, so dass alle Beteiligten eines Partizipationsprozesses ausreichend über die Problemfelder informiert sind. Das Thema Nachhaltigkeit muss sich gegenüber „klassischen" Aufgabengebieten der Betriebsräte wie Arbeitsschutz, Arbeitszeiten, Kündigungen etc. als gleichberechtigtes Thema etablieren, damit es nicht als additive Tätigkeit verstanden wird, sondern als aktive Gestaltungsaufgabe der Beschäftigten und des Betriebsrates. Darüber hinaus wird das Potenzial von Partizipation für die Suche nach nachhaltigkeitsbezogenen Lösungen noch längst nicht ausgeschöpft, wie die mangelnden Praxisbeispiele und Untersuchungen zeigen. Welche Herausforderungen lassen sich formulieren, die für das bislang ungenutzte Potenzial verantwortlich sein könnten?

Partizipative Strukturen sind sehr viel komplexer als hierarchische Strukturen, da Entscheidungen von verschiedenen Anspruchsgruppen (Führungsebene, mittleres Management, Angestellte) im Unternehmen getroffen werden und insgesamt ergebnisoffen sind (vgl. Pekruhl 2001:172). Dies erfordert von den Beteiligten die Akzeptanz von langfristigen Prozessen, die mit Unsicherheit behaftet sein können, und den Willen, sich mit verschiedenen Perspektiven und Lösungsvorschlägen auseinanderzusetzen.

Für Partizipation müssen zunächst einmal zeitliche und finanzielle Ressourcen bereitgestellt werden, um die Kommunikation unter den Akteuren gewährleisten zu können und Arbeitnehmer sowie das Management für das Arbeiten mit und in partizipativen Strukturen zu
qualifizieren (vgl. Klemisch 2004:104). Entscheidungen können nur dann getroffen werden,
wenn Hintergrundwissen über das zu lösende Problem vorliegt. Dies erfordert gerade bei
nachhaltigkeitsbezogenen Lösungen oft eine intensive Auseinandersetzung mit Wechselwirkungen im Bereich der Integration sozialer, ökologischer und ökonomischer Aspekte. Die
diesbezügliche Schulung und Information der Mitarbeiter ist daher von Seiten des Managements nötig, jedoch auch ressourcenintensiv. Je stärker die Auseinandersetzung und Reflekti-
on einzelner Mitarbeiter über ökologische, soziale und ökonomische Zusammenhänge stattfindet, desto besser können sie Prozesse im Sinne der Nachhaltigkeit beeinflussen. Einerseits
soll dabei ein freier und offener Beteiligungsprozess der Beschäftigten entstehen. Andererseits
wird aber der Diskurs in Richtung Nachhaltigkeit vorgegeben. Damit ist, wie Minssen (vgl.
1999: 133) deutlich macht, der Diskurs nicht herrschaftsfrei, sondern ergebnisorientiert. Neben dem Wissen ist die Motivation der Beteiligten notwendig, damit Beteiligung an Entscheidungen als Angebot überhaupt wahrgenommen wird. Eine langfristige Motivation der Arbeitnehmer lässt sich eher erreichen, wenn es nicht bei einer Form der Partizipation bleibt, bei der
zwar Meinungen von Arbeitnehmern eingeholt werden, jedoch keine Umsetzung von Vorschlägen erfolgt. Etzioni (1969) bezeichnet dieses Phänomen als „inauthentic participation",
das in der Literatur weithin auch als „Pseudo-Partizipation" bekannt ist (vgl. Heller 1998:
149f.). Er geht davon aus, dass ein solches Verhalten nicht unentdeckt bleibt und letztendlich
zu Konflikten führt. Ursache für Pseudo-Partizipation oder die gänzliche Abwendung von
partizipativen Organisationsstrukturen kann die Furcht des Managements vor einem Verlust
an Steuerungs- und Kontrollmacht sein. Die Vorstellung, dass Entscheidungen von Personen
getroffen werden, die vermeintlich aufgrund ihrer Ausbildung dafür keine Kompetenzen
haben, kann zusätzlich Unsicherheit und Abwehr auf Seiten des Managements bewirken (vgl.
Marchington & Loveridge 1979: 172). Partizipative Strukturen werden deshalb häufig parallel
zu hierarchischen Strukturen eingerichtet. Dadurch wird Partizipation nur bzgl. der Entscheidungen möglich, die durch das Management angeboten werden. Dies erhöht zwar die Kont-
rollmöglichkeit des Managements, das Potenzial von Partizipation wird jedoch nicht voll
ausgeschöpft (vgl. Neumann 1989).

Es stellt sich zudem die Frage, wie viel Partizipation von Mitarbeitern überhaupt erwartet werden darf. In schwedischen Beteiligungsprogrammen wurde jeder Arbeitnehmer aufgefordert, sich einzubringen. Doch aus anderen Studien ist bekannt, dass es nicht unbedingt der
Wunsch eines jeden Arbeitnehmers ist, seine Meinung mitzuteilen und aktiv an Nachhaltigkeitsthemen mitzuarbeiten (vgl. Heller 1998: 187). Jedes Unternehmen sollte daher im Dialog
Strukturen entwickeln, die die Bedürfnisse der Arbeitnehmer nach Beteiligung am besten
widerspiegeln und dabei Themen der Nachhaltigkeit erfolgreich bearbeiten lassen.

3   Der Beitrag von Kooperation zur nachhaltigen Entwicklung

In diesem Abschnitt werden nun Formen von Kooperation und ihre Anwendung im Rahmen von nachhaltigem Wirtschaften vorgestellt. Ebenso wie für partizipative Prozesse wird
ein Einblick in die empirische Forschung gegeben und Herausforderungen zusammengefasst beschrieben.

Die Kooperation als Organisationsform gewinnt seit den 1980er Jahren auf wissenschaftlicher Ebene erheblich an Bedeutung. Die Ursachen hierfür sind in den strukturellen Veränderungen des Wettbewerbs zu suchen: Die Liberalisierung der Märkte, die international immer gleichförmiger werdende Konsumstruktur, die Erweiterung der Kommunikationsmöglichkeiten sowie logistische Optimierungen führen zu Rahmenbedingungen, die das Auftreten von Kooperation generell begünstigen. Der weltweite Wettbewerb konfrontiert Unternehmen mit innovativen Produkten, Technologien und Arbeitsformen von ausländischen Konkurrenten (vgl. Balling 1998). Diese Veränderungen des Marktes bewirken, dass Kooperationen auch als Internationalisierungsinstrument verstanden werden, indem durch sie fehlende Kompetenzen eines Unternehmens in fremden Märkten kompensiert werden sollen.

Das Potenzial von Kooperationen in Hinblick auf Zielsetzungen einer nachhaltigen Entwicklung ist in den 1990er Jahren von wissenschaftlicher (Schneidewind 1998) wie von Unternehmensseite (vgl. Back & Gerth 2003) entdeckt worden. Auch hier war es die Agenda 21, die den Ausbau des Dialogs und die Kooperation zwischen gesellschaftlichen Akteuren und der Wirtschaft normativ herausstellte, womit Kooperationen nun auch mit Zielen der Nachhaltigkeit gebildet wurden. Es wurden seitdem zahlreiche nachhaltigkeitsrelevante Aufgabenfelder identifiziert, in denen sich Kooperationen zwischen Unternehmen entwickelt haben: die Wertschöpfungskette als Ort der ökologischen und sozialen Optimierung von Prozessen und Arbeitsbedingungen (vgl. Seuring & Goldbach 2002; Knolle 2008), die Durchführung philanthropischer Projekte (Bau von Schulen, Verbesserung von Infrastruktur etc.) oder die Produktoptimierung in sozialer und ökologischer Hinsicht (vgl. Aulinger 1996).

3.1 Theoretische Grundlagen von Kooperation

Meyer und Lorenzen (2002: 16) definieren eine Kooperation in betriebswirtschaftlicher Hinsicht als „gleichrangige Zusammenarbeit rechtlich selbständiger Unternehmen mit der Absicht, einen gegenüber dem jeweils individuellen Vorgehen höheren Grad der Zielerfüllung zu erreichen, wobei in der Regel eine Begrenzung der Zusammenarbeit auf unternehmerische Teilbereiche vorliegt. Die Mitarbeit ist freiwillig". In diesem Beitrag werden jedoch nicht nur Kooperationen zwischen Unternehmen betrachtet, sondern auch solche zwischen zivilgesellschaftlichen oder staatlichen Organisationen und Unternehmen. Kooperationen können von allen Funktionsbereichen eines Unternehmens eingegangen werden, wodurch entsprechend die Ausrichtung der Kooperation deutlich wird, wie etwa bei Beschaffungskooperationen, Produktions- und Absatzkooperationen, Forschungs- und Entwicklungskooperationen (vgl. Zentes & Swoboda 1997: 175) sowie Kooperationen mit eindeutig ökologischen oder sozialen Zielsetzungen. Man unterscheidet zwischen vertikalen, horizontalen und diagonalen Kooperationen. Eine genaue Klassifizierung von Kooperationsformen kann anhand von weiteren Merkmalen wie Richtung der Kooperation, Zeitdauer, Gegenstand der Kooperation etc. vorgenommen werden. Ein Überblick zu den Dimensionen von Kooperation findet sich in Tabelle 2. Horizontale Kooperationen werden mit Unternehmen aus der gleichen Branche aufgebaut. In dem hier relevanten Kontext können als Beispiel Brancheninitiativen aufgeführt werden, wie sie in der Textilindustrie zu finden sind, um einheitliche Verhaltensrichtlinien zur Implementierung von Sozialstandards aufzustellen und zu überprüfen. In diesem Fall arbeiten unter Umständen auch aktuelle oder potenzielle Konkurrenten zusammen, um eine stärkere Machtposition gegenüber Wettbewerbern oder Unternehmen von vor- oder nachgelagerten Wertschöpfungsstufen zu erzielen (vgl. Mengele 1994: 20). Vertikale Kooperationen werden zwischen Unternehmen innerhalb einer Wertschöpfungskette gebildet. Hier kooperieren Lieferanten mit den abnehmenden Unternehmen, um beispielsweise Umweltbelastungen in der Produktion zu reduzieren. Diagonale Kooperationen werden zwischen Organisationen eingegangen, die nicht in der gleichen Branche tätig sind. Beispiel hierfür ist die Kooperation zwischen einer Umweltorganisation und einem Einzelhändler.

Tabelle 2:   Typologisierung von Kooperationen

Anzahl der Beteiligten	dyadische Kooperationen (zwei Partner) Kleingruppen (3-7 Partner) Großgruppen (mehr als sieben Partner)
Richtung der Kooperation	vertikal horizontal diagonal kombiniert (mehrere Dimensionen)
Vorgehensweise der Kooperation	Informationsaustausch Absprachen abgestimmtes Wirtschaftshandeln gemeinsames Wirtschaftshandeln
Organisationsform	ohne ausgegliederte Organisation mittels ausgegliedertem Unternehmen mittels Verband
Gegenstand	alle potenziellen Funktionsbereiche eines Unternehmens
Räumliche Ausdehnung	lokal, regional, international
Zeitliche Ausdehnung	zeitlich begrenzt zeitlich unbegrenzt
Zutrittsmöglichkeit	offener Zutritt geschlossene Kooperation (ohne Zutritt)

Quelle: nach Aulinger 1996:70ff.

Während eine Kooperation auch zwischen nur zwei Partnern stattfinden kann, impliziert der Begriff „Netzwerk" grundsätzlich die Beteiligung von mehreren Akteuren. Nachhaltigkeitsorientierte Netzwerke stellen „alle Formen der freiwilligen Zusammenarbeit zwischen gesellschaftlichen, staatlichen und wirtschaftlichen Akteuren mit dem Ziel der Umsetzung des normativen Leitbildes des Sustainable Development Ansatzes [dar]" (Unger & Loose 2007: 120). Unger (vgl. 2007: 121) betont, dass ein Netzwerk nur dann als nachhaltigkeitsorientiert bezeichnet werden sollte, wenn mehr als eine Dimension der Nachhaltigkeit berücksichtigt wird.

Schaltegger (2005: 34) unterscheidet unterschiedliche Zielfelder eines Netzwerks, die sich auf nachhaltigkeitsorientierte Kooperationen übertragen lassen. Auf ökonomischer Ebene sollen unternehmerische Effizienz und Wettbewerbsvorteile durch die optimale Aufgabenverteilung im Netzwerk gestärkt werden. Die Entwicklung, Etablierung und Einhaltung verbindlicher Normen und Standards bezieht sich auf mögliche normative Ziele einer Kooperation . Auf soziokultureller Ebene bietet sich die Zusammenarbeit mit gesellschaftlichen und staatlichen Akteuren dazu an, einen Wandel in der öffentlichen Wahrnehmung, eine Aktivierung des Umwelt- und Sozialbewusstseins sowie die Wahrung der gesellschaftlichen Legitimität des Unternehmens zu bewirken. Ein Netzwerk kann ebenso dazu dienen, interessenpolitische Koalitionen zur Erweiterung des eigenen Handlungsspielraums zu bilden. Durch die Zusammenarbeit kann die betriebliche Lern- und Handlungsfähigkeit erweitert werden.

3.2 Empirische Ergebnisse zu Kooperationen

In einer Umfrage von Pfohl und Trumpfheller (vgl. 2004: 144) geben 64,7% der Unternehmen an, Kooperationen als „wichtig" einzuschätzen, 18,1% stufen sie als „sehr wichtig" ein. Dabei wird nach Einschätzung der befragten Unternehmen die Bedeutung von Kooperationen in Zukunft sogar noch steigen. Die Vorteile von Kooperationen erscheinen offensichtlich: In der Zusammenarbeit mit Organisationen kann eine Aufgabe effizienter und innovativer gelöst werden, es kann auf das Wissen des Partners zurückgegriffen werden, das Unternehmen kann Einfluss auf den Inhalt von Normen und Regulationen ausüben und damit die eigene Handlungsfähigkeit weiter ausbauen. Doch wie viele Kooperationen tatsächlich mit nachhaltigen Zielsetzungen gebildet werden, ist unklar. In einer Literaturstudie kommen Müller, Seuring und Goldbach (vgl. Müller et al. 2003) zu dem Schluss, dass hypothesentestende empirische Arbeiten über vertikale Kooperationen, die innerhalb von Wertschöpfungsketten gebildet werden, insgesamt noch sehr selten sind. „Entweder erfolgt der Zugang über ein fokales Unternehmen, womit oft eine detaillierte Erhebung bei Kunden oder Lieferanten ausgeschlossen ist, oder es werden dyadische Beziehungen erforscht" (Müller et al. 2003: 435). Seit Beginn der 1990er Jahre sind verschiedene theoretische Arbeiten erschienen, die sich mit Kooperationen hinsichtlich ökologischer Herausforderungen beschäftigen. Aulinger (vgl. 1996) untersucht beispielsweise Erklärungsansätze für das Entstehen von Kooperationen zur Umsetzung einer ökologischen Umweltpolitik. Hierfür bedient er sich verschiedener Theorien wie des Transaktionskostenansatzes, spieltheoretischer Aussagen, der Systemtheorie, Interorganisationstheorien und des Rational-Choice-Ansatzes, die das Phänomen der Kooperation zu analysieren vermögen. Er untersucht darüber hinaus Handlungs- und Umsetzungsmöglichkeiten auf der normativen und strategischen Ebene. Anhand von Fallbeispielen werden die Theorien reflektiert.

Küker (vgl. 2003) bewertet Kooperationen hinsichtlich ihres Nachhaltigkeitspotenzials anhand von theoretisch abgeleiteten Indikatoren. Als Systematik dienen Kooperationsmerkmale wie sie in Tabelle 2 aufgeführt werden. Schematisch bieten nach ihrer theoretischen Untersuchung „jene Kooperationen mit nachhaltiger Zielsetzung das größte Potential, die in einer Kleingruppe entlang der Supply Chain zeitlich unbegrenzt zusammenarbeiten und sich entweder lokal oder regional orientieren" (Küker 2003: 183). Auch in dieser Untersuchung werden die Ergebnisse anhand von zwei Fallbeispielen überprüft, die zeigen, dass in der Praxis das Nachhaltigkeitspotenzial von Kooperationsformen aufgrund von unternehmensspezifischen Rahmenbedingungen und verschiedenen Schwerpunktsetzungen innerhalb der Kooperation nicht einheitlich festzulegen ist.

3.3 Herausforderungen für Kooperationen im Hinblick auf nachhaltiges Wirtschaften

Wie bereits dargestellt bieten sich vielfältige Anwendungsfelder von Kooperationen, um Aufgaben nachhaltigen Wirtschaftens besser zu bewältigen. Dennoch wird auch hier das Potenzial längst nicht ausgeschöpft. Die Herausforderungen für Kooperationen können sich entweder in der Entstehungsphase, der sogenannten Konfigurationsphase, ergeben oder in der Koordinationsphase einer Kooperation, also der Phase der Durchführung. Viele Herausforderungen gelten sowohl für klassische Kooperationen als auch für Kooperationen mit nachhaltigkeitsbezogenen Zielsetzungen. Auf die Herausforderungen für letztere wird im Folgenden besonders Bezug genommen.

3.3.1   Herausforderungen während der Konfigurationsphase

Für Kooperationen muss zunächst die Kooperationsbereitschaft der Akteure hergestellt werden. Wurde in der Vergangenheit nur marktlich oder gar nicht zusammengearbeitet, müssen nun Spielregeln aufgestellt werden, die eine kooperative Zusammenarbeit auf weiteren Ebenen ermöglichen. Möglicherweise ist ein Unternehmen in der Vergangenheit auch ohne Kooperation erfolgreich gewesen und erkennt die Chancen einer Zusammenarbeit nicht. Eine Kooperation könnte auch als Schwäche ausgelegt werden, da das Unternehmen anscheinend nicht in der Lage ist, bestimmte Ziele alleine zu erreichen (vgl. Küker 2003: 206). Fachliche Überschneidungen und Anknüpfungspotenziale sind zu identifizieren, bevor Inhalte und Ziele der Kooperation festgelegt werden. Für die hierfür erforderliche Transparenz wird zwischen den Akteuren ein Vertrauensverhältnis benötigt.[16] Als generelle Ursache von fehlendem Vertrauen in die Kooperation lassen sich potenzielle Risiken nennen. Darunter fällt die opportunistische Ausnutzung von Vorteilen durch den Kooperationspartner, zum Beispiel durch einen nicht beabsichtigten Wissenstransfer oder Nutzung von sensiblen Unternehmensdaten (vgl. Kirschten 2003: 174f.; Woratschek & Roth 2003: 159). Ein weiteres Risiko besteht in einem teilweisen Autonomieverlust oder einer größeren Abhängigkeit durch die Teilung der Aufgaben und die Koordination der Kooperation oder des Netzwerks. Beispiel hierfür ist die Zusammenarbeit von Akteuren innerhalb einer Supply Chain (vgl. Kirschten 2003: 174f.). Bei nachhaltigkeitsorientierten Kooperationen ist zudem die Priorisierung von Nachhaltigkeitsdimensionen notwendig. Hier kann es schon im Vorfeld zu Konflikten kommen, wenn es zu keiner Einigung über die Zielausrichtung und damit über die Gestaltung der Integration der Dimensionen kommt (vgl. Küker 2003: 207).

3.3.2   Herausforderungen in der Koordinationsphase

Konflikte in der Phase der aktiven Kooperation können sich immer dann ergeben, wenn die Akteure ihre individuellen Ziele nicht in dem Maße erreichen wie zu Beginn beabsichtigt. Möglicherweise sind die Erträge einer Kooperation nicht ausgewogen verteilt, oder eine unklare Zuordnung und Verteilung von Informationen, Aufgaben und Verantwortung gefährdet die Kooperation (vgl. Küker 2003: 208f.). Bei nicht offensichtlichem Kooperationsnutzen und möglicherweise höheren Kooperationskosten als angenommen, steigt die

---

[16] Auf das Zustandekommen von Vertrauen kann hier nicht vertieft eingegangen werden. Eine ganze Reihe von Autoren beschäftigen sich jedoch mit dem Phänomen in Kooperationen (vgl. Bartelt 2002; Pieper 2000).

Unsicherheit in Bezug auf den Erfolg einer Kooperation. In der Literatur werden weitere Herausforderungen benannt, auf die an dieser Stelle nur verwiesen werden kann (vgl. Balling 1998).

In Bezug auf Kooperationen, die nachhaltigkeitsrelevante Zielsetzungen verfolgen, besteht die Herausforderung zudem darin, dass ausreichende Kenntnisse über die positiven Nachhaltigkeitspotenziale der Kooperation vorhanden sein sollten. Nur dann ist der Anreiz auch hoch genug, entsprechende Maßnahmen zur Erreichung von Nachhaltigkeitszielen zu ergreifen (vgl. Küker 2003: 210).

4   Zusammenschau von Kooperation und Partizipation und ihrer Relevanz für nachhaltiges Wirtschaften

Wertschöpfungspartnerschaften, Kooperationen mit Unternehmen und NGOs, Stakeholderdialoge oder die interne Partizipation von Mitarbeitern im Unternehmen sind Formen von Kooperation und partizipativen Strukturen, die im Rahmen nachhaltigen Wirtschaftens eingesetzt werden können. Dabei bietet die Zusammenarbeit mit den Stakeholdern generell die Möglichkeit, die Reputation eines Unternehmens zu verbessern oder zu bewahren. Darüber hinaus können durch Partizipation und Kooperation Wahrnehmungen der Stakeholder beeinflusst werden, so dass sich der Handlungsspielraum des Unternehmens vergrößert (vgl. Müller-Christ & Höfer 2000). Entscheidend ist, dass das Unternehmen Kooperationen und Partizipationsprozesse nicht alleine zu diesem Zweck bildet, sondern diese nutzt, um für komplexe nachhaltigkeitsbezogene Probleme innovative Lösungsmöglichkeiten zu entwickeln. Hierbei kann von der Vernetzung und dem Wissenstransfer zwischen den Beteiligten in kooperativen und partizipativen Prozessen profitiert werden.

Nachhaltige Entwicklung wird von einigen Wissenschaftlern auch als ein Orientierungsmuster für gesellschaftliche Entwicklungs- und Suchprozesse betrachtet (vgl. Schneidewind et al. 1997: 183). Nachhaltigkeit wird damit als ein Entwicklungsprozess verstanden, der ständig neu durch Unternehmen und ihre Stakeholder zu definieren ist (vgl. Kurz 1997). Ziel dieses Ansatzes ist deshalb die Institutionalisierung von Such- und Lernprozessen aller Beteiligten, die eine ökologische und soziale Umstrukturierung von Lebensweisen befördern (vgl. Koplin 2006: 24). In der Literatur zu Kooperation und Partizipation wird in diesem Zusammenhang diskutiert, ob die Verfahren entsprechende Lernprozesse in Gang setzen können (vgl. Klemisch 2004). Das Verhalten eines Individuums, das sich aufgrund von Lernprozessen verändert hat, soll Beispiel sein für andere und in kollektiven Lernprozessen aller Organisationsmitglieder resultieren (vgl. Argyris & Schön 1999). Im Falle von partizipativen Strukturen stehen diese in zweierlei Hinsicht in Wechselwirkung mit organisationalem Lernen. Einerseits stellt Partizipation die Voraussetzung für organisationales Lernen dar, da durch sie ein Informationsaustausch und eine gemeinsame Lösungsaushandlung stattfinden können. Austausch und Aushandlungsprozesse bieten den Nährboden für Lernprozesse. Wie Partizipation jedoch konkret in entsprechenden Unternehmensstrukturen organisiert werden muss, damit dieses Lernen möglich wird, kann wiederum als Lern- und Suchprozess aller Beteiligten verstanden werden (vgl. Klemisch 2004: 128). Auch Kooperationen können dazu genutzt werden, den Austausch und damit Lernprozesse zwischen den Akteuren, bspw. Unternehmen und NGOs, anzuregen.

Eine kooperative soziale Situation definiert Deutsch (vgl. 1949: 131ff.) dadurch, dass jeder an dieser Situation Beteiligte seine Ziele nur in dem Maße erreicht, wie auch die anderen Akteure ihre Ziele erreichen. Es ist im Rahmen von Kooperationen nicht erforderlich, dass ein gemeinsames Ziel verfolgt wird, wichtig ist dabei jedoch, dass eine Steigerung des individuellen Nutzens aller Beteiligten erreicht werden kann und damit die individuellen Ziele erreicht werden. Die Freiwilligkeit von Kooperationen kann in diesem Zusammenhang entsprechend bedeuten, dass nur so lange zusammengearbeitet wird, wie die Ziele beider Partner einhaltbar erscheinen. Bei unbequemen Forderungen oder auseinanderdriftenden Vorstellungen über die Art und Weise der Zusammenarbeit kann eine Kooperation abgebrochen werden. Im Bereich der Partizipation können die Beteiligten hingegen auch konfligierende Ziele verfolgen. Die Handlungen spielen sich dabei stärker zwischen den Polen Kooperation und Konflikt ab (vgl. Pusic 1998: 165). Gerade bei Aushandlungsprozessen sind die Akteure auf kooperatives Verhalten angewiesen (sonst bekämen die Arbeitnehmer gar nicht die Möglichkeit, ihre Meinung zu äußern und Einfluss zu üben), dennoch steigt in dem Maße, wie Beteiligung zugelassen wird, das Potenzial konträrer Interessen. Das Erreichen des Ziels einer Akteursgruppe muss nicht unbedingt der anderen Gruppe entgegen kommen. Das bedeutet, dass die Zielerreichung nicht komplementär sein muss. Im Bereich der Partizipation verfügen zwar einzelne Beschäftigte in direkten partizipativen Strukturen über wenig Verhandlungsmacht, können aber im Rahmen indirekter Beteiligung über Betriebsräte und Gewerkschaften durch entsprechende Rechte Druck auch auf nachhaltigkeitsbezogene Forderungen ausüben.

Die Freiwilligkeit von Kooperationen birgt auch insofern Gefahren, als dass möglicherweise von vorne herein vor allem mit den Stakeholdern zusammengearbeitet wird, die keine unbequemen Anforderungen in Bezug auf eine nachhaltige Ausrichtung stellen. Einem Mangel an inhaltlicher Qualität könnte entgegengewirkt werden, indem das Unternehmen die Kooperation mit externen Partnern und die Partizipation von Beschäftigten kombiniert. Die interne Partizipation bei Fragen der nachhaltigen Entwicklung schärft das Verständnis für Handlungsoptionen eines jeden Beschäftigten. Dieses Nachhaltigkeitswissen kann dann dazu beitragen, dass anspruchsvollere Nachhaltigkeitsziele formuliert und in Kooperationen bearbeitet werden. Die Suche nach Kooperationspartnern und -inhalten könnte dann ebenfalls in partizipativen Prozessen ausgehandelt werden.

Der in der Agenda 21 formulierte normative Anspruch an die Einführung von Partizipation und Kooperation sowie theoretisch konstatierte Chancen der Verfahren haben in Bezug auf nachhaltiges Wirtschaften noch nicht zu einer umfassenden Umsetzung in der Praxis geführt. Auch im Bereich der empirischen Forschung lassen sich einige Forschungslücken sowohl für Kooperation als auch für Partizipation erkennen. Beispielsweise fehlen im Bereich nachhaltigkeitsorientierter Kooperation in Wertschöpfungsketten Untersuchungen zur Gestaltung der Zusammenarbeit über alle Wertschöpfungsstufen hinweg sowie der dabei entstehenden Hindernisse und Chancen. Empirische Untersuchungen darüber, wie in partizipativen Prozessen und in Kooperationen die ökologischen, sozialen und ökonomischen Aspekte integriert betrachtet und priorisiert werden können, könnten ebenfalls einen wichtigen Forschungsbeitrag leisten. Es ist zudem weitere Forschung darüber notwendig, nach welchen Erfolgsfaktoren Partizipation im Unternehmen gestaltet sein sollte, damit nachhaltigkeitsbezogene Themen konstruktiv bearbeitet werden können. Über eine Kombination von partizipativen und kooperativen Verfahren in Unternehmen liegen zurzeit ebenfalls keine ausreichenden Forschungsergebnisse vor.

Neben den Möglichkeiten, die Partizipation und Kooperation bieten, sollte nicht übersehen werden, dass ihre Anwendung rechtliche Rahmenbedingungen und ein nachhaltig ausgerichtetes Kerngeschäft nicht ersetzen können. Partizipation und Kooperation können also nicht per se als Instrumente betrachtet werden, die nachhaltiges Wirtschaften garantieren. Sie bieten jedoch einen notwendigen Rahmen, in dem Anspruchsgruppen agieren und Einfluss nehmen können. Darüber hinaus können nachhaltigkeitsbezogene Lernprozesse bei den beteiligten Akteuren angestoßen werden und in organisationalem Lernen resultieren.

Literatur

Anonymus (1975): Management Enzyklopädie. Grundstücksfragen – Konkurs, Vergleich, Zwangsvollstreckung, Frankfurt/Main.

Argyris, C. & Schön, D. A. (1999): Die lernende Organisation. Grundlagen, Methode, Praxis, Stuttgart.

Arnold, M. (2007): Strategiewechsel für eine nachhaltige Entwicklung. Prozesse, Einflussfaktoren und Praxisbeispiele, Marburg.

Aulinger, A. (1996): (Ko-)Operation Ökologie. Kooperationen im Rahmen ökologischer Unternehmenspolitik, Marburg.

Back, S. & Gerth, D. R. (2003): Ökologisches Stoffstrom-Management im Textilmarkt. Kosten, Kunden, Konzessionen, in: Umweltwirtschaftsforum, 11 (1), 20-24.

Balling, R. (1998): Kooperation. Strategische Allianzen, Netzwerke, Joint Ventures und andere Organisationsformen zwischenbetrieblicher Zusammenarbeit in Theorie und Praxis, Frankfurt am Main.

Bartelt, A. (2002): Vertrauen in Zuliefernetzwerken. Eine theoretische und empirische Analyse am Beispiel der Automobilindustrie, Wiesbaden.

Bea, F. X. & Göbel, E. (1999): Organisation. Theorie und Gestaltung. Stuttgart.

Brose, P. & Corsten, H. (1983): Partizipation in der Unternehmung, München.

BUND & Unternehmensgrün (Hrsg.) (2002): Zukunftsfähige Unternehmen: Wege zur nachhaltigen Wirtschaftsweise von Unternehmen, München.

Crane, A.; Matten, D. & Spence, L. (2008): Corporate Social Responsibility. Readings and cases in a global context, London, New York.

Deutsch, M. (1949): A theory of Co-operation and Competition, in: Human Relations, 2 (2), 129-152.

Dubielzig, F. & Schaltegger, S. (2005): Corporate Social Responsibility, in: Althaus, M.; Geffken, M.; Rawe, S. (Hrsg.): Handlexikon Public Affairs, Münster, 240-243.

Elkington, J. (1997): Cannibals with Forks - The Triple Bottom Line of the 21st Century Business, Oxford.

Etzioni, A. (1969): Man and Society: The inauthentic condition, in: Human Relations, 22 (4), 325-332.

Etzioni, A. (1978): Soziologie der Organisationen, München.

Europäische Kommission Generaldirektion Beschäftigung und Soziales (2001): Europäische Rahmenbedingungen für die soziale Verantwortung der Unternehmen. Grünbuch, Luxemburg.

Fichter, K. (2000): Beteiligung im betrieblichen Umweltmanagement, Berlin.

Green, A. O. & Hunton-Clarke, L. (2003): A typology of stakeholder participation for company environmental decision-making, in: Business strategy and the environment, 12 (5), 292-299.

Habisch, A.; Neureiter, M. & Schmidpeter, R. (2008): Handbuch Corporate Citizenship. Corporate Social Responsibility für Manager, Berlin, Heidelberg.

Heller, F. (1998): Playing the Devil's Advocate: Limits to Influence Sharing in Theory and Practice, in: Heller, F. A.; Strauss, G.; Wilpert, B.; Pusic, E. (Hrsg.): Organizational participation. Myth and reality, Oxford, New York, 144-189.

Heller, F. A.; Strauss, G.; Wilpert, B. & Pusic, E. (Hrsg.) (1998): Organizational participation. Myth and reality, Oxford, New York.

Industrial Democracy in Europe (IDE) International Research Group (1981): Industrial Democracy in Europe, Oxford.

Kirschten, U. (2003): Unternehmensnetzwerke für nachhaltiges Wirtschaften, in: Linne, G.; Schwarz, M. (Hrsg.): Handbuch Nachhaltige Entwicklung. Wie ist nachhaltiges Wirtschaften machbar, Opladen, 171-182.

Klemisch, H. (2004): Umweltmanagement und ökologische Produktpolitik. Partizipation betrieblicher und gesellschaftlicher Akteure an Ökologisierungsprozessen in Unternehmen und Branchen, München, Mering.

Knolle, M. (2008): Implementierung von Sozialstandards in Wertschöpfungsketten. Formen und Erfolgsfaktoren von Kooperationen, Saarbrücken.

Kommission der Europäischen Gemeinschaften (2002): Mitteilung der Kommission betreffend die soziale Verantwortung der Unternehmen: ein Unternehmensbeitrag zur nachhaltigen Entwicklung, Brüssel.

Konferenz der Vereinten Nationen für Umwelt und Entwicklung Rio de Janeiro (1992): Agenda 21, Rio de Janeiro.

Koplin, J. (2006): Nachhaltigkeit im Beschaffungsmanagement. Ein Konzept zur Integration von Umwelt- und Sozialstandards, Wiesbaden.

Küker, S. (2003): Kooperation und Nachhaltigkeit. Ein prozessorientierter Gestaltungsansatz für eine Analyse der Beiträge von Kooperationen zum nachhaltigen Wirtschaften, Hamburg.

Kurz, R. (1997): Unternehmen und nachhaltige Entwicklung, in: Ökonomie und Gesellschaft. Jahrbuch 14: Nachhaltigkeit in der ökonomischen Theorie, Frankfurt am Main, 78-102.

Lie, H.-H. (1995): Partizipation in Unternehmen. Analyse der Partizipation und ihr Beitrag zur Problemlösung industrieller Arbeitsbeziehungen am Beispiel Koreas, Bayreuth.

Marchington, M. & Loveridge, R. (1979): Non-Participation: The Management View, in: Journal of Management Studies, 16 (2), 171-184.

Mengele, J. (1994): Horizontale Kooperation als Markteintrittsstrategie im internationalen Marketing, Wiesbaden.

Meyer, J.-A. & Lorenzen, K. (2002): Internationale Kooperation von kleinen und mittleren Unternehmen: dargestellt am Beispiel deutsch-dänischer Unternehmen, Köln, Lohmar.

Miles, R. E. (1965): Human Relations or Human Resources, in: Harvard Business Review, 43 (4), 148-163.

Minssen, H. (1999): Direkte Partizipation contra Mitbestimmung? Herausforderung durch diskursive Koordinierung, in: Müller-Jentsch, W. (Hrsg.): Konfliktpartnerschaft. Akteure und Institutionen der industriellen Beziehungen, München, Mering, 129-156.

Müller, M.; Seuring, S. & Goldbach, M. (2003): Supply Chain Management - Neues Konzept oder Modetrend, in: Die Betriebswirtschaft, 63 (4), 419-439.

Müller-Christ, G. & Höfer, T. (2000): Ansätze eines Umweltdialogmanagements - Interpretation einer explorativen Studie, in: Zeitschrift für angewandte Umweltforschung, 13 (12), 126-138.

Neumann, J. (1989): Why people don't participate in organizational change, in: Research in Organizational Change and Development, 3 (1), 181-212.

Pekruhl, U. (2001): Partizipatives Management - Konzepte und Kulturen, München, Mering.

Pfohl, H.-C.; Boldt, O.; Frunzke, H.; Gomm, M.; Hofmann, E.; Trumpfheller, M. & Sokolovsky, V. (2004): Erfolgsfaktoren der Netzkompetenz in Supply Chains, in: Pfohl, H.-C. (Hrsg.): Netzkompetenz in Supply Chains. Grundlagen und Umsetzung, Wiesbaden, 139-174.

Pieper, J. (2000): Vertrauen in Wertschöpfungspartnerschaften: eine Analyse aus Sicht der Neuen Institutionenökonomie, Wiesbaden.

Pusic, E. (1998): Organization Theory and Participation, in: Heller, F. A.; Strauss, G.; Wilpert, B.; Pusic, E. (Hrsg.): Organizational participation. Myth and reality, Oxford, New York, 65-96.

Schaltegger, S. & Burritt, R. (2003): An Introduction to Corporate Environmental Management. Striving for Sustainability, Sheffield.

Schaltegger, S. & Petersen, H. (2005): Kooperatives Nachhaltigkeitsmanagement, Lüneburg.

Schneidewind, U. (1998): Die Unternehmung als strukturpolitischer Akteur, Marburg.

Schneidewind, U.; Feindt, P. H.; Meister; H.-P.; Minsch, J.; Schulze, T. & Tscheulin, J. (1997): Institutionelle Reformen für eine Politik der Nachhaltigkeit - Vom Was zum Wie in der Nachhaltigkeitsdebatte,in: GAIA, 6 (3), 182-196.

Seuring, S. & Goldbach, M. (2002): Managing Time and Complexity to Green the Textile Chain, in: The 2002 Business Strategy and the Environment Conference, 348-359.

Smith, V. (2006): Introduction: Worker Participation: Current Research and Future Trends, in: Smith, V. (Hrsg.): Worker Participation: Current Research and Future Trends, Oxford, xi–xxiii.

Strauss, G. (1998): An Overview, in: Heller, F. A.; Strauss, G.; Wilpert, B.; Pusic, E. (Hrsg.): Organizational participation. Myth and reality, Oxford, New York, 8-39.

Unger, G. & Loose, A. (2007): Auf dem Weg zur 'Nachhaltigen Entwicklung': Nachhaltigorientierte Netzwerke, in: Loose, A.; Becker, T.; Dammer, I.; Howaldt, J.; Killich, S.; Kopp, R.; Ellerkmann, F.; Helbich, B.; Vieregge, P.; Klocke, P. (Hrsg.): Netzwerkmanagement. Mit Kooperation zum Unternehmenserfolg, Berlin, Heidelberg, 119-127.

Ungericht, B.; Raith, D. & Korenjak, T. (2008): Corporate Social Responsibility oder gesellschaftliche Unternehmensverantwortung. Kritische Reflexionen, empirische Befunde und politische Empfehlungen, Wien.

Wall, T. D. & Lischeron, J. (1977): Worker Participation. A critique of the literature and some fresh evidence, London.

Woratschek, H. & Roth, S. (2003): Kooperation: Erklärungsperspektive der Neuen Institutionenökonomik, in: Zentes, J.; Swoboda, B.; Morschett, D. (Hrsg.): Kooperationen, Allianzen und Netzwerke. Grundlagen - Ansätze – Perspektiven, Wiesbaden, 141-166.

Zentes, J. & Swoboda, B. (1997): Grundbegriffe des internationalen Managements. Stuttgart.

Transdisziplinäre Nachhaltigkeitswissenschaften

Maik Adomßent / Gerd Michelsen

1   Abstract

Wissenschaft stellt einen zentralen Bereich für die gesellschaftliche Orientierung in Richtung einer nachhaltigen Entwicklung dar: Hier lassen sich gangbare Wege für mögliche Zukünfte zunächst auf theoretischem Wege entwickeln, um das im wissenschaftlichen Raum erzeugte Wissen dann im Rahmen kooperativer und partizipativer Forschungen zu erproben und so auf seine Praxistauglichkeit hin zu überprüfen. Dabei kann Wissenschaft ihr transformatives Potential, nämlich das Nachhaltigkeitsleitbild zu einem genuinen Bestandteil gesellschaftlicher Entwicklung zu machen, nur im Einklang mit entsprechenden kulturellen Wandlungsprozessen der Gesamtgesellschaft entfalten. Nachhaltigkeitsforschung ist somit typischerweise auch transdisziplinäre Forschung.

Transdisziplinäre Forschung bezieht sich auf wissenschaftsexterne Problemfelder, die nur durch die Zusammenarbeit von Wissenschaftlerinnen und Wissenschaftlern mit Praxisakteuren gelöst werden können. Sie ist gegenüber Anwendungsforschung und Beratung nicht nur über den Aspekt der am Forschungsprojekt beteiligten Personen abzugrenzen (Einbezug von Praxisakteuren), sondern zusätzlich über die Art von Problemen, an denen gearbeitet wird. Es kann nur dann von transdisziplinärer Forschung gesprochen werden, wenn das Problem auch auf seine Entstehungshintergründe sowie auf seine gesellschaftlichen Auswirkungen hin untersucht wird.

In wissenschaftlichen Projekten, die sowohl Forschungs- als auch Entwicklungsanteile beinhalten, ist dem Spannungsverhältnis von Theorie und Praxis besondere Aufmerksamkeit zu widmen. Aktionsforschung als methodologischer Rahmen wird in diesem Zusammenhang aus zweierlei Gründen als besonders geeignet angesehen. Zum einen rückt mit diesem Forschungsansatz das Theorie-Praxis-Verhältnis in den Mittelpunkt des Interesses. Zum anderen wird in der Aktionsforschung ein besonderes erkenntnistheoretisches Augenmerk auf die normativen Bezüge des Forschungskontextes gelegt. Damit werden Parallelen zu Projekten der Nachhaltigkeitsforschung deutlich, für die derartige wertbezogene Kontextualisierungen ebenfalls konstitutiv sind.

Der Beitrag schließt mit einer kritischen Betrachtung der spezifischen Probleme der Beteiligung sowie Zusammenarbeit mit Akteuren im transdisziplinären Forschungsprozess.

2 Einleitung

Betrachtet man das Verhältnis von Wissenschaft und Gesellschaft, so ist Wissenschaft nicht nur als eine Ressource, sondern zugleich auch als eine „Agentin des Wandels" in der Gesellschaft zu verstehen, während die Gesellschaft nicht nur wissenschaftliches Wissen aufnimmt und integriert, sondern zugleich von wissenschaftlicher Forschung gesellschaftliche Problemlösungen und Innovationen einfordert. Vor dem Hintergrund der Tatsache, dass Gesellschaft und Wissenschaft sich gegenseitig immer mehr durchdringen, wurde in jüngerer Zeit von verschiedener Seite die Notwendigkeit von neuen Formen der Wissensproduktion diskutiert ("post-normal science" (Funtowicz & Ravetz 1993); "Mode 2" (Gibbons et al. 1994); "postacademic science" (Ziman 1995)). Die verschiedenen Ansätze stimmen in ihrer Analyse darin überein, dass es in der modernen Gesellschaft kaum noch wissenschaftsfreie Bereiche gibt. Die Praxis hat einen faktischen Einfluss auf Wissenschaft und Forschung, zugleich lässt sich ein Verständnis für Praxis niemals vollständig auf theoretischem Wege erschließen. Um von der Praxis lernen zu können, muss die Forschung daher soziale Beziehungen vor allem auch zu nichtwissenschaftlichen Akteuren aufbauen – nicht mehr wie bisher nur innerhalb der eigenen Forschungsgemeinschaft.

Aus diesem Verständnis heraus ergibt sich die Notwendigkeit einer Forschung, die sich mit lebensweltlichen Problemen und deren Lösungsmöglichkeiten befasst und die folglich ein enges Zusammenwirken von Wissenschaftlerinnen und Wissenschaftlern sowie Praxisakteuren bedingt. Diesem Verständnis entspricht der Ansatz transdisziplinärer Forschung, die Forschung als gemeinsamen Lernprozess zwischen Gesellschaft und Wissenschaft anlegt und organisiert und infolgedessen reflexiv verläuft. Transdisziplinäre Forschung ist somit grundsätzlich für alle komplexen gesellschaftlichen Fragestellungen relevant, doch kann neben Gesundheits- und Arzneimittelforschung, Klima- und Risikoforschung vor allem die Umwelt- und Nachhaltigkeitsforschung als exemplarisches Feld wachsender transdisziplinärer Wissenschaftsausrichtung angesehen werden (Jahn 2008: 28).

3 Nachhaltigkeitsforschung

Nachdem Transdisziplinarität in Europa zunächst in der Nord-Süd-Zusammenarbeit von Bedeutung war, hielt sie in den späten 1980er und frühen 1990er Jahren in schweizerische, österreichische und deutsche Kontexte der Umweltforschung Einzug. Um die Jahrtausendwende entstanden vergleichbare Konzepte, wenn auch nicht mit identischen Problemstellungen, ebenso in anderen Ländern – beispielsweise in den USA unter dem Begriff der *sustainability science*, in Großbritannien als *participatory rural appraisal*, in Kanada als *EcoHealth* und in Frankreich als *recherche-intervention* (Thompson Klein 2008: 96f.).

Nachhaltigkeitsforschung befasst sich mit Problemen, die die langfristige Sicherung der gesellschaftlichen Entwicklungsbedingungen gefährden. Dabei lassen sich im Wesentlichen drei Ebenen unterscheiden, die forschungsrelevant sind: i) die analytische Ebene, die auf die Schaffung von Systemwissen abzielt; ii) die normative Ebene, auf der Ziel- und Orientierungswissen entwickelt wird und iii) die operative Ebene, auf der Gestaltungs- oder Transformationswissen erzeugt wird (Nölting et al. 2004: 254). Nachhaltigkeitsforschung ist damit typischerweise auch transdisziplinäre Forschung (Komiyama & Takeuchi 2006).

Charakteristika eines transdisziplinären Forschungsprozesses sind neben der Komplexität und Dynamik der Problemstellung die Berücksichtigung diverser Perspektiven, Reflexivität in Bezug auf die Konsequenzen sowie die Einbettung in ‚reale', d.h. gesellschaftliche Zusammenhänge (Clark & Dickson 2003; Parris & Kates 2003; Smrekar et al. 2005: 75).

Im Kern geht es darum, die verschiedenen Rollen des Menschen als Auslöser, Betroffener und potenzieller Bewältiger von Umweltveränderungen theoretisch und empirisch zu begreifen und abzubilden. Dazu ist das dynamische Mensch-Umwelt-Wechselspiel im Hinblick auf folgende Schnittmengen zwischen physischer und kultureller Welt in den Blick zu nehmen: i) die natürlichen Voraussetzungen des sozialen Handelns (Ressourcen, Energie, Fläche, Lebensräume); ii) die Folgen des menschlichen Verhaltens auf naturgegebene Kreisläufe, Prozesse und Strukturen, einschließlich biologischer Veränderungen im Menschen selbst (etwa Gesundheitsbelastungen); iii) die Rückkopplungen dieser Interventionen auf kulturelles Selbstverständnis, soziale Prozesse und gesellschaftliche Strukturen (Renn 2008: 119; Kruse 2005).

Erschwerend kommt bei derartigen ‚hybriden' sozial-ökologischen Problemen, die die Grenzen zwischen Gesellschaft und Natur ohnehin immer mehr verwischen, eine hohe Komplexität von Wirkungsprozessen hinzu, die auf unterschiedlichen räumlichen, zeitlichen und sozialen Skalen verlaufen: vom Lokalen zum Globalen, von gegenwärtigen Ereignissen zu langfristigen Folgen, vom Handeln in alltäglichen Zusammenhängen bis zur Politik weltweiter Regimes und multinationaler Organisationen (Jahn 2008: 26). Somit bündelt sich die Entwicklung transdisziplinärer Forschung in der Nachhaltigkeitsforschung wie in einem Brennglas, das die reflexive Forschungspraxis, spezifische Problemzugänge und fachübergreifende Problembearbeitung zusammenführt (vgl. Becker & Jahn 2006). Dementsprechend lassen sich Nachhaltigkeitswissenschaften durch folgende Kernelemente charakterisieren:

- intra- und interdisziplinäre Forschung;
- transdisziplinäre Koproduktion von Wissen über die Grenzen akademischer Disziplinen hinweg;
- systemische Perspektive mit besonderem Augenmerk auf die Koevolution komplexer Systeme und ihrer Umwelt;
- Lernen durch Ausprobieren („learning-by-doing" und „learning-by-using") sowie reflexives Lernen („learning-by-learning") als wichtige Basis des Wissenserwerbs (Martens 2006; Kemp & Martens 2007).

Der Fokus von Nachhaltigkeitsforschung liegt im Wesentlichen auf Innovation und Transformation lebensweltlicher Problemkonstellationen. Dementsprechend ist die Partizipation von Stakeholdern aus Bereichen der Gesellschaft außerhalb der Wissenschaft als Kernprämisse transdisziplinärer Forschung im Allgemeinen und Nachhaltigkeitsforschung im Besonderen vorauszusetzen, um zu einer problemadäquaten Zusammenarbeit und einer Zusammenführung des Wissens zu kommen (Kajikawa 2008).

In transdisziplinären Forschungsvorhaben werden wissenschaftliche und lebensweltliche Wissensbestände neu aufeinander bezogen. Daher ist der Prozess der Integration von zentraler Bedeutung. Aus diesem Grund wird dem Forschungsprozess und den spezifischen Herausforderungen, die mit der Integration verbunden sind, in den folgenden Abschnitten vertiefend nachgegangen.

4   Transdisziplinärer Forschungsprozess

Transdisziplinäre Forschung bezieht sich auf wissenschaftsexterne Problemfelder, die nur durch die Zusammenarbeit von Wissenschaftlerinnen und Wissenschaftlern mit Praxisakteuren gelöst werden können. Dieser Forschungsansatz ist gegenüber Anwendungsforschung und Beratung nicht nur in Bezug auf die am Forschungsprojekt beteiligten Personen abzugrenzen, wobei die Einbeziehung von Praxisakteuren eine besondere Rolle spielt, sondern zusätzlich über die Art von Problemen, an denen gearbeitet wird. Wie gezeigt, kann nur dann von transdisziplinärer Forschung gesprochen werden, wenn das Problem auch auf seine Entstehungshintergründe sowie auf seine gesellschaftlichen Auswirkungen hin untersucht wird. Zusätzlich führt Transdisziplinarität, analog zu Interdisziplinarität, zu verstärkter Reflexion bezüglich der Arbeitsprozesse und Vorgehensweisen außerhalb des wissenschaftlichen Kontextes (Brand 2000).

Abbildung 1:   Transdisziplinärer Forschungsprozess

Transdisziplinärer Forschungsprozess

Lebensweltliche Probleme

A
Teambildungsprozess

Konstruktion gemeinsamer Forschungsgegenstand

Wissenschaftliche Probleme

B
Auffächerung in heterogene Problemwahrnehmungen und methodische Zugänge im Forschungsteam

Fachbezogene/Fächerübergreifende Wissensgenerierung – Anschlussfähigkeit zwischen Teilprojekten

Lebensweltliche Transformation (Neue Problemlagen)

Wissenschaftliche Innovation (Neue Fragestellungen)

Impulse für Diskurs und Veränderungen im Praxisfeld

C
Transdisziplinäre Integration

Problembezogene Integration

Interdisziplinäre Integration

Impulse für Diskurs und Innovation i.d. Wissenschaft

'Integration'
'Differenzierung'
'Intervention'

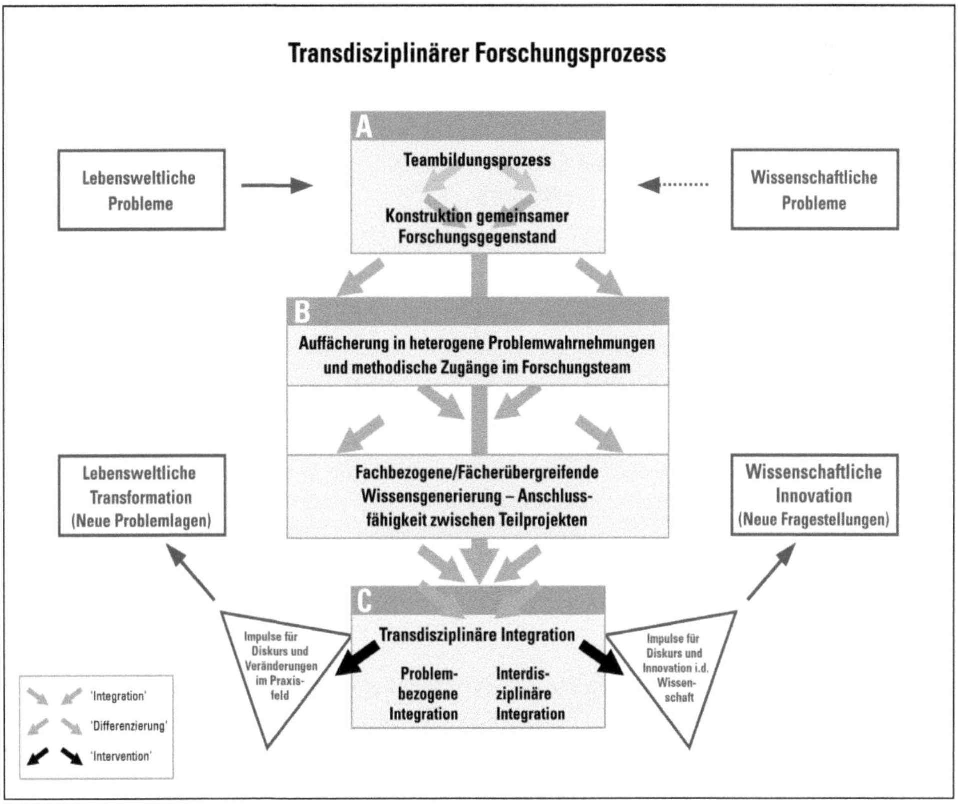

Quelle: Bergmann et al. 2005: 19

Ein idealtypischer Prozess der transdisziplinären Forschung (vgl. Abb. 1) verläuft im Wesentlichen in drei Schritten und umfasst die folgenden Aspekte (Bergmann et al. 2005: 17f.):

- Eine Struktur für die Problembearbeitung und Integration von relevanten Akteuren wird geschaffen. Den Ausgangspunkt bildet dabei eine lebensweltliche Problemstellung. Die Zusammenstellung des Teams hängt von der spezifischen Fragestellung ab.
- Projektdurchführung und Einsatz spezifischer Methoden: Nach der Aufteilung der Fragestellung in verschiedene Teilbereiche (Differenzierung) wird durch fachübergreifende und kooperative Bearbeitung neues Wissen generiert und bestehendes Wissen erweitert bzw. transformiert.
- In-Wert-Setzung: Diese neuen Wissensbestände müssen angemessen zusammengeführt (Integration 1) und zudem auch in Wissenschaft und Praxis eingebracht werden (Integration 2), so dass innovative sowie transformative Prozesse stattfinden können.

5   Integration als partizipatives Kernelement

Transdisziplinäre Forschungsprozesse sind durch partizipative Forschungsarrangements (Einbindung von Betroffenen, Nutzern oder Stakeholdern) gekennzeichnet. Im Mittelpunkt stehen Integrationsprobleme, die sich analytisch in vier Dimensionen unterscheiden lassen, forschungspraktisch jedoch eng miteinander verzahnt sind und zudem parallel auftreten (Becker & Jahn 2006: 306ff.; Jahn 2008: 32f.).

- fachlich-disziplinäre Wissensbestände sowie wissenschaftliches und alltagspraktisches Wissen sind voneinander zu unterscheiden bzw. miteinander zu verknüpfen *(kognitiv-epistemische Dimension)*;
- die Interessen und Einzelaktivitäten der beteiligten Akteure sind sowohl innerhalb einzelner Projekte sowie zwischen größeren organisatorischen Einheiten zu unterscheiden bzw. aufeinander zu beziehen *(soziale und organisatorische Dimension)*;
- sprachliche Ausdrucksmöglichkeiten und kommunikative Praktiken sind aufzunehmen und in eine gemeinsame Redepraxis zu überführen, um sich im Forschungsalltag verstehen und verständigen zu können *(kommunikative Dimension)*;
- verschiedene sachliche und technische Lösungselemente sind sozial und normativ so umzugestalten, dass sie in einem funktionsfähigen Sachsystem zusammenwirken und zugleich mit gesellschaftlichen Bedürfnissen kompatibel bleiben *(sachlich-technische Dimension)*.

In dieser Entwicklung von Methoden der Wissensintegration über disziplinäre Grenzen hinweg sieht Krohn „eine zentrale epistemische Qualität transdisziplinärer Forschung (…) – mit dem Ziel, das nomothetische Potenzial und die idiographische Beschreibung in einem Modell zu integrieren, das kausale Wirklichkeitserklärung (Nomothetik) und situative, lokale Fallspezifik (Idiographie) möglichst weitgehend aufeinander bezieht" (Krohn 2008: 64). Mit dieser Integration von Forschung und Innovation übernimmt transdisziplinäre Forschung nach Krohn eine Leitfunktion für die Entwicklung der Wissensgesellschaft (ebd.: 64f.).

Zur Realisierung derartiger transdisziplinärer Formen der Wissensproduktion wird die disziplinäre Ordnung wissenschaftlichen Wissens methodisch geregelt überschritten. Dabei lassen sich Wissenschaften als Denkkollektive bzw. Denkstile verstehen, die durch einen Wissenskörper („Wissenskorpus") und eine Wissensvorstellung gekennzeichnet sind, die beide voneinander abhängen (Elkana 1986: 44, zit. nach Bergmann & Schramm 2008: 71).

> „[D]er Wissenskorpus [..] Zu einem gegebenen Zeitpunkt gibt es einen Wissensstand mit seinen Methoden, Lösungen, offenen Problemen, seinem Geflecht von Theorien und einer darin eingelassenen wissenschaftlichen Metaphysik." (Elkana 1986: 44)

> „[D]ie sozial determinierten Wissensvorstellungen […] Anschauungen über die Aufgabe der Wissenschaft (Einsicht, Voraussage usw.), die Natur der Wahrheit (sicher, wahrscheinlich erreichbar usw.) und über die Wissensquellen (Offenbarung, logisches Denken, experimentelle Empirie) gehören alle zu diesen zeit- und kulturgebundenen Wissensvorstellungen." (ebd.)

Die an einem transdisziplinären Projekt beteiligten Wissenschaftler und lebensweltlichen Akteure kennen den Wissenskörper ihres jeweiligen Denkkollektivs und haben dessen Wissensvorstellungen erlernt und bis zu einem gewissen Grad verinnerlicht. Kommt es nun zu Abwägeprozessen, so fallen dabei nicht mehr nur die traditionellen wissenschaftlichen Objektivitätskriterien, sondern vermehrt auch Interessenlagen und gesellschaftliche Wertorientierungen ins Gewicht. Die kritische Wissensbasis bezieht sich dann auf die Kernfragen nach Unterscheidungsvermögen von problematisch und unproblematisch, nach der Zurechenbarkeit von Problemen *(problem ownership)* und nach den Voraussetzungen für praktisches Handeln *(problem agency)* (Jahn 2008: 27). Hier treten aufgrund der ungleichen Gewichtung der Wissensarten zwischen wissenschaftlichen Experten und lebensweltlichen Akteuren nicht selten Spannungen zutage, die daraus resultieren, dass transdisziplinäre Forschung, die stets auf die Gestaltung von Problemlösungen abzielt, nicht nur Werte beschreibt, sondern im Sinne eines „normative turn" (Glasbergen 2008: 4) auch mit diesen operiert (Brand & Karvonen 2007; Kastenhofer & Rammel 2005). So entstehen derartige Ungleichgewichte mitunter auch erst im Verlauf derartiger Vorhaben, denn wertbeladene Objekte haben eine asymmetrisierende Wirkung (Krohn 2008: 44) – und die Asymmetrisierung von Themenfeldern wie Gesundheit und Nachhaltigkeit liegt auf der Hand, denn keiner will schließlich Krankheit erzeugen oder nicht nachhaltige Projektergebnisse zeitigen (Meyer-Oldenburg 2003) (vgl. Abb. 2).

Abbildung 2:   Schematischer Vergleich der ungleichen Verteilung der Kategorien von
Laien- und Expertenwissen

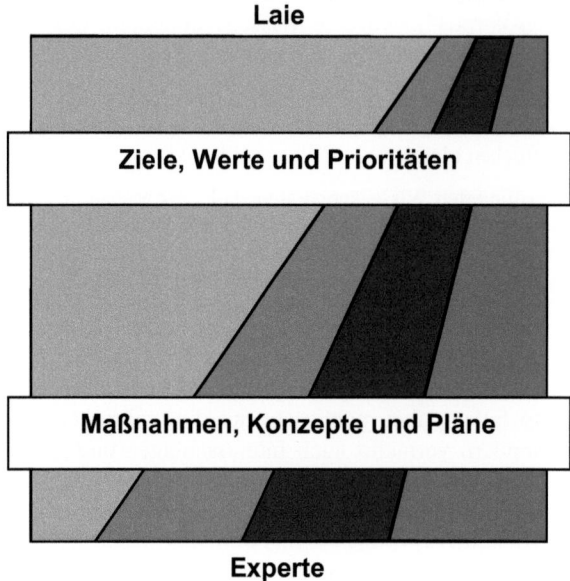

Quelle: nach Sellnow (2007): Wissenskategorien (farblich abgesetzt von links nach rechts): *a)
Deontisches Wissen, "Was-soll-sein"-Wissen (über Ziele, Werte, Normen, Ethik); b) Faktenwissen
(über Tatsachen, Bestandsaufnahmen, Daten); c) Erklärendes Wissen (über nachweisbare, vernetzte
Zusammenhänge); Instrumentelles Wissen (über Methoden, Modelle, Pläne, Programme)*

Lernen lässt sich in diesem Zusammenhang als intensiver Austausch zwischen den Denk-
kollektiven begreifen. Idealerweise stehen am Ende dieses Austausch- bzw. Integrations-
prozesses ein (neuer) geteilter Wissenskörper und eine geteilte Wissensvorstellung. Doch
stellt ein dermaßen geteilter Wissenskörper nur ein Extrem eines kollektiv geteilten transdisziplinären Denkstils dar; am anderen Ende des Kontinuums lässt sich das Problem
schlicht als Grenzobjekt *(boundary object)* (Star & Griesemer 1989; Cash et al. 2003: 8089)
begreifen, an welchem die Wissenskörper der Denkstile isoliert – ohne aufeinander einzu-
wirken und sich zu wandeln – zu einem vielgestaltigen Problemverständnis und damit auch
zu einem Spektrum von Lösungsoptionen beitragen (vgl. Pohl & Hirsch Hadorn 2008:
76ff.). Derartige Grenzobjekte können auch eigens konstruierte Brückenkonzepte sein, die
dadurch eine entlastende Funktion innehaben, dass sie insbesondere die gesellschaftlichen
Akteure in die Lage versetzen, zusammen an einem gemeinsamen Ziel zu arbeiten, dabei
aber weiterhin die eigene Identität und unterschiedliche Interpretationen zu behalten. Prozesse der Information und Kommunikation sind dabei zentral (Cash et al. 2003), für die
Thompson Klein eine alltagssprachliche Verständigung als hilfreich ansieht, da nicht auf
ein ‚interdisziplinäres Esperanto' zurückgegriffen werden kann (ebd.: 105). Glossare können als sprachliche Hilfsmittel dienen, doch gefordert sind darüber hinaus anschauliche
Modelle oder Konzepte, die systemische Funktionen und Beziehungen nachvollziehbar
darlegen. Instruktiv können hier Beispiele wie der Syndromansatz globaler Umwelt- und

Entwicklungsprobleme wirken, der vom Wissenschaftlichen Beirat der Bundesregierung Globale Umweltveränderungen (WBGU 1996) in Analogie zu Krankheitsbildern (Syndromen) auf Indikatoren (Symptomen) rekurriert und so Umweltdegradationsmuster des Weltsystems illustriert.

Qualität und Innovationsgrad transdisziplinärer Forschung zeigen sich im produktiven Umgang mit der Spannung, die aus der Erwartung nach wissenschaftlicher Behandlung von Einzelfällen und der Erwartung nach verallgemeinerungsfähigem Wissen resultiert (Krohn 2008: 39). Auch die zum Einsatz kommenden Methoden müssen den spezifischen Herausforderungen transdisziplinärer Forschung genügen. Diese steht daher nicht nur bezogen auf das inhaltliche Problemverständnis, sondern auch im Hinblick auf Methodenentwicklung in interaktivem Verhältnis mit wissenschaftlichen Disziplinen. Um in Zukunft transdisziplinäre Denkkollektive entstehen zu lassen, werden Integrationsmethoden den Kern des Wissenskörpers zu bilden haben, der natürlich entsprechende Analogien in der Wissensvorstellung voraussetzt (vgl. Pohl & Hirsch-Hadorn 2008: 87).

Solange im Hinblick auf das notwendige transdisziplinäre methodische Rüstzeug noch kein derartiges Denkkollektiv mit definiertem Wissenskörper und einer akzeptierten Wissensvorstellung existiert, bietet es sich an, auf methodische Denkkollektive zurückzugreifen, die schon einen bestimmten Stand der Forschung erreicht haben, hinter den die Anwendung dieser Methoden in transdisziplinärer Forschung nicht zurückfallen sollte. Zu diesen exemplarischen prinzipiengeleiteten systematisierten Zugängen, die es ermöglichen, die Erfahrungen im Forschungsprozess zu systematisieren und zu kommunizieren, zählen beispielsweise Aktionsforschung, Systemdenken oder Operational Research (ebd.: 87; Kueffer et al. 2007).

Aktionsforschung lässt sich insbesondere im Hinblick auf Nachhaltigkeitsforschung als Teil eines methodischen Denkkollektivs begreifen, dem ein partizipativer Denkstil zugrunde liegt. Da der Aspekt der Partizipation in unserem Zusammenhang von besonderem Interesse ist, soll im Folgenden den theoretisch-methodischen Grundlegungen der Aktionsforschung nachgegangen werden, wobei ein besonderes Augenmerk auf die möglichen Schnittmengen mit der transdisziplinären Forschung gelegt werden soll.

6   Aktionsforschung – partizipative Form transdisziplinärer Wissensproduktion

Aktionsforschung erscheint für das Forschungsdesign transdisziplinärer Projekte im Kontext nachhaltiger Entwicklung aus mindestens zwei Gründen besonders prädestiniert. Zum einen wird mit dem Aktionsforschungsansatz das Spannungsverhältnis von Theorie und Empirie in den Mittelpunkt des Interesses gerückt. Zum anderen weisen Forschungsvorhaben mit Bezug zum Leitbild der nachhaltigen Entwicklung stärker als andere Projekte normative Bezüge auf, die es bei der Konzeption des Forschungsdesigns aus erkenntnistheoretischen Gründen besonders zu berücksichtigen gilt.

Erkenntnis und Entwicklung lassen sich als zentrale Kategorien der Aktionsforschung benennen. Aus pragmatischer Sicht lässt sich Aktionsforschung als iterative Verbindung von Handeln und Forschen kennzeichnen (Rauch 2005: 71). Die Forschungsbemühungen der Aktionsforschung sind als prozessorientierte, ergebnisoffene Suchbewegungen zu charakterisieren, die insbesondere bei komplexen Problemen, wie sie im Zuge der Umsetzung des Nachhaltigkeitsleitbildes auftreten, dazu beitragen sollen, *barriers to transformation* zu identifizieren und in zweckmäßiger Weise zu überwinden (Ballard et al. 2003). Dabei wird auf die Überbrückung der verschiedenen Dualismen von Theorie und Praxis, Forscher und Subjekt, Alltagserfahrungen und akademischem Wissen besonderes Augenmerk gelegt (Reason & McArdle 2006: 3). Die Aktionsforschung bedient sich dazu vor allem der vergleichenden Gegenüberstellung verschiedener Perspektiven, die sich u.a. mit Hilfe anderer Personen, verschiedener Forschungsmethoden und Erkenntnissen aus vergleichbaren Situationen gewinnen lassen (Rauch 2005: 75).

Weil die Forschungsthemen und -gegenstände vor dem Hintergrund ihrer jeweils spezifischen Kontexte zwangsläufig sehr stark variieren, wächst auf der Forschungsseite der Zwang zur Differenzierung. In der Konsequenz bedeutet dies, sich insbesondere denjenigen gesellschaftlichen Praxen und deren Akteuren zuzuwenden, die für diesen Wandel verantwortlich sind. Aktionsforschung bietet sich hier nach Meinung verschiedener Autoren (für einen Überblick siehe Gustavsen 2003) aus zweierlei Gründen besonders an. Zum einen widmet sie sich in besonderer Weise den Kontexten, in welchen sie operiert. Zugleich können auf übergeordneter Ebene programmatische Vergleiche gezogen werden, indem eine Vielzahl verschiedener Projekte und Aktivitäten zueinander in Beziehung gesetzt wird. Aktionsforschung vermag hier den Anspruch einzulösen, Theorie und Praxis miteinander zu verbinden. Indem ‚Wissen' nicht mehr nur im Sinne eines abstrakt-theoretisierenden, wissenschaftlichen Theorems gebraucht wird, weil diese Art der Wissensproduktion vor dem Hintergrund der heute herrschenden Verflechtungen von Gesellschaft und Wissenschaft als nicht mehr ausreichend betrachtet werden kann, ist der Wissensbegriff im Hinblick auf die lebensweltlichen Praxen zu spezifizieren (Reason & Torbert 2001). Dies kann mit Hilfe der Aktionsforschung geschehen, die verschiedene Wissenstypen zusammenzuführen vermag: „Action research as many ways of knowing" (Reason 2004: 5). John Heron spricht in diesem Zusammenhang von einer vierfach erweiterten Erkenntnistheorie (*fourfold 'extended epistomology'*) und bietet dazu die folgende Wissens-Typologie an:

- *Experiential knowledge* is through direct face-to-face encounter with a person, place or thing; it is knowing through empathy and resonance, that kind of in-depth knowing which is almost impossible to put into words;
- *Presentational knowledge* grows out of experiential knowing, and provides the first form of expression through story, drawing, sculpture, movement, dance, drawing on aesthetic imagery;
- *Propositional knowing* draws on concepts and ideas; and
- *Practical knowledge* consummates the other forms of knowing in action in the world (Heron 1992, 1996).

Die potenzielle Reichweite von Wissensbeständen, die im Rahmen von einzelnen Fallbeispielen entstehen, geht nach dem Selbstverständnis der Aktionsforschung in der Regel weit über diese hinaus und kann im günstigsten Fall globale Dimensionen entfalten:

> „A primary purpose of action research is to produce practical knowledge that is useful to people in the everyday conduct of their lives. A wider purpose of action research is to contribute through this practical knowledge to the increased well-being – economic, political, psychological, spiritual – of human persons and communities, and to a more equitable and sustainable relationship with the wider ecology of the planet of which we are an intrinsic part." (Reason & Bradbury 2001: 2)

Allerdings wird die Frage nach einer möglichen Übertragbarkeit der im Rahmen von Aktionsforschungsprozessen gewonnenen Erkenntnisse durchaus kontrovers diskutiert. Hier sind die Überlegungen von Rauch weiterführend, der dafür plädiert, „unser klassisches Verständnis von Verallgemeinerung zu erweitern und ihren Zusammenhang mit ‚Verbesonderung' zu sehen" (Rauch 2005: 76). Er optiert für zwei Möglichkeiten: zum einen die „naturalistische Verallgemeinerung", die beispielsweise im Zuge der gedanklichen Übertragung der vorgefundenen Studienergebnisse durch den Leser auf seine eigene Situation erfolgt. Eine andere Option ist die Verallgemeinerung „quer durch die Fälle", bei der mehrere Studien miteinander verglichen und kontrastiert werden. Die Herausarbeitung von Gemeinsamkeiten mündet in die Formulierung allgemeiner theoretischer Aussagen mit Hypothesencharakter, die anhand weiterer Fälle prüfbar sind, „wodurch ihre Glaubwürdigkeit zunehmend verbessert werden kann" (ebd.).

Nicht nur für die Aktionsforschung tut sich hier die Frage auf, ob Projekte nicht oftmals dazu tendieren, zu sehr um sich selbst zu kreisen und damit isolierte Erkenntnisbestände zu produzieren: „Each project has tended to be its own island of understanding, meaning and action" (Gustavsen 2003: 154). Die grundsätzliche Frage lautet daher: "do we (…) try to find one single project that is thought to represent all good things (…) or do we look at a number of projects simultaneously, to compare, to add, or to learn from differences?" (ebd.)

7   Wissenschaftliche Verortung: Aktionsforschung als Forschungs-„Haltung"

In den zahlreichen Internetforen ebenso wie in der umfänglichen Literatur zur Aktionsforschung werden die Formulierungen häufig immer dann unscharf, wenn es um die wissenschaftliche Verortung dieses Ansatzes geht. Aktionsforschung, die unter einer ganzen Reihe variierender Begriffe firmiert (für einen Überblick siehe Reason & McArdle 2006: 4ff.), ist für einige Autoren nicht mehr als ein methodologischer Ansatz oder gar nur eine Toolbox, während sich andere vehement gegen eine derartige Engführung verwehren. Dort wird Aktionsforschung eher als einer Art komplementäre Disziplin (*complementary discipline*) verstanden, die die Hauptströmung wissenschaftlicher Forschungsmethodologien zwar zu ergänzen, aber keinesfalls zu ersetzen vermag (Ballard et al. 2003). Reason und McArdle erteilen der Beschränkung auf instrumentelle oder methodologische Aspekte eine Absage und plädieren stattdessen für ein Verständnis von Aktionsforschung als Orientierungsrahmen innerhalb des Forschungsprozesses (*orientation to inquiry*), der somit durchaus Einfluss auf die Gestaltung des methodologischen Instrumentariums haben kann. In eine ähnliche Richtung argumentiert Rauch, der Aktionsforschung als „Hintergrundtheorie" verstanden wissen will, mit der „bestehende Praktiken, Strukturen und Kulturen herausgefordert werden" (Rauch 2005: 81). Auch Reason sieht Aktionsforschung weniger als eine festgeschriebene Handlungsanweisung denn als ein Streben („action research is an aspiration, not a possibility!") nach Beantwortung praxisnaher Fragestellungen und kennzeichnet zugleich die über die jeweiligen Problemzusammenhänge hinausweisenden innovativen Potenziale dieses Ansatzes als utopischen Projektansatz („utopian project of helping bring forth a very different kind of world") (Reason 2004: 11).

Vor dem Hintergrund dieser Ausführungen wird man dem Charakter von Aktionsforschung wohl am ehesten gerecht, wenn man diese weniger als abgeschlossenes wissenschaftliches Denkgebäude denn als modellhaften, das wissenschaftliche Selbstverständnis prägenden Ansatz versteht – sie somit also als paradigmatische Forschungs-„Haltung" auffasst. Diese Begrifflichkeit erscheint insbesondere auch deshalb angemessen, weil die Vertreter der Aktionsforschung eine explizit normative Position vertreten, die nicht zuletzt von einer Inkorporation demokratischer Prinzipien in den Forschungsprozess herrührt (Carr & Kemmis 1986). In diesem Punkt grenzen sie sich in wissenschaftstheoretischer Hinsicht scharf vom dominierenden wissenschaftlichen Selbstverständnis ab:

> „Mainstream science has sharply separated empirical theory from normative theory, and has cast doubt on the scientific legitimacy of normative theory. The split between empirical theory and normative theory is related to the split between theory and practice. (…) From the perspective of the mainstream account the values of the practitioner must be sharply distinguished from those of science." (Argyris et al. 1985: 5f.)

In dieser Abgrenzung zum „wissenschaftlichen Mainstream" wird Aktionsforschung im Sinne einer „kritischen Theorie" verstanden, die im Rückgriff auf das Ideengebäude der Frankfurter Schule verortet wird:

> „A critical social science includes aspects of the empirical-analytic sciences (mainstream account) and the historical-hermeneutic sciences (counterview), but goes beyond them to criticize what is from the perspective of what might be. (…) A critical social science engages human agents in self-reflection in order to change the world." (ebd.: 6)

In Anlehnung an die kritische Theorie beruft sich auch die Aktionsforschung in ihrer normativen Positionierung auf die interne Kritik der von ihr adressierten gesellschaftlichen Praxen. Deren Akteure verkörpern die epistemischen Prinzipien des Mandatensystems (*client system*) und werden damit für die Aktionsforschung zu letztgültigen Prüfsteinen für die Validität der Kritik (ebd.: 6, 79).

8   Aktionsforschung im Kontext nachhaltiger Entwicklung

Um Bezüge zwischen der Aktionsforschung und der Nachhaltigkeitsthematik herauszuarbeiten, ist im Folgenden zum einen der Frage nachzugehen, in welchen Kontexten nachhaltiger Entwicklung Projekte der Aktionsforschung operieren. Zugleich ist danach zu fragen, welchen (besonderen) Herausforderungen sie sich dort zu stellen hat.

Da Aktionsforschung in der Vergangenheit häufig im Rahmen von Bildungsprojekten eine Rolle gespielt hat, kann es nicht überraschen, dass auch Maßnahmen im Kontext einer Bildung für nachhaltige Entwicklung (BNE) mit Hilfe dieses Ansatzes beforscht werden (vgl. Davis 2008). Der Ansatz von Rauch ist allerdings eher grundsätzlicher Natur. Er sucht nach möglichen Brückenschlägen zwischen Aktionsforschung und BNE und sieht eine Überlappung beider Diskurse. Zentrale Bezugskategorie ist dabei ein Lernbegriff, „der sich in autonomer und vernetzter sowie forschend reflektierender Auseinandersetzung mit der Welt entfaltet" (Rauch 2005: 81). Seiner Ansicht nach bietet Aktionsforschung ein „Repertoire, um Lernprozesse im Sinne Nachhaltiger Entwicklung zu gestalten (z.B. Aktions- und Reflexionsschleifen, Datensammlungs- und Analysemethoden)" (ebd.).

Untersuchungen zur Implementierung von Programmen der BNE an Hochschulen liegen von Moore, Tilbury und Kolleginnen vor. Das Ziel des australischen Forschungsprojekts "Action research for Change Towards Sustainability: Change in Curricula and Graduate Skills towards Sustainability (ACTS)" lag in der Unterstützung von Wandlungsprozessen von Universitäten, die ihre Lehre in Richtung Nachhaltigkeit weiterentwickeln wollten. Der Fokus des Projekts lag dabei zunächst auf der forschungsbasierten Sondierung von Aktivitäten, die Innovationen in Richtung Nachhaltigkeit mit Hilfe von Curricula, beruflicher Weiterbildung und/oder Organisationsentwicklung initiieren sollte. Damit einhergehend wurden Wege zur beruflichen Weiterbildung von Lehrenden sondiert, die Bildung für nachhaltige Entwicklung im Postgraduiertenbereich etablieren wollten, um diese in ihren Innovationsbestrebungen zu unterstützen. Schließlich waren all diese Schritte möglichst im Rahmen einer fakultätsübergreifenden Beteiligung zu realisieren (Tilbury et al. 2004).

Auch Moore (2005) untersuchte mit Hilfe eines aktionsorientierten Forschungsprojekts an der University of British Columbia (UBC) Barrieren bei der Einführung entsprechender Bildungsangebote und arbeitete zugleich mögliche Wege zu deren Überwindung heraus. Die von ihr detektierten Hemmnisse (*disciplinary environment; competitive environment; misdirected criteria for evaluation; unclear priority-setting and decision-making*) sind nach ihrer Einschätzung allesamt als nicht spezifisch für die Nachhaltigkeitsthematik anzusehen; sie stehen vielmehr stellvertretend für die Ursachen von Entwicklungshemmnissen an Hochschulen im Allgemeinen (vgl. Zuber-Skerritt 1990; 1992).

Die Tatsache, dass bei den vorgestellten Projekten der Aktionsforschung immer auch Aspekte der Organisationsentwicklung in den Blick genommen werden, kann nicht verwundern, denn zwischen beiden besteht ein traditionell enges Verhältnis: „Action Research and organization development are close cousins" (Reason & McArdle 2006: 19). Dementsprechend findet sich eine Reihe von Studien zum organisationalen Wandel von Unternehmen in Richtung nachhaltige Entwicklung. Die Dissertation von Allen (2001) geht in diese Richtung, fokussiert allerdings gewissermaßen auf eine ‚Vorstufe', das Umweltmanagement. Dagegen bezieht sich Ballard (2005) am Beispiel der Untersuchung der Firma „Excelsior Holdings Ltd" (laut Angaben des Autors eine der führenden englischen Versorgungsunternehmen im Bereich öffentlicher Infrastruktur) explizit auf die Detektierung kontextueller Faktoren, die einen Wandel von Unternehmen in Richtung nachhaltiger Entwicklung bremsen. Er dekliniert die Hemmnisse in Anlehnung an die folgenden vier Quadranten von Wilber (2000):

1. individual subjective factors (values, worldview, etc.)	2. individual objective factors (socio-demographics, knowledge, etc.)
3. collective subjective factors (culture, shared norms, etc.)	4. collective objective factors (political, economic, technological, etc.)

Aus seinen Untersuchungsergebnissen destilliert der Autor drei Bedingungen heraus, die er als notwendige Voraussetzungen zur Bewältigung der Herausforderung im Kontext nachhaltiger Entwicklung erachtet: *awareness, agency, acssociation*. Die hier nicht weiter zu vertiefenden Faktoren seien allesamt in ein übergreifendes Programm einzubetten und könnten nur über den eigentlichen Schlüssel *action and reflection* erfolgreich zur Entfaltung gebracht werden (ebd.: 142).

Organisationale Lernprozesse standen auch im Forschungs- und Entwicklungsvorhaben „Sustainable University – Nachhaltige Entwicklung im Kontext universitärer Aufgabenstellungen" im Mittelpunkt des Forschungsinteresses (Michelsen et al. 2008). Das Projekt ist ebenfalls im Überschneidungsbereich transdisziplinärer Forschung zur Aktionsforschung zu verorten, doch stellte die Bearbeitung der Fragestellung, wie Hochschulen den mit dem Paradigma einer nachhaltigen Entwicklung verbundenen Herausforderungen aktiv begegnen können und inwieweit zielgerichtete Strukturänderungen einen Beitrag zur Wandlung der Hochschulen im Sinne der Nachhaltigkeit leisten können, insbesondere bei der empirischen Untersuchung der eigenen Institution eine außergewöhnliche Herausforderung dar (Godemann & Michelsen 2008). Da die Universität selbst den Forschungsgegenstand bildete, war eine Trennung von Wissenschaft und Lebenswelt in zwei klar voneinander abgrenzbare Systeme nicht möglich, denn die Akteure dieses Systems waren zum einen die Wissenschaftlerinnen und Wissenschaftler, die als solche in den Prozess eingebunden waren und zugleich die Praxisakteure, die als Lehrende und Akteure der Universität fungierten. Die Forschungsaufgaben, lebensweltliche Probleme aus dem Studien- und Arbeitsalltag an der Hochschule mit wissenschaftlichen Fragestellungen zusammenzuführen und mit entsprechenden Methoden zu arbeiten, stellte entsprechend hohe Anforderungen an das Reflexionsvermögen der Beteiligten. Im vorliegenden Fall konnte durch die systematische Analyse und Aufbereitung der Projekterfahrungen, insbesondere im Hinblick auf die verknüpfende Zusammenschau der Binnensicht (auf die eigene Institution) und der Systemanalyse (des Hochschulsystems, in das die Institution eingebettet ist) ein eigener Betrag zur Weiterentwicklung der inter- und transdisziplinären Forschungsmethodologie geleistet werden (Adomßent et al. 2008). Die dabei gemachten Erfahrungen bündelt Ballard in einer Formulierung, die die besondere Eignung von Aktionsforschung für Fragestellungen im Kontext nachhaltiger Entwicklung recht gut auf den Punkt bringt:

> "[in] action research projects (...) great learning comes from bringing very large questions (such as those to do with sustainable development) down to a very small scale level with a great deal of attention being paid to the smallest details of what happens within us and around us." (ebd.: 148; ähnlich Didham 2007)

Allerdings ist ein derartiger Anspruch der Verquickung einzelfallbasierter Wissenserzeugung und der wissenschaftlichen Generierung verallgemeinerungsfähiger Erkenntnis nicht ohne Tücken. Im abschließenden Abschnitt werden daher die spezifischen Fallstricke der für Aktions- und transdisziplinäre Forschung essentiellen Zusammenarbeit mit Akteuren kritisch betrachtet. Damit soll zugleich verdeutlicht werden, wie mit derartigen Spannungen produktiv im Sinne einer qualitätsvollen Nachhaltigkeitsforschung umzugehen ist.

9   Kritische Einschätzung partizipativer Zusammenarbeit in transdisziplinären Forschungsprozessen

Zur Illustrierung der Grenzen und Möglichkeiten von Partizipation in transdisziplinären Forschungskontexten sei zunächst noch einmal ihr Mehrwert gegenüber disziplinären Forschungsprozessen in Erinnerung gerufen. Deren Multivalenz lässt sich nach Jahn (2008: 34) wie folgt charakterisieren: Das modellhafte Erarbeiten von Lösungen mit Hilfe problemadäquater Forschungsdesigns und -ergebnissen führt zum Vordenken gesellschaftlicher Aushandlungsprozesse und somit zu verbesserten Entscheidungsfindungen. Vielfach wird es durch derartige integrative Ansätze überhaupt erst möglich, vormals als unlösbar erscheinende gesellschaftliche Problemlagen zu bewältigen. Des Weiteren können transdisziplinäre Forschungsprozesse zu einer prinzipiellen Stärkung des gesellschaftlichen Handlungsvermögens führen, indem subjektive Problemwahrnehmungen, der Abbau von Restriktionen bzw. der Aufbau von Optionen ins Blickfeld gerät. Schließlich kann gleichzeitig wissenschaftlich geprüftes und handlungsnahes Wissen entstehen, Impulse für neue wissenschaftliche Methoden der Wissensintegration gegeben werden und auch bei den beteiligten Praxisakteuren zu neuen integrativen Arbeitsformen führen.

All diese Aspekte stellen inhaltlich eine große Herausforderung dar, doch sind allein schon mit der erfolgreichen Gestaltung eines transdisziplinären Forschungsprozesses erhebliche Managementaufgaben verbunden. So sind zur Wissensintegration bzw. Synthesebildung einzelfachliche bzw. fächerübergreifende Beiträge im Forschungsprojekt so zu behandeln, dass sie im Sinne eines integrierten Gesamtergebnisses aneinander anschlussfähig sind. Weiterhin ist für die Organisation des Forschungsprozesses eine Form zu finden, die die Wissensintegration unterstützt, und die Entscheidungs- und Kommunikationsstrukturen sind so organisieren, dass sie ebenfalls dem Integrationsgedanken Rechnung tragen. Schließlich spielt auch die Teamintegration eine wichtige Rolle, zumal Wissenschaftler und Praxisakteure mit teilweise sehr unterschiedlichen wissenschaftlichen, beruflichen und sozialen Hintergründen zusammenarbeiten müssen. Erfahrungen zeigen allerdings, dass es in den Projektteams zu erheblichen Spannungen kommen kann, wofür fachliche, disziplinenspezifische, institutionelle oder soziokulturelle Gründe angeführt werden können (u.a. Loibl 2005 und Godemann 2007). Je nach Gruppeneffektivität, die im Wesentlichen von der Fähigkeit der Gruppe zur Selbstreflexion abhängt, können sowohl die inhaltliche als auch die soziale Integration beeinträchtigt werden, unter Umständen sogar scheitern (vgl. Godemann & Michelsen 2008: 187ff.). In den letzten Jahren ist eine Reihe von Veröffentlichungen zum Management von inter- und transdisziplinären Forschungsprojekten erschienen, in denen die Fallstricke derartiger Vorhaben herausgearbeitet und Instrumente zu deren Umgehung vorgestellt werden. Zum überwiegenden Teil sind die Veröffentlichungen selbst Ergebnisse entsprechender Forschung (Rabelt et al. 2007; von Blanckenburg et al. 2005; Pohl & Hirsch Hadorn 2006); die Publikationen mit Handbuchcharakter gründen teilweise auf über Hundert Verbundprojekten (Defila et al. 2006) oder basieren auf der Expertise mehrerer Dutzend ausgewiesener Experten in diesem Bereich, die auf einen umfangreichen Fundus empirischer Ergebnisse zurückgreifen (Hirsch Hadorn et al. 2008).

Auch wenn davon ausgegangen werden kann, dass sich transdisziplinäre Forschungsansätze neben der eher fachspezifischen Grundlagenforschung und der angewandten Forschung allmählich in der wissenschaftlichen Community zu etablieren scheinen, so fehlt diesem Bereich bisher doch (noch) eine akademische Traditionsbildung, die mit einer verbesserten Institutionalisierung einhergeht. Jahn weist darauf hin, dass derartige Prozesse (z.B. einschlägige Fachzeitschriften und die Etablierung in der universitären Lehre) eine gewisse Zeit brauchen und nicht bewusst steuerbar sind, sondern evolutionär verlaufen (Jahn 2008: 22f.). Da diese Forschungsrichtung noch jung ist und sich zudem vornehmlich mit zeitlich begrenzten Projekten befasst, dauert der Prozess der Anerkennung und der Etablierung noch an und hat vor allem im Bereich der Forschungsförderung mit Problemen zu kämpfen, die sicher damit zusammenhängen. Von verschiedenen Experten wird darauf hingewiesen, dass zur Umsteuerung auch Änderungen in der Forschungspolitik stattfinden müssten (Schneidewind 2009).

Im Hinblick auf Forschungsförderung und Evaluation wird vor dem Hintergrund der oben genannten Projekterfordernisse nachvollziehbar, dass bisherige Modelle wissenschaftlicher Evaluation den Besonderheiten transdisziplinärer Forschung häufig nicht gerecht werden. Zum einen sind die üblicherweise in wissenschaftlicher Forschung angesetzten Evaluationszeiträume vielfach zu knapp bemessen (Thompson Klein 2008: 109; Bergmann &

Schramm 2008). Auf der anderen Seite wäre vermehrt formativen Evaluationsansätzen Raum zu geben, die Wissen mit formativem Potenzial generiert, das dem prozessualen Charakter transdisziplinärer Forschung besser gerecht würde. In diesem Zusammenhang wird außerdem vorgeschlagen, neben wissenschaftlichen auch lebensweltliche Experten in den Evaluations-prozess einzubeziehen, da innerwissenschaftliche Kriterien nicht alle Erfolgsfaktoren dieser Forschung abdecken. Ein derartiges „Expert-Review" (Bergmann & Schramm 2008: 155f.) würde das Begutachtungsverfahren, das sich bis zu einem „Coaching-Prozess zwischen För-dernden, Begutachtenden und Antragstellern" weiterentwickeln ließe (ebd.), zu einem reflexi-ven Kommunikationsmedium machen (Voß et al. 2006; Edler & Kuhlmann 2008: 215f.). Somit trüge dann auch die Evaluation transdisziplinärer Forschung partizipative Züge, was in der Logik dieses Forschungsansatzes läge.

10   Transdisziplinäre Wissenschaft als Modus Operandi der gesellschaftlichen Bearbeitung von Nachhaltigkeit? Ein Ausblick

Abschließend soll der Versuch einer Einschätzung stehen, welche Bedeutung Partizipation und Kooperation bei der zukünftigen wissenschaftlichen Bearbeitung von Nachhaltigkeit zukommen könnte. Die gegenseitige Durchdringung von Wissenschaft und Gesellschaft, die sich als ein Charakteristikum von Wissensgesellschaften begreifen lässt (Knorr-Cetina 2002), führt dazu, dass Bürgerinnen und Bürger „nicht mehr nur als Wissensempfänger(innen) (…), sondern auch als über Wissen und Erfahrungen verfügend" gesehen werden (Felt 2010: 75). In der Folge werden zunehmend Rufe laut, ihnen eine aktive Teilhabe an der politischen Ent-scheidungsfindung über Wissenschaft und Technik einzuräumen.

Transdisziplinarität wird in diesem Zusammenhang als vielversprechende neue Form von governance gesehen, ohne dass allerdings derzeit Klarheit darüber besteht, wem in derar-tigen Prozessen Expertenstatus zuzusprechen sei und wie eine derartige Beteiligung aussehen könnte (Maasen & Lieven 2006). Prinzipiell wird Ländern mit demokratischen Formen der Technologieentwicklung, die bereits seit längerem eine entsprechende Kultur der Bürgerbetei-ligung bei politischen Entscheidungsfindungsprozessen pflegen, eine Schlüsselrolle zuge-schrieben: „A democratic model of civic science will enhance active citizenry, public enga-gement and scrutiny" (Bäckstrand 2003: 36). Doch dieser Weg ist recht voraussetzungsvoll, so dass eine derartige partizipatorische Gestaltung von Technologiepolitik selbst in Ländern mit entsprechender Vorreiterfunktion (von Brand und Karvonen (2007: 29) werden Däne-mark, Niederlande und Deutschland als Vorzeigebeispiele genannt) eher die Ausnahme von der Regel darstellt. Gleichwohl ist der Vorteil eines derartigen *civic expert*-Modells nicht von der Hand zu weisen, durch vermehrtes Einbeziehen zivilgesellschaftlicher Expertise einen Zugewinn für eine bessere (im Sinne angemessenerer) Entscheidungsfindung verbuchen zu können.

So ist letztendlich davon auszugehen, dass sich Transdisziplinarität als neue partizipative Form wissenschaftlicher Praxis und Kultur des gesellschaftlichen Umgangs mit Nachhaltig-keit etablieren wird. Ebenso sicher steht allerdings fest, dass sie in der vielgestaltigen Choreo-graphie des kooperativen Zusammenspiels von Wissenschaft und Gesellschaft kaum allein stehen wird, da es – wie in den vorangehenden Ausführungen dargelegt – für die vielfältigen epistemologischen und ontologischen Problemkonstellation unserer Zeit nun mal nicht einen allein selig machenden Modellansatz geben kann.

Literatur

Adomßent, M.; Albrecht, P.; Barth, M.; Burandt, S.; Franz-Balsen, A.; Godemann, J.; Rieckmann, M.; (2008): Szenarienentwicklung für die »nachhaltige Hochschule« – ein Beitrag für die Hochschulforschung?!, in: die hochschule: Journal für Wissenschaft und Bildung 1/2008, 23-40.

Allen, W. J. (2001): Working together for environmental management: the role of information sharing and collaborative learning, PhD (Development Studies), Massey University, http://learningforsustainability.net/research/thesis/thesis_contents.php (Zugriff: September 2010)

Argyris, C.; Putnam, R.; McLain Smith, D. (1985): Action Science. Concepts, Methods, and Skills for Research and Intervention, San Francisco.

Bäckstrand, K. (2003): Civic science for sustainability: Reframing the role of experts, policy-makers and citizens in environmental governance, in: Global Environmental Politics 3 (4): 24-41.

Ballard, D. (2005): Using learning processes to promote change for sustainable development, in: Action Research 3 (2): 133-156.

Ballard, D.; Reason, P.;Bond, C.; Seeley, C. (2003): Action research and sustainable development. Centre for Action research in Professional Practice, School of Management, University of Bath, http://www.bath.ac.uk/carpp/publications/sus_dev.html (Zugriff: September 2010)

Becker, E. & Jahn, T. (Hrsg.) (2006): Soziale Ökologie. Grundzüge einer Wissenschaft von den gesellschaftlichen Naturverhältnissen, Frankfurt/Main.

Bergmann, M.; Brohmann, B.; Hofmann, E.; Loibl, C. M.; Rehaag, R.; Schramm, E.; Voß, J.-P. (2005): Qualitätskriterien transdisziplinärer Forschung. Ein Leitfaden für die formative Evaluation von Forschungsprojekten, (ISOE-Studientexte, Nr. 13), Frankfurt/Main.

Bergmann, M. & Schramm, E. (2008): Grenzüberschreitung und Integration: Die formative Evaluation transdisziplinärer Forschung und ihre Kriterien, in: Dies. (Hrsg.): Transdisziplinäre Forschung. Integrative Forschungsprozesse verstehen und bewerten, Frankfurt/Main, 149-175.

Bergmann, M. & Schramm, E. (Hrsg.) (2008): Transdisziplinäre Forschung. Integrative Forschungsprozesse verstehen und bewerten, Frankfurt/Main.

Brand, K.-W. (2000): Nachhaltigkeitsforschung - Besonderheiten, Probleme und Erfordernisse eines neuen Forschungstypus, in: Ders. (Hrsg.): Nachhaltige Entwicklung und Transdiszplinarität: Besonderheiten, Probleme und Erfordernisse der Nachhaltigkeitsforschung, Berlin, 9-28.

Brand, R. & Karvonen, A. (2007): The ecosystem of expertise: complementary knowledges for sustainable development, in: Sustainability: Science, Practice & Policy 3 (1), 21-31.

Carr, W. & Kemmis, S. (1986): Becoming critical: Education, knowledge and action research, London, Philadelphia.

Cash, D. W.; Clark, W. C.; Alcock, F.; Dickson, N. M.; Eckley, N.; Guston, D. H.; Jäger, J.; Mitchell, R. B. (2003): Knowledge systems for sustainable development, in: Proceedings of the National Academy of Sciences of the United States of America 100 (14), 8086-8091.

Clark, W. C. & Dickson, N. M. (2003): Sustainability science: The emerging research program, in: Proceedings of the National Academy of Sciences of the United States of America 100 (14), 8059-8061.

Davis, J. (2008): Innovation through action research in environmental education: project to praxis. Action research in an Australian Primary School, Saarbrücken.

Defila, R.; Di Giulio, A.; Scheuermann, M. (2006): Forschungsverbundmanagement. Handbuch für die Gestaltung inter- und transdisziplinärer Projekte, Zürich.

Didham, R. J. (2007): Making sustainable development a reality. A study of the social processes of community-led sustainable development & the buy-out of the Isle of Gigha, Scotland (Ph.D. Thesis), University of Edinburgh.

Edler, J. & Kuhlmann, S. (2008): Formative Evaluation in reflexiver Forschungspolitik, in: Bergmann, M. & Schramm, E. (Hrsg.), 203-231.

Elkana, Y. (1986): Anthropologie der Erkenntnis – Die Entwicklung des Wissens als episches Theater einer listigen Vernunft, Frankfurt/Main.

Felt, U. (2010): Transdisziplinartität als Wissenskultur und Praxis, in: GAIA 19 (1), 75-77.

Funtowicz, S.O. & Ravetz, J.R. (1993): Science for the Post-Normal Age, in: Futures 25 (9), 739-755.

Gibbons, M.; Limoges, C.; Nowotny, H.; Schwartzmann, S.; Scott, P.; Trow, M. (1994): The new production of knowledge: the dynamics of science and re-search in contemporary societies, London.

Glasbergen, P. (2008): Setting the scene: the partnership paradigm in the making, in: Glasbergen, P.; Biermann, F.; Mol, A. P. J.; Elgar, E. (Hrsg.): Partnerships, Governance and Sustainable development: Reflections on theory and practice, Cheltenham, 1-25.

Godemann, J. (2007): Verständigung als Basis inter- und transdisziplinärer Zusammenarbeit, in: Michelsen, G. & Godemann, J. (Hrsg.): Handbuch Nachhaltigkeitskommunikation. Grundlagen und Praxis, München, 86-96.

Godemann, J. & Michelsen, G. (2008): Transdisziplinäre Integration in der Universität, in: Bergmann, M. & Schramm, E. (Hrsg.), 177-199.

Gustavsen, B. (2003): New forms of knowledge production and the role of action research, in: Action Research 1 (2), 153-164.

Heron, J. (1992): Feeling and Personhood: Psychology in another Key, London.

Heron, J. (1996): Co-operative Inquiry: Research into the Human Condition, London.

Hirsch Hadorn, G.; Hoffmann-Riem, H.; Biber-Klemm, S.; Grossenbacher-Mansuy, W.; Joye, D.; Pohl, C.; Wiesmann, U.; Zemp, E. (Hrsg.) (2008): Handbook of Transdisciplinary Research, Heidelberg.

Jahn, T. (2008): Transdisziplinarität in der Forschungspraxis, in: Bergmann, M. & Schramm, E. (Hrsg.), 21-37.

Kajikawa, Y. (2008): Research core and framework of sustainability science, in: Sustainability Science 3, 215-239.

Kastenhofer, K. & Rammel, C. (2005): Obstacles to and potentials of the societal implementation of sustainable development: a comparative analysis of two case studies, in: Sustainability: Science, Practice & Policy 1 (2), 5-13.

Kemp, R. & Martens, P. (2007): Sustainable development: how to manage something that is subjective and never can be achieved?, in: Sustainability: Science, Practice & Policy 3 (2), 5-14.

Knorr-Cetina, K. (2002): Wissenskulturen. Ein Vergleich naturwissenschaftlicher Wissensformen, Frankfurt/Main.

Komiyama, H. & Takeuchi, K. (2006): Sustainability science: building a new discipline, in: Sustainability Science 1 (1), 1-6.

Krohn, W. (2008): Epistemische Qualitäten transdisziplinärer Forschung, in: Bergmann, M. & Schramm, E. (Hrsg.), 39-67.

Kruse, L. (2005): Eine neue Dimension der Forschung: Sustainability Science, in: Politische Ökologie 93, 28-30.

Kueffer, C.; Hirsch Hadorn, G.; Bammer, G.; van Kerhoff, L.; Pohl, C. (2007): Towards a Publication Culture in Transdisciplinary Research, in: GAIA 16 (1), 22-26.

Loibl, M. C. (2005): Spannungen in Forschungsteams. Hintergründe und Methoden zum konstruktiven Abbau von Konflikten in inter- und transdisziplinären Projekten, Heidelberg.

Maasen, S. & Lieven, O. (2006): Transdisciplinarity: A new mode of governing science?, in: Science and Public Society 33 (6), 399-410.

Martens, P. (2006): Sustainability: science or fiction?, in: Sustainability: Science, Practice & Policy 2 (1), 1-5, 36-41.

Meyer-Oldenburg, T. (2003): Partizipation als Säule der Nachhaltigkeit? – Ein Plädoyer für eine partizipative Umweltplanung, in: Berichte der ANL27, 101-113.

Michelsen, G.; Adomßent, M.; Godemann, J. (2008): „Sustainable University". Nachhaltige Entwicklung als Strategie und Ziel von Hochschulentwicklung, Frankfurt/Main.

Moore, J. (2005): Barriers and pathways to creating sustainability education programs: policy, rhetoric and reality, in: Environmental Education Research 11 (5), 537-555.

Nölting, B.; Voß, J.-P.; Hayn, D. (2004): Nachhaltigkeitsforschung – jenseits von Disziplinierung und anything goes, in: GAIA 13 (4), 254-261.

Parris, T. M. & Kates, R. W. (2003): Characterizing a sustainability transition: Goals, targets, trends, and driving forces. Proceedings of the National Academy of Sciences of the United States of America 100 (14), 8068-8073.

Pohl, C.& Hirsch Hadorn, G. (2006): Gestaltungsprinzipien für die transdisziplinäre Forschung. Ein Beitrag des td-net, München.

Pohl, C. & Hirsch Hadorn, G. (2008): Methodenentwicklung in der transdisziplinären Forschung, in: Bergmann, M. & Schramm, E. (Hrsg.): Transdisziplinäre Forschung. Integrative Forschungsprozesse verstehen und bewerten, Frankfurt/Main, 69-91.

Rabelt, V.; Büttner, T.; Simon, K.-H. (2007): Neue Wege in der Forschungspraxis. Begleitinstrumente in der transdisziplinären Nachhaltigkeitsforschung, München.

Rauch, F. (2005): Aktionsforschung und Bildung für Nachhaltige Entwicklung, in: Radits, F.; Rauch, F.; Kattmann, U. (Hrsg.): Gemeinsam Forschen – Gemeinsam Lernen. Wissen, Bildung und nachhaltige Entwicklung, Innsbruck, 71-84.

Reason, P. (2004): Action Research: Forming communicative space for many ways of knowing. Response to Md. Anisur Rahman. International Workshop on Participatory Action Research, Dhaka, März 2004.

Reason, P. & McArdle, K. L. (2006): Action research and organization development, in: Cummings, T.C. (Hrsg.): Handbook of Organization Development, Los Angeles.

Reason, P. & Bradbury, H. (2001): Inquiry and participation in search of a world worthy of human aspiration, in: Reason, P.; Bradbury, H. (Hrsg.): Handbook of Action Research: Participative inquiry and practice, London, 1-14.

Reason, P. & Torbert, W. R. (2001): The action turn toward a transformational social science, in: Concepts and Transformations 6 (1), 1-37.

Renn, O. (2008): Anforderungen an eine integrative und transdisziplinäre Umweltforschung, in: Bergmann, M. & Schramm, E. (Hrsg.), 119-148.

Schneidewind, U. (2009): Nachhaltige Wissenschaft. Plädoyer für einen Klimawandel im deutschen Wissenschaft- und Hochschulsystem, Marburg.

Sellnow, R. (2007): Beratung und Coaching von Kommunalpolitik, Verwaltung und freien Planungsbüros bei schwierigen Beteiligungsprozessen, in: Zillessen, H. & Kessen, S. (Hrsg.): Wie gestalten wir Veränderungen? – Herausforderungen für die Kommunen durch den demographischen Wandel, Berlin, Frankfurt/Main, 243-253.

Smrekar, O.; Pohl, C.; Stoll-Kleemann, S. (2005): Evaluation: Humanökologie und Nachhaltigkeitsforschung auf dem Prüfstand, in: Gaia 14 (1), 73-76.

Star, S.L. & Griesemer, J.R. (1989): Institutional Ecology, ›Translations‹ and Boundary Objects. Amateurs and Professionals in Berkeley's Museum of Vertebrate Zoology, 1907-39, in: Social Studies of Science 19, 387-420.

Thompson Klein, J. (2008): Integration in der inter- und transdisziplinären Forschung, in: Bergmann, M. & Schramm, E. (Hrsg.), 93-116.

Tilbury, D.; Podger, D.; Reid, A. (2004): Action research for Change Towards Sustainability: Change in Curricula and Graduate Skills towards Sustainability (ACTS), Final Report prepared for the Australian Government Department of the Environment and Heritage and Macquarie University, September 2004.

von Blanckenburg, C.; Böhm, B.; Dienel, H.-L.; Leggewie, H. (2005): Leitfaden für interdisziplinäre Forschergruppen: Projekte initiieren – Zusammenarbeit gestalten, Stuttgart.

Voß, J.-P.; Bauknecht, D.; Kemp, R. (Hrsg.) (2006): Reflexive Governance for Sustainable Development, Cheltenham.

Wilber, K. (2000): Integral psychology, Boston, MA.

Wissenschaftlicher Beirat der Bundesregierung Globale Umweltveränderungen (WBGU) (1996):
    Welt im Wandel: Herausforderung für die deutsche Wissenschaft: Jahresgutachten 1996, Berlin.
Ziman, J. (1995): "Postacademic Science": Constructing Knowledge with Networks and Norms,
    Royal Society Medawar Lecture, Ms.
Zuber-Skerritt, O. (1990): Action research in higher education: examples and reflections, London.
Zuber-Skerritt, O. (1992): Professional Development in Higher Education: A Theoretical Framework
    for Action Research, London.

Partizipation als zentrales Element von Bildung für eine nachhaltige Entwicklung

Marco Rieckmann / Ute Stoltenberg

1   Abstract

Bildung ist eine zentrale Strategie, um eine nachhaltige Entwicklung zu erreichen. Denn die grundlegenden Umorientierungen und neuen Wege im Umgang mit den natürlichen Lebensgrundlagen und hinsichtlich des Zusammenlebens in der Weltgesellschaft, die mit einer nachhaltigen Entwicklung verbunden sind, erfordern eine tiefgreifende Veränderung des Denkens und Handelns der Menschen und damit die Entwicklung von Kompetenzen, die es den Individuen ermöglichen, zu einer nachhaltigeren Zukunft beizutragen. Nachhaltige Entwicklung selbst ist dabei nicht als Ziel, sondern als Aufgabe und individueller und gesellschaftlicher Lern- und Gestaltungsprozess zu verstehen. Bildungsprozesse sind damit so anzulegen, dass sie eine nachhaltige Entwicklung ermöglichen und mit beeinflussen können. Das zentrale Ziel einer Bildung für eine nachhaltige Entwicklung ist der Erwerb von „Gestaltungskompetenz". Dieses Kompetenzkonzept umfasst eine Reihe von Schlüsselkompetenzen, die Individuen dazu befähigen sollen, die Gesellschaft, in der sie leben, im Sinne nachhaltiger Entwicklung mit zu gestalten. Dazu gehören die Kompetenzen zur Partizipation und Kooperation. Zum einen zielt Bildung für eine nachhaltige Entwicklung auf die Befähigung zu Partizipation und Kooperation, zum anderen müssen die Lernprozesse selbst im Sinne einer nachhaltigen Entwicklung als Lern- und Gestaltungsprozess partizipativ angelegt werden. Dieses Verständnis setzt eine Veränderung der Partizipations- und Kooperationskultur in den Bildungseinrichtungen voraus. Der Artikel diskutiert die genannten Dimensionen von Partizipation im Rahmen von Bildung für eine nachhaltige Entwicklung und zeigt weitergehenden Handlungsbedarf für Forschung und Praxis auf.

2   Bedeutung von Bildung für eine nachhaltige Entwicklung

Die Menschheit sieht sich heute einer Vielzahl von weltweiten sozialen, ökonomischen, kulturellen und ökologischen Herausforderungen gegenüber, die in ihrer Gesamtheit als *„Globaler Wandel"* bezeichnet werden (vgl. WBGU 1996). Vor dem Hintergrund dieser weltweiten Trends wurden auf der Konferenz der Vereinten Nationen für Umwelt und Entwicklung 1992 von 178 Staaten die Agenda 21 und damit das *Konzept der nachhaltigen Entwicklung* als globales Leitbild beschlossen.

Eine nachhaltige Entwicklung ist ein gesellschaftlicher Verständigungs-, Lern- und Gestaltungsprozess (vgl. Michelsen 2007; Stoltenberg 2007a), der sich auf einen verantwortlichen Umgang mit den natürlichen Lebensgrundlagen und ein gerechtes Zusammenleben in der „Weltgesellschaft" (Heintz 1982; Luhmann 1997; Meyer et al. 1997) richtet. Sie ist mit umfassenden und weitreichenden Transformationen und grundlegenden Perspektivwechseln verbunden. In der Debatte um eine nachhaltige Entwicklung besteht Konsens darüber, dass sich dies

> nicht anders als über eine weitreichende Modifikation in den Lebensweisen der Menschen, nicht ohne tief greifenden Wandel der dominanten Produktions- und Konsumptionsmuster und nicht ohne eine Neuorientierung von Planungs- und Entscheidungsprozessen erreichen lässt. (Kopfmüller et al. 2001: 33)

Vor diesem Hintergrund werden *Bildung* und *Wissenschaft* als wesentliche Elemente des Nachhaltigkeitsprozesses betrachtet (BMU o. J.: Kapitel 35 und 36). Denn die grundlegenden Neu-Orientierungen im Sinne einer nachhaltigen Entwicklung werden nur mit einem weitreichenden Bewusstseinswandel der Menschen und der Entwicklung von individuellen Kompetenzen für die Gestaltung einer nachhaltigeren Zukunft möglich sein. Der Beitrag von Bildung wird in der Agenda 21 im Kapitel 36 ausdrücklich eingefordert:

> Bildung ist eine unerlässliche Voraussetzung für die Förderung einer nachhaltigen Entwicklung und die Verbesserung der Fähigkeit des Menschen, sich mit Umwelt- und Entwicklungsfragen auseinanderzusetzen. (BMU o. J.: 253)

Insofern haben Lernprozesse eine zentrale Bedeutung für eine nachhaltige Entwicklung (vgl. z. B. Künzli David 2007; Vare & Scott 2007). Bildungsprozesse sollten dazu beitragen, das Verhältnis von Mensch und natürlichen Lebensgrundlagen und das Verhältnis der Menschen untereinander im Sinne einer nachhaltigen Entwicklung zu verstehen und Bewertungen für eigenes und gesellschaftliches Verhalten zu entwickeln: durch Angebote zum Verständnis der komplexen Zusammenhänge zwischen ökologischen, wirtschaftlichen, sozialen und kulturellen Bedingungen für eine nachhaltige Entwicklung und durch Reflexion darauf bezogener ethischer Fragestellungen. Bildung sollte außerdem Individuen in die Lage versetzen, globale Zusammenhänge zu verstehen und sich aktiv an einer nachhaltigen Gestaltung der Weltgesellschaft zu beteiligen (vgl. Scheunpflug 2001).

Von Bildung werden eine Sensibilisierung und Qualifizierung der Menschen für die Beteiligung an der verantwortlichen Gestaltung der gemeinsamen Zukunft auf der Erde erwartet. Diese schließen Wahrnehmungsfähigkeit für die Abhängigkeit der Menschen von natürlichen Lebensgrundlagen, für den Zusammenhang allen Lebens und für die kulturelle Vielfalt als Basis des Zusammenlebens in der Weltgesellschaft ein. Bildung soll Problembewusstsein für Fragen einer nachhaltigen Entwicklung und innovative Beiträge zu allen wirtschaftlichen, sozialen, technischen sowie kulturellen Problemstellungen zum Schutz des Ökosystems Erde ermöglichen. Bildung im Sinne einer nachhaltigen Entwicklung zielt somit auf die Veränderung von Bewusstseinsstrukturen, Einstellungen und Werten der Menschen sowie auf die Ausbildung von nachhaltigkeitsrelevanten Kompetenzen. Damit dies möglich wird, ist ein Perspektivenwechsel im Bildungsbereich, eine *Neuausrichtung der Institutionen und Konzepte auf eine Bildung für eine nachhaltige Entwicklung* notwendig.

2.1 Das Konzept einer Bildung für eine nachhaltige Entwicklung

In das Konzept einer „Bildung für eine nachhaltige Entwicklung" sind bisherige Ansätze der Umweltbildung und der entwicklungspolitischen Bildung sowie auch der Friedenserziehung, der Gesundheitserziehung, der politischen Bildung usw. eingeflossen (vgl. BLK

1998: 25). Sie sind miteinander verbunden und weiterentwickelt worden. Bildung für eine nachhaltige Entwicklung greift die Inhalte und Schwerpunkte dieser verschiedenen Ansätze auf und stellt sie vor dem Hintergrund des Konzepts einer nachhaltigen Entwicklung in Beziehung zueinander. Sie versucht damit zu einem besseren Verständnis der komplexen Zusammenhänge lokalen und globalen Handelns hinsichtlich des Umgangs mit natürlichen Lebensgrundlagen und der Gestaltung des Zusammenlebens unter den Prinzipien von Gerechtigkeit und kultureller Vielfalt beizutragen, die allein von der Umweltbildung oder der Eine-Welt-Pädagogik nicht aufgezeigt werden können. Bildung für eine nachhaltige Entwicklung möchte alle Menschen befähigen, sich an der Gestaltung der gesellschaftlichen Verhältnisse im Sinne einer nachhaltigen Entwicklung beteiligen zu können.

Eine nachhaltige Entwicklung – verstanden als umfassender gesellschaftlicher Lern- und Gestaltungsprozess – erfordert eine *innovative Weiterentwicklung von Bildung in allen Bereichen*: von der vorschulischen Bildung bis hin zur Erwachsenenbildung. Das Konzept Bildung für eine nachhaltige Entwicklung wurde zunächst im Bereich außerschulischer Kinder- und Jugendbildung aufgegriffen. Seine Implementierung ist in den letzten Jahren in Deutschland vor allem im schulischen Bereich vorangeschritten, wozu wesentlich die Modellprogramme „21 – Bildung für eine nachhaltige Entwicklung" (1999-2004) und „Transfer-21" (2004-2008) beigetragen haben (vgl. http://www.transfer-21.de). Die Entwicklung im Elementarbereich und an den Hochschulen steht am Anfang (Adomßent et al. 2007; Stoltenberg 2007b); ein großes Defizit besteht im Bereich der Erwachsenenbildung (Apel 2007).

Auf dem UN-Weltgipfel in Johannesburg im September 2002 wurde die Rolle von Bildung als Bestandteil der Nachhaltigkeitsentwicklung unterstrichen. Auf Empfehlung des Weltgipfels hat die Vollversammlung der Vereinten Nationen im Dezember 2002 die *Dekade „Education for Sustainable Development" (UNDESD)* für den Zeitraum 2005 bis 2014 ausgerufen. Mit der Koordination dieser Dekade wurde die UNESCO beauftragt. Alle Mitgliedstaaten der Vereinten Nationen sind aufgerufen, national und international Bildungsaktivitäten zu entwickeln, die das Ziel der Weltgesellschaft, die Lebens- und Überlebensbedingungen für die jetzt lebenden und die zukünftigen Generationen zu bewahren, unterstützen und Wege dorthin aufzeigen können (vgl. http://www.dekade.org).

2.1.1   Gestaltungskompetenz als zentrales Bildungsziel

Mit dem Leitbild einer nachhaltigen Entwicklung wird eine neue Sichtweise auf individuelles und gesellschaftliches Handeln und deren Voraussetzungen eingenommen. Veränderte Denk- und Arbeitsweisen versuchen, der neuen Problemsicht gerecht zu werden. Von einem Bildungskonzept wird in der Regel erwartet, dass es den Orientierungsrahmen für die Gestaltung von Erfahrungsmöglichkeiten und Lernprozessen in Bildungseinrichtungen sowie für einzelne didaktische Planungen und Entscheidungen aufzeigt. In Bezug auf Bildung für eine nachhaltige Entwicklung ist darüber hinaus ein weiterer Aspekt von Bedeutung, der sich aus dem Nachhaltigkeitskonzept ergibt: Das Bildungskonzept muss auch Orientierung für das Verhältnis von Bildungsinstitution und Gesellschaft sowie für die Gestaltung der Bildungseinrichtung selbst sein – nicht als Rahmenbedingung, sondern als Bestandteil des Bildungsprozesses selbst.

Der immer schon vorhandene Zukunftsbezug in Bildungsprozessen meint im Konzept einer Bildung für eine nachhaltige Entwicklung nicht nur den Entwurf einer individuell verantwortlichen Zukunft. Es geht vielmehr darum, individuelles Handeln auch im Hinblick auf derzeitige und künftige gesellschaftliche und ökologische Auswirkungen – auch unter einer globalen Perspektive – reflektieren und sich in deren zukunftsfähige Gestaltung produktiv einmischen zu können. Außerdem es geht um die Befähigung zum Handeln in komplexen Situationen und um die Mobilisierung kreativer, innovativer Ideen und Konzepte in Wissenschaft, Technik und Gesellschaft, die vor allem das Beschreiten bisher nicht gewohnter Lösungswege beinhalten.

Mit der zunehmenden Komplexität, Unsicherheit und Dynamik (welt)gesellschaftlicher Veränderungen gewinnen Fähigkeiten zur Selbstorganisation an Bedeutung. Entsprechend wird der Erwerb von *Kompetenzen*, die sich als *Selbstorganisationsdispositionen* verstehen lassen, zu einem zentralen Ziel von Bildung. Während sich konventionelle Bildungskonzepte an der Frage orientieren, mit welchen Gegenständen sich die Lernenden auseinandersetzen und welches Wissen sie erwerben sollen (*Inputorientierung*), fragen kompetenzorientierte Bildungsansätze, „über welche Problemlösestrategien, Handlungskonzepte und -fähigkeiten sie verfügen sollten" (*Output-Orientierung*) (de Haan et al. 2008: 116), um zentrale Fragen gesellschaftlicher Existenz in relevanten Kontexten bearbeiten zu können (Stoltenberg 2009).

Im Allgemeinen können Kompetenzen als Selbstorganisationsdispositionen charakterisiert werden, die unterschiedliche psycho-soziale Komponenten (Wissen, Fähigkeiten, Fertigkeiten, Motivation, volitive Kontrollsysteme, Wertorientierungen) umfassen und sich in spezifischen Kontexten realisieren (Weinert 2001). *Schlüsselkompetenzen* werden als transversale, multifunktionale und kontextübergreifende Kompetenzen verstanden, die als besonders relevant für die Erreichung – in einem definierten normativen Rahmen (z. B. Nachhaltigkeit) – wichtiger gesellschaftlicher Ziele betrachtet werden und die für alle Individuen von Bedeutung sind (Rychen 2003).

In diesem Sinne beschreibt de Haan (2008) das übergreifende Bildungsziel der Bildung für eine nachhaltige Entwicklung als „*Gestaltungskompetenz*".

> Mit Gestaltungskompetenz wird die Fähigkeit bezeichnet, Wissen über nachhaltige Entwicklung anwenden und Probleme nicht nachhaltiger Entwicklung erkennen zu können. Das heißt, aus Gegenwartsanalysen und Zukunftsstudien Schlussfolgerungen über ökologische, ökonomische und soziale Entwicklungen in ihrer wechselseitigen Abhängigkeit ziehen und darauf basierende Entscheidungen treffen, verstehen und individuell, gemeinschaftlich und politisch umsetzen zu können, mit denen sich nachhaltige Entwicklungsprozesse verwirklichen lassen. (Programm Transfer-21 2007: 12)

Dieses Kompetenzkonzept umfasst nach de Haan et al. (2008: 188) die folgenden Schlüsselkompetenzen:

- *Kompetenz zur Perspektivübernahme:* weltoffen und neue Perspektiven integrierend Wissen aufbauen können;
- *Kompetenz zur Antizipation:* vorausschauend Entwicklungen analysieren und beurteilen können;
- *Kompetenz zur disziplinübergreifenden Erkenntnisgewinnung:* interdisziplinär Erkenntnisse gewinnen und handeln können;
- *Kompetenz zum Umgang mit unvollständigen und überkomplexen Informationen:* Risiken, Gefahren und Unsicherheiten erkennen und abwägen können;
- *Kompetenz zur Kooperation:* gemeinsam mit anderen planen und handeln können;

- *Kompetenz zur Bewältigung individueller Entscheidungsdilemmata:* Zielkonflikte bei der Reflexion über Handlungsstrategien berücksichtigen können;
- *Kompetenz zur Partizipation:* an kollektiven Entscheidungs- und Gestaltungsprozessen teilhaben können;
- *Kompetenz zur Motivation:* sich und andere motivieren können, aktiv zu werden;
- *Kompetenz zur Reflexion von Leitbildern*: die eigenen Leitbilder und die anderen reflektieren können;
- *Kompetenz zum moralischen Handeln:* Vorstellungen von Gerechtigkeit als Entscheidungs- und Handlungsgrundlage nutzen können;
- *Kompetenz zum eigenständigen Handeln:* selbstständig planen und handeln können;
- *Kompetenz zur Unterstützung anderer:* Empathie für andere zeigen können.

Diese Schlüsselkompetenzen werden als notwendig erachtet, um sich an der „Gestaltung der komplexen persönlichen, gemeinschaftlichen, lokalen, nationalen und globalen Herausforderungen einer (nicht) nachhaltigen Entwicklung" beteiligen und „ein gutes, an Gerechtigkeit orientiertes Leben führen zu können" (de Haan et al. 2008: 189).

2.1.2   Arbeitsweisen einer Bildung für eine nachhaltige Entwicklung

Der Weg zu einer nachhaltigen Entwicklung ist ein Prozess, der auf Selbsttätigkeit und Reflexivität von Menschen angewiesen ist. „Nachhaltigkeit vermitteln" wäre also eine Methode, die ihr Ziel verfehlen müsste. Dies auch deshalb, weil nicht angenommen werden kann, dass es eine direkte Beziehung zwischen Bewusstsein und Verhalten gibt. Man kann nicht davon ausgehen, dass Nachhaltigkeit sich unmittelbar aus der Vermittlung von deren Sinnhaftigkeit ergibt. Es ist auch nicht selbstverständlich, dass man sich auf den Weg in eine zukunftsfähige Gesellschaft macht.

Auch können Kompetenzen nicht vermittelt, sondern nur von den Lernenden selbst entwickelt werden (vgl. Weinert 2001). Bildung für eine nachhaltige Entwicklung erfordert daher solche Lernumgebungen, die *selbstorganisiertes und projektorientiertes Lernen* ermöglichen, in denen Menschen Zusammenhänge wahrnehmen und sich als Teil eines Gemeinwesens erfahren, das sich mit Problemen kritisch, produktiv, kreativ und wirksam auseinandersetzen kann (vgl. Abschnitt 1.3.2 „Bildung durch partizipatives Lernen" im Folgenden). Künzli David (2007: 64f.) benennt als didaktische Prinzipien der Bildung für eine nachhaltige Entwicklung: Visionsorientierung, Handlungs- und Reflexionsorientierung, Entdeckendes Lernen, Vernetztes Lernen, Zugänglichkeit, Partizipationsorientierung und die Verbindung von sozialem, selbstbezogenem und methodenorientiertem Lernen.

Bildung für eine nachhaltige Entwicklung muss – im Sinne dieser unterschiedlichen didaktischen Prinzipien – auf eine *große Vielfalt unterschiedlicher didaktischer Ansätze und Methoden* zurückgreifen. Denn um die verschiedenen Teilkompetenzen von Gestaltungskompetenz entwickeln zu können, bedarf es sehr unterschiedlicher Settings. Vernetztes Denken, alternatives und antizipierendes Denken lernt man z. B. am besten durch Erfahrungen an verschiedenen Orten: in realen lokalen Partizipationsprozessen; in überregionalen oder globalen Kontexten (z. B. als Medienkonsument oder auch als Mitglied einer großen Organisation wie Greenpeace), an denen man durch Informationszusammenhänge und durch Empathie beteiligt ist; in definierten Prozessen der Wissensaneignung und Reflexion; in der unmittelbaren Begegnung mit Tieren, Pflanzen, Naturräumen und Naturphänomenen;

in entlastenden Zukunftswerkstätten, in Experimentiersituationen, im Spiel. Kompetenzen wie diejenigen zur Perspektivübernahme, zur Empathie und zur Reflexion eigener und fremder Leitbilder können durch Erfahrungen in globalen und interkulturellen Kontexten entwickelt werden. In interkulturellen Kontexten können Individuen lernen, unterschiedliche Perspektiven einer lokalen und globalen (nicht-)nachhaltigen Entwicklung wahrzunehmen und unterschiedliche Handlungsweisen auf der Grundlage der durch Perspektivwechsel gewonnenen Information zu analysieren.

2.1.3   Inhalte einer Bildung für eine nachhaltige Entwicklung

Auch wenn Bildung für eine nachhaltige Entwicklung dem Erwerb von Kompetenzen die zentrale Bedeutung zuschreibt, ist es nicht beliebig, an welchen Sachverhalten diese Fähigkeiten ausgebildet werden. Es sollten solche sein, die gegenwärtig als wesentlich für nachhaltige, zukunftsfähige Entwicklungsprozesse bzw. als deren wesentliche Gefährdungsmomente identifiziert werden können.

De Haan (2002: 16f.) schlägt vier allgemeine Kriterien vor, um Inhalte für die Bildung für eine nachhaltige Entwicklung auszuwählen:

- *Zentrales lokales und/oder globales Thema für nachhaltige Entwicklungsprozesse:* Es sollte eine Auseinandersetzung mit den Auswirkungen, den Ursachen und den möglichen Lösungsansätzen der globalen Probleme im Mittelpunkt stehen. Hierbei kommt es aber darauf an, dass es möglich ist, einen Bezug zwischen der globalen Problemlage und der eigenen Lebenswirklichkeit herzustellen. Von didaktischer Relevanz sind also besonders Fragestellungen, bei denen die Wechselwirkungen zwischen lokalem Handeln und globalem Wandel erfahrbar werden.
- *Längerfristige Bedeutung:* Bildung für eine nachhaltige Entwicklung sollte Inhalte favorisieren, die eine dauerhafte Aufgabe darstellen, da sie ihren Fokus auf die Möglichkeit der Gestaltung von Zukunft richtet. Auch tagesaktuelle Themen können aufgegriffen werden, wenn sie auf ihre längerfristige Bedeutung hin beleuchtet werden.
- *Differenziertheit des Wissens:* Es sollten Themen bevorzugt werden, über die ein differenziertes Wissen existiert, damit eine Pluralität in der Bearbeitung gewährleistet werden kann.
- *Handlungspotenzial:* Von besonderer Bedeutung sind zudem Themen, die ein Handlungspotenzial mit sich bringen und damit konkretes Engagement und die Partizipation an Gestaltungsprozessen ermöglichen. Die Möglichkeit, etwas zu tun, motiviert zur Auseinandersetzung mit dem Thema.[17]

Die Themenstellungen einer Bildung für eine nachhaltige Entwicklung können aus den Kernproblemen des Globalen Wandels abgeleitet werden. Dazu gehören etwa Biodiversität, kulturelle Vielfalt, Ernährung/Landwirtschaft, Bauen und Wohnen, Energieversorgung. Sie stehen in einem engen inhaltlichen Zusammenhang, der sichtbar wird, wenn man sich mit diesen Themenstellungen unter den Perspektiven von Menschenwürde, Ressourcenverantwortung und Gerechtigkeit auseinandersetzt (Stoltenberg 2009).

---

[17] Ähnliche Kriterien zur Auswahl und Ausrichtung von Gegenständen für die Bildung für eine nachhaltige Entwicklung werden von Künzli David (2007: 77f.) benannt: globale und lokale Dimension; zeitliche und dynamische Dimension; soziokulturelle, ökonomische und ökologische Dimension.

Bildung für eine nachhaltige Entwicklung ist keine zusätzliche neue Aufgabe für Bildungseinrichtungen, sondern ein *Perspektivwechsel* mit neuen inhaltlichen Schwerpunkten und Arbeitsweisen. Zusammenfassend ergeben sich vor allem folgende *zwei Konsequenzen für die Inhalte von Bildungsprozessen*:

- Es gibt neue Prioritäten für die Auswahl von Inhalten (hier sind die genannten Kriterien von Bedeutung).
- Es entstehen neue Perspektiven für alte Inhalte (z. B. durch die Betrachtung der Themen vor dem Hintergrund der unterschiedlichen Dimensionen der Nachhaltigkeit).

In einer Bildung für eine nachhaltige Entwicklung werden die Inhalte problemorientiert und unter der Berücksichtigung ethischer Prinzipien (z. B. Ressourcenverantwortung, Gerechtigkeit) bearbeitet.

2.2 Partizipation und Bildung für eine nachhaltige Entwicklung

Die Partizipationsdebatte der letzten Jahrzehnte im Zusammenhang mit Demokratieansprüchen richtete sich auf die Frage nach Legitimation und Chancen repräsentativer Beteiligung, führte zu neuen Formen von Protest und Selbstorganisation in Bürgerinitiativen, auch zu neuen Formen institutionalisierter Beteiligungsmöglichkeiten, z. B. in der Stadtentwicklung. In derartigen Prozessen standen die Auseinandersetzungen um unterschiedliche Positionen, stand die Suche nach Akzeptanz und Kompromiss für bereits erkennbare Problemstellungen im Vordergrund. Mit dem Anspruch einer nachhaltigen Entwicklung hat sich das Verständnis verändert: Partizipation im Konzept einer nachhaltigen Entwicklung zielt auf die inhaltliche Konkretisierung von nachhaltiger Entwicklung, die wegen der Komplexität der unter dieser Perspektive zu bearbeitenden Fragestellungen und dem Bewusstsein, auch mit Ungewissheiten und Risiken rechnen zu müssen, prinzipiell offen ist und neuer Antworten auf Ressourcen- und Gerechtigkeitsfragen bedarf.

Partizipation ist unter diesem ethischen Prinzip eine Chance der Erschließung von Wissen, Ideen, Sichtweisen, die unter Nachhaltigkeitsgesichtspunkten in die Diskussion einzubeziehen sind (Gethmann 2005), und der Generierung von neuem Wissen für neue Wege im Verhältnis von Mensch und Natur und Menschen/Gesellschaften untereinander. Dem liegt das Verständnis einer nachhaltigen Entwicklung als gesellschaftlichem Such-, Lern- und Gestaltungsprozess zugrunde. Partizipationsprozesse sind der gesellschaftliche Ort, an dem das vorhandene Wissen zwischen heterogenen Akteuren ausgetauscht und bewertet werden kann, an dem Problemstellungen formuliert und alternative Lösungen zur Sprache kommen können. Neue partizipative Arbeitsweisen nehmen diesen Anspruch auf (Heinrichs 2007).

Wenn heute die Anforderung besteht, Bildungsprozesse an dem Prinzip einer nachhaltigen Entwicklung zu orientieren und Menschen damit zu ermöglichen, sich an der Gestaltung einer nachhaltigen Entwicklung zu beteiligen, müssen Partizipation und Bildung ebenfalls neu ins Verhältnis gesetzt werden. Das soll hier unter drei Perspektiven aufgezeigt werden:

- Befähigung zur Partizipation und Kooperation durch Bildung;
- Bildung durch partizipatives Lernen;
- Neue Partizipations- und Kooperationskultur von Bildungseinrichtungen.

2.2.1 Befähigung zur Partizipation und Kooperation durch Bildung

Der Prozess einer nachhaltigen Entwicklung muss gesellschaftlich ausgehandelt werden. Denn die konkreten Wege zu einer nachhaltigen Entwicklung lassen sich durchaus kontrovers diskutieren; es treten vielfach Interessengegensätze und Zielkonflikte auf. Eine nachhaltige Entwicklung kann sich daher nicht nur auf staatliches Handeln oder das Agieren von Wirtschaftsunternehmen stützen, sondern bedarf der Einbindung aller gesellschaftlichen Akteure und Gruppen.

Das setzt Partizipationsfähigkeit an dem Prozess der Entscheidungsfindung sowie die Fähigkeit zur Kooperation voraus. Das gilt für alle gesellschaftlichen Gruppen mit ihren jeweils eigenen Sichtweisen und Kompetenzen. In Aushandlungsprozessen geht es um Kompromissfähigkeit und Konfliktlösungen. Bildungsprozesse sollten deshalb Dialogfähigkeit und Selbstreflexionsfähigkeit fördern – z. B. durch Differenzwahrnehmung, durch Bewusstmachen eigener Kompetenzen und die anderer. Neben der Beteiligung an Aushandlungs- und Entscheidungsprozessen heißt Partizipation im Kontext einer nachhaltigen Entwicklung aber auch Beteiligung an der nachhaltigen Gestaltung der eigenen Lebenswelt und der gesellschaftlichen Verhältnisse insgesamt. Dies setzt bei den Individuen Fähigkeiten zur Zusammenarbeit, zum Planen, vorausschauenden Denken etc. voraus.

Bildung für eine nachhaltige Entwicklung zielt darauf ab, Menschen bei der *Entwicklung von Partizipations- und Kooperationskompetenz* zu unterstützen und sie damit zu befähigen, sich an gesellschaftlichen Verständigungs-, Entscheidungs- und Gestaltungsprozessen beteiligen zu können (vgl. Abschnitt 1.2.1 „Gestaltungskompetenz als zentrales Bildungsziel"). Partizipationskompetenz, verstanden als Schlüsselkompetenz, umfasst eine Reihe von Kompetenzen, die in ihrer Gesamtheit die Fähigkeit zur Partizipation ausmachen. Dazu gehören Fach- und Methodenkompetenzen wie z. B. die Fähigkeit, geeignete Partizipationsmethoden je nach Kontext und Situation auszuwählen und kritisch einzuschätzen; sozial-kommunikative Kompetenzen wie die Fähigkeit zur Gemeinschaftlichkeit, Dialogfähigkeit und die Fähigkeit zur Konfliktlösung; personale Kompetenzen wie die Fähigkeit zur Empathie, Sensibilität und Selbstwirksamkeit und die Fähigkeit zur Entwicklung von Einstellungen; Handlungskompetenzen wie die Fähigkeit, bestehende Einflussmöglichkeiten und Partizipationsgelegenheiten tatsächlich zu realisieren, und die Fähigkeit, sich aktiv und gestaltend an Prozessen einer nachhaltigen Entwicklung zu beteiligen (Barth 2007: 57). Kooperationskompetenz bezieht sich u. a. darauf, unterschiedliche Standpunkte zur nachhaltigen Entwicklung identifizieren und analysieren und dabei Kontroversen diskursiv austragen, Formen der Koordination und Kooperation in verschiedenen komplexen lebensweltlichen Zusammenhängen erkennen und umsetzen sowie Formen solidarischen Handelns planen und umsetzen zu können (de Haan et al. 2008: 239f.).

Dieser Prozess der Entwicklung von Partizipations- uns Kooperationskompetenz wiederum setzt selbst Möglichkeiten des partizipativen Lernens voraus, wie im Folgenden ausgeführt wird.

2.2.2 Bildung durch partizipatives Lernen

Die Entwicklung von Gestaltungskompetenz bedarf *praktischer Erfahrungen im Umgang mit Herausforderungen* und der *Reflexion dieser Erfahrungen*. Dies gilt nicht nur für die Kompetenz zur Partizipation, sondern auch für andere Schlüsselkompetenzen wie z. B. die Kompetenz zur Kooperation oder diejenige zur Motivation. Diese Kompetenzen können besonders in solchen Projekten entwickelt werden, die im unmittelbaren Umfeld angesiedelt sind – sei es in der Bildungseinrichtung selbst, auf lokaler oder regionaler Ebene. Hier lassen sich Nachhaltigkeit und Zukunftsfähigkeit beispielhaft zeigen und bearbeiten und eigene Problemlösungs- und Handlungsfähigkeit im Gemeinwesen wirkungsvoll erfahren. Lokale Agenda 21-Prozesse bieten einen geeigneten Rahmen für derartige Projekte – Bildungseinrichtungen können zum aktiven Partner in diesen Prozessen werden und die Lernenden, z. B. Schülerinnen und Schüler, bekommen so die Möglichkeit zur aktiven Gestaltung ihrer Umgebung. Lernen findet so in *Ernstsituationen* – Situationen, in denen echte Aufgaben zur Gestaltung des eigenen und gemeinsamen Lebens zu bewältigen sind – statt. Ernsthafte Aufgaben, deren Sinn sich schnell erschließt, fördern die Partizipationsbereitschaft. Außerdem findet in diesen Situationen eine *Übernahme von Verantwortung* statt, was zur Entwicklung und Festigung „demokratischer Handlungskompetenzen" beitragen kann (Veith 2008: 5).

Die Bereitschaft, sich auf Nachhaltigkeit einzulassen und sich mit Veränderungen zu identifizieren, wird gefördert, wenn man an Planungen und Entscheidungen selbst beteiligt ist. Beteiligung erleichtert auch ganz schlicht das Lernen. Partizipation entspricht des Weiteren, wie wir aus der Lebensstilforschung oder aus Jugendstudien wissen, dem steigenden Anspruch, selbst über sich zu entscheiden und dem Individuum eine hohe Bedeutung für die eigene Zukunftsplanung einzuräumen und abzuverlangen. Durch partizipative Bildungsformen lassen sich Menschen eher ansprechen.

Die *Gestaltung von Bildungsprozessen als Partizipationsprozesse* nimmt das Individuum in seinen jeweiligen Kompetenzen ernst. Die Mitwirkung an der Gestaltung des eigenen Lebens kann keiner Zulassungsbeschränkung (z. B. durch Alter, Wissensstand, geistigem Vermögen, sprachliche Artikulationsfähigkeit etc.) unterliegen. Ausgangspunkt sind immer die jeweiligen Kompetenzen, Sichtweisen und Einschätzungen der Beteiligten. Dies eröffnet Chancen: dass einsichtig wird, wie Erfahrungen und Wissen unterschiedlich verteilt sind; dass man selbst auf die Notwendigkeit stößt, sich Wissen aneignen zu müssen, dass man aber auch Bestätigung findet durch Berücksichtigung eigener Standpunkte, eigenen Arbeitsvermögens.

Mit Hilfe konstruktivistischer Lerntheorien (vgl. z. B. Siebert 2008) lässt sich verstehen, dass Schule durch Partizipationsprojekte viel eher Erfahrungen erschließen kann, die in der Lebenswelt außerhalb der Schule anschlussfähig sind und diese auch (im Sinne einer nachhaltigen Entwicklung) verändern können. Beispiele dafür sind Schulen, in denen gemeinsam Regeln und Selbstverpflichtungen für alle Beteiligten aufgestellt wurden, die den Umgang untereinander, mit sich selbst und mit der Verantwortung für natürliche Lebensgrundlagen betreffen. Partizipation ist nicht nur ein Ort oder eine Methode, um Schritte zu einer nachhaltigen Entwicklung zu konkretisieren, sondern kann ein *Beitrag zu einer nachhaltigen Entwicklung* sein.

In Partizipationsprojekten, die der Wissensgenerierung und der diskursiven Entwicklung von Problemstellungen dienen, sind die Rollen zwischen Lehrenden und Lernenden nicht mehr klar verteilt. Damit können derartige Partizipationserfahrungen antidemokratischen Autoritätsvorstellungen und -verhältnissen entgegenwirken, die in Regionen mit geringen materiellen Zukunftsperspektiven zugenommen haben. Sie können zudem Ausgangspunkt sein für innovative Vorhaben, die den Beteiligten auch Perspektiven für Lebensqualität und materielles Auskommen eröffnen. Das gilt insbesondere dann, wenn Bildungseinrichtungen sich als Teil des Gemeinwesens verstehen und die darin Tätigen an lokalen und regionalen Problemstellungen mitarbeiten. Kinder und Jugendliche, die Selbstwirksamkeitserfahrungen in Partizipationsprojekten machen und die Wissen und Erfahrungen mit lokalen Institutionen und verantwortlichen Personen sammeln konnten, können sich eher als Bürgerinnen und Bürger mit eigenen Rechten und Verantwortlichkeiten begreifen.

Allerdings sind einige *Bedingungen für Partizipationsprozesse in Bildungseinrichtungen* zu beachten. Eine wichtige Voraussetzung für partizipative Lernprozesse ist, dass auch die Lehrenden bereit sind, umzudenken und dazu zu lernen. Nur wenige Lehrende haben in ihrer professionellen Ausbildung selbst die Erfahrung partizipativen Lernens gemacht. Sich eher als *Facilitator*[18] und zugleich als verantwortlich für Zugänge zu neuem Wissen und neuen Sichtweisen zu sehen, erfordert ein Umdenken.

Erfolgserlebnisse nach eigenem Engagement sind natürlich wünschenswert; man kann sie fördern, wenn man (gerade für jüngere Kinder) die Zeithorizonte und Kontexte der Projekte gut einschätzt. Andererseits können Kinder und Jugendliche sich durchaus als Teil einer Gruppe vorstellen, dass durch ihre Arbeit zum Beispiel spätere Schülergenerationen oder Menschen in anderen Ländern profitieren. Voraussetzung ist, dass in der Kinder- und Jugendgruppe, also auch im jeweiligen Klassen- und Schulverbund insgesamt, die Kultur eines verantwortlichen Gemeinwesens gepflegt wird. Zudem ist zu beachten, dass Kinder und Jugendliche nicht nur das Ergebnis von Beteiligungsaktivitäten in den Vordergrund stellen, sondern das Erleben des gesamten Beteiligungsprozesses einen höheren Stellenwert einnimmt. Es geht ihnen darum, ob sie in der Gruppe Spaß haben, um Konfliktlösungen, die Art der Beziehung zu den Erwachsenen und das Einbringen der eigenen Fähigkeiten (DJI 2001: 5).

2.2.3 Neue Partizipations- und Kooperationskultur von Bildungseinrichtungen

Grundlegend für die Integration des Konzeptes einer Bildung für eine nachhaltige Entwicklung in Bildungseinrichtungen ist die Bereitschaft und Möglichkeit, sich als Ganzes zu verändern und zu lernen. Um Bildung für eine nachhaltige Entwicklung erfolgreich zu einem festen Bestandteil des Organisationsziels werden zu lassen, müssen Bildungseinrichtungen ihre bisherigen (auch impliziten) Leitbilder und ihre Praxis überdenken. Nachhaltige Entwicklung schließt eine ethische Grundhaltung ein, eine breite Verständigung darüber ist die Basis organisationaler Lernprozesse, die Veränderungen des Leitbildes bzw. Profils der Bildungseinrichtung anstreben. Bildungsinstitutionen sind zudem als Ausgangspunkt und als Ort für Lern- und Gestaltungsprozesse im Sinne einer nachhaltigen Entwicklung zu begreifen und zu gestalten.

Nicht zuletzt verändert sich durch ein derartiges Verständnis auch das Verhältnis zum Umfeld, das unter dem gemeinsamen Ziel einer nachhaltigen Entwicklung mit seinen Ak-

---

[18] Arnold und Lermen sprechen von der Notwendigkeit der Etablierung einer „Ermöglichungsdidaktik" (2005: 59).

teuren als Partner in Bildungsprozessen einbezogen werden kann. Bildungsinstitutionen werden dann zu einem Ort, an dem die Lernenden, aber auch die Lehrenden Nachhaltigkeit erfahren können. Eine *nachhaltige Gestaltung der Institution erfordert zum einen einen verantwortlichen* Umgang mit den Ressourcen: einen sparsamen und effizienten Umgang mit Energie; die Nutzung erneuerbarer Energien; Reparieren statt Neukaufen von Gegenständen; saisonale, regionale, ökologische und faire Ernährung; Berücksichtigung baubiologischer Ansprüche bei Neubauten oder Renovierungen. Zum anderen gehört zu diesem Verständnis, Strukturen zu schaffen, die eine echte Beteiligung der Lernenden an allen wichtigen Entscheidungsprozessen sowie partizipatives Lernen möglich machen. Es geht um die Entwicklung einer neuen *Partizipationskultur.*

Bildungsinstitutionen haben von ihrer Funktion her unterschiedliche Chancen, herkömmliche Partizipationsverständnisse zu überdenken und neue Formen von Partizipation in ihre Arbeit zu integrieren. Partizipation als „Demokratie lernen" kollidiert nicht unbedingt mit einer hierarchisch organisierten Schulstruktur; formale Mitwirkungsmöglichkeiten widersprechen nicht einem vorgegebenen Bildungskanon. Problemlösekompetenz – vor allem im Kontext der PISA-Debatte als wichtiges Defizit bisheriger Bildungsprozesse konstatiert – entspricht schon eher dem skizzierten Verständnis von Partizipation im Konzept einer nachhaltigen Entwicklung. Es ist offensichtlich, dass Strukturen, Arbeitsweisen und inhaltliche Zielsetzungen überdacht werden müssen, wenn man Lernende ermutigen möchte, sich mit dem neu erworbenen Wissen auch kritisch auseinanderzusetzen, nach seinem Sinn und seiner Bedeutung für zukunftsfähiges Handeln zu fragen. Außerschulische Bildungseinrichtungen haben größeren Spielraum, Partizipation im Sinne eines offenen Suchprozesses in ihre Arbeit zu integrieren. So kommen Kinder und Jugendliche zunehmend mit Partizipationserfahrungen aus anderen Lebenswelten in die Schule – durch selbst organisierte Partizipationsvorhaben in Vereinen und Verbänden, wie z. B. in Greenteams (Degenhardt et al. 2001). Lehrerinnen und Lehrer aber sind mangels Weiterbildungschancen in der Regel nicht gut vorbereitet, innovative Arbeitsweisen zu implementieren. Da ein schrittweises Vorgehen – erst einmal müssen die Lehrerinnen und Lehrer lernen, was Partizipation im Sinne einer nachhaltigen Entwicklung ist, dann die Schülerinnen und Schüler – aufgrund der sich daraus ergebenden zeitlichen Verzögerungen nicht sinnvoll ist, bleibt nur, „Partizipation lernen" als gemeinsames (Veränderungs-)Projekt von Lehrkräften und Lernenden zu gestalten. Darüber hinaus können alle in einer Bildungseinrichtung Tätigen Teil der gemeinsamen Aufgabe werden; eine Voraussetzung dafür sind Haltung und Aktivität der Schulleitung (vgl. Huppert & Abs 2008: 13). Auf die Beteiligung des Hausmeisters, der Sekretärin oder des Reinigungspersonals kann bei einem derartigen Partizipationsverständnis nicht verzichtet werden.

Die Kooperation mit außerschulischen Partnern kann für das Lernen von Partizipation hilfreich sein (Stoltenberg 2006). Die *Beziehung der Bildungseinrichtung nach außen und damit ihre Einbindung in das kommunale Umfeld* gilt es aber auch in den Blick zu nehmen, weil Bildungseinrichtungen Verantwortung für das Gemeinwesen übernehmen und einen Beitrag zu einer nachhaltigen Entwicklung auf lokaler oder regionaler Ebene leisten sollten. Möglich ist dies z. B. durch die Beteiligung an einem Lokalen Agenda 21-Prozess oder anderen nachhaltigkeitsrelevanten kommunalen Planungsprozessen. Kooperationen mit Institutionen und Personen in der Kommune und Region ermöglichen partizipative Erfahrungen in Ernstsituationen. Erfahrungsmöglichkeiten der „Einen Welt" können durch internationale Zusammenarbeit (oder auch durch die Kooperation mit Eine-Welt-Zentren oder

Migranten) geschaffen werden. Diese Räume und Möglichkeiten können ohne Kooperationen von einer Bildungseinrichtung allein kaum geboten werden. Daher bedarf es neben einer neuen Partizipationskultur auch einer neuen *Kooperationskultur* von Bildungseinrichtungen.

Die Beteiligung von Bildungseinrichtungen an lokalen Planungsprozessen hat aber nicht nur Vorteile für diese Institutionen und die dort angestrebten Lernprozesse, sondern aus ihr können sich auch wichtige *Impulse für die lokale nachhaltige Entwicklung* ergeben. Kinder und Jugendliche haben heute Erfahrungen und Wissen, das nicht mehr nur in der Familie und im lokalen Umfeld, sondern in unterschiedlichen Peer-Groups, in außerschulischen Aktivitäten, als Konsumenten, in Verbänden und Vereinen, auf Reisen, in Arbeitsverhältnissen oder ehrenamtlichen Tätigkeiten, durch Internet und Medienkonsum und nicht zuletzt durch das jeweilige Wohn- und Lebensumfeld angeeignet werden. Reflexionsprozesse darüber finden mit zunehmendem Alter in der Peer-Group statt. Dieses Wissen von Kindern und Jugendlichen ist spezifisch – sowohl in der Sache selbst als auch hinsichtlich der Bewertung. Deshalb wird in der Agenda 21 bei der Auflistung der wichtigsten Gruppen für die Beteiligung an einer nachhaltigen Entwicklung auch ausdrücklich auf Kinder und Jugendliche eingegangen. Beteiligungsprojekte von Kindern an lokaler Verkehrsplanung haben z. B. gezeigt, dass man auch auf diese „Experten ihres eigenen Lebens" nicht verzichten kann, will man vorausschauend handeln und der Komplexität von Problemstellungen im Alltag gerecht werden. Die Gesellschaft muss also ein vitales Interesse an der Partizipation auch der Kinder entwickeln.

Bildung für eine nachhaltige Entwicklung bietet einen geeigneten Rahmen, um Kinder, Jugendliche und junge Erwachsene verstärkt in lokale und regionale Partizipations- und Gestaltungsprozesse einzubeziehen.

2.3 Zusammenfassung und Ausblick

Eine nachhaltige Entwicklung ist ohne Bildung nicht denkbar, denn sie setzt umfassende Bewusstseinsänderungen und das Vorhandensein adäquater Schlüsselkompetenzen voraus. Bildung für eine nachhaltige Entwicklung sollte daher die Ausbildung von Nachhaltigkeitsbewusstsein und die Entwicklung nachhaltigkeitsrelevanter Kompetenzen ermöglichen. In diesem Sinne wird der Erwerb von Gestaltungskompetenz als das wesentliche Ziel der Bildung für eine nachhaltige Entwicklung betrachtet. Um die Entwicklung der unter dem Begriff der Gestaltungskompetenz gebündelten nachhaltigkeitsrelevanten Schlüsselkompetenzen zu ermöglichen, bedarf es einer didaktischen Orientierung auf selbstorganisiertes und projektorientiertes Lernen sowie der Auswahl der Bildungsinhalte nach bestimmten Kriterien.

Der Zusammenhang zwischen Partizipation und Bildung für eine nachhaltige Entwicklung lässt sich aus drei Perspektiven darstellen:

- Erstens trägt Bildung für eine nachhaltige Entwicklung zum *Erwerb von Partizipations- und Kooperationskompetenz* bei und befähigt Individuen damit, sich an gesellschaftlichen Entscheidungs- und Gestaltungsprozessen mit einer Orientierung auf eine nachhaltige Entwicklung zu beteiligen.

- Zweitens setzt die Entwicklung von Partizipations- und Kooperationskompetenz aber selbst das *Vorhandensein partizipativer Lernumgebungen* voraus, in denen eigene Erfahrungen gemacht werden können, die für das Individuum von Relevanz sind und die als ernsthafte Aufgaben betrachtet werden.
- Drittens kann sich Partizipation aber nicht auf die Gestaltung von einzelnen Lernangeboten beschränken, sondern die gesamte Bildungseinrichtung sollte eine *Kultur der Partizipation und Kooperation* institutionalisieren, die eine nachhaltige Gestaltung der Bildungseinrichtung befördert und diese zu einem Akteur im Prozess einer nachhaltigen Entwicklung auf lokaler Ebene werden lässt.

Die Durchsetzung des Partizipationsverständnisses einer Bildung für eine nachhaltige Entwicklung stößt auf eine widersprüchliche Bildungslandschaft. Während in den außerschulischen Bildungsinstitutionen eher innovative Arbeitsweisen eingeführt werden können, stehen in formalen Bildungseinrichtungen nicht nur das herkömmliche Selbstverständnis (vgl. Klemm 2008), sondern auch die Beschleunigung der Bildungswege und eine Standardisierung von Bildungsanforderungen im Wege. Partizipation kostet Zeit. Zugleich wird, ausgelöst durch die Bildungsvergleichsstudien, zunehmend selbstorganisiertes und kooperatives Lernen gefordert – das mit dem dargelegten Partizipationsverständnis gut in Einklang zu bringen wäre.

Unter der Forderung, Bildung für eine nachhaltige Entwicklung zügig vor allem auch in die Lehrerbildung zu implementieren, stellt sich die Frage, wie Studierende und Lehrende befähigt werden können, Bildungsprozesse partizipativ zu gestalten und damit Räume für die Entwicklung von Partizipationskompetenz zu schaffen. Zugleich stehen die Strukturen der Bildungsinstitutionen und Bildungsverwaltung auf dem Prüfstand, wenn die Frage gestellt wird, wie die Ausbildung einer neuen Partizipations- und Kooperationskultur unterstützt und wie diese institutionalisiert werden kann.

Wissenschaftliche Studien, die im Sinne transdisziplinärer Forschung in Kooperation mit Bildungsinstitutionen und der Bildungsverwaltung durchgeführt werden, sind dringend gefordert. Kinder und Jugendliche, die zunehmend die Erfahrung machen, dass sie als Konsument(in), als Mitglied der Familie, im regionalen Umfeld oder in ihrer Bildungsbiographie Verantwortung übernehmen sollen, müssen diese auch in den Bildungseinrichtungen, die sie dafür stärken und qualifizieren sollen, praktizieren können.

Literatur

Adomßent, M. & Godemann, J. & Michelsen, G. (2007): Hochschule im Horizont nachhaltiger Entwicklung, in: G. Michelsen. & J. Godemann (Hrsg.): Handbuch Nachhaltigkeitskommunikation. Grundlagen und Praxis. 2. Auflage, München: 815-827.

Apel, H. (2007): Erwachsenenbildung und Bildung für eine nachhaltige Entwicklung, in: G. Michelsen. & J. Godemann (Hrsg.): Handbuch Nachhaltigkeitskommunikation. Grundlagen und Praxis. 2. Auflage, München: 828-835.

Arnold, R. & Lermen, M. (2005): Lernen, Bildung und Kompetenzentwicklung: neuere Entwicklungen in der Erwachsenenbildung und Weiterbildung, in: G. Wiesner. & A. Wolter (Hrsg.): Die Lernende Gesellschaft, Weinheim: 45–59.

Barth, M. (2007): Gestaltungskompetenz durch Neue Medien? Die Rolle des Lernens mit Neuen Medien in der Bildung für eine nachhaltige Entwicklung, Berlin.

BLK – Bund-Länder-Kommission für Bildungsplanung und Forschungsförderung (Hrsg.) (1998): Bildung für eine nachhaltige Entwicklung – Orientierungsrahmen. Materialien zur Bildungsplanung und zur Forschungsförderung, Heft 69, Bonn.

BMU – Bundesministerium für Umwelt, Naturschutz und Reaktorsicherheit (Hrsg.) (o. J.): Agenda 21. Konferenz der Vereinten Nationen für Umwelt und Entwicklung im Juni 1992 in Rio de Janeiro. Bonn, http://www.bmu.de/files/pdfs/allgemein/application/pdf/agenda21.pdf (Zugriff: Juni 2009).

Degenhardt, L. & Godemann, J. & Michelsen, G. & Molitor, H. (2001): Umweltengagement von Kindern und Jugendlichen in der außerschulischen Umweltbildung: Ergebnisse – Bedingungen – Perspektiven. Bundesweite Evaluation des Greenteamkonzepts der Umweltorganisation Greenpeace, Frankfurt/Main.

DJI – Deutsches Jugend Institut (2001): DJI Bulletin. H. 56/57, Dezember 2001

de Haan, G. (2002): Die Kernthemen der Bildung für eine nachhaltige Entwicklung, in: ZEP – Zeitschrift für internationale Bildungsforschung und Entwicklungspädagogik 25 (1), 13-20.

de Haan, G. (2008): Gestaltungskompetenz als Kompetenzkonzept für Bildung für nachhaltige Entwicklung, in: I. Bormann & G. de Haan (Hrsg.): Kompetenzen der Bildung für nachhaltige Entwicklung. Operationalisierung, Messung, Rahmenbedingungen, Befunde, Wiesbaden: 23-43.

de Haan, G. & Kamp, G. & Lerch, A. & Martignon, L. & Müller-Christ, G. & Nutzinger, H.G. (Hrsg.) (2008): Nachhaltigkeit und Gerechtigkeit. Grundlagen und schulpraktische Konsequenzen, Berlin, Heidelberg.

Gethmann, C. F. (2005): Partizipation als Modus sozialer Selbstorganisation? Einige kritische Fragen, in: GAIA 14 (1), 32-33.

Heinrichs, H. (2007): Kultur-Evolution: Partizipation und Nachhaltigkeit, in: J. Godemann. & G. Michelsen (Hrsg.): Handbuch Nachhaltigkeitskommunikation. Grundlagen und Praxis. 2. Auflage, München: 715-726.

Heintz, P. (1982): Die Weltgesellschaft im Spiegel von Ereignissen, Diessenhofen.

Huppert, A. & Abs, H. J. (2008): Schulentwicklung und die Partizipation von Lehrkräften: Empirische Ergebnisse zur Markierung eines Spannungsfeldes, in: ZEP – Zeitschrift für internationale Bildungsforschung und Entwicklungspädagogik 31 (3), 8-15.

Klemm, U. (2008): Demokratie-Lernen – Grenzen und Hindernisse. Oder: „In allen Schulen gibt es immer mehr Undemokratie, als es Demokratie gibt", in: ZEP – Zeitschrift für internationale Bildungsforschung und Entwicklungspädagogik 31 (3), 16-20.

Kopfmüller, J. & Brandl, V. & Jörissen, J. & Paetau, M. & Banse, G. & Coenen, R. & Grunwald, A (2001): Nachhaltige Entwicklung integrativ betrachtet. Konstitutive Elemente, Regeln, Indikatoren, Berlin.

Künzli David, C. (2007): Zukunft mitgestalten. Bildung für eine nachhaltige Entwicklung – Didaktisches Konzept und Umsetzung in der Grundschule, Bern, Stuttgart, Wien.

Luhmann, N. (1997): Die Gesellschaft der Gesellschaft. 2 Bände, Frankfurt/Main.

Meyer, J.W. & Boli, J. & Thomas, G.M. & Ramirez, F.O. (1997): World Society and the Nation-State, in: American Journal of Sociology 103, 144-181.

Michelsen, G. (2007): Nachhaltigkeitskommunikation: Verständnis – Entwicklung – Perspektiven. In: G. Michelsen. & J. Godemann (Hrsg.): Handbuch Nachhaltigkeitskommunikation. Grundlagen und Praxis. 2. Auflage, München, 25-41.

Programm Transfer-21 (Hrsg.) (2007): Orientierungshilfe Bildung für nachhaltige Entwicklung in der Sekundarstufe I. Begründungen, Kompetenzen, Lernangebote. Berlin, http://www.transfer-21.de/daten/materialien/Orientierungshilfe/Orientierungshilfe_Kompetenzen.pdf (Zugriff: Juni 2009).

Rychen, D. S. (2003): Key competencies: Meeting important challenges in life, in: D. S. Rychen. & L. H. Salganik (eds.): Key Competencies for a Successful Life and a Well-Functioning Society, Bern, Cambridge MA, Göttingen, Toronto, 63-107.

Scheunpflug, A. (2001): Die globale Perspektive einer Bildung für nachhaltige Entwicklung, in: O. Herz. & H. Seybold. & G. Strobl (Hrsg.): Bildung für nachhaltige Entwicklung. Globale Perspektiven und neue Kommunikationsmedien, Opladen, 87-99.

Siebert, H. (2008): Konstruktivistisch lehren und lernen, Augsburg.

Stoltenberg, U. (2006): Chancen des Konzepts der Bildung für nachhaltige Entwicklung für die Kooperation von Schule und außerschulischer (Umwelt-) Bildung, in: Ökoprojekt – Mobilspiel e.V. & M. Loewenfeld & S. Kreuzinger (Hrsg.): Fit für die Zukunft, München, 20-29.

Stoltenberg, U. (2007a): Gesellschaftliches Lernen und Partizipation, in: H. Jonuschat. & E. Baranek. & M. Behrendt. & K. Dietz. & B. Schlußmeier. & H. Walk. & A. Zehm, (Hrsg.): Partizipation und Nachhaltigkeit. Vom Leitbild zur Umsetzung, München, 54-66.

Stoltenberg, U. (2007b): Nachhaltigkeitskommunikation bezogen auf Bildungsinstitutionen für Kinder unter sechs Jahren, in: G. Michelsen. & J. Godemann (Hrsg.): Handbuch Nachhaltigkeitskommunikation. Grundlagen und Praxis. 2. Auflage, München, 781-792.

Stoltenberg, U. (2009): Mensch und Wald. Theorie und Praxis einer Bildung für einen nachhaltige Entwicklung am Beispiel des Themenfelds Wald, München.

Vare, P. & Scott, W. (2007): Learning for a change: exploring the relationship between education and sustainable development, in: Journal of Education for Sustainable Development 1 (2), 191-198.

Veith, H. (2008): Politik-Lernen, Demokratie-Lernen und Globales Lernen, in: ZEP – Zeitschrift für internationale Bildungsforschung und Entwicklungspädagogik 31 (3), 4-7.

WBGU – Wissenschaftlicher Beirat der Bundesregierung Globale Umweltveränderungen (1996): Welt im Wandel: Herausforderung für die deutsche Wissenschaft. Jahresgutachten 1996, Heidelberg, Berlin, New York.

Weinert, F.E. (2001): Concept of Competence: A Conceptual Clarification, in: D. S. Rychen. & L. H. Salganik (eds.): Defining and Selecting Key Competencies, Seattle, 45-65.

(Neue) Medien, Partizipation und nachhaltige Entwicklung

Gesa Lüdecke / Daniel Schulz

1 Einleitung

Die Idee einer nachhaltigen Entwicklung ist ein international anerkanntes Leitbild, welches einen tief greifenden gesellschaftlichen Transformationsprozess impliziert, dessen konkrete Ausgestaltung allerdings nicht feststeht. Vielmehr sind kontinuierliche Verständigungs- und Lernprozesse erforderlich, in denen verschiedene und zum Teil auch gegensätzliche Problemdeutungen, Lösungsstrategien und Weltbilder aufeinander treffen und die einen Wandel gesellschaftlicher Institutionen in allen Lebensbereichen hervorrufen. Die Gestaltung dieses Wandels darf nicht (nur) auf Politik und Wissenschaft beschränkt bleiben, sondern muss zwischen Akteuren aller gesellschaftlich relevanten Teilsysteme, insbesondere Politik, Bildung, Recht, Wissenschaft, Wirtschaft und Zivilgesellschaft, stattfinden (Michelsen 2007: 25). Dieser partizipative Anspruch ist bereits in der Agenda 21 als ein Grundprinzip nachhaltiger Entwicklung aufgeführt (siehe Kap. 2).

Für eine derart umfassende Gestaltungsaufgabe, die möglichst weite Teile der Gesellschaft einbezieht, spielen Vermittlungsformen mit großer Reichweite wie die Medien eine entscheidende Rolle. Dabei lassen sich zwei wesentliche Funktionen von Medien unterscheiden: Erstens kommt ihnen die Aufgabe zu, umfassend gesellschaftliche Belange zu thematisieren und dabei zur pluralistischen Meinungsbildung, zur Verbreitung von Kultur und Wissen sowie zur Unterhaltung beizutragen. Durch diese Informationsfunktion schaffen sie die Grundlage für Anschlusskommunikation und tragen zur Integration und Identitätsbildung der Gesellschaftsmitglieder bei. Dies ist eine wesentliche Voraussetzung für eine qualifizierte und erfolgreiche Partizipation. Zweitens können die Medien selbst Schauplatz für Partizipation werden. In den Medien kommen die Positionen unterschiedlicher Akteure zu Wort, wozu neben politischen Entscheidungsträgern auch Vertreter der Wirtschaft und Zivilgesellschaft gehören. Damit wird der massenmediale Diskurs zu einer zentralen Arena für die Formulierung und Interpretation von Problemen und Lösungsstrategien mit Bezug zu nachhaltiger Entwicklung (Häussler 2006: 307; Moe 2008: 319). Neben die traditionellen Massenmedien wie Radio, Fernsehen und Zeitung tritt das Internet, welches seit seiner Entstehung große Hoffnungen, zugleich aber auch Befürchtungen für die öffentliche Kommunikation geweckt hat, die durch die aktuelle Entwicklung des Web 2.0 wieder aufleben (Schmidt 2008: 19). Veränderungen betreffen zum einen die Massenmedien, die vermehrt mit interaktiven Formaten experimentieren. Zum anderen etablieren sich abseits der Massenmedien neue, webbasierte Öffentlichkeiten mit geringen Zugangsbarrieren. So entstehen komplexe mediale Strukturen, die sich durch unterschiedliche Reichweiten und Partizipationsmöglichkeiten auszeichnen, und in denen neue, interaktive Kommunikationsformen eine wichtige Rolle spielen.

Im Lichte dieser Entwicklungen soll der vorliegende Beitrag dazu dienen, einen Überblick über die Bedeutung von alten wie neuen Medien für Partizipation im Kontext von nachhaltiger Entwicklung zu bieten. Als Rahmen dient ein Konzept von Öffentlichkeit, welches eine differenzierte Betrachtung sowohl unterschiedlicher Medienformate als auch unterschiedlicher Partizipationsformen in medialen Kommunikationsräumen erlaubt. Dies dient dazu, Forschungsansätze und -erkenntnisse an der Schnittstelle Medien, Partizipation und nachhaltige Entwicklung zusammenzuführen und Hinweise für eine Erweiterung der (interdisziplinären) Forschungsagenda zu liefern.

2 Partizipation und Medien

Der Begriff der Partizipation als ein Grundprinzip nachhaltiger Entwicklung ist bereits in der Agenda 21 aufgeführt. Hier heißt es: „Eine Grundvoraussetzung für die Erzielung einer nachhaltigen Entwicklung ist die umfassende Beteiligung der Öffentlichkeit an den Entscheidungsprozessen" (Bundesumweltministerium (BMU) 1992: Kap. 23). Die Maßnahmen beispielsweise zur Umsetzung der Agenda 21 bestehen unter anderem aus der „Gewährleistung des Zugangs der Öffentlichkeit zu einschlägigen Informationen, um auf diese Weise leichteren Zugriff zu den von der Öffentlichkeit vertretenen Ansichten zu haben und eine wirksame Beteiligung zu ermöglichen" (ebd.: Kap 8.4). Darüber hinaus soll dies „eine aktive Beteiligung aller Betroffenen am Entscheidungs- und Vollzugsprozess ermöglichen" (ebd.: Kap. 10.10).

Partizipation kann verschiedene Ausgangspunkte haben: von der reinen Information der betroffenen Bevölkerung über ein Vorhaben, bis hin zur kooperativen Beteiligung (Governance) an Entscheidungsverfahren.[19] Daneben kann Partizipation auch in Demonstrationen und verschiedenen Protestformen (‚Bottom-up'-Events) ihren Ausdruck finden (Heinrichs 2005a: 710). Die Ziele von Partizipation sind unter anderem, die gesellschaftliche Wissens- und Wertebasis zu erhöhen, Konflikte zu vermeiden, die Sozialverträglichkeit zu erhöhen sowie eine Gemeinwohlorientierung zu gewährleisten (Heinrichs 2005b: 54f). Betrachtet man Partizipationsprozesse unter öffentlichkeitstheoretischen Gesichtspunkten, so können sie als „deliberative Arenen mit Merkmalen einer auf Zeit organisierten „kleinen Öffentlichkeit" verstanden werden, die sich durch die Interaktion unter Anwesenden auszeichnen" (Feindt & Kleinschmitt 2005: 138), die hier als Themenöffentlichkeiten bezeichnet werden (vgl. Kap. 2.1). Obwohl sich in diesen Verfahren eine hohe deliberative Qualität einstellen kann, besteht die Gefahr, dass die Ergebnisse keine Konsequenzen auf politischer Ebene nach sich ziehen, „wenn die dort verhandelten Themen und Gesichtspunkte keine Resonanz in den politischen Machtzentren und in der massenmedialen Öffentlichkeit finden" (Feindt & Kleinschmitt 2005: 138). Daher wird Partizipation in einer 'großen Öffentlichkeit', in der ein Thema gesamtgesellschaftliche bzw. politische Aufmerksamkeit erlangt, als ebenso wichtig angesehen (Feindt & Kleinschmitt 2005: 138).

2.1 Die Bedeutung der Medien für die öffentliche Kommunikation

In heutigen Gesellschaften konstituiert sich der öffentliche Diskurs weitestgehend über die Massenmedien. Die Medienkommunikation bildet einen integralen Bestandteil moderner

---

[19] Bereits 1969 veröffentlichte Arnstein die „Ladder of Citizen Participation", in der sie die einzelnen Stufen von der staatlich kontrollierten Bürgerinformation bis hin zur autonomen Bürgerbeteiligung in einem Stufenmodell skizzierte (Arnstein 1969).

Gesellschaften, da sie die Formen unserer Kommunikation bestimmt und damit selbst Teil gesellschaftlicher Veränderungen ist (Imhof 2006: 205).

Jarren & Donges (2006) sowie Krotz (2007) beschreiben diese Veränderungen als einen Prozess der *Mediatisierung*[20], in dem die Medien in immer mehr gesellschaftlichen Bereichen Verwendung finden, einen großen Anteil unserer Tagesaktivitäten in Anspruch nehmen und dabei den Informationsfluss und dessen Geschwindigkeit erheblich steigern (Jarren & Donges 2002: 31; Heinrichs & Petersen 2006: 123).

> „Da Medienwelten immer stärker zu Alltagsumwelten werden, [...] ist soziales Handeln in der Medienkultur heute ohne Bezug auf den Metaprozess Mediatisierung nicht zu verstehen" (Thomas & Krotz 2008: 29).

Damit erfolgt die Wissensaneignung zu globalen Themen zu einem großen Teil über Medien, die somit eine zentrale Bedeutung in der Informationsvermittlung einnehmen (Adolf Grimme Institut 2004: 18). Sie sind mithin für einen Großteil unseres Sekundärwissens verantwortlich (Burkart 2002: 40; Krotz 2008: 59) Die Funktion der Medien in der Herstellung und Wahrung einer Öffentlichkeit hat Habermas in seinem Entwurf einer deliberativen Demokratie („Faktizität und Geltung") zumindest ansatzweise als zentral für die Annahme „der Anliegen und Anregungen des Publikums" (Habermas 1992: 457) beschrieben.

2.2 Struktur und Bedeutung von öffentlicher Kommunikation

Öffentliche Kommunikation im politischen Raum ist eine zentrale Voraussetzung für eine funktionierende Demokratie[21], da durch Öffentlichkeit das politische System mit den Bürgern rückgekoppelt ist und durch diesen öffentlichen Austausch wesentliche Integrationsleistungen erbracht werden, die eine Gesellschaft erst ermöglichen. „Die Aufnahme und Verarbeitung bestimmter Themen und die Vermittlung der öffentlichen Meinung an die Bürger und an das politische System stellt damit die politische Funktion von Öffentlichkeit dar" (Wimmer 2007: 108).

Durch öffentliche Kommunikation gelangen einerseits gesellschaftliche Problemlagen an die Oberfläche und können dem politischen System zur Bearbeitung bereitgestellt werden. Dabei konkurrieren beständig Problematisierungen miteinander, die von unterschiedlichen Akteuren in den öffentlichen Diskurs eingebracht werden und die durch Generierung von medialer Aufmerksamkeit Einfluss auf politische Entscheidungen nehmen (Imhof 2006: 13). Andererseits können Bürger die Handlungen der Politiker verfolgen und Bewertungen vornehmen, die mitunter als öffentliche Meinung in Erscheinung treten. Der 'Raum' der Öffentlichkeit lässt sich als eine Vielzahl von Arenen beschreiben, in denen Akteure um Aufmerksamkeit ringen, um ihre Standpunkte zur Geltung zu bringen (Feindt & Kleinschmitt 2005: 139). Öffentlichkeit ist also nicht als ein homogener Kommunikationsraum aufzufassen; vielmehr lassen sich unterschiedliche Ebenen identifizieren, die sich vor allem

---

[20] Wir schließen uns hier Thomas & Krotz (2008) an, die die wahlweise und unpräzise Benutzung von *Mediatisierung* und *Medialisierung* dadurch ausschließen, dass im angloamerikanischen Sprachraum das Wort „Medialization" nicht existiert, wohl aber „Mediatization". Somit wird sich auch hier auf den zweiten Terminus beschränkt.

[21] Im Rahmen dieses Beitrags wird Partizipation als ein Instrument zur Schaffung und Wahrung demokratischer Systeme beschrieben und gilt demzufolge in dieser Form nicht für autokratische Staaten, die aufgrund machtzentralisierter Strukturen die Mitbestimmung durch Bürger weitestgehend ausblenden.

durch ihren Strukturierungsgrad unterscheiden (vgl. Abb. 1). Die unterste Ebene (Encoun-
terebene) bilden „einfache Interaktionssysteme" (Gerhards & Neidhardt 1990: 20), welche
spontan entstehen und sich durch lockere Strukturen und geringe Kontinuität auszeichnen.

Auf einer höheren Ebene liegen thematisch zentrierte Interaktionssysteme, die sich
durch eine Differenzierung von Leistungsrollen auszeichnen, wie etwa Sender (z.B. Refe-
renten oder Vortragende) auf der einen und Empfänger bzw. Publikum auf der anderen
Seite. Hier zeigt sich bereits das Vorhandensein von strukturierenden Selektionsmechanismen, da die Zahl der Sender begrenzt, und in der Regel ein thematischer Rahmen vorgegeben ist. Gleichzeitig erweitert sich auch die Anzahl möglicher Rezipienten.

Während die zuvor vorgestellten Ebenen bzw. Foren einen begrenzten Adressatenkreis
erreichen, existiert eine Ebene gesamtgesellschaftlicher oder allgemeiner Öffentlichkeit, in
der Themen kommuniziert werden, die anschließend als allgemein bekannt vorausgesetzt
werden können und hierdurch die öffentliche Meinung widerspiegeln (Niedermaier 2008:
52). Diese Ebene zeichnet sich durch eine starke Geschlossenheit und Formalisierung der
Sprecherrollen aus. In modernen Gesellschaften wird diese Form von Öffentlichkeit nahezu
ausschließlich über Massenmedien hergestellt. Vermittler treten hierbei in Gestalt von
Journalisten auf. Daher hängt die Ausgestaltung dieser Form der Öffentlichkeit wesentlich
von den Medien ab, und zwar sowohl von deren technischer Beschaffenheit, als auch von
ihrer organisationalen Einbettung. Abbildung 1 gibt die verschiedenen Ebenen und ihre
Strukturierungsgrade noch einmal wieder.

Abbildung 1:   Strukturierung und Differenzierung der verschiedenen
                  Öffentlichkeitsebenen

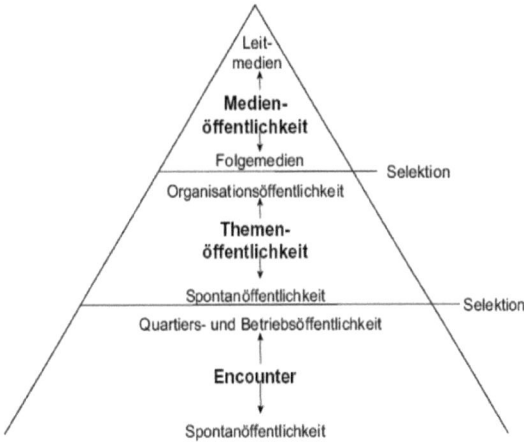

Quelle: Jarren & Donges 2002: 121

In diesem Zusammenhang kommen unterschiedliche Modelle von Öffentlichkeit zum Tragen, welche normative Ansprüche an die Gestalt und den Ablauf öffentlicher Kommunikation stellen (Jarren & Donges 2002: 112f; Neidhardt 1994: 8f). So genannte Spiegelmodel-

le, wie sie vor allem aus der Systemtheorie Luhmanns (1990) stammen, sehen die wesentliche Leistung von Öffentlichkeit in der Selbstbeobachtung der Gesellschaft, welche vor allem dadurch gewährleistet ist, dass alle Themen mit gesellschaftlicher Relevanz vertreten sind. Normativ anspruchsvoller sind diskurstheoretische Modelle (Habermas 1981), die neben dem gleichberechtigten Zugang zur Öffentlichkeit den Prozess der Meinungsbildung selbst in den Vordergrund stellen und diesen Prozess als einen diskursiven, vom besseren Argument geleiteten Austausch von Meinungen und Themen konzipieren, welcher idealerweise zu der Ausbildung der öffentlichen Meinung führt.

Öffentliche Diskurse werden allerdings meist von Akteuren geführt, die über ein (politisches) Machtpotential verfügen. Etablierte Wissensbestände und Deutungsmuster überwiegen oftmals im machtzentrierten Diskurs und prägen so die soziale Realität (Weingart et al. 2008: 35). Demnach sind Diskurse „unmittelbar mit Ermächtigungs- und Ausschließungskriterien verkoppelt" (Keller 2004: 49).[22] Ein Thema konstituiert sich „auf der Grundlage besserer Infrastrukturen, besserer Beziehungen zu relevanten Publika, einflussreicher Verbündeter" (Weingart et al. 2008: 35) und wird sodann als anerkannte Wahrheit von der 'Öffentlichkeit' aufgenommen und akzeptiert.

Um einem Ungleichgewicht im Sprecherensemble zu begegnen, ist im Habemas'schen Sinne die Beteiligung aller (relevanten) Akteure Voraussetzung. Die normative Argumentation beinhaltet die Aussage, dass der öffentliche Diskurs nicht nur von Meinungsführern und Akteuren in Machtpositionen geprägt werden darf, sondern die Beteiligung einer Vielfalt an Akteuren an der öffentlichen Kommunikation für ein Modell deliberativer Öffentlichkeit gewahrt sein muss. Partizipation am öffentlichen Diskurs ist in diesem Zusammenhang für die Legitimation des 'besseren Arguments' von Bedeutung, und nicht der strategischen Kommunikation einzelner Akteure oder Akteursgruppen. Im Idealfall entsteht so ein öffentlicher Diskurs, der „die Akteure der zivilgesellschaftlichen Peripherie mit denjenigen des politisch-administrativen Zentrums in Beziehung setzt" (Habermas 1992: 460). Nachfolgend gilt es nun zu zeigen, inwiefern traditionelle wie neue Medien in ihrer heutigen Form die öffentliche Kommunikation beeinflussen bzw. überhaupt erst ermöglichen.

2.3 Massenmedien und Öffentlichkeit

Bei der Herstellung von Öffentlichkeit beeinflussen die Medien einerseits durch ihre Selektionsmechanismen die Nachrichtenagenda, und treten andererseits selbst als berichterstattender Teilnehmer des öffentlichen Diskurses auf (siehe weiter unten). Akteure passen hierbei ihr politisches Handeln an die Gesetzmäßigkeiten des Mediensystems an (Jarren & Donges 2002: 31). Die Öffentlichkeit ist infolgedessen stark medial beeinflusst, politische und gesellschaftliche Akteure müssen ihre Kommunikationsstrategien auf diese Form der Kommunikation einstellen (ebd.).

Die Medien folgen vor allem ihren eigenen Kommunikationsprinzipien und Logiken. Als entscheidende Kriterien, ob es ein Thema in die Medien schafft, zählen vor allem die

---

[22] Hier unterscheidet sich beispielsweise der angloamerikanische Diskurs über den Klimawandel vom deutschen Mediendiskurs. In den USA entwickelte sich eine polarisierende Diskussion um den menschlichen Einfluss auf das Klima. Im Vergleich dazu wurden in Deutschland erst sehr viel später Skepsis und Zweifel an den verfestigten Wissensbeständen zum anthropogen bedingten Klimawandel geäußert. Diese Debatte wurde vor allem aufgrund der von der Wissenschaft proklamierten, aber nicht unmittelbar wahrnehmbaren Folgen einer globalen Erwärmung angestoßen (siehe auch weiterführend Weingart et al. 2008).

Nachrichtenwertfaktoren[23], an denen sich Medienorganisationen orientieren (Hagedorn & Meyer 2005: 253; Schwender et al. 2008). Daraus folgt, dass vermehrt ökonomische oder politische Verwertungsinteressen statt gesellschaftliche Ziele im Vordergrund stehen. Dernbach spricht in diesem Zusammenhang von einem Dilemma zwischen normativen Anforderungen und strukturellen Bedingungen (Dernbach 1998: 149). Die zunehmende *Entertainisierung* und *Boulevardisierung* der Massenmedien als eine Art Gegentrend zur Funktion einer normativ orientierten Öffentlichkeit ist die Folge einer Ausrichtung an ökonomischen Mechanismen, um im Wettbewerb konkurrenzfähig zu bleiben (ebd.). Da in der Freizeit viel Unterhaltung über die Medien konsumiert wird, ist die Entertainisierung vielen Medienformaten immanent und inzwischen zu einem der wichtigsten finanziellen Stützpfeiler der Medienorganisationen geworden. Damit einhergehend kann ein fortschreitender Qualitätsverlust der Informationsfunktion (ebd.) und durch die Fragmentierung des Angebotsmarktes auch eine Gefährdung der allgemeinen Öffentlichkeit festgestellt werden.

Die Journalisten und Redaktionen erfüllen zudem die Rolle eines *Gatekeeper*, da sie wie ein Themenfilter einer Information „vorgeschaltet" sind und darüber entscheiden, ob ein Thema die nötige Brisanz und Aktualität besitzt, um in die Medien zu gelangen (Heinrichs & Petersen 2006: 125).

Ökonomische oder persönliche Selektionsentscheidungen durch (journalistische oder politische) Akteure sind unter anderem der Ausgangspunkt für das *Agenda-Setting* eines Themas in den Medien (Schenk 2002: 399ff.). Der Ansatz des Agenda-Settings besagt, dass einem Thema in den Medien besondere Beachtung gegenüber anderen Themen geschenkt wird. Hierdurch entsteht der Eindruck, dass das kommunizierte Thema einem (sozialen) Problem vorrangiger Ordnung entspricht (Bonfadelli 2007: 258; Dahinden 2006: 84).[24] Aus welcher Perspektive ein Thema dann betrachtet wird, ist wiederum davon abhängig, welche Aspekte des Themas in der redaktionellen Bearbeitung hervorgehoben und welche weggelassen oder hintangestellt werden. In den Medienwissenschaften wird dieses Phänomen als *Framing* beschrieben, als Rahmung eines Sachverhalts mit präferierten Schwerpunktsetzungen durch die Medienakteure.[25] Hierdurch übernehmen die Medien gewissermaßen die Aufmerksamkeitssteuerung der Gesellschaft (Heinrichs & Petersen 2006: 125). Nach dem Ansatz des Agenda-Settings ist die Medienagenda für die Steuerung der Publikumsaufmerksamkeit verantwortlich. Es gibt aber auch Entwicklungen, in denen die Publikumsagenda die Medienagenda bestimmt. Dies ist dann der Fall, wenn es Teilöffentlichkeiten gelingt, Themen ‚vom Rande der Gesellschaft' in den Fokus der öffentlichen Aufmerksamkeit zu bringen.

Die gesellschaftliche Anschlussfähigkeit an ein Thema hängt ebenfalls mit dessen soziokultureller Verankerung und Symbolträchtigkeit zusammen. Themen wie *Atomkraft* oder

---

[23] Schulz benannte die bis heute gebräuchlichen Nachrichtenwertfaktoren mit Zeit (Aktualität), Nähe (räumlich zum Publikum), Status eines Akteurs (soziale Dimension), Dynamik (strukturelle Charakteristika wie Überraschung), Valenz (positive oder negative Wertigkeit einer Information) und Identifikation (Personalisierung) (Schulz 1990: 32ff; Bonfadelli 2007: 258).

[24] Zwei beispielhafte Themen hierfür sind zum einen das Waldsterben, das in den 1980er Jahren für Aufsehen und Ängste um den Fortbestand des deutschen Waldes sorgte, heute jedoch kaum noch Beachtung in den Medien findet, und das Thema BSE, das seinen Höhepunkt in der Berichterstattung 2001 in den Medien hatte, seitdem aber wieder von der breiten Medienagenda verschwunden ist. Für Hansen hängt das Agenda-Setting auch immer mit den sozio-kulturellen Strukturen einer Gesellschaft zusammen. Es ist demnach davon abhängig, wie stark ein Thema mit anderen, gesellschaftlich verankerten, Themen in Verbindung steht und aufgrund dessen bereits auf ein gesellschaftliches Grundinteresse stößt (Hansen 1991: 453).

[25] Zu Framing siehe auch Dahinden (2006) und Imhof (2006).

radioaktive Strahlung sind tief im gesellschaftlichen Gedächtnis verwurzelt und haben durch Ereignisse wie Hiroshima oder Tschernobyl eine starke Symbolkraft, gegenüber der es andere und weniger populäre Themen weitaus schwerer haben, in den Medien zu bestehen (Hansen 1991: 453).[26]

Das Vorangegangene hebt die Bedeutung der Medien für die Schaffung einer allgemeinen Öffentlichkeit hervor, weist aber zugleich auf die Gefahren medialer Kommunikation hin. Zum einen wurde hier die Funktion der Medien als teilnehmender und berichtender Beobachter beschrieben, der die gesellschaftlichen Themen auf die öffentliche Agenda bringt. Zum anderen wurde erörtert, dass die Medien eine Thematisierungsfunktion besitzen, indem sie steuern, welche Themen in der Öffentlichkeit überhaupt ausgehandelt werden und somit selbst zum Akteur innerhalb des öffentlichen Diskurses werden.[27]

2.4 Das Internet als Herausforderung für die öffentliche Kommunikation

Mit der Etablierung des Internets[28] in weiten Teilen der Gesellschaft entsteht ein neuer Raum für öffentliche und individuelle Kommunikation. Als neue Medientechnik bietet es die Möglichkeit, unterschiedliche traditionelle Medientechnologien zu simulieren (etwa Web-TV, Web-Radio, elektronische Post) und zu vereinen (Computer als Hybridmedium) (Grunwald et al. 2006: 82). Darüber hinaus sind ihm spezifische Funktionen zu eigen, „die wirtschaftliche, soziale oder politische Konsequenzen wahrscheinlich erscheinen lassen" (Kamps 1999: 8). So werden Bedingungen geschaffen, durch die „sich die öffentliche Kommunikation von einer sozial selektiven, linearen und einseitigen zu einer *partizipativen, netzwerkartigen und interaktiven Kommunikation* verändern [kann]" (Neuberger 2008: 22) Hervorhebung im Original).

Seit seinen Anfängen wurde das Internet als offener und freier Kommunikationsraum gedacht, in dem ungeachtet der unterschiedlichen Fähigkeiten der Individuen zunächst einmal keine Begrenzungen, wie etwa Raum oder Zeit, herrschen. Diese Eigenschaften der elektronischen Öffentlichkeit legen Vergleiche mit den von Habermas idealisierten bürgerlichen Öffentlichkeiten nahe (DiMaggio et al. 2001: 322).

Durch das Internet wird zum einen der Zugang zu Informationen erleichtert, da der Zugriff räumlich und zeitlich ungebunden erfolgen kann, Informationen also potenziell global und jederzeit zur Verfügung stehen (Donges & Jarren 1999: 86; Kamps 2007: 300). In der Praxis zeigt sich jedoch, dass dies weniger zu einer Ausweitung der Nutzung von Information führt, sondern das Internet eher als zusätzliche Informationsquelle von Menschen genutzt wird, die sich auch über andere Medien informieren (Bentivegna 2004: 54). Darüber hinaus sind mit der Ausweitung des Zugangs „Folgeprobleme" (Neuberger 2008: 23) verbunden, die sowohl Kommunikatoren als auch Rezipienten betreffen. Durch die Vielzahl der unterschiedlichsten Kommunikatoren und durch das Wegfallen des massen-

---

[26] Hieran schließt auch der Ansatz des Issue-Attention-Cycle an (Downs 1972).

[27] ARD und ZDF warben im Sommer 2009 mit der Kampagne „Ihr gutes öffentliches Recht" und treten damit als öffentlich-rechtliche Sender für den freien Zugang zu Informationen ein, um das demokratische Grundprinzip der Bundesrepublik aufrecht zu erhalten.

[28] Das Internet ist nicht als ein homogenes Medium zu sehen, sondern als eine technische Infrastruktur, auf deren Grundlage sich unterschiedliche Medien ausgebildet haben. Nichtsdestotrotz werden mit dem Begriff bestimmte Eigenschaften verbunden, so dass er hier teilweise als Sammelbegriff verwendet wird.

medialen Filters nimmt die Informationsmenge erheblich zu, so dass Rezipienten nicht in der Lage sind, sämtliche Inhalte wahrzunehmen. Zudem müssen Auswahlentscheidungen hinsichtlich Glaubwürdigkeit, Qualität und Relevanz getroffen werden, da im Internet in der Regel keine Gewährleistung über die Richtigkeit der Informationen besteht (Bentivegna 2004: 54). Für die Kommunikatoren erhöht dies die Schwierigkeit, im Internet Aufmerksamkeit und Vertrauen der Rezipienten zu gewinnen (Neuberger 2008: 23). Die Fähigkeiten, die hierzu benötigt werden, lassen sich unter dem Begriff *Medienkompetenz* subsumieren. Dabei ist Medienkompetenz[29] nicht statisch zu verstehen, sondern passt sich an die gesellschaftlichen Veränderungen an und ist als ein grundlegender Prozess des lebenslangen Lernens zu begreifen (Baacke 1999: 34).

Neben der Ausweitung des Informationszugangs sinken durch das Internet auch die Barrieren zur aktiven Teilnahme an öffentlicher Kommunikation. War Öffentlichkeit zuvor auf die physische Anwesenheit beschränkt oder auf die Vermittlung durch die Massenmedien angewiesen, so lassen sich nun nicht nur im Internet alle relevanten Informationen selbst recherchieren, sondern auch die strikte Trennung zwischen Sender und Empfänger hebt sich auf (Bentivegna 2004: 51; Tambini 1999: 311). Akteure können eigene Inhalte publizieren, die zuvor von den Massenmedien keine Beachtung fanden und so deren Selektionsmechanismen umgehen (Donges/Jarren 1999: 86). Darüber hinaus können sie in einen direkten Austausch mit ihren Zielgruppen treten, indem sie ihre Webpräsenz so gestalten, dass eine aktive Kommunikation der Nutzer möglich ist. Bietet eine Netzplattform die Möglichkeit eines längerfristigen Austauschs, so können soziale Strukturen entstehen, die häufig unter dem Begriff ‚Online-Communities' diskutiert werden und die als „computervermittelte soziale Netzwerke" (Stegbauer 2006c) verstanden werden können. Hier kann ein Austausch zwischen Nutzern stattfinden und es kann soziales Kapital aufgebaut sowie Unterstützung über die reine Informationsgewinnung hinaus gewonnen werden. (DiMaggio et al. 2001: 316; Schmidt 2006: 56). Diese Online-Communities existieren seit Entstehung des Internets und spielten sich zunächst vor allem in Mailinglisten und Usenet-Groups ab, verlagerten sich aber zunehmend in Webforen und Chats. Zusätzlich existieren heute spezialisierte Webangebote, deren explizites Ziel die Vernetzung ihrer Nutzer ist (so genannte Soziale Netzwerkseiten – SNS) (Deterding 2009: 129). Neben diesen zentralen Angeboten existieren individuelle Webformate, vor allem Blogs, die für sich alleine stehen, aber durch kommunikative Bezüge über Hyperlinks netzwerkartige Strukturen entstehen lassen (Neuberger et al. 2007: 96), die in ihrer Gesamtheit als Blogosphäre bezeichnet werden (Schmidt 2006: 54). Diese neuen Webangebote, bei denen die Aktivität der Nutzer im Vordergrund steht (Haas et al. 2007: 215), werden unter dem Stichwort „Web 2.0[30]" als eine entscheidende Weiterentwicklung des Internets diskutiert (Schmidt 2008).

Analysen der Kommunikationsprozesse im Internet zeigen allerdings, dass es auch in der internetbasierten Kommunikation, die aufgrund fehlender Kontextinformationen zunächst mehr Gleichheit zu schaffen scheint, zu einer Rollendifferenzierung kommt, die sich als eine Zentrum-Peripherie-Struktur beschreiben lässt (Stegbauer 2006b: 29; Stegbauer

---

[29] Die Definition des Begriffes Medienkompetenz nach Baacke umfasst die vier Dimensionen Medienkritik, Medienkunde, Mediennutzung und Mediengestaltung (Baacke 1999: 31). Hier spricht der Autor die wesentlichen Dimensionen der Medienkompetenz an: die analytische und reflexive Auseinandersetzung mit Medieninhalten, das Wissen um die Funktionen und die Anwendung und Nutzung von Medien für die eigenen Bedürfnisse sowie das Einbringen und Mitgestalten des gesellschaftlichen Prozesses mittels der Medien (ebd.).

[30] Ursprünglich geht der Begriff auf den Titel einer Konferenzreihe zurück, die von dem Verleger Tim O´Reilly erstmals im Jahr 2004 initiiert wurde (Alby 2007).

2006a: 41). Außerdem zeigt sich, dass die relativ hohe Anonymität im Internet auch zu Fehlverhalten von Nutzern führen kann, die entweder themenfremde Inhalte veröffentlichen (Spamming) oder gezielt andere Nutzer attackieren (Flaming), und damit die Kommunikation empfindlich stören (Dumont & Candler 2005: 294; Tambini 1999: 316).

Nichtsdestotrotz verlieren die Massenmedien durch das Internet ihr Monopol auf die Publikation von Informationen und geraten damit in ihrer Funktion als zentrale Vermittlungsinstanz unter Legitimationsdruck. Die Frage, ob mit dem Internet nicht eine neue, bessere Form des Journalismus möglich sei, wurde vor allem im Zusammenhang mit dem Blog-Format intensiv geführt (Diemand & Mangold 2007). Bisherige Forschungsergebnisse zeigen allerdings, dass Weblogs in der Regel Themen der Massenmedien aufgreifen und nur in seltenen Fällen selbst Themen aufwerfen, die massenmediale Aufmerksamkeit erlangen (Neuberger et al. 2007). Insofern ist eher von einer komplementären Beziehung auszugehen, auch da Blogs „in ihrer Gesamtheit kaum in der Lage [sind], kontinuierlich, thematisch universell und aktuell zu berichten und vor allem zu recherchieren" (Neuberger et al. 2007: 110; Berendt et al. 2008).

Netzöffentlichkeiten sind öffentlichkeitstheoretisch daher überwiegend auf der Ebene der Encounter- bzw. Themenöffentlichkeiten anzusiedeln (Donges & Jarren 1999: 94; Kamps 2007: 303). Obwohl sich also die Leistungs- und Publikumsrollen zwischen den Öffentlichkeitsebenen „verflüssigen" (Kamps 2007: 303), müssen weiterhin die Selektionsbarrieren zur massenmedialen Öffentlichkeit überwunden werden. Sei es dadurch, dass Themen von Journalisten aufgegriffen werden oder dass sie durch zusätzliche Kommunikationsformen verstärkt werden[31] (Donges & Jarren 1999: 94). Es lässt sich festhalten, dass die traditionellen Massenmedien trotz derzeitiger Fragmentierung weiterhin die Funktion der Bereitstellung einer kontinuierlichen Öffentlichkeit auf gesamtgesellschaftlicher Ebene einnehmen (Donges & Jarren 1999: 94). Yang beschreibt die Massenmedien als Vorderbühne, auf der politische Entscheidungen ausgehandelt werden. Die Netzmedien betrachtet er als Hinterbühne, die keine Alternative zu den herkömmlichen Massenmedien darstellen, sondern nur eine Ergänzung sind, in der die Zivilgesellschaft eher zu Wort kommt, als in den Massenmedien. Deren Medienlogik muss sich jeder Akteur weiterhin unterwerfen, um gehört zu werden (Yang 2008: 31).

3   Medien und nachhaltige Entwicklung

Die hohe Abstraktheit des Konzepts einer nachhaltigen Entwicklung verlangt danach, dass wissenschaftliche Beobachtungen und Beurteilungen in die Öffentlichkeit getragen und hier diskutiert und bewertet werden. Um die Informiertheit möglichst großer Teile der Gesellschaft zu gewährleisten und damit die Voraussetzung für Partizipation zu schaffen, ist eine Thematisierung von nachhaltiger Entwicklung in den Medien unabdingbar. Die Medien stellen einen entscheidenden Multiplikator dar, gerade bei abstrakteren und schwer zugänglichen Themen. Die mediale Kommunikation von Umwelt und Nachhaltigkeit erwies sich in der Vergangenheit jedoch als problematisch, da der Journalismus komplexe Sachverhalte vereinfacht, „Wirklichkeit synthetisiert" (Thorbrietz 1987: 302) und mehr vergangenheitsorientiert als zukunftsgerichtet kommuniziert (Bonfadelli 2007: 257f.; Dernbach 2005:

---

[31] Donges nennt in diesem Zusammenhang Demonstrationen und Veranstaltungen, „die durch die Netzkommunikation dann vorbereitet, begleitet und unterstützt werden können" (Donges & Jarren 1999: 94).

183). Durch diese Schwierigkeiten in der Medialisierung nachhaltiger Entwicklung entsteht die Gefahr, dass die Partizipationsvoraussetzung bereits an der mangelnden Informations-funktion scheitert. Im Gegensatz zu Nachhaltigkeit hat beispielsweise die öffentliche Dis-kussion um den Klimawandel bereits eine vergleichsweise beeindruckende Medienkarriere hinter sich (Schwender et al. 2008). Der Klimawandel bietet konkrete Fakten und Daten für Journalisten, politische und zivilgesellschaftliche Akteure, die sich leichter auf alltägliche Handlungsroutinen und Aktionsprogramme übertragen lassen (Lüdecke 2008). In den tradi-tionellen Massenmedien greifen demnach stark die Mechanismen, die in Kap. 2.2 beschrie-ben wurden, die in besonderem Maße für Nachhaltigkeitskommunikation von Bedeutung sind. Auch strukturelle Restriktionen innerhalb der Medienorganisationen setzen der Nach-haltigkeitskommunikation die entsprechenden Grenzen (vgl. Kap. 2.2). In den folgenden Unterkapiteln wird zunächst die Kommunikation des Themas Nachhaltigkeit als Partizipa-tionsvoraussetzung in den traditionellen Massenmedien und in den neuen Medien vorge-stellt. Im Anschluss werden die Partizipationsmöglichkeiten betrachtet.

3.1 Nachhaltigkeit in den Medien: Voraussetzung für Partizipation

Wirft man einen Blick auf die Karriere von Themen nachhaltiger Entwicklung in den Me-dien, so lässt sich erkennen, dass Umweltschutz- und Ökologiethemen seit Mitte der 1970er Jahre, einhergehend mit einem steigenden gesellschaftlichen Umweltbewusstsein, zuneh-mend in den Massenmedien vertreten sind.[32] Umweltkatastrophen und ihre massenmediale Thematisierung sorgten in der Vergangenheit für eine gesteigerte Auseinandersetzung mit ökologischen Problemen (Brand 1997: 34; Kaufmann 2007: 256)[33]. Das Umweltthema wurde vor allem durch eine auf Katastrophen fokussierte Berichterstattung geprägt, der das Medienpublikum bald überdrüssig wurde (Dernbach 2005: 184).

Seit der Rio-Konferenz von 1992 und der dortigen Diskussion um den Brundtland-Bericht (1987) zur gemeinsamen Zukunft hat die Beschäftigung mit dem Thema Nachhal-tigkeit deutlich an Relevanz in der Medienberichterstattung gewonnen (Bonfadelli 2007: 273). Eine Printmedienanalyse in der Schweiz konnte zeigen, dass der Begriff vor allem in der Qualitäts- und Fachpresse vertreten ist, während er in der Boulevardpresse überhaupt nicht vorkommt (ebd.). Die Autoren einer Studie des Adolf-Grimme-Instituts zu TV-Medien und Nachhaltigkeit (2004) beurteilen die Medienberichterstattung zum Thema Nachhaltigkeit in Deutschland äußerst skeptisch und resümieren: „Die politische Bedeu-tung des Nachhaltigkeitskonzepts schlägt sich nicht in der medialen Darstellung nieder" (Adolf Grimme Institut 2004), eine Einschätzung, die zum Teil auch für den Ökologiedis-kurs der 1980er Jahre getroffen wurde. Dernbach stellt fest, dass das Nachhaltigkeitsthema an der Ereignisorientierung, dem Ressortdenken, dem Negativismus bei Umweltthemen und dem Fehlen der hintergründigen Zusammenhänge in der medialen Berichterstattung als holistisches Konzept weitgehend scheitert (Dernbach 2005: 183). Sie resümiert ernüchtert über die mediale Berichterstattung zum Thema Nachhaltigkeit: „Halten kann sich nur, was eine nachhaltige Wirkung im Sinne quantitativen Erfolgs generiert" (ebd.: 188).

---

[32] Für eine ausführliche Zusammenschau siehe Weingart et al. 2002, 2008.
[33] Als Beispiele medial dargestellter ökologischer Katastrophen seien hier der Reaktorunfall in Tschernobyl 1986 und das Waldsterben in den 1980er Jahren in Deutschland genannt.

Im Gegensatz zu den Massenmedien ermöglicht das Internet unterschiedlichsten Akteuren, selbst Informationen, Meinungen und Diskussionsangebote zu Themen nachhaltiger Entwicklung zu publizieren (Grunwald et al. 2006: 267). Im Bereich der Informationsvermittlung lässt sich dementsprechend ein hochwertiges und breit gefächertes Angebotsspektrum feststellen (Barth 2005: 267; Peters et al. 2005: 40). In jüngster Zeit ist im Internet eine weitere Zunahme an Angeboten zu nachhaltiger Entwicklung zu verzeichnen. Dies mag einerseits damit zusammen hängen, dass nachhaltigkeitsrelevante Themen wie etwa der Klimawandel in den Massenmedien zunehmend vertreten sind. Andererseits entwickeln sich andere Themen weitgehend selbstständig im Internet, wie eine Konsumbewegung, die mit dem Begriff LOHAS[34] umschrieben wird. Auch hat etwa die Schlagwortnennung des Nachhaltigkeitsbegriffs zumindest im englischsprachigen Raum deutlich zugenommen[35]. Bezüglich der Anbieter von Webseiten zu Umweltthemen zeigen frühere Untersuchungen, dass vor allem NGOs in Erscheinung treten, die so die Selektionsmechanismen der Massenmedien umgehen (Peters et al. 2005). Gleichzeitig lässt sich beobachten, dass die traditionellen Massenmedien gerade im Bereich Klimawandel ihre Onlinepräsenz nutzen, um vertiefende Hintergrundinformationen bereit zu stellen[36]. Inwiefern sich der Kreis der Anbieter in den letzten Jahren ausgeweitet hat, ist bisher allerdings noch nicht systematisch untersucht worden.

Ein Blick auf die Nutzerstrukturen dieser Internetangebote zeigt, dass sie in erster Linie von Menschen mit Wissen und Interesse an Umweltthemen wahrgenommen werden (Mandel et al. 2001: 35; Peters et al. 2005: 33), ähnlich wie es bei Internetangeboten zu politischen Themen festgestellt wurde. Hier resümieren etwa Rucht et al., dass das Internet als Medium politischer Kommunikation vor allem Akteuren Vorteile bietet, die gezielt nach Informationen suchen, während andere kaum erreicht werden. Diese Form der Überzeugungsarbeit findet „in der Regel außerhalb des Internet (im Freundeskreis, bei Treffen von Gruppen oder Organisationen)" (Rucht et al. 2008: 185) statt. Daher kann nicht von der bloßen Existenz und Zugänglichkeit der Inhalte auf eine weiter reichende Wahrnehmung von Nachhaltigkeitsthemen ausgegangen werden.

Nichtsdestotrotz deutet sich zumindest eine Ausweitung dieses Nutzerkreises durch Personen an, die auch als „Ökos 2.0" (Stauss 2008) bezeichnet werden und sich durch eine hohe Nutzung des Internets auszeichnen (Hubert Burda Media 2007: 6). Hier kommen verstärkt Formate zum Einsatz, die dem Web 2.0 zuzuordnen und unter denen das Blogformat als ein wichtiges Publikations- und Partizipationsinstrument zu Themen nachhaltiger Entwicklung zu nennen ist. (Schulz 2009).

3.2 Partizipative Nachhaltigkeitskommunikation durch Medien

Resümieren wir die Entwicklung des Themas Nachhaltigkeit in den Medien, führt dies zu der Erkenntnis, dass Voraussetzungen zur gesellschaftlichen Partizipation am Nachhaltigkeitsdiskurs in den traditionellen Massenmedien nur fragmentarisch gegeben sind. Die Netzmedien bieten eine umfassendere Informationsbasis für Nachhaltigkeitsthemen, als es

---

[34] LOHAS steht für „Lifestyle of Health and Sustainability".

[35] Vgl. (http://www.environmentalleader.com/ 2007/09/04sustainability-buzz-up-169/).

[36] Als Beispiele können hier vor allem die Mediatheken von ARD (http://www.tagesschau.de/klima/) und ZDF, aber auch die Rubrik Klimawandel von Spiegel ONLINE gelten.

in den Massenmedien zu erwarten wäre, sind aber in ihrer Reichweite begrenzt. Neben der Informationsfunktion bieten sich Möglichkeiten der Partizipation in den Neuen Medien ebenso wie in den traditionellen Massenmedien. Diese werden wir in den folgenden Unterkapiteln erläutern und in Bezug auf den Nachhaltigkeitsdiskurs betrachten.

3.2.1 Massenmedien

Die Entwicklung partizipativer Formen im massenmedialen Diskurs geht bis ins 18. Jahrhundert zurück. In dieser Zeit entstand in der Presselandschaft der Gedanke, die Beitragsmöglichkeit in den Printmedien auf die Leserschaft zu erweitern (Engesser 2008: 51). Leserbriefe dienen der Veröffentlichung von Meinungen auf gesellschaftlicher Mikroebene und bieten somit die Möglichkeit, an der öffentlichen Meinungsbildung durch einen *direkten* Zugang teilzunehmen. Die vergleichbare Beteiligungsform zum Leserbrief ist in den audio- und visuellen Medien das Hörer- und Zuschauertelefon. Das „Phone-in" (siehe oben) per Zuschauertet/Televoting oder interaktivem Zuschauertalk kann als abstimmender, berichtender, kommentierender oder kritisierender Beitrag zum Sendeinhalt gesehen werden. Leserbriefe, Hörer- und Zuschauertelefone und alternative Sendeformate in Radio und Fernsehen haben sich als partizipativer Journalismus inzwischen auf die zusätzliche Kommunikation durch Weblogs, Nachrichtensites und Foren eingestellt (Engesser 2008: 57f.).

Der indirekte Zugang findet laut Baldi & Hasebrink zumeist mittels Rezipienten- und Konsumentenorganisationen oder Bürgerinitiativen ihren Eingang in die Medien (Baldi & Hasebrink 2007: 78ff.). Die Vertreter dieser zivilgesellschaftlichen Gruppen repräsentieren die Interessen und Perspektiven ihrer Mitglieder und diskutieren sie mit Vertretern anderer sozialer Gruppen sowie Medienverantwortlichen.

Vor der weitläufigen Nutzung des Internets blieben Stimmen aus dem Publikum oftmals ungehört. Die Umstellung auf eine rege und kritisierende Publikumsbeteiligung ist für viele Journalisten aus dem Umfeld der traditionellen Massenmedien mit substanziellen Änderungen verbunden. Die Netzmedien sind durch eine schärfere Kritik an journalistischen Aussagen zunehmend von Medienakteuren, z.B. aus dem Printbereich oder auch von politischen Akteuren, gefürchtet, da sie sich einer wachsenden Kritik an der eigenen Arbeit durch direktere Aussagen des Publikums stellen müssen (Stegers 2008: 48f.).[37]

Neben den genannten Formen der Beteiligung gibt es noch weitere Möglichkeiten der Partizipation durch Bürger am Mediendiskurs, z.B. Proteste, Demonstrationen, Aktionen oder Unterschriftensammeln. Hierunter fallen auch Aktivitäten der so genannten Graswurzelbewegungen oder Neuen Sozialen Bewegungen, die gesellschaftliche Normen in Frage stellen und eine Umgestaltung des etablierten Wertesystems in Wirtschaft und Politik anstreben.[38]

---

[37] Dies hat unter anderem dazu geführt, dass beispielsweise die Süddeutsche Zeitung die Beteiligung der Leserschaft auf der zeitungseigenen Homepage eingeschränkt hat, da die Journalisten einer übermäßigen Kritik an ihrer eigenen Arbeit durch das Publikum entgegenwirken wollten. Dies führt im Sinne einer gleichberechtigten Beteiligung zu einer klaren Asymmetrie. Hinzu kommt, dass Redaktionen oft zu selten auf die Anmerkungen der Leserschaft reagieren, indem sie Kommentaren zu Beiträgen einfach nicht genügend Beachtung schenken (Stegers 2008: 48f.).

[38] Rucht beschreibt soziale Bewegungen als ein „auf gewisse Dauer gestelltes und durch kollektive Identität abgestütztes Handlungssystem mobilisierter Netzwerke von Gruppen und Organisationen, welche sozialen Wandel mittels öffentlicher Proteste herbeiführen, verhindern oder rückgängig machen will" (Rucht 1994: 338f.).

Mit Blick auf den Nachhaltigkeitsdiskurs ist es unter diesen Bedingungen interessant zu hinterfragen, welche Akteurskreise sich vermehrt in die Debatte um gesellschaftliche Transformationsprozesse beteiligen, und welche eher ungehört bleiben. Mit der Akteursverteilung in Bezug auf Nachhaltigkeitsthemen in den Massenmedien haben sich einige Studien in der Vergangenheit beschäftigt.

Hier sei besonders auf Arbeiten von Feindt & Kleinschmitt, Bonfadelli sowie Hansen hingewiesen, die zu der Verteilung der Akteure im Nachhaltigkeitsdiskurs in den Massenmedien seit der Jahrtausendwende empirische Studien durchgeführt haben. Grundsätzlich zeigen die Ergebnisse dieser Studien die ungleiche Verteilung der Sprechakte von Akteuren in den Massenmedien bezüglich der Umwelt- und Nachhaltigkeitsthematik auf. Feindt & Kleinschmitt arbeiteten in der Untersuchung der öffentlichen Debatte zur BSE-Krise ein vielschichtiges Partizipationsbild heraus. In der Analyse von Tageszeitungsberichten über die BSE-Krise fanden sie heraus, dass das Sprecherensemble sich im Verlauf der Debatte stets veränderte und immer neue Akteure zu Wort kamen. Waren es zu Beginn vermehrt politische und wissenschaftliche Akteure, da die BSE-Krise überwiegend mit dem Ausland und der europäischen Legislative im Zusammenhang stand, stiegen im zeitlichen Verlauf des Diskurses die prozentualen Anteile von Sprechakten durch Akteure der Peripherie (Feindt & Kleinschmitt 2005: 150). Die verschiedenen Phasen innerhalb der Debatte ermöglichten vor allem Einzelpersonen, ihre Stimme im Kanon der Akteure zu heben. Hier unterstellen Feindt & Kleinschmitt den Massenmedien eine manipulierende Wirkung, da sie Einzelpersonen als Betroffene der Krise protegierten und vermehrt zu Wort kommen ließen (ebd. 2005: 152).

Eine vergleichende Analyse zu der Akteursbeteiligung am öffentlichen Genfood-Diskurs in Deutschland wurde von Rucht et al. (2008) durchgeführt. Sie verglichen die Akteursbeteiligung im Diskurs im Internet mit jener im Diskurs in den Printmedien. Als Ergebnis hielten sie fest, dass die Akteursbeteiligung im Internet differenzierter und vielschichtiger war als in den Printmedien. Es kamen insbesondere zivilgesellschaftliche Akteure zu Wort; im Gegensatz hierzu war der massenmediale Diskurs in den Printmedien vor allem durch staatliche Akteure geprägt. Allerdings überwogen bei den im Internet vertretenen Nutzern auch die besser organisierten und professionalisierten Akteure (Rucht et al. 2008: 178). Zudem fand sich eine größere Themenbreite bezüglich der Genfood-Diskussion im Internet, in den Massenmedien war der Diskursweniger kritikfreudig. Als Ergebnis hält Yang fest, dass Asymmetrien im politischen Kommunikationsraum durch das Internet nicht beseitigt werden können (Yang 2008: 2ff.).

Bonfadelli und Hansen kommen zu dem Ergebnis, dass die zivilgesellschaftlichen Organisationen und Initiativen noch nicht genügend Berücksichtigung im massenmedialen Diskurs um nachhaltige Entwicklung finden. Demgegenüber werden wirtschaftliche und politische Sprecher als Akteure des machtimmanenten Zentrums überrepräsentiert (Bonfadelli 2007: 265; Hansen 1991: 449).

Um Nachhaltigkeitsthemen auf die Publikumsagenda zu bringen, muss entsprechenden Barrieren auf struktureller Ebene entgegengewirkt werden, um Nachhaltigkeit „medialisierbar" (Schwender et al. 2008:185) und somit einer breiten Öffentlichkeit zugänglich zu machen. Erste Ansätze in diese Richtung sind bereits entwickelt worden. Hier ist beispielsweise das *balance (f)*-Projekt zur Medialisierung der Nachhaltigkeit zu nennen. Im Rahmen des Projekts wurde eine Recherchedatenbank entwickelt, die zunächst die Berührungsängste zwischen Wissenschaftlern und Medienakteuren ebenso herabsetzen soll, wie zwischen Medienakteuren und Nachhaltigkeitsthemen. Aus partizipatorischer Perspektive ist diese Entwicklung vor allem deswegen bedeutsam, da so erste Hürden für die öffentliche Vermittlung verringert werden und demzufolge die Möglichkeit der Partizipation an Nachhaltigkeitsthemen ausgeweitet wird.

3.2.2 Partizipative Aspekte der Netzkommunikation

Die erste Voraussetzung für eine partizipative Netzöffentlichkeit im Nachhaltigkeitsbereich ist die Etablierung von Angeboten, die Kommunikationsräume schaffen, in denen durch geeignete Funktionalitäten ein Austausch stattfinden kann. Solche Möglichkeiten zu nutzen und auszubauen kann als ein wesentliches Ziel einer verständigungs- und dialogorientierten Nachhaltigkeitskommunikation gesehen werden (Barth 2005: 271). Bisherige Untersuchungen zeigen, dass die Betreiber umweltbezogener Webangebote nur vereinzelt interaktive Funktionen integrieren (Barth 2005: 267). Stattdessen wird das Internet vorwiegend zur einseitigen Bereitstellung von Informationen genutzt, ein Befund der auch für politische Akteure im Allgemeinen zutrifft (Bentivegna 2004: 59). Voss stellt in einer empirischen Untersuchung fest, dass „NGOs [...] das Internet also überwiegend zur einseitigen Informationsvermittlung [nutzen]" (Voss 2008: 236). Diese starke Informationsorientierung ist unter anderem darauf zurückzuführen, dass der Einsatz von interaktiven Formaten zum Teil auf wenig Resonanz seitens der Nutzer gestoßen ist (Voss 2008: 241; Barth 2005: 267). Im Gegensatz zur passiven Nutzung setzt interaktive Kommunikation die kontinuierliche Beteiligung einer größeren Anzahl von Nutzern voraus[39]. Auf Seiten der Initiatoren von Online-Kommunikation ist es daher eine Grundvoraussetzung, überhaupt genug Nutzer für einen regen Austausch anzuziehen (Dumont & Candler 2005: 295). Dies erfordert einen erheblichen Betreuungsaufwand, zu dessen Bewältigung viele Organisationen nicht bereit oder in der Lage sind (Voss 2008: 241). Hinzu kommt, dass insbesondere bei größeren Organisationen Befürchtungen bestehen, dass offenere und dialogorientierte Kommunikationsformen einen Verlust an Kontrolle über die Außendarstellung bedeuten könnten (Voss 2008: 242).

Mit der Verbreitung des Social Web sind allerdings auch im Themenbereich Nachhaltigkeit neue Medienformate entstanden die auf die Partizipation der Nutzer setzen und sich zum Teil großer Nutzerzahlen erfreuen[40.] Betrachtet man die Anbieter dieser Webformate, dann fällt auf, dass es zunächst nicht die großen NGOs waren, die auf die Partizipation ihrer Nutzer setzten, sondern vor allem kleinere Gruppen oder Einzelpersonen (Voss 2008: 237). Dieses Bild hat sich mittlerweile geändert und es ist eine ganze Reihe von partizipativen Angeboten online gegangen[41]. Nichtsdestotrotz bieten Netzöffentlichkeiten partizipative Möglichkeiten gerade für kleinere Akteure, die zunehmend auch mit etablierten Akteuren um Aufmerksamkeit und Nutzer konkurrieren (Voss 2008: 237). Ein Beispiel sind persönliche Blog-Netzwerke, die auch zum Thema Nachhaltigkeit existieren (Schulz 2009). Insgesamt zeigt sich, dass neben das umfassende Informationsangebot eine Vielfalt von partizipativen Angeboten getreten ist.

---

[39] Auch nach oben hin ist die Kapazität begrenzt, da nur eine bestimmte Anzahl von Nachrichten wahrgenommen werden kann (Stegbauer 2006c).

[40] Hierzu liegen bisher keine neueren Daten vor, die Autoren stützen sich auf ihre eigenen Beobachtungen.

[41] Als Beispiele seien hier www.utopia.de, www.greenaction.de, www.weltretter.de, www.reset.to genannt.

Neben der Angebotsvielfalt ist weiter danach zu fragen, welche qualitativen Eigenschaften die öffentliche Kommunikation in diesen Webangeboten entwickeln kann. Allgemein lässt sich festhalten, dass Partizipationsangebote vor allem dann erfolgreich sind, wenn sie zu einem konkreten Thema durchgeführt werden (Barth 2005: 267). Als Beispiele lassen sich hier öffentliche Konsultationsangebote von Ministerien, Ämtern oder Kommunen finden (Institut für Informationsmanagement Bremen GmbH (ifib) 2008: 46; Zavestoski et al. 2006: 405). Gerade die neuen Web 2.0-Angebote sind allerdings bisher nicht eingehend untersucht worden, es lässt sich aber vermuten, dass onlinebasierte soziale Netzwerke Informationen und Bindungen unterstützen, die nachhaltige Lebensstile stärken. Zu untersuchen ist weiter, welche Konsequenzen die Partizipation über den aktiven Teilnehmerkreis hinaus nach sich zieht. Dies betrifft zum einen die Organisationen, die solche Webformate einsetzen; aber ebenso ist zu klären, ob sich eine Wirkung in der allgemeinen Öffentlichkeit feststellen lässt. Insgesamt zeigt sich, dass partizipative Formate zunehmend zum Einsatz kommen, sich deren Konsequenzen für Politik, Lebensstile und die Zivilgesellschaft bisher aber noch nicht abschätzen lassen.

4   Resümee und Ausblick

In heutigen Gesellschaften finden Aushandlungs- und Verständigungsprozesse zu nachhaltiger Entwicklung zunehmend über Medien statt, so dass öffentliche Kommunikation über Medien dazu beitragen kann, gesamtgesellschaftliche Transformationsprozesse anzuregen. Dabei nehmen Medien einerseits eine Informationsfunktion über Themen nachhaltiger Entwicklung wahr, die eine wichtige Voraussetzung für Partizipation schafft. Andererseits entstehen durch Medien selbst neue Partizipationsmöglichkeiten. Die allgemeine Betrachtung der Medien macht deutlich, dass aktuell eine dynamische Entwicklung stattfindet, welche die öffentliche Kommunikation verändert. Insgesamt ist eine Zunahme der Mediennutzung zu beobachten und es entsteht ein vielfältig strukturierter Kommunikationsraum, in dem die Grenzen zwischen neuen und alten Medien verschwimmen. Mit Hilfe eines Ebenenmodells von Öffentlichkeit wurde eine Differenzierung unterschiedlicher Medienformen vorgenommen. Hier zeigte sich, dass die traditionellen Massenmedien trotz der Änderungen, die sich mit dem Internet andeuten, insgesamt vorerst als Intermediäre bestehen bleiben, die eine gesamtgesellschaftliche Öffentlichkeit ermöglichen. Dem gegenüber stehen Netzöffentlichkeiten, die sich in der Regel durch größere Offenheit im Zugang auszeichnen, auf der Ebene von Themenöffentlichkeiten angelegt sind und einen direkteren Austausch ermöglichen. Insbesondere der gegenwärtige Trend des ‚Web 2.0' eröffnet hier vielversprechende Möglichkeiten. Der Einsatz dieser partizipativen Medienformen befindet sich derzeit noch in einem Anfangsstadium.

Im Hinblick auf die Informationsfunktion in Bezug zu Nachhaltigkeit sind Veränderungsprozesse erforderlich, welche die Sensibilität des journalistischen Systems im Hinblick auf Nachhaltigkeitsthemen erhöhen. Starre Ressortgrenzen müssen ‚aufgeweicht' werden, was nur durch entsprechende Aus- und Weiterbildung der Journalisten stattfinden kann, um sich auch in interdisziplinären Zusammenhängen zurechtzufinden (Dernbach 2005: 190). Darüber hinaus muss Nachhaltigkeit durch eine erhöhte Nachrichtenwertigkeit auffallen, die unter Umständen anderen Nachrichtenwerten als den klassischen entspricht, zu diesem Schluss kommen zumindest Dernbach (2005) und Perez & Pyhel (2003). Die

Massenmedien können so als Ausgangspunkt für Informationen betrachtet werden, die den Weg für eine (neue) Thematik ebnen und somit die Grundvoraussetzung für eine Teilhabe am öffentlichen Diskurs schaffen. Hierauf aufbauend stehen die Neuen Medien als eine erweiternde Informationsquelle und zusätzliche Möglichkeit zur Wissensaneignung zur Verfügung. Hier können auch Akteure publizieren, die keinen Zugang zu den Massenmedien haben.

In der weiteren Forschung kann auf unterschiedlichen Ebenen angesetzt werden: Erstens sollten gesamtgesellschaftliche Trends der Mediatisierung, aber auch Konzepte der Medien-, Wissens- und Informationsgesellschaft auf ihre Konsequenzen für partizipative Elemente in Teilsystemen wie Politik, Medien, Zivilgesellschaft und Ökonomie analysiert werden. Zweitens sollten die Auswirkungen des veränderten Medienumfelds auf organisierte Akteure in den genannten Teilsystemen untersucht werden. In diesem Zusammenhang scheint eine empirische Betrachtung von innovativen Einzelbeispielen mit Modellcharakter vielversprechend. Drittens besteht Forschungsbedarf auf der Wirkungs- und Nutzungsseite. Hier gilt es, zu analysieren, wie Medienkompetenz und Befähigung zur Beteiligung am gesellschaftlichen Diskurs erworben werden, und inwieweit Medienwirkungs- und Nutzungsanalysen das bestehende Wissen zu Hemmnissen und Förderungen einer Nachhaltigkeitskommunikation über die Medien erweitern können. Hier kommt auch der sich jüngst etablierenden Mediensozialisationsforschung eine ergänzende Rolle zu (Paus-Hasebrink & Bichler 2008; Vollbrecht & Wegener 2010).

Insgesamt kann dies zu einem besseren Verständnis der Potentiale einer ‚partizipativen Öffnung' der Medienkommunikation führen und dazu beitragen, die Hemmnisse und Barrieren für eine dialogisch-partizipative Nachhaltigkeitskommunikation in den Medien zu identifizieren und voranzubringen.

Literatur

Adolf Grimme Institut (2004): TV-Medien und Nachhaltigkeit. Kurz-Studie zur Ermittlung von Formen, Hemmnissen und Potenzialen der Darstellung von Nachhaltigkeitsthemen in ausgewählten deutschen Fernseh-Programmen (unter Mitarbeit von Marie-Luise Braun, Friedrich Hagedorn und Michael Heming et al.), Berlin.

Alby, T. (2007): Web 2.0. Konzepte, Anwendungen, Technologien, München.

Arnstein, S. (1969): A ladder of citizen participation, in: JAIP 35, 216-224.

Baacke, D. (1999): Medienkompetenz als zentrales Operationsfeld von Projekten, in: Baacke, D. (Hrsg.): Handbuch Medien: Medienkompetenz. Modelle und Projekte, Bonn, 31-35.

Baldi, P. & Hasenbrink, U. (Hrsg.) (2007): Broadcasters and citizens in Europe. Trends in media accountability and viewer participation, Bristol.

Barth, M. (2005): Internetbasierte Nachhaltigkeitskommunikation, in: Michelsen, G. & Godemann, J. (Hrsg.): Handbuch Nachhaltigkeitskommunikation. Grundlagen und Praxis, München, 263-273.

Bentivegna, S. (2004): Politics and New Media, in: Lievrouw, L. A.; Livingstone, S. (Hrsg.): Handbook of new media. Social shaping and consequences of ICTs, London, 50-61.

Berendt, B.; Schlegel, M.; Koch, R. (2008): Die deutschsprachige Blogosphäre: Reifegrad, Politisierung, Themen und Bezug zu Nachrichtenmedien, in: Zerfaß, A.; Welker, M.; Schmidt, J. (Hrsg.): Kommunikation, Partizipation und Wirkungen im Social Web. Strategien und Anwendungen: Perspektiven für Wirtschaft, Politik und Publizistik, Köln (Neue Schriften zur Online-Forschung, 3), 72-96.

Bonfadelli, H. (2007): Nachhaltigkeit als Herausforderung für Medien und Journalismus, in: Kaufmann, R. (Hrsg.): Nachhaltigkeitsforschung – Perspektiven der Sozial- und Geisteswissenschaften, Bern, 255-279.

Brand, K.-W. (1997): Probleme und Potentiale einer Neubestimmung des Projekts der Moderne unter dem Leitbild "nachhaltige Entwicklung". Zur Einführung, in: Brand, K.-W. (Hrsg.): Nachhaltige Entwicklung. Eine Herausforderung an die Soziologie, Opladen (Reihe "Soziologie und Ökologie", 1), 9-32.

Bundesumweltministerium (BMU) (Hrsg.) (1992): Agenda 21, Rio de Janeiro.

Burkart, R. (2002): Kommunikationstheorien. Ein Textbuch zur Einführung. Wien

Dahinden, U. (2006): Framing. Eine integrative Theorie der Massenkommunikation, Konstanz.

Dernbach, B. (1998): Public Relations für Abfall. Ökologie als Thema öffentlicher Kommunikation, Opladen (Studien zur Kommunikationswissenschaft, 35).

Dernbach, B. (2005): Journalismus und Nachhaltigkeit. Ist Sustainability Development ein attraktives Thema?, in: Michelsen, G.; Godemann, J. (Hrsg.): Handbuch Nachhaltigkeitskommunikation. Grundlagen und Praxis, München, 182-191.

Deterding, S. (2008): Virtual Communities. In: R. Hitzler, A. Honer, M. Pfadenhauer (Hrsg.): Posttraditionale Gemeinschaften. Theoretische und ethnografische Erkundungen. Wiesbaden, 115-131.

Diemand, V.; Mangold, M. (2007): Weblogs, Podcasting und Videojournalismus. Neue Medien zwischen demokratischen und ökonomischen Potenzialen, in: Diemand, V. (Hrsg.): Weblogs, Podcasting und Videojournalismus. Neue Medien zwischen demokratischen und ökonomischen Potenzialen, Hannover, 3–18.

DiMaggio, P.; Hargittai, E.; Neuman, W. R.; Robinson, J. P. (2001): Social Implications of the Internet, in: Annual Review of Sociology 27 (1), 307-336.

Donges, P.; Jarren, O. (1999): Politische Öffentlichkeit durch Netzkommunikation?, in: Kamps, K. (Hrsg.): Elektronische Demokratie? Perspektiven politischer Partizipation, Opladen, 85-108.

Downs, A. (1972): Up and Down with Ecology. The Issue Attention Cycle, in: The Public Interest 28, 38-50.

Dumont, G. & Candler, G. (2005): Virtual Jungles: Survival, Accountability, and Governance in Online Communities, in: The American Review of Public Administration 35 (3), 287-299.

Engesser, S. (2008): Partizipativer Journalismus: Eine Begriffsanalyse, in: Zerfaß, A.; Welker, M.; Schmidt, J. (Hrsg.): Kommunikation, Partizipation und Wirkungen im Social Web. Strategien und Anwendungen: Perspektiven für Wirtschaft, Politik und Publizistik, Köln (Neue Schriften zur Online-Forschung, 3), 47-71.

Feindt, P. H. & Kleinschmitt, D. (2005): Medienöffentlichkeit und Partizipation. Politische Akteure in der Zeitungsberichterstattung über BSE 2000/2001, in: Feindt, P. H.; Newig, J. (Hrsg.): Partizipation, Öffentlichkeitsbeteiligung, Nachhaltigkeit. Perspektiven der politischen Ökonomie, Marburg (Ökologie und Wirtschaftsforschung, 62), 135-162.

Gerhards, J. & Neidhardt, F. (1990): Strukturen und Funktionen moderner Öffentlichkeit. Fragestellungen und Ansätze. discussion paper, Berlin, (Wissenschaftszentrum Berlin für Sozialforschung gGmbH (WZB)), http://skylla.wz-berlin.de/pdf/1990/iii90-101.pdf (Zugriff: Oktober 2008).

Grunwald, A.; Banse, G.; Coenen, C.; Hennen, L. (2006): Netzöffentlichkeit und digitale Demokratie. Tendenzen politischer Kommunikation im Internet, Berlin (Studien des Büros für Technikfolgen-Abschätzung beim Deutschen Bundestag, 18).

Haas, S.; Trump, T.; Gerhards, M.; Klingler, W. (2007): Web 2.0: Nutzung und Nutzertypen. Eine Analyse auf der Basis quantitativer und qualitativer Untersuchungen, in: Media Perspektiven 4, 215-222. http://www.media-perspektiven.de/uploads/tx_mppublications/04-2007_Haas.pdf (Zugriff: Januar 2008).

Habermas, J. (1981): Theorie des kommunikativen Handelns. Handlungsrationalität und gesellschaftliche Rationalisierung, (Bd. 1), Frankfurt/Main.

Habermas, J. (1992): Faktizität und Geltung. Beiträge zur Diskurstheorie des Rechts und des demokratischen Rechtsstaats, Frankfurt/Main.

Hagedorn, F. & Meyer, H. (2005): Nachhaltigkeit in Fernsehen und Hörfunk, in: Michelsen, G. & Godemann, J. (Hrsg.): Handbuch Nachhaltigkeitskommunikation. Grundlagen und Praxis, München, 250-260.

Hansen, A. (1991): The media and the social construction of the environment, in: Media Culture Society 13 (4), 443-458.

Häussler, T. (2006): Die kritische Massen der Medien: Massenmedien und deliberative Demokratie. Skizze zu einer analytischen Umsetzung, in: Imhof, Kurt; Blum, Roger; Bonfadelli, Heinz; Jarren, Otfried (Hrsg.): Demokratie in der Mediengesellschaft. Mediensymposium Luzern (Band 9), Wiesbaden, 304–318.

Heinrichs, H. (2005a): Kultur-Evolution: Partizipation und Nachhaltigkeit. In: Godemann, Jasmin / Michelsen, Gerd (Hrsg.) Handbuch Nachhaltigkeitskommunikation. Grundlagen und Praxis, München, S. 709-720.

Heinrichs, H. (2005b): Herausforderung Nachhaltigkeit. Transformation durch Partizipation?, in: Feindt, P. H.; Newig, J. (Hrsg.): Partizipation, Öffentlichkeitsbeteiligung, Nachhaltigkeit. Perspektiven der politischen Ökonomie, Marburg (Ökologie und Wirtschaftsforschung, 62), 43–63.

Heinrichs, H. & Petersen, I. (2006): Mediatisierte Politikgestaltung? Medien, Expertise und politische Entscheidungsprozesse in wissenschaftsbasierten Themenfeldern. Abschlussbericht des BMBF-Projekts „Medien, Expertise und politische Entscheidung", Lüneburg, zuletzt geprüft am 14.01.2009.

Hubert Burda Media (2007): Greenstyle Report. Die Zielgruppe der LOHAS verstehen, http://www.hbm-marcom.de/hps/upload/hxmedia/hbmi/HXMEDIA19831media_file.pdf (Zugriff: Juni 2008).

Imhof, K. (2006): Mediengesellschaft und Medialisierung. discussion paper, Zürich, http://www.foeg.unizh.ch/documents/lectures/Mediengesellschaft_und_Medialisierung.pdf (Zugriff: August 2007).

Institut für Informationsmanagement Bremen GmbH (ifib) (2008): E-Partizipation - Elektronische Beteiligung von Bevölkerung und Wirtschaft am E-Government.

Jarren, O. & Donges, P. (2002): Politische Kommunikation in der Mediengesellschaft. Verständnis, Rahmen und Strukturen, Wiesbaden (Studienbücher zur Kommunikations- und Medienwissenschaft, Bd. 1).

Jarren, O. & Donges, P. (2006): Politische Kommunikation in der Mediengesellschaft, 2., überarb. Aufl., Wiesbaden, 95-118.

Kamps, K. (1999): Perspektiven elektronischer Demokratie, in: Kamps, K. (Hrsg.): Elektronische Demokratie? Perspektiven politischer Partizipation. Opladen, 7–18.

Kamps, K. (2007): Politisches Kommunikationsmanagement. Grundlagen und Professionalisierung moderner Politikvermittlung, Wiesbaden.

Kaufmann, R. (Hrsg.) (2007): Nachhaltigkeitsforschung - Perspektiven der Sozial- und Geisteswissenschaften, Bern.

Keller, R. (2004): Diskursforschung. Eine Einführung für SozialwissenschaftlerInnen, Wiesbaden.

Krotz, F. (2007): Mediatisierung. Fallstudien zum Wandel von Kommunikation, Wiesbaden.

Krotz, F. (2008): Gesellschaftliches Subjekt und kommunikative Identität: Zum Menschenbild von Cultural Sudies und Symbolischem Interaktionismus, in: Hepp, A. & Winter, R. (Hrsg.): Kultur - Medien - Macht. Cultural Studies und Medienanalyse, Wiesbaden, 125-138.

Lievrouw, L. A. & Livingstone, S. (2004): Introduction: The Social Shaping and Consequences of ICTs, in: Lievrouw, L. A. & Livingstone, S. (Hrsg.): Handbook of new media. Social shaping and consequences of ICTs, London,, 1-16.

Lüdecke, G. (2008): Informelles Lernen für Nachhaltigkeit. Die Entwicklung von Nachhaltigkeitsformaten in den audio-visuellen Medien. Öffentlichkeitsarbeit, in:"Bildung für Nachhaltige Entwicklung" 5, http://www.bne-journal.de/coremedia/generator/pm/de/Ausgabe__005/01__

Beitr_ 3_A4ge/L_C3_BCdecke_3A_20Informelles_20Lernen_20f_C3_BCr_20Nachhaltigkeit. html (Zugriff: Dezember 2008).

Luhmann, N. (1990): Gesellschaftliche Komplexität und öffentliche Meinung, in: Soziologische Aufklärung 5 Opladen 170-182.

Mandel, R.; Möller, A.; Rolf, A. (2001): Web-Plattformen zur Nachhaltigkeit. Eine Untersuchung des Sondierungsprojekts "Web-Plattformen für eine Nachhaltige Informationsgesellschaft". Hamburg, http://www.castor.de/download/webPlattform.pdf (Zugriff: März 2008).

Michelsen, G. (2007): Nachhaltigkeitskommunikation: Verständnis - Entwicklung – Perspektiven, in: Michelsen, Gerd; Godemann, Jasmin (Hrsg.): Handbuch Nachhaltigkeitskommunikation. Grundlagen und Praxis, München, 25–41.

Moe, H. (2008): Dissemination and dialogue in the public sphere: a case for public service media online, in: Media Culture Society, 30 (3), 319-336.

Neidhardt, F. (Hrsg.) (1994): Öffentlichkeit, öffentliche Meinung, soziale Bewegungen. Sonderheft 34. Opladen.

Neuberger, C. (2008): Internet und Journalismusforschung, in: Quandt, T. & Schweiger, W. (Hrsg.): Journalismus online - Partizipation oder Profession?, Wiesbaden, 9-36.

Neuberger, C.; Nuernbergk, C.; Rischke, M. (2007): Weblogs und Journalismus: Konkurrenz, Ergänzung oder Integration. Eine Forschungssynopse zum Wandel der Öffentlichkeit im Internet, in: Media Perspektiven 2 (2), 96-112. http://www.media-perspektiven.de/uploads/tx_mppublications/02-2007_Neuberger.pdf (Zugriff: Januar 2008).

Niedermaier, H. (2008): Können interaktive Medien Öffentlichkeit herstellen? Zum Potenzial öffentlicher Kooperation im Internet, in: Stegbauer, C. & Jäckel, M. (Hrsg.): Social Software. Formen der Kooperation in computerbasierten Netzwerken, Wiesbaden.

Paus-Hasebrink, I.; Bichler, M. (2008): Mediensozialisationsforschung. Theoretische Fundierung und Fallbeispiel sozial benachteiligte Kinder. Innsbruck.

Perez, J. & Pyhel T. (2003): Die Initiative Graslöwen TV. Ki, 41-65.

Stegbauer, C. (2006b): Zum Verhältnis von Zentrum und Peripherie im Internet, in: Stegbauer, C.; Rausch, A. (Hrsg.): Strukturalistische Internetforschung. Netzwerkanalysen internetbasierter Kommunikationsräume, Wiesbaden, 19-40.

Stegbauer, C. (2006c): Von den Online Communities zu den computervermittelten sozialen Netzwerken. Eine Reinterpretation klassischer Studien, in: Stegbauer, C.; Rausch, A. (Hrsg.): Strukturalistische Internetforschung. Netzwerkanalysen internetbasierter Kommunikationsräume, Wiesbaden, 67-94.

Stegers, F. (2008): Reflex statt Reflexion, in: Journalist 2, 48-49.

Tambini, D. (1999): New Media and Democracy: The Civic Networking Movement, in: New Media Society 1 (3), 305-329.

Thomas, T. & Krotz, F. (2008): Medienkultur und Soziales Handeln. Begriffsarbeiten zur Theorieentwicklung, in: Thomas, T. & Höhn, M. (Hrsg.): Medienkultur und soziales Handeln, Wiesbaden, 17-42.

Thorbrietz, P. (1987): Umwelt und Ökologie in den Medien, in: Calliess, J.; Lob, R. (Hrsg.): Handbuch Praxis der Umwelt- und Friedensforschung. Band 1: Grundlagen, Düsseldorf, 300-310.

Vollbrecht, R. & Wegener, C. (2010): Handbuch Mediensozialisation, Wiesbaden.

Voss, K. (2008): Nichtregierungsorganisationen und das Social Web: Mittel der Zukunft oder Bedrohung?, in: Zerfaß, A.; Welker, M.; Schmidt, J. (Hrsg.): Kommunikation, Partizipation und Wirkungen im Social Web. Strategien und Anwendungen: Perspektiven für Wirtschaft, Politik und Publizistik, Köln (Neue Schriften zur Online-Forschung, 3), 231-247.

Weingart, P.; Engels, A.; Pansegrau, P. (2002): Von der Hypothese zur Katastrophe. Der anthropogene Klimawandel im Diskurs zwischen Wissenschaft, Politik und Massenmedien, Opladen.

Weingart, P.; Engels, A.; Pansegrau, P.; Hornschuh, T. (2008): Von der Hypothese zur Katastrophe. Der anthropogene Klimawandel im Diskurs zwischen Wissenschaft, Politik und Massenmedien, Opladen.

Wimmer, J. (2007): (Gegen-)Öffentlichkeit in der Mediengesellschaft. Analyse eines medialen Spannungsverhältnisses, Wiesbaden.

Yang, M. (2008): Jenseits des „Entweder-Oder" – Internet als konventioneller Teil der Demokratie, in: kommunikation@gesellschaft 9, Beitrag 3, http://www.soz.uni-frankfurt.de/K.G/B3_2008_ Yang.pdf (Zugriff: Juni 2008).

Zavestoski, S.n; Shulman, S.; Schlosberg, D.d (2006): Democracy and the Environment on the Internet: Electronic Citizen Participation in Regulatory Rulemaking, in: Science Technology Human Values 31(4), 383-408.

IV. Partizipation, Kooperation und Nachhaltige Entwicklung in ausgewählten Praxisfeldern

Altlastensanierung und Abfallwirtschaft als Triebfeder für Partizipation und Kooperation für eine nachhaltige Entwicklung

Meinfried Striegnitz

Wie viel zentrale Steuerung, wie viel dezentrale Selbststeuerung braucht nachhaltige Entwicklung? Die Erfordernisse einer Umweltpolitik, die das Verständnis der Funktionen von Luft, Wasser, Boden, Pflanzen und Tieren sowie des Wirkens des Menschen in einer ökosystemaren Sichtweise integriert, haben das Verhältnis neu gemischt. Der Zwang, auf dem Weg zu einer nachhaltigen Stoffwirtschaft auch die Praxis des sorglosen Umgangs mit Abfallstoffen grundlegend zu verändern, erwies sich als Triebkraft, mehr und neue Formen der Partizipation und Kooperation zu praktizieren.

1 Von der Gewerbepolizey zum Kooperationsprinzip im Umweltschutz

1.1 Lange Vorgeschichte der Regulierung und des Managements der natürlichen Ressourcen

Umweltpolitik entwickelt und etabliert sich als eigenständiges Politikfeld in den Industrieländern und auf der internationalen Ebene Ende der Sechziger- bis Anfang der Siebzigerjahre des 20. Jahrhunderts (M. Kloepfer et al. 1994: 130; G. Küppers et al. 1978: 98-180).

Dies bedeutet nicht, dass erst zu diesem Zeitpunkt die Notwendigkeit des Schutzes von Umweltgütern erkannt sowie politisch und rechtlich geregelt wird. Die Wahrnehmung von Problemen und Aufgaben der Luftreinhaltung und des Gewässerschutzes hatten zum damaligen Zeitpunkt in den Industrieländern schon eine lange Tradition und zu einer Institutionalisierung durch entsprechende Gesetze sowie zur Errichtung öffentlicher Vollzugs- und Fachbehörden geführt.

So lassen sich die Ursprünge des gewerblichen Umweltschutzrechts über seine Entwicklung aus dem betrieblichen Arbeitnehmer- und Nachbarschaftsschutzrecht zurückführen bis zur Gewerbeordnung des Norddeutschen Bundes (1869) und zur preußischen Gewerbeordnung (1845), zu deren Vollzug unter anderem die bereits 1848 in Berlin eingerichtete "Gewerbepolizey" diente.

Im Vergleich zur Regulierung von Arbeitsschutzerfordernissen und umweltrelevanten Auswirkungen der neuzeitlichen Gewerbebetriebe und Industrien reicht die Geschichte des Schutzes von Gewässern sehr viel weiter zurück. Wasserrecht ist eine der ältesten Rechtsformen überhaupt. Die ältesten erhaltenen rechtlichen Schutzbestimmungen finden sich in den Gesetzestafeln des babylonischen Königs Hamurabi (1810-1780 v. Chr.). Darüber hinaus gibt es Hinweise auch auf frühere, allerdings bestenfalls unvollständig erhaltene Texte.

In den mit dem Bewässerungsackerbau verbundenen Regulierungserfordernissen sieht Joachim Radkau die Grundlage und Triebfeder für die Entwicklung der frühen Hochkulturen vom Vorderen Orient bis China, von Ägypten bis Peru (J. Radkau 2002: 107). In "Natur und Macht: eine Weltgeschichte der Umwelt" arbeitet er heraus, dass die Ambivalenz des Wassers zwischen einem Zuviel in Gestalt von Überflutungen und einem Zuwenig im Falle von Dürren in weiten Teilen der Welt seit Jahrtausenden das Umweltproblem Nummer eins dargestellt habe. Zu dessen Beherrschung hätten sich ökologische Notwendigkeiten einerseits und Erfordernisse zur Intervention andererseits wechselseitig bedingt und seien als Chance zur Machtausübung und zur Ausbildung von Herrschaftsstrukturen genutzt worden (J. Radkau 2002: 108). Dabei betont Radkau in kritischer Distanzierung von Wittfogels Theorie der "hydraulischen Gesellschaft" (K. A. Wittfogel 1962: 327), dass der jahrtausendealte Zusammenhang von Wasserbau und Herrschaft nicht als einfache Kausalitätsbeziehung zu verstehen sei, sondern in einer Aufeinanderfolge von Wechselbeziehungen bestehe. Er hebt hervor, dass gerade Bewässerungssysteme auch ein Element der Selbstregulierung auf unterster Ebene enthielten (J. Radkau 2002: 112-113).

Soziale und technische Reformen in der Landwirtschaft sowie im Zuge der Industrialisierung machten in Deutschland ab Mitte des 19. Jahrhunderts eine grundsätzliche Neuordnung der Regelungen für Gewässernutzung und Gewässerschutz erforderlich. Vorreiter in der Entwicklung des modernen Wasserrechts waren das Königreich Bayern (1852) und die Herzogtümer Oldenburg (1868) und Braunschweig (1876) (M. Reinhardt/M. Czychowski 2007: 48).

1.2 Ökosystemansatz und Komplexitätssteigerung

Gegenüber diesen historischen Wurzeln ist das Neue bei der Herausbildung des Politikfeldes "Umweltpolitik" die auf dem Denken in Ökosystemen basierende, Umweltmedien übergreifende Konzeptualisierung von Umwelt: Luft, Wasser, Boden, frei lebende Pflanzen und Tiere sind Kompartimente *einer* Umwelt, auch der Mensch ist für ein Leben in Gesundheit auf die Funktionen und das Funktionieren dieses ökologischen Systems angewiesen. In die Umwelt eingetragene Schadstoffe machen nicht Halt vor den aus wissenschaftlich-analytischer Sicht zu ziehenden abstrakten Grenzen zwischen den Umweltmedien. Der Schutz der Umweltgüter Luft, Wasser, Boden, Tiere und Pflanzen sowie der menschlichen Gesundheit und der baulichen und kulturellen Güter kann nur in einem systemischen Verständnis und in einer ganzheitlichen Herangehensweise angestrebt und erreicht werden.

Diese Medien übergreifende, integrative Sichtweise ist der eigentliche innovative Schub, der das neue Politikfeld "Umweltpolitik" kennzeichnet und dieses überhaupt erst aus und neben den traditionellen Verwaltungen und Rechtsregimen entstehen lässt.

Die integrative Sicht- und Herangehensweise bedeutet zugleich eine deutliche fachlich-inhaltliche wie politisch-gesellschaftliche Komplexitätssteigerung. Bei der Problemanalyse und für die Lösungsfindung sind nicht nur in wissenschaftlicher und technischer Hinsicht ein größeres Feld von Faktoren, deren wechselseitige Beeinflussung, komplexere Prozesse, mögliche Folgen und Nebenfolgen zu betrachten und zu bewerten, sondern es ist auch ein breiteres Spektrum von beteiligten und betroffenen Personen und Institutionen mit vielschichtigeren Interessenlagen und Interessenkonflikten zu berücksichtigen.

2 Abfall und Altlasten als Innovationstreiber und Motor für Partizipation und Kooperation

2.1 Umweltpolitik als gesellschaftspolitische Aufgabe

Das Neue der Umweltpolitik bestand aber nicht nur in der Integration schon ausgeprägter Felder von Rechtsetzung und Verwaltungshandeln zu einem neuen Ganzen, sondern auch in der Identifizierung und Problematisierung von weiteren, als regulierungsbedürftig thematisierten Handlungsbereichen. Dazu zählen insbesondere vorrangig auch Fragen des Umgangs mit Abfällen und Abfalldeponien. Auf diesem Gebiet hatten seit vorindustrieller Zeit weder praktisch noch rechtlich wesentliche Entwicklungen stattgefunden (M. Kloepfer et al. 1994: 127). In dem für das neue Politikfeld Umweltpolitik wegweisenden Umweltprogramm der Bundesregierung von 1971 heißt es dazu:

> "Veränderungen unserer Lebensgewohnheiten, Konsumsteigerung bei rascher Produktionszunahme, Verwendung kurzlebiger Wirtschaftsgüter, mehr und aufwändigere Verpackung, Umstellung auf Einwegerzeugnisse – das alles hat zu einer massiven Zunahme des Abfalls geführt. Auch setzt sich der Abfall heute ganz anders zusammen als früher. Zahl und Kapazität der Einrichtungen, die der schadlosen Beseitigung des Abfalls dienen, sind inzwischen weit hinter dem Bedarf zurückgeblieben. Gegenwärtig werden noch mehr als 90 % aller Abfallstoffe, genau wie vor 100 Jahren, ohne besondere hygienische Vorsichtsmaßnahmen irgendwo im Gelände abgelagert. Viele Müllplätze liegen mitten in Verdichtungsgebieten. Für einen großen Teil der Bevölkerung fehlt eine geregelte Sammlung und Abfuhr der Abfallstoffe. Schwere Belästigungen, Gefahren und Schäden durch mangelhafte Beseitigung von Abfällen aller Art lassen uns heute erkennen, dass eine umfassende Neuordnung der Abfallbeseitigung zu den vordringlichen Aufgaben des Umweltschutzes gehört." (Bundesregierung 1971: 29-30)

Mit dem 1972 verabschiedeten Bundesabfallbeseitigungsgesetz wurden dann erstmals rechtliche Grundlagen für einen geordneten Umgang mit Abfällen und für deren geordnete Deponierung geschaffen.

Durch das Gesetz konnten freilich die Nachwirkungen des sorglosen Umgangs mit Abfällen in der Vergangenheit nicht ungeschehen gemacht werden. Große öffentliche Aufmerksamkeit erregten ab Anfang der Achtzigerjahre die Kontroversen um umwelt- und gesundheitsgefährdende Auswirkungen von dann so genannten "Altlasten" im Bereich von Wohnsiedlungen, die auf ehemaligen industriellen Produktionsstätten (Altstandorte) oder ehemaligen Deponien (Altablagerungen) errichtet worden waren. Prominente Beispiele für derartige bewohnte Altlasten waren etwa die Siedlung Love Canal, USA (M. R. Fowlkes/P. Y. Miller 1987; A. Levine 1982), Lekkerkerk, Niederlande (B. van de Griendt 2007), Bielefeld-Brake, Dortmund-Dorstfeld, Wuppertal-Langerfeld (H. Discher/S. Kraus 1991), Hamburg-Bille-Siedlung (R. Kilger 2001).

Der thematische "Newcomer" Abfall brachte in das neue Feld der Umweltpolitik aber nicht nur neuartige Inhalte und Themen, Probleme und Fragestellungen ein, sondern beförderte auch neue Formen der gesellschaftlichen Auseinandersetzung und der politischen Bearbeitung dieser Probleme.

Gerade auf dem Feld der Abfallwirtschaft und der Altlastensanierung wurde besonders deutlich, dass ohne eine breite Beteiligung von Betroffenen und Interessenvertretern eine erfolgreiche Bearbeitung der Problemstellungen nicht möglich wäre.

Die Bundesregierung hatte in ihrer ersten Fortschreibung des Umweltprogramms mit der Definition des Kooperationsprinzips hierfür eine programmatische Grundlage geschaffen:

"Nur aus der Mitverantwortlichkeit und der Mitwirkung der Betroffenen kann sich ein ausgewogenes Verhältnis zwischen individuellen Freiheiten und gesellschaftlichen Bedürfnissen ergeben. Eine frühzeitige Beteiligung der gesellschaftlichen Kräfte am umweltpolitischen Willensbildungs- und Entscheidungsprozess ist deshalb von der Bundesregierung vorangetrieben worden, ohne jedoch den Grundsatz der Regierungsverantwortlichkeit infrage zu stellen.

Die Beachtung dieser umweltpolitischen Leitlinien wird auf Dauer entscheidend zur Verbesserung der Lebensbedingungen für alle Bürger beitragen; Umweltpolitik ist daher auch eine gesellschaftspolitische Aufgabe hohen Ranges." (Bundesregierung 1976: 27)

Der Innovationen herausfordernde Charakter des neuartigen Aufgabenfeldes Abfallwirtschaft schlug sich konsequenterweise auch in der Gesetzgebung nieder: "In kaum einem Gebiet des Umweltrechts zeigte sich der Wandel in den umweltpolitischen Zielsetzungen klarer als im Abfallrecht" (M. Kloepfer et al. 1994: 127). Darüber hinaus gilt das Abfallrecht als Paradebeispiel für die konkrete rechtliche Verankerung des Kooperationsprinzips: Der § 14 AbfG (i.d.F. vom 27.08.1986; Kennzeichnung, getrennte Entsorgung, Rückgabe- und Rücknahmepflichten) "... zählt als manifester Ausdruck des Kooperationsprinzips in einem immer stärker marktwirtschaftlich orientierten System der Abfallentsorgung zu den zentralen Normen des modernen Abfallrechts" (M. Kloepfer et al. 1994: 130).

2.2 Mitwirkung der Verbraucher in der Kreislaufwirtschaft

Der Übergang von der Ex-und-hopp-Mentalität der Wegwerfgesellschaft zu einer Kreislaufwirtschaft, in der endliche Ressourcen nachhaltig genutzt und wieder verwendet werden, erfordert von den an den Wirtschafts- und Stoffkreisläufen teilnehmenden Subjekten Einstellungs- und Verhaltensänderungen hin zu einer Art des Umgangs mit Energie und Materialien, die mit den natürlichen Stoffkreisläufen konsistent und verträglich ist (H. Friege et al. 1998; J. Huber 1995).

Für den industriellen und gewerblichen wie für den privaten Bereich bedeutet dies Umstellungen, Änderungen von Einstellungen und Verhalten, um Wertstoffe und sonstige stoffliche Ressourcen der Wiederverwertung zuzuführen und die Verwendung von "Problemstoffen" zu vermeiden oder wenigstens zu vermindern. Dies erfordert einen integrativen systematischen Bewertungs- und Steuerungsansatz, hierzu wurden Verfahren und Instrumente wie z.B. die produktbezogene Ökobilanzierung (Life-Cycle-Assessment) oder die prozess- bzw. betriebsbezogene Stoffstrombilanzierung entwickelt.

Für die praktische Umsetzung erfordert dies ein aktives Mitwirken und auch konkrete Verhaltensänderungen der Verbraucher in den privaten Haushalten und damit von praktisch allen Bürgern aus der gesamten Breite der Gesellschaft.

Versuche, mit großtechnischen Methoden den (unsortierten) Abfall aus privaten Haushalten in verschiedene stoffliche Fraktionen zur weiteren Verwertung aufzutrennen, waren an technischen Schwierigkeiten gescheitert und führten nicht zu befriedigenden Ergebnissen. Abfalltrennung an der Quelle, auch in den privaten Haushalten, war also angesagt: Statt verschiedene stoffliche Fraktionen zusammenzuwerfen und wechselseitig zu verunreinigen, also zum Beispiel Glas-, Metall- oder Kunststoff-Behälter mit Papier und organischen Küchenabfällen, sollten diese Materialien möglichst unvermischt erfasst werden. Die getrennte Sammlung wurde nach und nach bundesweit eingeführt, jeweils begleitet von ausführlichen Informationskampagnen, mit denen die Entsorgungsträger und Abfallwirtschaftsunternehmen über Sinn und Zweck des getrennten Sammelns aufklärten, die Modalitäten und "Spielregeln", die für die getrennte Sammlung erforderlichen und erwünschten Verhaltensweisen erläuterten und insbesondere darum warben, dass möglichst alle Bürger sich daran beteiligen sollten.

Die Akzeptanz und die aktive Mitwirkung der Bevölkerung zur Vermeidung, Verminderung und Wiederverwertung von Abfällen hatten sich in Deutschland bis Mitte der Achtzigerjahre bereits hoch entwickelt. Dies zeigte sich einerseits in Umfragen nach der Beteiligung der Bürger an Recycling-Maßnahmen und insbesondere andererseits auch in den statistischen Daten über das Aufkommen an getrennt erfassten Abfällen und wieder verwerteten Rohstoffen (M. Dierkes/H.-J. Fietkau 1988: 130-131; E. Müller 1984: 345-346). Die Verwertungsquoten haben sich seither auf hohem Niveau weiter positiv entwickelt, wenn auch das weitergehende Ziel der Vermeidung von Abfällen allerdings bisher nicht erreicht werden konnte (SRU 2008: Tz. 863).

Eine notwendige Voraussetzung für diesen Erfolg war die Bereitstellung der entsprechenden Infrastruktur in Form geeigneter Sammelsysteme. Fietkau und Kessel (1981: 9-11) hatten in ihrem grundlegenden Modellansatz zur Entwicklung von umweltrelevanten Verhaltensweisen auf die zentrale Bedeutung der Schaffung von Verhaltensangeboten, der Bereitstellung von Möglichkeiten, sich überhaupt erst umweltbewusst verhalten zu können, hingewiesen und empfahlen für den Bereich der Abfallwirtschaft den weiteren Ausbau der entsprechenden Infrastruktur zur getrennten Erfassung und Sammlung von Abfällen (H.-J. Fietkau/H. Kessel 1981: 391).

Zwar gilt das Engagement von Bürgern zur Abfalltrennung als "Low-Cost"-Verhalten (A. Diekmann/P. Preisendörfer 2001: 119), gleichwohl darf zum Einen nicht übersehen werden, dass auch dieser Beitrag zur Verringerung der Umweltbelastung durch Abfälle dem Verbraucher bis zur Einführung von mengenabhängigen Abfallgebühren keinen unmittelbaren Nutzervorteile brachte, sondern durchaus mit einem gewissen organisatorischen und zeitlichen Mehraufwand verbunden ist. Weiterhin darf nicht unterschätzt werden, dass der Abfallbereich wie kein anderer Umweltbereich geeignet war, "Umweltprobleme anschaulich und erfassbar zu machen, Umweltengagement in aktives Handeln umzusetzen und Umweltbewusstsein 'einzuüben' "(E. Müller 1984: 344). So stellt auch Preisendörfer klar, dass es ein Missverständnis wäre, "Low-Cost"-Situationen und -Verhaltensweisen als substantiell eher belanglos einzustufen, zumal deren Effekte auf der kollektiven Ebene durchaus nicht unwesentlich sein könnten (P. Preisendörfer 1999: 92).

2.3 Partizipation von Öffentlichkeit und Anwohnern in der Altlastensanierung

Während für den Übergang von der Wegwerf- zur Kreislaufwirtschaft es überwiegend ein Anliegen "von oben" war, die Bürger als Abfallerzeuger für das Mitmachen bei der Abfallvermeidung und der Abfalltrennung und damit zur praktischen Partizipation und Kooperation in der Recyclingwirtschaft zu gewinnen, entstanden im Zuge der Politisierung der Wahrnehmung von Umwelt- und Gesundheitsgefahren, die von Altlasten ausgingen, Forderungen "von unten", an den Planungen und Entscheidungen über Art und Umfang von Untersuchungen zur Abschätzung der Gefährdungen und über Sanierungsmaßnahmen teilhaben zu wollen.

Das top-down-Bestreben von Politik und Verwaltung, Bürger zur Partizipation und Mitwirkung am Abfallrecycling zu gewinnen, und das bottom-up-Begehren von betroffenen Bürgern, Einfluss auf die Entscheidungsprozesse zu Altlastensanierung und Abfallwirtschaftsplanung zu gewinnen, waren stärker miteinander verknüpft und wechselseitig bedingt, als es auf den ersten Blick scheinen mag.

2.3.1 Neuartige Konfliktkonstellationen und Kommunikationserfordernisse

Die Bearbeitung der Altlastenproblematik erforderte in vielerlei Hinsicht das Betreten von Neuland. Anfang der Achtzigerjahre fehlten weithin noch das erforderliche naturwissenschaftliche Wissen und das Verständnis der Kausalzusammenhänge der Ausbreitung- und Wirkungsmechanismen altlastenbürtiger Stoffe, es fehlten Maßstäbe zur Beurteilung der human- und ökotoxikologischen Risiken und es mangelte noch an Konzepten, Techniken und Erfahrungen, wie altlastenbedingte Gefährdungen effektiv und effizient abgewehrt und eingetretene Schäden saniert werden könnten. Dass dieses Wissen und Know-how innerhalb von etwa zwei Jahrzehnten im Zusammenwirken von Wissenschaft und Technik, Ingenieuren, Bauwirtschaft und Verwaltungen erzeugt werden konnte, stellt ein besonderes Erfolgskapitel des Umweltschutzes dar. Der Rat von Sachverständigen für Umweltfragen hat durch seine Bestandsaufnahmen, Analysen und Empfehlungen in den beiden Sondergutachten "Altlasten" (SRU 1990, 1995) in besonderem Maße zu diesem Erfolg beigetragen.

Darüber hinaus war die Altlastenproblematik von einer bis dahin nicht gekannten öffentlich ausgetragenen politischen Konfliktdynamik geprägt, die für die insbesondere betroffenen kommunalen Verwaltungen, aber auch für die beteiligten Landesbehörden eine neuartige Herausforderung darstellte. Als besonderer Teil der "neuen sozialen Bewegungen" (K.-W. Brand et al. 1983) organisierten sich von Altlastenrisiken betroffene Bürger, Anwohner und Eigenheimbesitzer in Initiativen und artikulierten ihre Interessen und Forderungen. Die Auseinandersetzungen wurden von den Medien durchaus bereit aufgegriffen, überwiegend mit sympathisierender Unterstützung für die betroffenen Anwohner und mit kritischer Stoßrichtung gegen die aus dieser Perspektive häufig empfundenen Versuche zur Verharmlosung und Vertuschung, Trägheit und Untätigkeit der Verwaltungen.

Über die unmittelbare Betroffenheit von Anwohnern in der räumlichen Nähe von den bekannten und als besonders gefährlich geltenden Altlasten hinaus wurden Altlasten zunehmend allgemein als Symbol dafür angesehen, dass die Gesellschaft die Schwierigkeiten des Umgangs mit den - von ihr selbst produzierten - Risiken kaum bewältigt. Damit fühlten sich letztlich alle Bürger der Bundesrepublik potenziell von diesem Thema berührt und von der Angst vor "tickenden giftigen Zeitbomben" im Boden betroffen, diagnostizierte der Sachverständigenrat für Umwelt (SRU 1990: 81).

Die starke Sichtbarkeit in der Berichterstattung durch die Medien verstärkte die öffentliche Aufmerksamkeit sowie das Problem- und Risikobewusstsein in der allgemeinen Öffentlichkeit hinsichtlich der Altlastenproblematik und trug damit auch dazu bei, einerseits die Reserven gegenüber der Abfallbeseitigungstechnik und die Ablehnung von Erweiterungen und Neubauten von Abfalldeponien und Müllverbrennungsanlagen zu erhöhen und andererseits die Bereitschaft zur aktiven Beteiligung an der Abfallvermeidung und Abfalltrennung zu steigern.

Die Konfliktkonstellation und damit die Findung von Lösungen wurde dadurch weiter erheblich erschwert, dass die betroffenen Anwohner sich häufig durchaus nicht hinter einheitlichen, gemeinschaftlich vertretenen Interessen und Positionen versammelten, sondern die Behörden mit verschiedenen, teilweise untereinander widersprüchlichen Forderungen konfrontiert wurden. Nicht nur musste der Tatsache Rechnung getragen werden, dass die Belastungssituation in der Regel kleinräumig vom Grundstück zu Grundstück deutlich variieren konnte, und damit die Auswahl geeigneter Maßnahmen zur Gefahrenabwehr entsprechend unterschiedlich angemessen auszufallen hatte. Auch die Bewertung der Situation durch die jeweiligen Anwohner und deren Schlussfolgerungen und Handlungspräferenzen konnten sehr unterschiedlich ausfallen. Für die betroffenen Bürger ging es um gesundheitlich und wirtschaftlich existenzielle Fragen: Bleiben oder wegziehen? Wer trägt die Kosten? Gibt es Entschädigungen? Wie weitgehend wird saniert? Wie groß sind die Belästigungen durch die Sanierungsarbeiten? Welches Restrisiko bleibt?

Dass die gleiche "objektive" Betroffenheit gleichwohl auf Seiten der betroffenen Anwohner sehr unterschiedlich bewertet werden kann und dass es eher die Regel als die Ausnahme ist, dass sich verschiedene Interessengruppen formieren, ist verständlich und erklärbar (S. Lazar 2001: 344), war aber zunächst für die betroffenen Verwaltungen eine neue, so nicht erwartete Erfahrung.

Die Verwaltungen sahen sich mit einem sehr inhomogenen Muster von teilweise auch untereinander widersprüchlichen Forderungen konfrontiert, auf die es nicht nur die eine richtige Antwort geben konnte, sondern für die sehr differenzierte und individualisierte Lösungen entwickelt werden mussten, die gleichzeitig wegen des anhaltenden Medieninteresses auch öffentlich kommentiert, begründet und gerechtfertigt werden mussten (vgl. als frühes Beispiel die Sanierung der Bille-Siedlung in Hamburg: R. Kilger/I. Heidemann 1994).

Die Neuartigkeit auch der sozialen, kommunikativen und partizipativen Dimension in der Herausforderung durch die Altlastenproblematik wurde als solche durchaus wahrgenommen. Der Rat von Sachverständigen für Umweltfragen hatte sich bereits in seinem Umweltgutachten 1987 (SRU 1987: Tz. 44, 58f., 69, 1676, 1962) mit Fragen der Risikowahrnehmung und der Technikakzeptanz auseinandergesetzt und konzentrierte und vertiefte diese Überlegungen in seinem Sondergutachten "Altlasten" (siehe unten: 2.3.2). Um die Problematik besser zu verstehen und um Handlungsmöglichkeiten zu untersuchen, wurden Fragen der Kommunikation mit der Öffentlichkeit und der Beteiligung von Betroffenen auch in technisch orientierten Fachkonferenzen reflektiert, in praxisbezogenen Forschungsprojekten wissenschaftlich untersucht und deren Ergebnisse in Empfehlungen und Handreichungen für die Praxis veröffentlicht (siehe unten: 2.3.3).

2.3.2   Empfehlungen des Sachverständigenrates für Umweltfragen

Der Rat von Sachverständigen für Umweltfragen der Bundesregierung integrierte in sein überwiegend durch naturwissenschaftliche, ingenieurtechnische, ökonomische und juristische Themenschwerpunkte geprägtes Sondergutachten "Altlasten" einen eigenen Abschnitt (SRU 1990: Tz. 81 - 107) mit Analysen und Empfehlungen zur Information und Kommunikation über Risiken von Altlasten, zur Durchführung vertrauensbildender Maßnahmen und zur Ermöglichung von Partizipation für die betroffenen Bürger. Durch diese Maßnahmen sollte die vom Sachverständigenrat für unabdingbar erforderlich gehaltene Akzeptanz von Altlasten und ihrer Sanierung gewonnen werden.

Als beispielhaft für eine derartiges Vorgehen verweist der Rat auf das Programm zur Öffentlichkeitsbeteiligung bei der Sanierung der Deponie Georgswerder (SRU 1990: Tz. 102; Umweltbehörde Hamburg 1988) und auf die mittlergestützten Diskurse zur Verständigung über die Sanierung der Sonderabfalldeponie Münchehagen (SRU 1990: Tz. 104; M. Striegnitz 1987).

Der Rat unterstreicht die Notwendigkeit von Bemühungen, die Akzeptanz von Betroffenen und Öffentlichkeit zu gewinnen und empfiehlt, die Einbeziehung der Betroffenen als unverzichtbaren Bestandteil in jede Sanierungsplanung einzubauen:

"Nach Auffassung des Rates handelt es sich bei dem gesamten Problembereich der Altlasten um gesellschaftliche Lasten, Entscheidungen und Risiken, die nur in öffentlichen, das heißt politisch organisierten, Prozessen bewältigt werden können. Damit wird der Verursacher einer Altlast nicht aus seiner Verantwortung und Finanzierungsverpflichtung entlassen. Aber sowohl Altlasten als auch deren Sanierung sind mit Belastungen und Gefahren verbunden. Ihre Akzeptanz setzt voraus, dass alle unmittelbar und mittelbar Betroffenen die Belastungen und Gefahren aus der Durchführung oder Unterlassung von Sanierungsmaßnahmen kennen und sie bewusst um eines bestimmten Zieles und Nutzens willen in Kauf nehmen. Auf Dauer gesehen ist nur eine Bevölkerung, die unvermeidbare Belastungen bewusst zu akzeptieren gelernt hat, ein verlässlicher Partner für die schwierige, langwierige und teure Aufgabe der Altlastensanierung. Die Aufgabe von Wissenschaftlern und Experten besteht darin, durch Information und Aufklärung, insbesondere durch die Erarbeitung von Bewertungskriterien und ihre Erläuterung, den allgemeinen politischen Willensbildungsprozess zu unterstützen und zu fördern.

Im Interesse einer schnellen und wirksamen Sanierung von Altlasten hält es der Rat für unbedingt notwendig, eine möglichst weit gehende Akzeptanz für das geplante Vorgehen bei den Betroffenen und der Öffentlichkeit zu erreichen. Die ohne diese Akzeptanz auftretenden Behinderungen und Verzögerungen können die Entstehung und die Fortdauer von Belastungen begünstigen und die damit verbundenen Risiken vergrößern. Der Rat sieht Programme zur Beteiligung der Öffentlichkeit und zur Einbeziehung der Betroffenen in die Entscheidungsprozesse als unverzichtbaren Bestandteil jeder Sanierungsplan an." (SRU 1990: Tz. 900, 901)

In einigen Bundesländern hat der Gesetzgeber diese Empfehlung dahingehend aufgegriffen und umgesetzt, dass in den jeweiligen Landesgesetzen zur Regulierung der Altlastenproblematik die Option zur Einrichtung von Sanierungsbeiräten rechtlich verankert wurde, so z.B. der "Sicherungs- und Sanierungsbeirat" nach dem Niedersächsischen Bodenschutzgesetz (§ 7 NBodSchG, ursprünglich § 37 NAbfG i.d.F. vom 14.10.1994) oder der "Beirat" nach dem Landesbodenschutzgesetz für das Land Nordrhein-Westfalen (§ 11 LBodSchG).

Nach diesen Gesetzen kann ein derartiger Beirat von der zuständigen Altlastenbehörde für besonders komplexe oder anspruchsvolle Altlasten-Verdachtsfälle oder -Sanierungsvorhaben eingerichtet werden; ihm sollen die jeweils zuständigen Fachbehörden, die betroffenen Gemeinden, die bodenschutzrechtlich verantwortlichen Personen und Vertreter für alle betroffenen Dritten angehören. Der Beirat dient der frühzeitigen Information und der Erörterung von Bedenken und Anregungen, er berät die zuständige Behörde.

2.3.3 Forschungsprojekte und praktische Entwicklung einer neuen Kultur der Kommunikation und Partizipation

Im Folgenden sollen ohne Anspruch auf Vollständigkeit einige Forschungsvorhaben und Projekte referiert werden, die besondere Beachtung fanden und besonders einflussreich waren für die Entwicklung von allgemein akzeptierten Konzepten und Modellen für die Informationen und Partizipation von Öffentlichkeit und Betroffenen in der Abfallwirtschaft und insbesondere in der Altlastensanierung.

Die kommunikativen Erfordernisse wurden gerade auch von den auf diesem Felde praktisch tätigen Ingenieurbüros, spezialisierten technischen Bauunternehmungen und Verwaltungen in ihrer Schlüsselfunktion für eine Erfolg versprechende Altlastensanierung und Abfallwirtschaftsplanung erkannt. Sie wurden wichtiger Programmpunkt in bis dahin eher technisch, ökonomisch oder rechtlich ausgerichteten Fachkonferenzen.

So wurde dem Thema "Akzeptanzprobleme bei Maßnahmen zur Abfallentsorgung: Wege zur Konsensfindung und Glaubwürdigkeit im Umgang mit der Öffentlichkeit" (B. Johnke/J. Schmitt-Tegge 1993) im Rahmen der damals weithin beachteten und einflussreichen Serie der UTECH-Konferenzen, die in enger Verbindung mit dem Umweltbundesamt ausgerichtet wurden, eine eigene Konferenz gewidmet. Auch im Rahmen der Tagungsserie "Sanierung kontaminierter Standorte", die über viele Jahre hinweg als die entscheidende öffentliche Clearingveranstaltung für konzeptionelle Weichenstellungen und Weiterentwicklungen in der Altlastensanierung in Deutschland fungierte, wurde das Thema Kommunikation und Konfliktregulierung mit Anwohnern explizit mehrfach aufgegriffen (V. Franzius 1993).

Das Forschungszentrum Jülich entwickelte aus dem sozialwissenschaftlichem Forschungsprojekt "Fallbeispiele für innovative Ansätze der Risiko-Kommunikation im Bereich der Entsorgungswirtschaft (FARBE)" ein Modell und konkrete Empfehlungen für die Durchführung von Partizipationsansätzen (P. M. Wiedemann et al. 1991).

Am Fachbereich Raumplanung der Universität Dortmund wurden gestützt auf die detaillierte sozialwissenschaftliche Analyse mehrerer Fallstudien Vorschläge für ein konsensorientiertes Vorgehen zur Sanierung bewohnter Altlasten entwickelt (H. Discher/S. Kraus 1991).

Als Ergebnis eines Forschungs- und Entwicklungsvorhabens im Auftrage der Stadt Dortmund, des Bundesministeriums für Umwelt und Reaktorschutz sowie des Umweltbundesamtes wurden Empfehlungen zur Konfliktminderung bei der Altlastensanierung als Handbuch für die kommunale Praxis entwickelt (R. Hachmann et al. 1992).

Das Umweltministerium Baden-Württemberg ließ ein Handbuch "Kommunikation, Öffentlichkeitsbeteiligung und Konsensfindung bei entsorgungswirtschaftlichen Vorhaben" (P. M. Wiedemann 1995) als Serviceleistung für die entsorgungspflichtigen Körperschaften im Lande erarbeiten.

Die auf diese Weise in enger Verzahnung von praktischer Erprobung und wissenschaftlicher Reflexion entwickelten und durch zahlreiche Anwendungserfahrungen gereiften Konzepte fanden auch Eingang in das maßgebende Standardwerk "Handbuch Altlastensanierung und Flächenmanagement" (V. Franzius et al. 2010; P. Günther et al. 2003; W. Ulrici/R. Hachmann 2003).

Auch in den über die reine Altlastensanierung hinausgehenden Ratgebern und Planungshilfen für Flächenrecycling stellen Module zur Kommunikation mit der Öffentlichkeit und zur Partizipation von Betroffenen einen festen Bestandteil dar (Bayerisches Landesamt für Umwelt 2008: 33-35; S. Panebianco et al. 2009).

Ein wesentliches Kernelement dieser Konzepte besteht in der Erfahrung, dass jeder Altlastenfall aufgrund seiner großen Komplexität und spezifischen Besonderheiten ein "Unikat" darstellt und daher auch die Strukturen und Verfahren für Information, Kommunikation und Partizipation für jeden Einzelfall maßgeschneidert entwickelt und angepasst werden müssen.

3   Partizipation in der Altlastensanierung: ein gesellschaftlicher Lernerfolg

Zwanzig Jahre nach der Empfehlung des Sachverständigenrats für Umwelt kann festgestellt werden, dass es heute in der Tat ganz überwiegend gängige Praxis ist, dass Programme zur Beteiligung der Öffentlichkeit und zur Einbeziehung der Betroffenen in die Entscheidungsprozesse zu einem nicht mehr wegzudenkenden Bestandteil der jeweiligen Sanierungspläne geworden sind.

Damit sind Konflikte um Altlasten, um die Bewertung von Risiken, um die Verteilung von auch finanziellen Lasten und um die zu ergreifenden Maßnahmen nicht auf wunderbare Weise weggezaubert. Die dialogischen Partizipations- und Kooperationsverfahren sind keine vordergründige "Friede-Freude-Eierkuchen"-Unterhaltung (L. Holtkamp/B. Stach 1995). Vielmehr wurden im Zuge dieser im wesentlichen in den Neunzigerjahren erfolgten Kultur-Evolution (H. Heinrichs 2005) Interaktionsformen entwickelt, gesellschaftlich eingeübt, akzeptiert und praktiziert, durch die in Verbindung mit den ebenfalls entwickelten rechtlichen Instrumenten und den technischen Sanierungsmöglichkeiten die harte Arbeit des Konfliktaustrages in konstruktiven Bahnen und verständigungsorientiert erfolgen kann.

Literatur

Bayerisches Landesamt für Umwelt 2008: Chance Flächenrecycling - Zukunft ohne Altlasten: Ratgeber für Kommunen und Investoren. Augsburg: Bayerisches Landesamt für Umwelt (LfU).

Brand, K.-W.; Büsser, D.; Rucht, D. (1983): Aufbruch in eine andere Gesellschaft: neue soziale Bewegungen in der Bundesrepublik, Frankfurt/Main.

Bundesregierung 1971: Umweltprogramm der Bundesregierung (14. Oktober 1971). Bonn: Deutscher Bundestag: Drucksache VI/2710.

Bundesregierung 1976: Umweltbericht '76: Fortschreibung des Umweltprogramms der Bundesregierung vom 14. Juli 1976, Stuttgart.

Diekmann, A.; Preisendörfer, P. (2001): Umweltsoziologie: eine Einführung, Reinbek.

Dierkes, M.; Fietkau, H.-J. (1988): Umweltbewußtsein - Umweltverhalten, Mainz.

Discher, H.; Kraus, S. (1991): Sanierung bewohnter Altlasten: Fallstudien zur Entwicklung von Ansätzen konsensorientierter Konfliktlösung, Dortmund.

Fietkau, H.J.; Kessel, H. (Hrsg.) (1981): Umweltlernen: Veränderungsmöglichkeiten des Umweltbewußtseins; Modelle, Erfahrungen, Königstein.

Fowlkes, M. R.; Miller, P. Y. (1987): Chemicals and Community at Love Canal. In: Johnson, B. B.; Covello, V. T. (Hrsg.): The Social and Cultural Construction of Risk: Essays on Risk Selection and Perception, Dordrecht, 55-83.

Franzius, V. (Hrsg.) (1993): Sanierung kontaminierter Standorte 1993: Rahmenbedingungen, Sanierungsgesellschaften, Sanierungstechniken, Berlin.

Franzius, V.; Altenbockum, M.; Gerhold, T. (Hrsg.) (2010): Handbuch Altlastensanierung und Flächenmanagement, München.

Friege, H.; Engelhardt, C.; Henseling, K. O. (Hrsg.) (1998): Das Management von Stoffströmen: geteilte Verantwortung - Nutzen für alle, Berlin.

Günther, P.; Machtolf, M.; Barkowski, D. (2003): Information, Kommunikation und Partizipation bei der Bewältigung der Altlastenproblematik. In: Franzius, V.; Altenbockum, G.; Gerhold, T. (Hrsg.): Handbuch Altlastensanierung und Flächenmanagement, München, Kapitel 8811: 1-20.

Hachmann, R.; Rahrbach, A.; Ulrici, W. (1992): Möglichkeiten zur Konfliktminderung bei der Altlastenbewältigung, Frankfurt.

Heinrichs, H. (2005): Kultur-Evolution: Partizipation und Nachhaltigkeit. In: Michelsen, G.; Godemann, J. (Hrsg.): Handbuch Nachhaltigkeitskommunikation: Grundlagen und Praxis. München, 709-720.

Holtkamp, L.; Stach, B. (1995): Friede, Freude, Eierkuchen?: Mediationsverfahren in der Umweltpolitik, Marburg.

Huber, J. (1995): Nachhaltige Entwicklung durch Suffizienz, Effizienz und Konsistenz. In: Fritz, P.; Huber, J.; Levi, H. W. (Hrsg.): Nachhaltigkeit in naturwissenschaftlicher und sozialwissenschaftlicher Perspektive: eine Publikation der Karl-Heinz-Beckurts-Stiftung, Stuttgart, 31-46.

Johnke, B.; Schmitt-Tegge, J. (1993): Akzeptanzprobleme bei Maßnahmen zur Abfallentsorgung: Wege zur Konsensfindung und Glaubwürdigkeit im Umgang mit der Öffentlichkeit, Berlin.

Kilger, R. (2001): Sanierung der Bille-Siedlung in Hamburg. In: Franzius, V.; Altenbockum, G.; Gerhold, T. (Hrsg.): Handbuch Altlastensanierung und Flächenmanagement, München, Kapitel 9200.06.03: 1-18.

Kilger, R.; Heidemann, I. (1994): Bürgerbeteiligung bei der Sanierung der Bille-Siedlung in Hamburg. In: AbfallwirtschaftsJournal 6 (4), 220- 224.

Kloepfer, M.; Franzius, C.; Reinert, S. (1994): Zur Geschichte des deutschen Umweltrechts, Berlin.

Küppers, G.; Lundgreen, P.; Weingart, P. (1978): Umweltforschung - die gesteuerte Wissenschaft?: eine empirische Studie zum Verhältnis von Wissenschaftsentwicklung und Wissenschaftspolitik, Frankfurt am Main.

Lazar, S. (2001): Bewohnte Altlasten als interdisziplinäres Problemfeld: Rahmenbedingungen, Handlungsspielräume und Konfliktmanagement, Berlin.

Levine, A. (1982): Love Canal: science, politics, and people. Lexington, Mass.

Müller, E. (1984): Politisch-administrative Voraussetzungen für rohstoff- und umweltschonendes Verbraucherverhalten. In: Striegnitz, M. (Hrsg.): Recycling: Von der "Wegwerf-Gesellschaft" zur "Verwertungs-Gesellschaft". Probleme der Verwertung und Möglichkeiten der Verminderung und Vermeidung von Hausmüll, Rehburg-Loccum, 344 - 351.

Panebianco, S. et al. (2009): LeNA: Leitfaden für die Nachnutzung von Altablagerungen. In: Unter: http://www.leitfaden-lena.de (Stand: 2011-01-11).

Preisendörfer, P. (1999): Umwelteinstellungen und Umweltverhalten in Deutschland: empirische Befunde und Analysen auf der Grundlage der Bevöllkerungsumfragen "Umweltbewusstsein in Deutschland 1991-1998", Opladen.

Radkau, Joachim 2002: Natur und Macht: eine Weltgeschichte der Umwelt. München: Beck.

Reinhardt, M.; Czychowski, M. (2007): Wasserhaushaltsgesetz unter Berücksichtigung der Landeswassergesetze: Kommentar, München.

SRU, Der Rat von Sachverständigen für Umweltfragen 1987: Umweltgutachten 1987. Bonn: Deutscher Bundestag, Drucksache 11/1568.

SRU, Der Rat von Sachverständigen für Umweltfragen 1990: Altlasten: Sondergutachten Dezember 1989, Stuttgart.

SRU, Der Rat von Sachverständigen für Umweltfragen 2008: Umweltgutachten 2008: Umweltschutz im Zeichen des Klimawandels, Berlin.

Striegnitz, M. (Hrsg.) (1987): Sanierung von Altlasten, Deponien und anderen kontaminierten Standorten: Erfahrungen und Problemstellungen. Loccumer Protokolle 3/86, Rehburg-Loccum.

Ulrici, W.; Hachmann, R. (2003): Maßnahmen zur Konfliktminderung bei der Altlastensanierung. In: Franzius, V.; Altenbockum, G.; Gerhold, T. (Hrsg.): Handbuch Altlastensanierung und Flächenmanagement. München, Kapitel 8831: 1-40.

Umweltbehörde Hamburg (Hrsg.) (1988): Sanierung der Deponie Georgswerder: 6. Bericht der Reihe "Überwachung und Sanierung der Deponie Georgswerder", Hamburg: Freie und Hansestadt Hamburg.

van de Griendt, B. (2007): Casus Lekkerkerk-West: de moeder aller gifwijken. In: van de Griendt, B. (Hrsg.): Grond voor zorg - Stof tot nadenken: onderzoek naar de gevolgen van bodemverontreiniging voor de woningmarkt in Nederland, Utrecht, 145-179.

Wiedemann, P. M. (1995): Kommunikation, Öffentlichkeitsbeteiligung und Konsensfindung bei entsorgungswirtschaftlichen Vorhaben: Handbuch im Auftrag des Umweltministeriums Baden-Württemberg, Stuttgart.

Wiedemann, P. M.; Femers, S.; Hennen, L. (1991): Bürgerbeteiligung bei entsorgungswirtschaftlichen Vorhaben: Analyse und Bewertung von Konflikten und Lösungsstrategien, Berlin.

Wittfogel, K. A. (1962): Die orientalische Despotie: eine vergleichende Untersuchung totaler Macht, Köln.

Hochwasser- und Küstenschutz unter Klimawandelbedingungen als besonderes Aufgabengebiet von Partizipation und Kooperation

Heiko Grunenberg / Maren Knolle

1 Problemstellung

Hochwasserereignisse und Sturmfluten sind natürliche Phänomene. Erst durch die Betroffenheit des Menschen, der sich in Überflutungsgebieten angesiedelt hat, werden diese zu potenziellen Katastrophen. Nicht nur die Hochwasserkatastrophen an der Elbe 2002 und 2006, das Hochwasser in den Voralpen 2005 oder die Reihe von Sturmfluten an der deutschen Nordseeküste 2007 haben die Bedeutung eines vorausschauenden Hochwasserschutzes in jüngster Vergangenheit hierzulande wiederholt deutlich gemacht. Es reicht nicht mehr, zu konstatieren, dass seit der Besiedlung durch den Menschen immer auch Katastrophen „mitproduziert" wurden (für die Nordseeküste vgl. Meier 2005). Heute kommt mit dem globalen Klimawandel ein primärer Unsicherheitsfaktor hinzu, den es im Hochwasser- und Sturmflutschutz zu beachten und zu analysieren gilt. Grundsätzlich wird ein Wandel des globalen Klimas kaum noch bezweifelt (vgl. Parry 2007; Jacob 2008; Brückner 2008), wenngleich die Prognosen über das zu erwartende Ausmaß dieser Veränderungen eine gewisse Streuung aufweisen. In der Wahrnehmung der Menschen jedoch hat dies zur Folge, dass die sonst gewohnte Prognosefähigkeit auf der Grundlage zurückliegender Ereignisse nicht mehr als ausreichend erachtet wird. Demnach stellt der Klimawandel eine Zäsur im fortlaufenden Prozess von Beobachten, Bewerten und Erwarten dar. Dies gilt ganz besonders auch für die Akteure des Hochwasser- und Küstenschutzes, an die entsprechend neue Anforderungen gestellt werden. Sie sind vor diesem Hintergrund gefordert, die Diskussion um das Risiko an sich, die Risikovorsorge und -anpassung (Adaption) und den damit verbundenen Ressourceneinsatz neu zu führen. Adaption an eine veränderte Risikosituation im Themenfeld Hochwasser- und Küstenschutz erscheint für die Bürgerinnen und Bürger unter Klimawandelbedingungen als eine Perspektive, die bislang nicht ausreichend in Form von Risikokommunikation an sie herangetragen wurde (vgl. Kaiser et al. 2004). Die Möglichkeiten der (zwangsläufig langfristigen) Vermeidung (Mitigation) des Klimawandels und die damit verbundene Neubewertung der Risikosituation werden, normativ gesehen, zwar meist vorrangig behandelt, dennoch werden Anpassungsmaßnahmen als kurzfristig notwendige Reaktion auf eine Katastrophe immer wichtiger (vgl. Grothmann 2005; Heinrichs & Grunenberg 2009). Durch diese veränderten Notwendigkeiten steht nun ein gesteigertes Ausmaß an Aktivitäten an, welches den Stellenwert von Partizipations- und Kooperationsverfahren zunehmend erhöhen wird.

In diesem Beitrag gehen wir der Frage nach, welchen Beitrag Partizipation und Kooperation im Hochwasser- und Küstenschutz hinsichtlich der obigen Überlegungen heutzutage leisten können, und legen dar, welche Einstellungen hierzu in der Bevölkerung vorhanden sind. Neben einigen theoretischen Überlegungen betrachten wir dabei hauptsächlich empirische Ergebnisse aus zwei Studien, in denen potenziell Betroffene befragt wurden. Zum einen ist dies eine Studie, die in Schleswig-Holstein im Rahmen des SAFECOAST[42] Forschungsprojektes durchgeführt wurde – hier beziehen sich die Ergebnisse auf reine Küstenhochwasser von Nord- und Ostsee. Zum anderen sind dies Ergebnisse aus Bremen und Hamburg aus dem Forschungsprojekt INNIG[43] – in diesen beiden Städten setzt sich die Risikosituation zusammen aus möglichen Hochwasserereignissen von Fließgewässern und einem eventuellen Zusammentreffen mit Sturmflutereignissen an der Nordsee.

2   „Heute dürft Ihr alle Eure Meinung sagen, morgen müsst Ihr alle einer Meinung sein!"[44]

Im Bereich des Hochwasser- und Küstenschutzes lassen sich Kooperations- und Partizipationsverfahren geschichtlich weit zurückverfolgen. In diesem Abschnitt wird aufgezeigt werden, dass neben der heutigen Form der freiwilligen Partizipation über Jahrhunderte sogar ein Zwang zur kooperativen Beteiligung bestand, an welchem niemand vorbei kam – und diese folglich sogar eine unerlässliche Bedingung für die gesellschaftlich legitimierte Existenzberechtigung für das Leben an der Küste war. Zwar waren dies selbstverständlich keine standardisierten Verfahren wie wir sie heute kennen, jedoch organisierte sich kooperative Zusammenarbeit und Partizipation kaum auf einem anderen Gebiet derart weitreichend wie hier.

Beispielhaft möchten wir dies für den Schutz vor Hochwasser an der deutschen Nordseeküste aufzeigen. Die Küstenarchäologie hat die Geschichte des Hochwasserschutzes bis heute umfassend erforscht. Historisch wurde aufgezeigt, dass seit dem frühen 9. Jahrhundert damit begonnen wurde, sich gegen höhere Wasserstände zu schützen; zuvor verhielten sich die Menschen lediglich passiv gegenüber dem Meer (vgl. Meier 2007). Seit dem 9. Jahrhundert stieg der Meeresspiegel fast kontinuierlich an bzw. senkte sich die Geländeoberfläche, was immer aufwändigere Formen des Schutzes und damit auch einen Zwang zur überindividuellen Koordination und Bündelung der menschlichen produktiven Kräfte erforderlich machte, die zur Schaffung und Erhaltung von Großschutzanlagen notwendig waren.

Für den Anstieg der Bedrohungslage waren viele Faktoren verantwortlich (vgl. Meier 2006). Zunächst war es das Klima, das sich erwärmte und den Meeresspiegel steigen ließ. In Schleswig-Holstein kam dazu häufig der Abbau von Torf, der das Oberflächenniveau des Festlandes absenkte. Relevant sind auch tektonische Senkungsbewegungen, die bis heute landesweit zu Gebietssenkungen führen. Als schließlich eine geschlossene Deichlinie bestand und das Hinterland entwässert wurde, führte dies zum weiteren Absacken der Ober-

---

[42] SAFECOAST: „Die informierte Gesellschaft", Interreg IIIb-Projekt, Kooperation zwischen dem Innenministerium Schleswig-Holstein/Amt für Katastrophenschutz, dem Ministerium für Landwirtschaft, Umwelt und ländliche Räume des Landes Schleswig-Holstein/Referat Küstenschutz, Hochwasserschutz und Häfen und der Leuphana Universität Lüneburg. Laufzeit: 2006-2008.

[43] INNIG: „Integriertes Hochwasserrisikomanagement in einer individualisierten Gesellschaft", gefördert vom BMBF im Rahmen des Forschungsverbundes RIMAX. Laufzeit: 2005-2006.

[44] Niemeyer et al. 2006, 10.

fläche sowie zu höher auflaufenden Sturmfluten durch die nun künstliche Stauung der Nordsee.

Vor diesem Szenario lässt sich also eine interessante Entwicklung beobachten (vgl. Meier 2007). Zunächst wurden die Häuser auf der ebenen Erde gebaut, schließlich erhöhte man den Grund in einem gewissen Umkreis um das eigene Gut, eine kleine Hofwarft entstand (seit dem 9. Jahrhundert). Diese Warften wurden im Laufe der Zeit immer weiter erhöht. Zum Bau und zum Unterhalt war entweder gar keine Kooperation der Einzelnen nötig, wenn die Arbeit ganz alleine oder zusammen mit den Hofbewohnern bewältigt werden konnte. Bei höheren Aufwerfungen hingegen muss davon ausgegangen werden, dass eine effektive schnelle Bewältigung von einer kleinen freiwilligen Gemeinschaft gewährleistet wurde, ähnlich heutiger spontaner Kooperationen bei einem Wohnungswechsel. Viele Personen halfen mit, erwarteten dann aber auch, dass man ihnen in der gleichen Situation ebenfalls helfen würde. Der nachfolgende Schritt war die Dorfwarft, die eine Erhebung des gesamten Dorfes darstellte. Dabei war die Kooperation aller Dorfbewohner notwendig. Schließlich bestand ein dritter Schutzschritt in der Anlage eines Ringdeiches, der großräumig um einige beieinander liegende Dörfer herum gebaut wurde. Ersichtlich wird hierbei die Notwendigkeit eines gesteigerten Kooperationsniveaus: Ein dorfübergreifendes Interesse musste festgestellt und umgesetzt werden. Im 12. Jahrhundert wurden dann die ersten Seedeiche errichtet (vgl. Meier 2006) bis schließlich eine geschlossene Deichlinie entstand.

Die Überschrift dieses Kapitels entstammt einer überlieferten Ansprache eines Deichrichters, welche die beschriebene Problematik auf den Punkt bringt. Sie verdeutlicht einerseits den Übergang vom individuellen zum kollektiven Schutzgedanken, denn individuelles Ausscheren war unter der effizienten Bündelung der gemeinsamen Kräfte nicht mehr möglich. Andererseits bedurfte es zunehmend der Koordination der gemeinsamen Schutzaufgabe, die zwangsläufig auch die Delegation einzelner Tätigkeiten miteinschloss. Entsprechend der Ressourcenintensität aggregierte sich im Laufe der Zeit die Zuständigkeit im Sturmflutschutz vom Einzelnen über lose Zusammenschlüsse und familiäre Verbünde hin zu formalisierten Verbänden mit differenzierten Zuständigkeiten. Am Ende dieser Entwicklung bündelte sich schließlich die Verantwortung und Koordination mit der Entstehung so genannter Landesherrlichkeiten, also der Verschiebung von Recht über Land und Leute auf den Landesherren, immer mehr in der öffentlichen Hand. Tendenziell sank der Partizipationsgrad damit mehr und mehr.

Die Deiche senkten die Eintrittswahrscheinlichkeit eines Schadensereignisses erheblich; da aber die Bedeichung einen Rückkopplungseffekt auf die Fluthöhen hatte, wurden hohe Wasserstände begünstigt und produzierten im Falle technischen Versagens immer sofort beträchtliche Schäden. Heute stellt sich die Frage der weiteren Entwicklung der Schutzstrategie (zumindest an der deutschen Küste) meist nur noch insofern, als dass die bestehenden Deichlinien sowie die Siel- und Schöpfwerke verstärkt oder angepasst werden bzw. das Einrichten einer zweiten Deichlinie erwogen wird. In der Zukunft jedoch muss dies nicht immer so bleiben, denn deutlich erhöhte Meeresspiegelstände als heute werden die angesprochene Reaktion des Menschen umso grundlegender ausfallen lassen. Doch allein schon die Perspektive auf diese Wahrscheinlichkeiten führen zu einer deutlichen Aufwertung von Verfahren der Partizipation und Kooperation, wie im folgenden Kapitel ausgeführt werden wird.

3   Partizipation im heutigen Hochwasser- und Sturmflutschutz

In diesem Abschnitt werden wir die konzeptionellen Grundlagen von Partizipationsprozessen skizzieren, um vor diesem Hintergrund aktuelle Herausforderungen im Hochwasser- und Sturmflutschutz zu diskutieren.

3.1   Konzeptionelle Ansätze

Renn et al. (1995:2) definieren Partizipation als "forums of exchange that are organised for the purposes of facilitating communication between government, citizens, stakeholders and interest groups, and businesses regarding a specific decision or problem". Die OECD (Schneider & Libercier 1994:3) beschreibt Partizipation wie folgt:

> "Participatory development stands for partnership which is built upon the basis of dialogue among the various actors, during which the agenda is jointly set, and local views and indigenous knowledge are deliberately sought and respected. This implies negotiation rather than the dominance of an externally set project agenda. Thus people become actors instead of being beneficiaries".

Beide Definitionen machen deutlich, dass Partizipation einen gleichberechtigten Dialog zwischen Regierung, Bürgern und weiteren Anspruchsgruppen einfordert. Ein solcher Dialog kann nur durch kooperatives Verhalten etabliert werden. Wenn wir im Folgenden von Kooperation sprechen, meinen wir entsprechend solch kooperatives Verhalten in partizipativen Verfahren. Durch Partizipation sollen die Beteiligten dazu befähigt werden, Entscheidungen selbst mitzuentwickeln und zu beeinflussen. Arnstein (1969) hat eine so genannte ‚Partizipations-Leiter' entwickelt, die die verschiedenen Stufen von Partizipation abbildet (vgl. Tabelle 1).

Tabelle 1:   Arnsteins Partizipations-Leiter

Level 1	Manipulation	These levels assume a passive audience which is given information that may be partial or constructed.
Level 2	Education	
Level 3	Information	People are told what is going to happen, is happening, or has happened.
Level 4	Consultation	People are given a voice, but no power, to ensure their views are heeded.
Level 5	Involvement	People's views have some influence, but traditional power holders still make the decisions.
Level 6	Partnership	People can begin to negotiate with traditional power holders, including agreeing roles, responsibilities and levels of control.
Level 7	Delegated power	Some power is delegated.
Level 8	Citizen control	Full delegation of all decision-making and action

Quelle: Arnstein 1969

Partizipation im Kontext des Hochwasser- und Sturmflutschutzes ist eng mit der Risiko-kommunikation verknüpft, da durch eine entsprechende Kommunikation über das Risiko der Wissensstand der Bürger vergrößert und als Ausgangspunkt einer weiteren Partizipation betrachtet wird (Level 3). Als Aufgabengebiete der Risikokommunikation werden neben der Information über und der Erklärung von Risiken, der Initiierung von Verhaltensände-rungen und Vorsorgemaßnahmen und der Information bei Notfällen und Katastrophen auch die gemeinsame Problem- und Konfliktlösung durch politische Entscheidungsträger, Wis-senschaftler und die Beteiligung der Öffentlichkeit verstanden (vgl. Covello et al. 1987: 112f.).

Covello et al. (vgl. 1989, S. 5) nennen drei Prinzipien der Risikokommunikation, die die Bedeutung von Partizipation besonders hervorheben:

1. Die Bürger haben ein Recht, an Entscheidungsprozessen zu partizipieren, die ihr Le-ben, ihren Wohlstand und ihre sonstigen Werte berühren.
2. Das Ziel von Risikokommunikation sollte ein informiertes Publikum sein, das aktiv an Entscheidungsprozessen mitarbeiten kann.
3. Risikokommunikation setzt eine zweiseitige, offene Kommunikationsbeziehung vo-raus, die auf gegenseitigem Vertrauen beruht.

3.2 Gründe für Partizipation

Risiken lassen sich nicht objektiv beschreiben, da Risiko-Konstruktionen abhängig sind von jeweiligen politischen, kulturellen und individuellen Rahmenbedingungen (vgl. Ruhrmann & Kohring 1996, S. 48). Partizipation bietet hier die Chance, die verschiedenen Risiko-Konstrukte aufeinander zu beziehen und daraus resultierende Schlussfolgerungen gemeinsam auszuhandeln. Als weitere wichtige Gründe für Partizipation gelten (vgl. Mostert 2001):

Sensibilisierung für das Thema: Die Auseinandersetzung mit dem Thema im Rahmen von partizipativen Prozessen sensibilisiert die Bevölkerung. Der konstruktive Dialog er-möglicht Lernerfahrungen.
Vertrauen schaffen: Durch den Prozess sollen Glaubwürdigkeit und Vertrauen für das Risikomanagement in der Bevölkerung erzielt werden. Durch die höhere öffentliche Akzep-tanz sollen Rechtsstreitigkeiten vermieden und damit zu einer effektiveren Umsetzung beigetragen werden.
Kreativere Entscheidungsfindung: Bürgerbeteiligung bietet kreative Möglichkeiten der Ideenfindung, wie Zukunftswerkstätten, Planungszellen etc., die eine Integration von Ex-perten- und Bürgerwissen ermöglichen.
Förderung der Demokratie: Die Information und die Anhörung von Bürgern gehört zu den Rechten in einem demokratischen System.
Konstruktive Lösungsfindung: Partizipation bietet die Chance, für offene oder latente Konflikte in Bezug auf technologische Entscheidungen eine Lösung (d.h. einen anerkann-ten Kompromiss) zu finden (vgl. Ruhrmann & Kohring 1996: 47). Dabei können Behörden und Regierungen wertvolle Anregungen für ihr Handeln erhalten.

Ein Beispiel für die beschriebenen positiven Wirkungen von partizipativen Prozessen bietet die Küstenniederung Timmendorfer Strand/Scharbeutz. Aufgrund eines kontinuierlichen Meeresspiegelanstiegs am Pegel Travemünde in den letzten 100 Jahren und eines weiteren absehbaren zukünftigen Anstiegs, vereinbarten die Gemeinden Scharbeutz und Timmendorfer Strand im Sommer 1999 gemeinsam mit dem Ministerium für ländliche Räume, Landesplanung, Landwirtschaft und Tourismus des Landes Schleswig-Holstein (MLR) und dem Amt für ländliche Räume Kiel (ALR), ein 'Integriertes Küstenschutzkonzept' für die Küstenniederung Timmendorfer Strand – Scharbeutz zu entwickeln. Im Rahmen der hierfür stattfindenden Sensitivitätsanalyse im Jahr 2000 entstanden umfangreiche Beteiligungsmöglichkeiten für die Bürger an Maßnahmen zur Verbesserung des Sturmflutschutzes. Die Sensitivitätsanalyse beschäftigte sich mit der Frage, welche Auswirkungen unterschiedliche Küstenschutzmaßnahmen bei der wachsenden Hochwassergefahr haben und wie diese von den verschiedenen Anspruchsgruppen wahrgenommen werden. Zahlreiche Bürger vor Ort nahmen an den insgesamt neun Diskussionsrunden teil. Es ging dabei insbesondere um die Auswirkungen, die Maßnahmen auf die Sicherheit der Menschen sowie auf alle Größen haben, die die für beide Gemeinden so wichtige Schlüsselvariable des Tourismus beeinflussen (attraktiver Strandbereich, Gästezahl, intakte Landschaft etc.) (vgl. Kaul & Reins 2000). Dabei stellte die touristische Nutzung des Strandes und die hierfür wichtige Wahrung des freien Blicks auf die Ostsee einen Konfliktbereich des Sturmflutschutzes dar. Gemeinsam mit den Anwohnern wurde eine angepasste Lösung gefunden: In mehreren Abschnitten wurde eine Schutzmauer am Strand in die Erde eingebaut und oberhalb mit Sand zugedeckt, so dass eine künstliche Düne entstand, die den Blick und die Atmosphäre an der Kurpromenade mehr bereichert als stört. Bezieht man diesen Prozess auf die in Tabelle 1 abgebildeten Partizipationsebenen, so wurde den Bürgern und Tourismusvertretern die Möglichkeit geboten, sich über das zu lösende Problem zu informieren (Stufe 3), ihre Meinungen kundzutun (Stufe 4) und Entscheidungen letztendlich auch zu beeinflussen (Stufe 5-6). An diesem Beispiel wird deutlich, wie partizipative Prozesse dazu beitragen, eine innovative Lösung zu erarbeiten, deren Umsetzung konfliktfrei verläuft.

Partizipative Prozesse sind nicht themenspezifisch, das heißt, die hier aufgeführten Gründe für Partizipation können in verschiedenen Konstellationen, sei es im Hochwasser- oder Küstenschutz oder in anderen ökologischen, sozialen, kulturellen oder wirtschaftlichen Bereichen zum Tragen kommen – auch wenn sich die Schwerpunkte natürlich jeweils verschieben können. Inwiefern tatsächlich nachhaltigere Lösungen durch partizipative Prozesse produziert werden, hängt immer auch von den beteiligten Personen und den jeweiligen Interessen ab. Hier ist weitere Forschung nötig, um ein umfassendes Urteil über die Qualität der partizipativ erarbeiteten Lösungen fällen zu können.

3.3 Herausforderungen für den Sturmflut- und Hochwasserschutz

Der heutige Hochwasser- und Sturmflutschutz liegt in der Verantwortung der öffentlichen Hand sowie der Deichverbände. Da die Bürger und Bürgerinnen jedoch persönlich von Hochwasserrisiken bedroht sind und selbst aktiv Anpassungsmaßnahmen durchführen können, zielt die Risikokommunikation durch Information und Aufklärung auf die Herausbildung eines Risikobewusstseins. Komplexe Zusammenhänge zwischen Klimawandel und sich veränderten Risikolagen müssen kommuniziert werden. Hierbei bietet sich die Chance, das vielfältige Wissen der Einheimischen über lokale Begebenheiten mit der globalen Perspektive auf die Konsequenzen des Klimawandels zu ergänzen. Da Wechselwirkungen zwischen Umwelt und Gesellschaft im Mittelpunkt einer Risikokommunikation stehen, ist es notwendig, neben Informationsstrategien auch dialogorientierte Kommunikations- und Beteiligungsmöglichkeiten anzubieten (vgl. Heinrichs & Grunenberg 2007, 29f.). Durch die Beteiligung der Bevölkerung an Entscheidungen und die Einbeziehung von Vorschlägen kann besser auf die Bedürfnisse der Bevölkerung eingegangen und so die Akzeptanz für Maßnahmen langfristig erhöht werden. Lokales Wissen geht nicht verloren, sondern kann gewinnbringend in Lösungsfindungen eingebracht werden.

Bereits seit einigen Jahren treten Ansätze der öffentlichen Partizipation und der Kooperation verschiedener Akteure im Bereich des Hochwasser- und Küstenschutzes stärker in den Vordergrund. Richtungsweisend hierfür ist die Wasserrahmenrichtlinie der EU (vgl. Das Europäische Parlament & Rat der Europäischen Union 2000), die explizit den Einbezug der Bevölkerung vorschreibt:

> „Um eine Beteiligung der breiten Öffentlichkeit sicherzustellen, ist es nötig, über geplante Maßnahmen in geeigneter Weise zu informieren und über deren Fortschreiten zu berichten, damit die Öffentlichkeit einbezogen werden kann, ehe endgültige Entscheidungen über die nötigen Maßnahmen getroffen werden" (ibid., s. Abs. 46).

Die Gestaltung des Hochwasser- und Sturmflutschutzes steht heute vor der Herausforderung, den Pfad einer nachhaltigen Entwicklung – also die Integration der ökologischen, sozialen, ökonomischen und kulturellen Dimension – einzuschlagen. Dabei lassen sich folgende Herausforderungen skizzieren, die auf einen erhöhten Stellenwert von Partizipation deuten.

Die zunehmende Intensivierung von Land- und Raumnutzung erhöht die ökologischen, ökonomischen und kulturellen Schadenspotenziale in den Regionen. Unterschiedliche Ansprüche der Akteure müssen aufeinander abgestimmt werden, um die Sicherheit der Bewohner langfristig zu gewährleisten (soziale Dimension) und die kulturellen Auswirkungen, z.B. einer baulichen Großmaßnahme, verträglich zu gestalten (kulturelle Dimension). Durch Partizipationsprozesse lassen sich Ansprüche der Akteure identifizieren und gemeinsame Lösungsvorschläge erarbeiten. Ökosysteme wie das Wattenmeer können durch die Entnahme von Klei, der für die Verstärkung von Deichen nötig ist, oder durch die Erschließung von Rohstoffen geschädigt werden (ökologische und ökonomische Dimension). Die Einbeziehung von relevanten Stakeholdern kann potenzielle Konflikte reduzieren (vgl. Striegnitz 2006). Sowohl von ökonomischer als auch von sozialer Bedeutung ist die Frage nach Gerechtigkeit: Wer trägt die Kosten für den Küstenschutz und wer profitiert davon? Hier ist auch die klassische Oberlieger-Unterlieger-Problematik innerhalb eines Flussgebietes anzuführen. Diese Fragen lassen sich in Informations- und Konsultationsverfahren mit den Bürgern diskutieren.

4   Empirische Studien

4.1   Das Projekt Safecoast – „Die informierte Gesellschaft": Empirische Ergebnisse zu Partizipation im Sturmflutschutz in Schleswig-Holstein

In diesem Abschnitt sollen nun empirische Ergebnisse vorgestellt werden, die im Interreg 3b-Teilprojekt von SAFECOAST „Die informierte Gesellschaft" generiert wurden. Dieses Teilprojekt zielte auf die Erarbeitung einer Kommunikationsstrategie zur Information über Sturmflutrisiken in Schleswig-Holstein ab und sollte eine damit verbundene Sensibilisierung der Bevölkerung und politischer Entscheidungsträger erreichen. Durch gezielte Kommunikation sollte die Akzeptanz für Maßnahmen des Küsten- und Katastrophenschutzes erhöht und das Risiko der Bewohner in überflutungsgefährdeten Gebieten verringert werden. In diesem Projekt wurden hierzu eine Broschüre[45] und eine Wanderausstellung entwickelt. Schwerpunkt des Projekts lag also auf der Etablierung neuer Informationskanäle für die Risikokommunikation (vgl. Knolle et al. 2007). Auf Basis der angebotenen Informationen soll dann langfristig eine Beteiligung der Bevölkerung an Küstenschutzentscheidungen möglich gemacht werden.

Auf Pellworm und Nordstrand sowie in Glückstadt und Eckernförde wurden die im Projekt erstellten Broschüren mit Informationen zum vorbeugenden und akuten Verhalten bei Sturmfluten verteilt. Zwei und sechs Wochen später wurden die Haushalte zu der Broschüre und zu ihrer Risikowahrnehmung befragt. Dabei wurde die Wirkungsanalyse in den Straßenzügen durchgeführt, die von Sturmfluten tendenziell betroffen sein könnten, also in den Gebieten, die Höhen unter 5m über NN (an der Westküste) und unter 3m über NN (an der Ostküste) aufweisen. Die Auswahl der Straßenzüge wurde so vorgenommen, dass sie ein möglichst repräsentatives Gesamtbild des Ortes widerspiegelt.

In der ersten und zweiten Welle wurden insgesamt knapp 2000 Fragebögen als Postwurf ausgegeben, wobei auf Nordstrand und Pellworm jeweils ca. 400 Fragebögen und in Glückstadt und Eckernförde jeweils ca. 600 Fragebögen ausgeteilt wurden. Die Rücklaufquote der ersten Welle lag bei 16,7%, die Quote der zweiten Welle betrug 13,7%.

Im Folgenden werden nun die Ergebnisse zu den Themenfeldern vorgestellt, die Aufschluss darüber geben, welche Form der Risikokommunikation die Befragten sich wünschen und welche Einstellung sie gegenüber Partizipation haben.

Das Informationsmedium spielt bei der Information über Risiken und damit der Voraussetzung von Partizipation eine wichtige Rolle. Die folgende Tabelle gibt Aufschluss darüber, welche Informationsmittel für die Risikokommunikation als geeignet eingeschätzt werden.

---

[45] Download der Broschüre möglich unter: http://www.leuphana.de/institute/infu/forschung/safecoast.html

Tabelle 2: Eignung von Informationsmitteln

Angaben in %	Mittelwert*	sehr wichtig	eher wichtig	eher un-wichtig	unwichtig
Radio	1,3	77,2	19,0	1,9	1,9
Fernsehen	1,4	70,1	20,7	6,1	3,2
Amtliche Be-kanntmachung	1,5	63,0	23,7	10,3	3,0
Zeitungen, Zeit-schriften	1,6	60,8	25,0	11,1	3,0
Handzettel/ Broschüren	1,9	43,2	37,4	14,7	4,7
Informationsveran-staltungen	1,9	37,2	37,9	19,3	5,6
Bürgerbeteiligung	1,9	38,1	35,6	19,2	7,1
Internet	2,2	36,4	26,4	23,0	14,1
Persönliche Ge-spräche	2,2	26,7	36,5	26,4	10,5
Handy (per SMS, z.B. Informationen über Pegelstände)	2,5	25,2	22,6	31,9	20,4
Bücher	2,6	13,7	27,3	47,2	11,8

(sehr wichtig=1, eher wichtig=2, eher unwichtig=3, unwichtig=4)Für wie wichtig halten Sie die folgenden Mittel, um Informationen über Sturmflutrisiken in Ihrer Wohngegend zu erhalten?

Das Radio wird von den Befragten als wichtigstes Kommunikationsmittel für die Information über Sturmflutrisiken bewertet. Nur 3,8% finden die Kommunikation über das Radio „eher unwichtig" oder sogar „unwichtig". Auch das Fernsehen wird als sehr wichtiges Kommunikationsmittel eingestuft: Über 90% finden dieses Medium in Bezug auf die Sturmflutkommunikation „wichtig" oder „sehr wichtig". Amtliche Bekanntmachungen werden ebenfalls von einer großen Mehrheit befürwortet, 86,7% stufen sie als „wichtig" oder „sehr wichtig" ein. Zeitungen oder Zeitschriften werden für ähnlich wichtig gehalten: 85,5% der Befragten halten dieses Medium für „wichtig" oder „sehr wichtig". Broschüren bzw. Handzettel werden von 43,2% der Befragten als „sehr wichtig" eingestuft, gefolgt von der Bürgerbeteiligung (38,1%) und Informationsveranstaltungen (37,2%). Das Internet wird nur von 36,4% als „sehr gutes" Kommunikationsmedium eingestuft. Persönliche Gespräche werden weniger häufig als „sehr wichtig" eingeschätzt: nur 26,7% sind dieser Meinung. Das Handy als Kommunikationsmittel wird noch etwas schlechter angenommen und Bücher werden als die unwichtigsten Kommunikationsmittel eingeschätzt. Damit schneiden die Massenmedien und amtliche Bekanntmachungen am besten ab. Bei den meisten hier aufgeführten Medien spielt das Alter in Bezug auf die Zustimmung keine große Rolle. Junge Menschen bis 34 Jahre sind beispielsweise genauso überzeugt von der Kommunikation durch das Radio wie die Gruppe der 55- bis 74-Jährigen. Leichte Differenzen gibt es bei der Einschätzung des Internets und des Handys: Hier sind es eher die bis 34-Jährigen, die diese Mittel als wichtig einschätzen. Größere Unterschiede gibt es auch in Bezug auf amtliche Bekanntmachungen: Hier befürworten besonders die 35- bis 54- Jährigen dieses Kommunikationsmittel.

Partizipation beinhaltet sowohl die Information der Bürger (Stufe 3 der Partizipations-
leiter) als auch die Beteiligung der Bürger (ab Stufe 6). In der folgenden Tabelle 3 wird
herausgestellt, in welchem Ausmaß die Befragten in Schleswig-Holstein nur informiert
werden wollen oder auch darüber hinaus an Entscheidungsprozessen partizipieren möchten.

Tabelle 3: Zustimmung zu Aussagen

Mittelwerte*	Gesamt	Eckernförde	Glückstadt	Nordstrand	Pellworm
Ich möchte in Zukunft regelmäßig Informationen über den Sturmflutschutz erhalten.	1,5	1,6	1,3	1,7	1,4
Ich möchte mich persönlich an längerfristigen Entscheidungsprozessen im Sturmflutschutz in Schleswig-Holstein beteiligen.	2,6	2,8	2,5	2,5	2,5

*(stimme zu=1, stimme eher zu=2, stimme eher nicht zu=3, stimme nicht zu=4) Wie denken Sie über
die folgenden Aussagen?*

Die erste Aussage dieser Frage erfährt eine hohe Zustimmung durch die Befragten. Dies
spiegelt das insgesamt ausgeprägte Interesse am Thema wider. Der zweiten Aussage zur
Beteiligung der Bevölkerung wird etwas weniger positiv zugestimmt. Dennoch bleibt mit
einem Mittelwert von 2,6 das Potenzial für eine Partizipation der Bürger an Entscheidungsprozessen immer noch hoch.

Zum Zeitpunkt der Befragung beteiligten sich 87,1% nicht aktiv an Entscheidungen im
Sturmflutschutz. 23,3% würden jedoch an Entscheidungsprozessen partizipieren, wenn es
mehr Angebote gäbe. Die beiden am häufigsten genannten Gründe gegen eine Beteiligung
sind fehlende Kenntnisse (39,8%) und mangelnde Zeit (22%). Der Meinung, dass eine
Beteiligung keine Auswirkungen hat, sind 21,3% der Befragten. 16,5% fühlen sich als
Bürger nicht dafür zuständig. Kein Interesse an der Beteiligung haben lediglich 2,4%. Als
weitere Hinderungsgründe wurden das Alter, Krankheiten oder die Familie genannt. Die
Angabe, dass fehlende Kenntnisse Bürger daran hindern, sich zu beteiligen, kann als Auf-
forderung verstanden werden, zunächst stärker in die Information der Betroffenen zu inves-
tieren, um so das Interesse und das Hintergrundwissen zu stärken.

91,7% derjenigen, die angaben, an Entscheidungsprozessen mitzuwirken, machen dies,
weil ihnen das Thema wichtig ist. 16,7% beteiligen sich, da es ihnen Spaß macht und für
25% liegt die Motivation in der Überzeugung, als Bürger gute Vorschläge einbringen zu
können.

Das Bedrohungsgefühl der Personen hat einen Einfluss auf die Einschätzung der
Wichtigkeit einer Bürgerbeteiligung. Je stärker man sich bedroht fühlt, desto eher schätzt
man die Bürgerbeteiligung für wichtig ein. Sollte sich durch den Klimawandel das Bedro-

hungsgefühl bei den Bürgern intensivieren, werden demnach die Nachfrage und der Beteiligungswille ansteigen.

4.2 Integriertes Hochwasserrisikomanagement in einer individualisierten Gesellschaft

Das Forschungsprojekt

Im Rahmen des Förderschwerpunkts RIMAX (Risikomanagement extremer Hochwasserereignisse) wurde das interdisziplinäre Forschungsprojekt INNIG (Integriertes Hochwasserrisikomanagement in einer individualisierten Gesellschaft) gefördert. Dort wurden die Konsequenzen von und der Umgang mit Extremhochwässern der Weser und Elbe, auch durch ein Zusammentreffen mit Sturmfluten durch Windeinstau im Ästuar, in Bezug auf die Städte Bremen und Hamburg untersucht. Das sozialwissenschaftliche Interesse richtete sich dabei auf die Risikorepräsentanzen der potenziell betroffenen Bevölkerung sowie den Umgang mit der Thematik im Hinblick auf präventiven Schutz, den Stellenwert von Partizipationsmöglichkeiten sowie das Informationsverhalten (vgl. Heinrichs & Grunenberg 2009). Die dort generierten zentralen Ergebnisse zum Stellenwert von Partizipation und Kooperation im (Küsten-) Hochwasserschutz werden in diesem Kapitel dargestellt.[46]

Die angewendeten Methoden

Erkenntnisse in Bezug auf Partizipation und Kooperation wurden durch zwei Methoden generiert: erstens durch eine repräsentative Umfrage unter den Bewohnern potenziell von einem Hochwasserereignis betroffener Stadtareale und zweitens durch Fokusgruppen mit besonders relevanten gesellschaftlichen Gruppen. Auf diese Weise ergänzen sich numerische statistische Ergebnisse und qualitatives narratives Material und liefern im Sinne der Triangulation (siehe Kapitel I. Theorien und Methoden in diesem Buch) ein umfassendes Bild des Gegenstandes.

Um für die beiden Vergleichsstandorte Bremen und Hamburg Aussagen treffen zu können, wurde eine Stichprobe von jeweils 400 Einwohnern in beiden Städten gezogen. Die Grundgesamtheit bestand aber nicht aus allen Bürgern des Stadtgebietes, sondern lediglich aus denjenigen, die über 18 Jahre alt waren und die in einem potenziellen Hochwassergebiet an der Elbe oder an der Weser wohnten. Somit fielen die Einwohner, deren Häuser auf höher gelegenen Lagen errichtet sind, aus der Grundgesamtheit heraus, andererseits wurden nur jene berücksichtigt, die in Siedlungsräumen wohnten, die ein mögliches Hochwasser erreichen kann (Referenz: Lage über NN). Die angesprochenen Fokusgruppen wurden mit Hilfe eines Leitfadens durchgeführt und fanden ausschließlich in Bremen statt. Besonders relevante beteiligte Gruppen waren Senioren, Schüler, Landwirte und neu hinzugezogene Eigenheimbesitzende. Die Gespräche mit den Fokusgruppen dauerten zwischen 60 und 90 Minuten, wurden inhaltsanalytisch ausgewertet und behandelten unter anderem Themen wie das Informationsverhalten, die Partizipationsbereitschaft sowie die Einschätzung der Möglichkeiten und Grenzen ausgewählter Kommunikationskanäle.

---

[46] Mitgewirkt an der Durchführung des Projektes hat neben dem Autor auch Harald Heinrichs.

Für alle Ergebnisse, die hier dargestellt sind, gilt, dass diese nicht unterteilt sind in die beiden Untersuchungsstandorte, sondern sich allgemein auf beide Städte beziehen.

Zunächst möchten wir erörtern, wie die Zuschreibung der Verantwortlichkeiten in den beiden Großstädten Hamburg und Bremen im Vergleich zu dem mittelstädtischen und ländlichen Untersuchungsgebiet des SAFECOAST-Projekts (Glückstadt, Eckernförde, Nordstrand und Pellworm) verlief. Bei beiden Projekten wurde die Frage nach der Verantwortung für den Küstenschutz gestellt.

Tabelle 4:   Verantwortung für den Sturmflutschutz

Mittelwerte*	Gesamt großstädt. Gebiet: Bremen und Hamburg INNIG	Gesamt mittelstädt./ ländliches Gebiet SAFE-COAST
Der Sturmflutschutz ist Sache öffentlicher Einrichtungen.	1,2	1,1
Im Falle einer Überflutung sind öffentliche Einrichtungen für die Katastrophenbewältigung verantwortlich.	1,3	1,2
Die vielleicht einmal betroffenen Bürger sollten gemeinsam Vorsorgemaßnahmen treffen.	2,0	2,3
Falls eine Überflutung eintritt, müssen sich die Bürger vor allem selbst organisieren und einander helfen.	1,7	1,7
Jeder Einzelne muss selbst vorsorgen, um sich vor Überflutungen zu schützen.	2,5	1,6
Jeder Einzelne ist bei einer Überflutung für sich selbst verantwortlich.	2,6	2,4

(stimme zu=1, stimme eher zu=2, stimme eher nicht zu=3, stimme nicht zu=4)Wer ist für den Sturmflutschutz verantwortlich? Bitte geben Sie zu jeder der folgenden Aussagen an, inwieweit Sie ihr zustimmen.

Die Verantwortungszuschreibung im großstädtischen Umfeld verläuft streng dreigeteilt: Zuerst ist die öffentliche Hand verantwortlich, dann die Bürger und zuletzt die Einzelnen – und dies jeweils in beiden Situationen: vor und während eines Schadensereignisses. Große Übereinstimmung zeigen ebenfalls die Befragten des SAFECOAST-Projekts mit der Aussage, dass der Sturmflutschutz Sache öffentlicher Einrichtungen ist. Auch bezüglich des Katastrophenfalls ist man dort überwiegend der Ansicht, dass die öffentlichen Einrichtungen für die Katastrophenbewältigung verantwortlich sind. Maßnahmen für den vorbeugenden Sturmflutschutz sollen nach Meinung der Befragten eher die Bürger alleine treffen und nicht in gemeinsamer Abstimmung untereinander. Die Befragten des INNIG-Projekts sehen hier die Verantwortlichkeit des Einzelnen weniger im Vordergrund. Im Falle einer Katastrophe hingegen wird von den Befragten im SAFECOAST-Projekt genau wie im INNIG-Projekt die Kooperation unter den Betroffenen stärker befürwortet als die Einzelinitiative.

Die konkreten Partizipationsformen

Im zweiten Schritt haben wir danach gefragt, welche Beteiligungsformen überhaupt bekannt sind. In unserer geschlossen gestellten Frage finden wir einen dreigestuften Bekanntheitsgrad. Zunächst finden wir sechs Verfahren, die mit mehr als 75% positiver Antworten ganz oben stehen. Ganz vorn die Bürgerversammlungen (91%), Diskussionsrunden (85%) und Ortsbegehungen (83%), es folgen die Arbeitsgruppe (80%), die Beirats- oder Ausschusssitzung (79%) und der Runde Tisch (75%). Weniger als drei Viertel der Befragten kennen den Workshop (69%), das Forum (68%), das Planfeststellungsverfahren (66%) und die Verbandsbeteiligungen (53%). Die eher unbekannten Verfahren der dritten Gruppe bilden die Zukunftswerkstatt (26%) und die Planungszelle (19%). Durchschnittlich kennen die Befragten 7,9 der 12 von uns abgefragten Formen von Partizipation. Die Anzahl der genannten Verfahren der Öffentlichkeitsbeteiligung hängt zusammen mit der Bildung und dem Haushaltseinkommen der Befragten: Je höher eines der beiden ist, desto mehr Formen sind bekannt. Beim Alter ergibt sich grafisch eine umgekehrt U-förmige Verteilung, junge und ältere Menschen kennen durchschnittlich weniger Formen als die 43-58-Jährigen, die etwa 8,5 Verfahren kennen.

Im Anschluss an diese Zahlen stellt sich die Frage, welche Werte für eine konkrete aktive Teilnahme an einem Verfahren vorliegen. Tabelle 5 zeigt, dass die Werte hinsichtlich der Teilnahme an Beteiligungsangeboten in etwa dem Bekanntheitsgrad entsprechen. So verzeichnen die vier Formen, die den höchsten Bekanntheitsgrad aufweisen, die häufigste Teilnahme.

Tabelle 5: Teilnahme an Formen der Öffentlichkeitsbeteiligung

Erhebung Risikokultur 2005	
Angaben in % der positiven Nennungen	
Diskussionsrunden	54
Bürgerversammlungen	51
Arbeitsgruppe	42
Ortsbegehungen	36
Beirats- oder Ausschusssitzungen	32
Workshop	32
Forum	21
Runder Tisch	20
Planfeststellungsverfahren	17
Verbandsbeteiligungen	15
Zukunftswerkstatt	6
Planungszelle	4

Input/Frage: Haben Sie schon mal an ... teilgenommen?

Insgesamt liegen die Werte selbstverständlich deutlich unter denen der Bekanntheit. Je unbekannter jedoch die Verfahren sind, desto geringer wird unter denjenigen, die sie kennen der Anteil derer, die auch daran teilgenommen haben. Bei der Bürgerversammlung ist das Verhältnis noch 1:1,7 – bei der Planungszelle liegt es dagegen bei 1:4,8.

Im Durchschnitt haben die Befragten an 2,9 verschiedenen Formen der von uns abgefragten Verfahren der Öffentlichkeitsbeteiligung teilgenommen. 24% der Interviewten hatten noch an keinem der angesprochenen Verfahren teilgenommen. Die Häufigkeit der Teilnahme hängt abermals von der Bildung, dem Alter und dem Einkommen ab, in gleicher Weise wie auch die Bekanntheit. Bei der Variable Alter allerdings weicht der Zusammenhang ab. Es stellt sich heraus, dass die Jüngsten zwar die wenigsten Formen kennen, aber den geringsten Anteil der Nicht-Teilnahme unter allen Altersgruppen aufweisen.

Um eine weitere Binnendifferenzierung der vorliegenden Partizipationsverfahren vornehmen zu können, haben wir die Antworten zur Teilnahme an den Verfahren einer explorativen Faktorenanalyse unterzogen[47]. Dabei werden nach numerischen Prinzipien Verfahren mit ähnlichen Antwortmustern zusammengefügt.

Tabelle 6:   Faktorenzuordnung der Partizipationsformen (Teilnahme) in der Zweifaktorenlösung

Erhebung Risikokultur 2005	
Faktor 1: INFORMELL	Faktor 2: FORMELL
Workshop	Planfeststellungsverfahren
Arbeitsgruppe	Bürgerversammlungen
Forum	Ortsbegehungen
Diskussionsrunden	Verbandsbeteiligungen
Runder Tisch	Beirats- oder Ausschusssitzungen

Aus den oben aufgeführten zehn Items ließ sich eine solide Lösung der Faktorenanalyse berechnen, die zwei Faktoren unterscheiden kann. Das inhaltlich sich am deutlichsten unterscheidende Merkmal ist der Formalisierungsgrad der Verfahren. Wir unterscheiden daher, entsprechend der Lösung mit zwei Faktoren, die Partizipationsformen mit informellerem Charakter in Faktor 1 und die formelleren Formen in Faktor 2. Unter den informellen Formen finden wir solche, die eher weniger Regelungen unterworfen sind und die meistens keinen institutionellen Rahmen benötigen. Sie sind initiierbar ohne Behörden, Vereine, Verbände oder dergleichen. Die formelleren Verfahren des zweiten Faktors unterliegen weitaus mehr Regelungen und Ablaufvorgaben für die Durchführung als auch für die Initiierung.

---

[47] Rotierte Faktorladung nach Varimax, Extraktionsmethode Hauptkomponentenanalyse. Dabei zeigte sich, dass die beiden Verfahren „Zukunftswerkstatt" und „Planungszelle" nicht verwendet werden konnten, weil ihre Streuung zu gering war.

Es fällt auf, dass eine zunehmende Akzentuierung der formellen Verfahren im Alter im Zusammenhang mit dem Geschlecht vorliegt (siehe nachstehende Abbildung).

Abbildung 1:   Teilnahme an formellen und informellen Partizipationsverfahren unterteilt nach Alter und Geschlecht

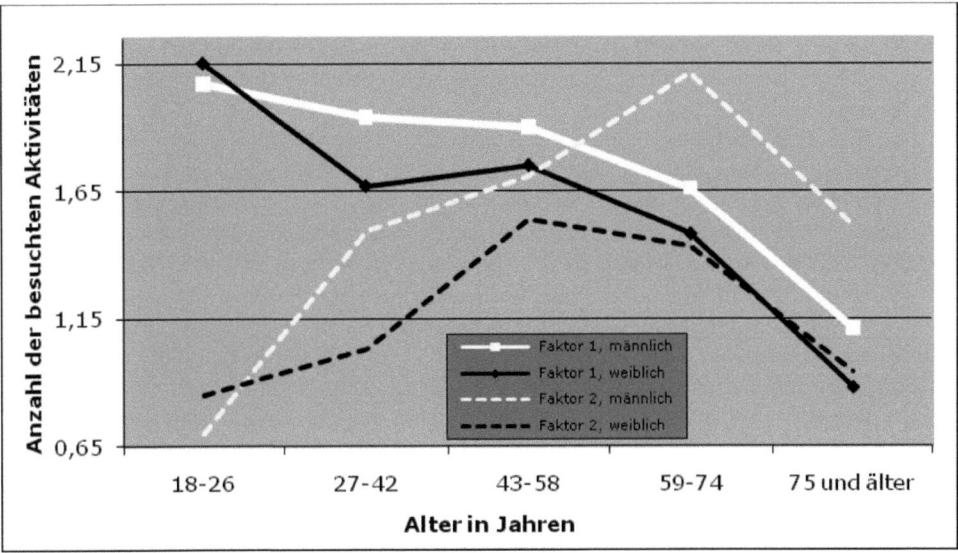

Wie die Abbildung verdeutlicht, gibt es einen beständigen Trend über die Altersgruppen hinweg. Nimmt man einmal die Altersgruppe der über 75-Jährigen aus, bei denen die Teilnahmezahlen deutlich absinken, so zeigt sich, dass die Faktoren einen gegenläufigen Trend aufweisen: mit steigendem Alter sinkt die Teilnahme an informellen Verfahren, und die Teilnahme an formellen Verfahren steigt deutlich an. Besonders in der jüngsten Altersgruppe ist die Differenz immens. Generell zeigt sich, dass Frauen eine geringere Teilnahmezahl aufweisen, dies gilt besonders für die formellen Verfahren. Ein letzter Hinweis ergibt sich im Zusammenhang mit der Variable „Bildung": je höher der Bildungsgrad, desto häufiger die Teilnahme. Auch mit anderen Variablen zeigen sich einige erwähnenswerte Zusammenhänge. Auch gibt es einen positiven korrelativen Zusammenhang zwischen den formellen Partizipationsverfahren und dem lokalen Bedrohungsgefühl sowie den eigenen Anpassungsaktivitäten. Diejenigen, die in formelle Partizipationsverfahren involviert sind, sind eben auch diejenigen, die eine lokale Bedrohung wahrnehmen und eigene Schutzhandlungen durchführen oder durchgeführt haben.

Fokusgruppen: Der Stellenwert von Partizipationsverfahren

In den vier durchgeführten Fokusgruppen zum Thema „Partizipation und Hochwasser" mit Schülern, Senioren, Landwirten und Neu-Eigenheimbesitzern wurden öffentliche Beteiligungsformen durchweg als positiv beurteilt. Lediglich unter den Schülern machte sich eine tendenzielle Scheu bemerkbar, sie schätzen sich von den Fähigkeiten und den Pflichten her als limitiert ein. Von den anderen Gruppen wurde als positiv eingeschätzt, dass sich auch

Politiker beteiligen. Der Aspekt der Interaktion von Bürgern und Politik wird, außer bei den Schülern, stets positiv aufgenommen und angeführt. So hieß es von den Befragten, man habe da endlich mal die Möglichkeit seine Meinung zu äußern; so dürfe sich hinterher andererseits niemand beschweren und behaupten, er sei nicht gefragt worden. Ein möglicher Kontakt zu Verwaltungsinstitutionen wird dagegen kaum erwähnt. Häufig angeführt wird ein Glaubhaftigkeitsproblem, denn, so die Befürchtung, wenn den beteiligten Bürgern nicht geglaubt würde, dann verpuffe der Einsatz von Beteiligungsverfahren effektlos. Expliziert wird die Möglichkeit des Einbringens von lokalem Erfahrungswissen und dem Abbau von Politikverdrossenheit.

In den Fokusgruppen zeigte sich, dass die Bereitschaft für die Teilnahme an partizipativen Prozessen durchaus vorhanden ist. Die Involviertheit der eigenen Person lässt diese sich ernst genommen fühlen. Abgebaut werden müssten bisweilen jedoch die Berührungsangst vor dem Eintritt in ein Verfahren und die Skepsis hinsichtlich der persönlichen Eignung. Von Bedeutung ist auch die Sicherstellung eines tatsächlich zumindest teilweise offenen Verfahrens. Insbesondere beim Thema Hochwasserschutz ist ein Zusammenspiel von lokalem Wissen und abstrahierten Erkenntnissen notwendig, um Sachverhalte mit ausschließlich planerischen Inhalten zu optimieren. Dieses Erfordernis lädt geradezu zur Durchführung von Partizipationsverfahren ein. Ferner ist der Schutz gegen Sturmfluten ein Thema, das in die Lebenswelt fast aller Menschen hineinragt und zu dem sie sich daher zwangsläufig eine Meinung bilden müssen. Dazu kommt, dass die Menschen durch den gemeinsamen Kampf gegen die Natur einen Teil ihrer Identität prägen – dies äußern sogar aus der räumlichen Distanz die Teilnehmenden in Bremen über die Hamburger Bevölkerung.

5   Ausblick

Partizipation beinhaltet die Information und Aufklärung der Bürger und Bürgerinnen sowie ihre Teilnahme an Entscheidungsprozessen. Gerade im Bereich des Hochwasser- und Sturmflutschutzes bieten sich vielfältige Möglichkeiten, die Potenziale von Partizipation in durch den Klimawandel notwendig gewordenen Anpassungsprozessen zu nutzen.

Lange Tradition

Die empirischen Daten der Projekte SAFECOAST und INNIG zeigen, dass das Vertrauen in die öffentliche Hand im Bereich des Hochwasser- und Küstenschutz stark vorhanden ist und die Verantwortung entsprechend übertragen wird. Nicht zuletzt aus diesem Grund werden Informations- und Beteiligungsformen grundsätzlich befürwortet. Von Politikverdrossenheit kann also in diesem Zusammenhang nicht die Rede sein.

Bildungsangebote

Die Durchführung individueller Schutzmaßnahmen und die Beteiligung an Entscheidungsprozessen bezüglich des Sturmflut- und Hochwasserschutzes können nur dann gelingen, wenn die Bevölkerung entsprechend informiert ist und sich mit Schutzmaßnahmen vertraut gemacht hat – man es also mit dem „risikomündigen Bürger" zu tun hat. Besonders Massenmedien wie Radio und Fernsehen werden als geeignete Kommunikationsmittel angesehen. Das Interesse am Thema ist in der lokalen Bevölkerung durchweg stark ausgeprägt, wie die Ergebnisse aus SAFECOAST zeigen, so dass weitere Informationsangebote sicherlich positiv aufgenommen würden. Diese Bildungsangebote sind besonders deshalb notwendig, da viele Befragten angeben, dass mangelnde Kenntnisse sie von einer Beteiligung abhalten.

Dialogstrukturen

Bei der Durchführung längerfristiger baulicher Anpassungsmaßnahmen, wie z.B. bei der Verstärkung von Deichen, können Konflikte mit Anspruchsgruppen entstehen, die nur durch den gemeinsamen Dialog kooperativ gelöst werden können. Es fehlt jedoch an weitreichenden Beteiligungsstrukturen und -angeboten, die an die neue Risikosituation angepasst sind. Durch den Klimawandel und eine Zunahme an Extremwetterereignissen wird das Bedrohungsgefühl der Bevölkerung gegenüber Hochwassern tendenziell steigen. Aus den empirischen Daten ist ersichtlich, dass ein solches Bedrohungsgefühl positiv mit einer Bereitschaft zur Partizipation korreliert. Auch aus diesem Grund sollten entsprechende Angebote aufgestellt werden. Ein weiterer Vorteil von partizipativen Strukturen besteht darin, lokales Wissen in nachhaltige Anpassungsprozesse an den Klimawandel zu integrieren.

Global-lokal

Im Hochwasser- und Küstenschutz unter Klimawandelbedingungen können eine Vielzahl von Möglichkeiten für die Optimierung von Partizipations- und Kooperationsstrukuren festgestellt werden. Die betroffene Bevölkerung hat ein hohes Interesse an dem Thema und erkennt die Bedeutung des Hochwasserschutzes. Die Bürger sind sensibilisiert durch die Zahlung von Abgaben z.B. an die Deichverbände, kennen bereits relevante Akteure und beurteilen partizipative Verfahren grundsätzlich positiv. Daher ist zu empfehlen, weiterhin an der lokalen und individuellen Lebenswelt der Betroffenen anzuknüpfen und die Themen nicht abstrahiert-global zuzuspitzen. Allerdings – und das ist wichtig – muss in der Kommunikation hervorgehoben werden, dass der Klimawandel zu einer veränderten Risikolage führt und diese damit neu interpretiert und diskutiert werden muss. Notwendige Bedingung ist zunächst der Abbau von Schwellenangst, vor allem bei jungen Menschen, die nicht – wie landläufig oft angenommen wird – uninteressiert und unwissend sind, sich aber oftmals (noch) nicht in der Rolle sehen, an Partizipationsprozessen teilzunehmen. Als Ausrichter von Partizipationsprozessen sollten Personen eingesetzt werden, die nicht inhaltlich mit einer bestimmten politischen Richtung assoziiert werden. Reaktionsmöglichkeiten sollten nicht im Katastrophismus ansetzen, sondern sachlich dort, wo die Einzelnen betroffen sein könnten und Maßnahmen wirksam sind.

Folglich sehen wir für die Zukunft eine wichtige Rolle für Partizipation und Kooperation im „neuen" alten Themenfeld, wenn es gelingt, an Traditionen anzuknüpfen und diese vor dem Hintergrund des Klimawandels weiter auszugestalten.

Literatur

Arnstein, S. R. (1969): A Ladder of Citizen Participation, in: Journal of the American Institute of Planners, 35, (4), 216-224.

Brückner, E. (2008): Die Geschichte unseres Klimas, Wien.

Covello, V. T.; McCallum, D. B. & Pavlova, M. (1989): Effective Risk Communication: The Role and Responsibility of Government and Non-Government Organizations, New York.

Covello, V. T.; Winterfeldt, D. von & Slovic, P. (1987): Communicating scientific information about health and environmental risks: Problems and opportunities from a social and behavioral perspective, in: National conference on Risk communication, Washington D.C, 109-134.

Das Europäische Parlament & Rat der Europäischen Union (2000): Richtlinie 2000/60/EG des Europäischen Parlaments und des Rates vom 23.Oktober 2000 zur Schaffung eines Ordnungsrahmens für Maßnahmen der Gemeinschaft im Bereich der Wasserpolitik.

Grothmann, T. (2005): Klimawandel, Wetterextreme und private Schadensprävention : Entwicklung, Überprüfung und praktische Anwendbarkeit der Theorie privater proaktiver Wetterextrem-Vorsorge (Dissertation), Magdeburg.

Heinrichs, H. & Grunenberg, H. (2007): Risikomanagement extremer Hochwasserereignisse. Projekt: Integriertes Hochwasserrisikomanagement in einer individualisierten Gesellschaft (INNIG). Teilprojekt 2: Risikokultur – Kommunikation und Repräsentation von Risiken am Beispiel extremer Hochwasserereignisse. Schlussbericht, Lüneburg.

Heinrichs, H. & Grunenberg, H. (2009): Klimawandel und Gesellschaft. Perspektive adaptionskommunikation, Wiesbaden.

Jacob, D. e. a. (2008): Klimaauswirkungen und Anpassung in Deutschland - Phase 1: Erstellung regionaler Klimaszenarien für Deutschland. Forschungsbericht 20441138, Hamburg.

Kaul, J.-A. & Reins, C. (2000): Abschlußbericht der Sensitivitätsanalyse zu einem integrierten Küstenschutzkonzept für die ‚Küstenniederung Timmendorfer Strand/Scharbeutz‘, Kiel.

Kaiser, G.; Reese, S.; Sterr, H. & Makau, H.-J. (2004): COMRISK-Common strategies to reduce the risk of storm floods in coastal lowlands. Subproject 3: Public Perception of coastal flood defence planning, Kiel (Schleswig-Holstein State Ministry of the Interior – Coastal Defence Division, INTERREG IIIB North Sea Region Programme of the European Union, Department of Geography – University of Kiel).

Knolle, M.; Heinrichs, H.; Grunenberg, H. (2007): Endbericht der Kooperation im Rahmen des INTERREG-lllB-Projekts SAFECOAST. Teilprojekt 2: „Die informierte Gesellschaft", Lüneburg (Leuphana Universität Lüneburg, Innenministerium Schleswig-Holstein, Ministerium für Landwirtschaft, Umwelt und ländliche Räume des Landes Schleswig-Holstein).

Meier, D. (2005): Land unter! Die Geschichte der Flutkatastrophen, Ostfildern.

Meier, D. (2006): Die Nordseeküste: Geschichte einer Landschaft, Heide.

Meier, D. (2007): Schleswig-Holsteins Küsten im Wandel. Von der Eiszeit zur globalen Klimaerwärmung, Heide.

Mostert, E. (2001): The Challenge of Public Participation, in: Water Policy Journal, Delft University, RBA Centre.

Niemeyer, H. D.; Peters, K.-H. & Rapsch, H.-J. (2006): Wider den Blanken Hans, Neumünster.

Parry, M. L. (2007): Climate change 2007 - impacts, adaptation and vulnerability. Contribution of Working Group II to the Fourth Assessment Report of the Intergovernmental Panel on Climate Change, Cambridge.

Renn, O.; Webler, T. & Wiedemann, P. (1995): A need for Discourse on Citizen Participation: Objectives and Structure of the Book, in: Renn, O.; Webler, T.; Wiedemann, P. (Hrsg.): Fairness and Competence in Citizen participation. Evaluating Models for Environmental Discourse, Dordrecht, Boston, London, 1-15.

Ruhrmann, G. & Kohring, M. (1996): Staatliche Risikokommunikation bei Katastrophen, Bonn.

Schneider, H. & Libercier, M.-H. (1994): Concepts, Issues and Experiences for Building Up Participation, in: Participatory Development From Advocacy to Action, Paris.
Striegnitz, M. (2006): Conflicts over coastal protection in a National Park: Mediation and negotiated
law making,in: Land Use Policy, 23 (1), 26-33.

Regelung von Konflikten durch Klimawandel im Tourismussektor mithilfe kooperativer Prozesse am Beispiel des Projektes KUNTIKUM

Claudia Bartels

1 Einleitung

Eine für die Gesellschaft bedeutende Umweltveränderung stellt der anthropogene Klimawandel dar. Die klimatischen Auswirkungen können auf der einen Seite Chancen, auf der anderen Seite jedoch auch Risiken für verschiedene Bereiche und Wirtschaftszweige bieten. Besonders die klimasensible Tourismusbranche muss sich auf die verändernden Rahmenbedingungen vorbereiten. Ein erster Ansatz für die Anpassung von Destinationen wurde in dem Forschungsprojekt „Klimatrends und nachhaltige Tourismusentwicklung in Küsten- und Mittelgebirgsregionen (KUNTIKUM)" entwickelt. Das vom Bundesministerium für Bildung und Forschung im Rahmen von dem Vorhaben „klima2" geförderte dreijährige Projekt untersuchte hierzu zwischen 2007 und 2009 beispielhaft die Nordsee und den Schwarzwald als vulnerable Gebiete. Mithilfe einer inter- und transdisziplinären Vorgehensweise wurden mit den Akteuren vor Ort neue Produkte und Infrastrukturelemente entwickelt[48]. Die Handlungsstrategien zur Bewältigung des Klimawandels können weitere negative Auswirkungen verhindern, jedoch gleichzeitig neue Konflikte zwischen Akteuren erzeugen. Das Forschungsprojekt hatte den Anspruch, Strategien zu entwickeln, welche bei der Planung von Maßnahmen Konfliktpotenziale für eine nachhaltige Entwicklung einer Region bezüglich der Veränderungen durch Klimawandel regeln oder gar vermeiden würden.

In diesem Artikel werden zunächst die Auswirkungen des Klimawandels auf den Tourismussektor sowie mögliche Anpassungsstrategien beschrieben. Anschließend werden bestehende Konflikte sowie Lösungsmethoden im Tourismus thematisiert, bevor auf mögliche Konfliktfelder durch Klimawandel eingegangen wird. Ein allgemeiner Teil über Kooperationsansätze im Tourismus gibt einen Überblick über bisherige Anwendungsgebiete. Zuletzt wird das Projektbeispiel genutzt, um den notwendigen Kooperationsprozess für Entwicklungen einer konfliktreduzierten Anpassung aufzuzeigen.

2 Klimawandel und seine Auswirkungen auf den Tourismussektor

Der vierte und bislang letzte Bericht der Zwischenstaatlichen Sachverständigengruppe über Klimaänderungen (IPCC), erschienen im April 2007, zeigt die aktuellen wissenschaftlichen Erkenntnisse zum Wandel des Klimas und seine Auswirkungen auf die Gesellschaft. Demnach wird eine Temperaturzunahme im globalen Durchschnitt zu einer Verstärkung der

---

[48] Für weitere Informationen siehe www.klimatrends.de.

Extremwetterereignisse führen. Schneemangel und ein Anstieg des Meeresspiegels werden erwartet. Diese Veränderungen wirken sich in mehreren Bereichen auf die Gesellschaft aus, da Gesundheit, Nahrungsmittelproduktion, Trinkwasservorräte sowie Ökosysteme, aber auch die Industrie betroffen sind (vgl. Alcamo et al. 2007: 543). Dies zeigt sich besonders in den auf Ressourcen basierenden Sektoren wie Land- und Forstwirtschaft, Fischerei und Tourismus.

Die Klimafolgenforschung ist im Bereich Tourismus lange Zeit vernachlässigt worden, obwohl ein Zusammenhang zwischen Klima und Freizeit schon Mitte der 1980er Jahren beschrieben wurde. Riebsame (1985) betonte bereits in seiner 1985 veröffentlichten Studie den Einfluss des Klimas erstens als Umgebung des Ferienortes, zweitens auf Länge und Verlässlichkeit einer Saison und drittens als Gefahrpotenzial. Dieser Einfluss ändert sich je nach Urlaubsregion und Aktivität der Touristen (vgl. Riebsame 1985). Im April 2003 rief die Welttourismusorganisation (UNWTO) zu einer "First International Conference on Climate Change and Tourism" auf, welche darauf abzielte, das Interesse des Themas Tourismus und Klimawandel auf Seiten der Tourismusakteure zu wecken und die Kooperationen von Behörden, Wissenschaft, Nicht-Regierungsorganisationen und der Bevölkerung zu fördern. Hierbei wurden unter anderem mögliche Auswirkungen erkannt und über das Anpassungspotenzial diskutiert (vgl. UNWTO 2003).

Die Auswirkungen des Klimawandels auf den Tourismus werden besonders in den Feldern Gesundheit (Verbreitung von Krankheitserregern), Wasserknappheit und Gefahr durch Extremwetterereignisse vermutet, da dies eine Veränderung für die touristische Infrastruktur und die Reisenden selbst bedeutet. Zudem werden sich viele Destinationen mit spezialisierten Aktivitäten, wie Tauch- und Wintersporttourismus, aufgrund von Korallensterben und Schneemangel umorientieren müssen. In vielen Küstenregionen und kleinen Inselstaaten, aber auch in Deutschland, werden Strandabschnitte erodieren (vgl. Parry et al. 2007: 35). Aufgrund veränderter Temperatur- und Niederschlagsbedingungen wird eine räumliche und zeitliche Verschiebung der Reiseströme erwartet (vgl. Maddison 2001; Lise & Tol 2002 oder Hamilton 2003). Arnell et al. (2005) sagen eine allgemeine Verschiebung des Tourismus in Europa in den Norden voraus, wodurch sich ökonomische Ungleichheiten zwischen Nord und Süd verstärken werden (vgl. Arnell et al. 2005: 49). Wasserknappheit und die Ausbreitung von Tropenkrankheiten werden besonders in ariden und schwülwarmen Destinationen mit geringen finanziellen Möglichkeiten und wenig Knowhow die Tourismusbranche belasten. Positive Effekte können sich beispielsweise für vergleichsweise im Sommer kühlere Destinationen und Badeorte ergeben. Durch eine Temperaturerhöhung von 2-3 °C kann die Schwimmsaison im Mittelmeer zeitlich vorgezogen werden (vgl. Perry 2000). Jedoch müssen auch bei einem zunächst positiven ökonomischen Effekt, wie einer Zunahme der Touristenströme, auch dadurch entstehende ökologische Folgen mit berücksichtigt werden. Nur die Anpassung an den Klimawandel durch eine nachhaltige Tourismusentwicklung kann einen zunehmenden Druck auf die Ökosysteme oder die Gefahr der Wasserknappheit vermeiden (vgl. Viner 2006) und somit auch langfristig die Tourismuswirtschaft stärken.

3   Anpassungsstrategien im Tourismus an den Klimawandel

Nachhaltige Anpassungsmaßnahmen werden sowohl bei positiven als auch negativen Auswirkungen durch Klimawandel notwendig. In der Gesellschaft allgemein sowie im Tourismussektor im Speziellen kann nicht auf Anpassungsmaßnahmen wie die Angleichung der
(touristischen) Infrastruktur an neue klimatische Gegebenheiten verzichtet werden, da die
Auswirkungen des Klimawandels kurzfristig nicht zu verhindern und die Nutzung zukünftiger Chancen effektiv und kostengünstiger als spontane Reaktionen sind (vgl. Smit et al.
2001: 890). Anpassungsstrategien nehmen Vorteile des Klimawandels auf und können
dadurch entstehende Nachteile begrenzen (vgl. Alcamo et al. 2007). In diesem Zusammenhang sollten Anpassungsmöglichkeiten im Einklang mit klimafreundlichen, treibhausgasre-
duzierenden Strategien geplant und entwickelt werden.

Eine große Bandbreite an Anpassungsmethoden steht den Akteuren zur Verfügung.
Neben den politischen Möglichkeiten sind bspw. technische Optionen, institutionell gere-
gelte, durch ein Management geänderte (z. B. andere Getreidesorten) oder verhaltensän-
dernde Maßnahmen (z. B. Reiseverhalten) möglich (vgl. Parry et al. 2007: 69). Lemmen &
Warren (2004) teilen die Anpassungsmaßnahmen in sechs Kategorien: Kosten tragen, Ver-
lustprävention, (Ver-)Teilung des Verlustes, Tätigkeiten ändern, Ort ändern und Anpas-
sungskapazitäten fördern.

Für die Tourismusindustrie ergeben sich je nach Destination und klimatischer Veränderung unterschiedliche Möglichkeiten, dem Klimawandel zu begegnen. Für den Wintertourismus nennen Wissenschaftler unterschiedliche Regelungen, wie beispielsweise technische Lösungen (Schneekanonen), Verlagerung der Pisten in höhere Lagen, Vierjahreszei-
tentourismus, schneeunabhängige Sportangebote (Wellness, Indoor-Tennis, Wandern),
flexible Preispolitik bei Skipässen, Verstärkung des Lawinenschutzes, kulturelle Angebote
und damit einhergehend ein verändertes Image der Winterferiendestination und eine Verbesserung der Serviceleistungen (vgl. Abegg 1996; Behringer et al. 2000; Bürki 2000; König 1998; Schneider et al. 2005; Hamilton et al. 2003 oder Balazik 2001; Mather et al.
2005). Die Anpassung der Küstenregionen erfordert Datenmaterial und Informationen zur
Küsteneigenschaft und Dynamik, zudem menschliche Verhaltensänderungen sowie das
Verständnis von Auswirkungen des Klimawandels. Zudem sollte auch das Bewusstsein für
die Umweltgeschehnisse geschärft werden, z. B. mit Gedrucktem, Audiovisuellem, interaktiven Spielen etc. (vgl. Sterr et al 2000: 20). Traditionelle technische Maßnahmen wie Deiche, Stege oder Wellenbrecher wurden in Nord-West-Europa bereits an den Anstieg des
Meeresspiegels angeglichen (Alcamo et al. 2007: 559) und auch alternative Methoden, wie
Strandaufschüttungen, (vgl. Phillips & Jones 2006: 519) werden bereits genutzt.

Es ist davon auszugehen, dass dieser Anpassungsprozess nicht konfliktfrei stattfinden
wird, sondern innerhalb der Tourismusakteure oder mit anderen gesellschaftlichen
Akteursgruppen neue Spannungen entstehen lässt. Genauso können sich bereits bestehende
Konflikte verschärfen. Soziale und kulturelle Grenzen für Anpassung wurden bisher wissenschaftlich kaum betrachtet, obwohl sie je nach Interpretation und Erfahrung des Klimawandels variieren können. Unterschiedliche Toleranzgrenzen, Vorlieben, Ansichten, Werte
und Glauben beeinflussen die Art und den Vorzug von bestimmten Maßnahmen. Konflikte
sind auch möglich, wenn Personen Zugang zu Macht bekommen und Entscheidungen fällen, die wiederum andere Personen beschränken würden (Adger et al. 2007: 736). Gruppen,
welche sich einem limitierten Budget (oder anderen Ressourcen) gegenübersehen, wollen

oftmals nicht miteinander vereinbare Interessen durchsetzen (O'Brien et al. 2006: 54). Eine Anpassung an die durch Klimawandel entstehenden Veränderungen sollte mit einer effizienten Kooperation zwischen lokalen Akteuren entwickelt werden (Alcamo et al. 2007: 561), um zukünftige Konflikte zu vermeiden.

4 Bisherige Konflikte im Tourismus

Um einen Überblick zu bekommen, um welche Art von Konflikten es sich im Tourismussektor überhaupt handelt, wird an dieser Stelle eine kurze Konfliktanalyse bisheriger Konfliktsituationen im Tourismus durchgeführt.

Die hier angesprochenen Konflikte werden in Anlehnung an Glasl (1999) als eine Interaktion zwischen zwei Akteursgruppen definiert, wobei wenigstens ein Akteur eine Beeinträchtigung durch den anderen Akteur in seiner Wahrnehmung realisiert (vgl. Glasl 1999: 14f.). Drei Hauptphasen können bei Konflikten zwischen zwei Gruppen definiert werden: Analyse, Konfrontation und Lösung. Dabei handelt es sich bei der Analyse um die Identifikation der Teilnehmer und die Konfliktursache. Die Konfrontation endet mit einer gewollten Kollaboration. Für die Lösung des Konflikts sind ein Erkennen und Respekt unter pluralistischen Identitäten nötig. Ein externer Dritter kann die Parteien daran erinnern, dass oftmals nur durch ein gemeinsames Handeln eine Lösung gefunden werden kann (vgl. Fisher 2000: 177ff.).

Bisherige Konfliktfelder im Tourismussektor werden in der wissenschaftlichen Literatur meist in

- ökonomische,
- soziokulturelle und
- ökologische Konflikte unterteilt.

Ökonomische Konflikte ergeben sich, wenn der Tourismus zur Zerstörung der Lebensgrundlage traditioneller Erwerbssektoren, wie Fischerei und Landwirtschaft, führt (vgl. Backes 2003: 17). Auch Schulden, die zum Aufbau neuer Infrastruktur gemacht werden, führen zu finanziellen Schwierigkeiten (vgl. Price 1992: 93). Das Preisniveau in den Tourismusorten steigt häufig mit der touristischen Entwicklung. Viele Einheimische, die nicht von dem touristischen Wirtschaftszweig profitieren, können die hohen Lebenshaltungskosten und Grundstückspreise nicht mehr zahlen (vgl. Kirstges & Lück 2001: 13). Gerade in sogenannten Entwicklungsländern werden Güter und Dienstleistungen in einigen Fällen für die Urlaubsziele importiert. Bleibt der finanzielle Gewinn nicht in der Region und wird die Bevölkerung selbst nicht am Wohlstand beteiligt, sondern nutzt lediglich die Ressourcen vor Ort, kann Unzufriedenheit über die Situation als manifester Konflikt geäußert werden.

Sozio-kulturelle Konflikte werden durch gesellschaftliche Veränderungen aufgebaut, da sich – nicht nur, aber auch durch die ausländischen Gäste – die Kultur, das Konsumverhalten und die Bräuche der Einheimischen in den Tourismusdestinationen wandeln können. Religiöse Traditionen werden nicht selten von Reisenden gestört, wenn bspw. die Zeit der Predigt oder Zeremonie in den Zeitraum von touristischen Aktivitäten fällt (vgl. Price 1992: 91). Der Wohlstand der Touristen verstärkt zudem Bettelei, Diebstahl und Alkoholismus – Umstände, welche traditionell vorher nicht bekannt waren (vgl. Price 1992: 91) – oder ermuntert die lokale Bevölkerung zu Prostitution oder Sextourismus (vgl. Holden 2001: 59). Das kulturelle Konfliktpotenzial durch diese Begegnungen (vgl. Luger 1995: 23) spielt sich weniger zwischen dem Tourismus und Institutionen, sondern vielmehr zwischen Einheimischen und Touristen ab. Es entstehen jedoch auch Konflikte innerhalb der Bevölkerung, wenn traditionelle Wertesysteme zerfallen (Stephan 2001: 87). Luger (1995) nennt hier an erster Stelle den Generationskonflikt, da der Modernisierungsprozess einen Autoritätsverlust der Alten und ihres Wissens birgt (vgl. Luger 1995: 25). Das Konfliktpotenzial ist besonders in den Destinationen hoch, in denen eine große Anzahl Touristen auf eine vergleichsweise geringe Anzahl Einheimischer trifft.

Ökologische Konflikte werden laut deutschem Umweltbundesamt nach einer Untersuchung über Umweltauswirkungen durch Tourismus in Deutschland besonders durch die Faktoren Treibhauseffekt, Energieverbrauch als Primärenergieverbrauch, Ressourcenverbrauch, Flächenverbrauch, Verlust der Biodiversität, Abfall, Wasserverbrauch, Gewässerbelastung und Lärm ausgelöst (vgl. Umweltbundesamt 2002: 8ff.). Gerade an den Verfügungsrechten über natürliche Ressourcen entzünden sich viele Streitereien (vgl. Backes 2003: 9). So werden Land und Boden für verschiedenste touristische Zwecke, wie Unterkunft, Flughafen, Golfplätze, Parkplätze oder Strände, verwendet und bebaut. Die Umstrukturierung der Landschaft ist besonders durch Hochbauten und sonstige Tourismusinfrastruktur, aber auch durch Siedlungserweiterung charakterisiert (vgl. Rest 1995: 89). Gerade bei einer steigenden Anzahl von Touristen in ökologisch sensiblen Gebieten stehen sich bei der Frage um Lebensraum und Artenvielfalt die Interessen der Tourismusentwicklung, sportlichen Aktivitäten und des Naturschutzes gegenüber (vgl. Halbhuber 1989: 82). Auch beim Wasserverbrauch macht sich eine Ressourcenknappheit in touristischen Destinationen bemerkbar. Abfälle und Abwässer, die durch die räumliche und zeitliche Konzentration des Abfallaufkommens die Mengen nicht mehr fachgerecht verarbeitet werden können (vgl. Umweltbundesamt 2002: 31), können Grund für Konflikte zwischen der Bevölkerung, dem Naturschutz und dem Tourismus sein oder durch eine Verschmutzung den Fischbestand der Küste und somit die Lebensgrundlage der Fischer gefährden (vgl. Holden 2001: 112).

Die ökonomischen, soziokulturellen und ökologischen Konflikte können sich, zusammengeführt durch die Konfliktursachen, den zwei Bereichen „kulturelle Wertekonflikte" oder „Ressourcennutzungs- und Verteilungskonflikte" unterordnen lassen. Es ist denkbar, dass diese beiden Konfliktarten auch in Zukunft bei der Planung von Anpassungsmaßnahmen wieder auftreten werden. Bei zukünftigen Auswirkungen durch Klimawandel mit seinen Folgen und Anpassungsmöglichkeiten wird zu überprüfen sein, inwieweit sich die beschriebene Konfliktsituation im Tourismus ändert, das heißt neue Konflikte entstehen bzw. bestehende Konflikte auflösen, sie verstärkt werden und natürlich auch, wie sie geregelt werden können. Im Folgenden wird kurz auf bisher in der Wissenschaft beschriebene allgemeine Konfliktmöglichkeiten unter veränderten klimatischen Bedingungen eingegangen.

5 Klimawandel und Konflikte

Umweltveränderungen können zu gewalttätigen Konflikten[49] wie Krieg, Terrorismus oder aber auch zu diplomatischen und wirtschaftlichen Handlungsfeldern auf nationaler und internationaler Ebene führen. Auslöser ergeben sich bspw. durch „extreme" und plötzliche Umweltereignisse. Besonders der Klimawandel spielt mit seinen Folgen wie Dürren, Überschwemmungen und Stürmen eine große Rolle. Gerade in sogenannten Entwicklungsländern vergrößert sich die Wahrscheinlichkeit von Konflikten. Als Beispiele können landwirtschaftliche Produktionsverluste, ökonomischer Zerfall und Migration genannt werden (vgl. Homer-Dixon 1991).

In der Diskussion über die Themen Klimawandel und Konflikte beschäftigt sich die Wissenschaft hauptsächlich mit möglichen militärischen und internationalen Konflikten (siehe bspw. Barnett & Adger 2007) sowie mit kulturellen Spannungen in Gebieten, in welchen sogenannte Umweltmigranten bessere Lebensbedingungen erwarten (vgl. Biermann 2001). Wenig betrachtet wurden bisher in diesem Zusammenhang Konflikte zwischen regionalen Akteursgruppen. Auch eine Analyse von Maßnahmen in Bezug auf den Klimawandel als weiterer Auslöser neuer Konflikte hat bisher nicht stattgefunden. Eine Studie des Bundesministeriums für Umwelt, Naturschutz und Reaktorsicherheit untersucht, inwieweit der Klimawandel Konfliktpotenziale wie beispielsweise Ressourcenkonflikte, natürliche Gefahren und daraus resultierende Elendsmigration verursacht oder erhöht. Dabei wird aufgezeigt, dass Mitigations- und Anpassungsmaßnahmen als Konflikt-Präventationsmittel fungieren können. Zur Konfliktvermeidung bei Klimawandel soll eine Anpassung der derzeitigen Politik „win-win"- oder „no-regrets-Optionen" entwickeln (vgl. Brauch 2002: 29).

In einem Fallbeispiel von Schirmer & Schuchardt (2005) werden die Wirkungen des Klimawandels und mögliche Handlungsstrategien für die Unterweserregion untersucht. Als eine der wenigen deutschen Studien auf diesem Gebiet betrachten die Autoren sowohl Konfliktpotenziale als auch voraussichtlich durch den Klimawandel entschärfte Konfliktfelder in der Region. Bspw. verbessere sich durch Klimawandel die landwirtschaftliche Nutzung und kann somit vom Naturschutz oder Küstenschutz genutzte Flächen ausgleichen. Die Autoren führen Akteure wie Naturschützer, Landwirte, Schifffahrt sowie die Bevölkerung auf. Der Tourismusbereich bleibt jedoch nur am Rande Gegenstand bisheriger Untersuchungen.

Im Tourismus gibt es lediglich eine geringe Anzahl an Veröffentlichungen über durch Klimawandel direkt oder indirekt ausgelöste Konflikte im Tourismus. Daschkeit & Schottes (2002) geben an, das Konfliktpotenzial durch Nutzungsdruck durch Küstenrückgang am Fallbeispiel Sylt werde sich aufgrund von gering eingeschätzten Gefahren durch Klimawandel nicht verschärfen (vgl. Daschkeit & Schottes 2002:7), andere Studien gehen von einem Interessenkonflikt zwischen der Bevölkerung und der Tourismusindustrie bei Wasserknappheit am Mittelmeer aus (bspw. Perry 2000: 3). Erste Konfliktfelder ausgelöst durch Anpassungsstrategien werden von Hamilton (2005) untersucht. Sie stellt beim Ausbau und Erhöhung von Deichen eine Preissenkung der (touristischen) Unterkünfte und

---

[49] Dabei wird in der Literatur im Zusammenhang mit "conflict" oft der "violent conflict" erwähnt, welcher anders als der in dieser Arbeit definierte Konflikt zwischen zwei Gruppen zum Tode führen kann (vgl. Barnett 2003).

somit ein Konfliktpotenzial zwischen dem Küstenschutz und der Tourismusindustrie fest
(vgl. Hamilton 2005).

Weitere Literatur zu diesem Thema ist nicht bekannt. Es kann jedoch vermutet werden, dass Anpassungsstrategien als Instrumente der Konfliktregelung dienen. Jedoch können sie auch neue Konfliktkonstellationen auslösen können, da die Möglichkeit besteht,
dass unterschiedliche Interessen bei der Implementierung öffentlicher Maßnahmen aufeinander treffen. Als Beispiele im Tourismus können hierfür Konflikte zwischen Küstenschutz und Tourismusindustrie (im Deichbau) oder Wintersporttourismus und Naturschutz
(durch z. B. künstliche Schneeerzeugung) genannt werden. Es ist anzunehmen, dass diese
zukünftigen Konflikte mit Hilfe von Gesetzen, aber auch Netzwerken und Informationsaustausch in Kooperationen gemildert oder verhindert werden können. Im Folgenden soll die
Kooperation als prinzipielles Instrument der Konfliktlösung und -prävention im Tourismus
diskutiert werden.

6   Kooperation im Tourismus

Im Tourismus stellen Kooperation (Stephan 2001: 86) und Partizipation (Holden 2001: 205
oder Timothy 1999) Möglichkeiten zur Regelung von Konflikten dar, um das Verständnis
unterschiedlicher Kulturen zwischen Tourismus und Einheimischen zu verbessern. Zusätzlich können zur Bewahrung von Traditionen Kulturvereine gegründet (Winter 1995: 340)
oder Initiativen und Entwicklungsprojekte gebildet werden, die einen kulturschonenden
Tourismus proklamieren (Luger & Inmann 1995: 15). Touristen sind angehalten, Verhal-
tensregeln zu beachten und die Bräuche fremder Kulturen zu respektieren. Hierzu ist verstärkte Kommunikation auf Seiten aller in Kooperation agierender Tourismusanbieter einer
Destination nötig. Margraf (2006) stellt im Rahmen eines nachhaltigen Tourismus das
Konzept des „Community Based Tourism" vor, welches die Einbindung der lokalen Bevölkerung zum Ziel hat. Dabei können die Bewohner selbst bestimmen, wie stark der Grad der
touristischen Entwicklung in ihrer Gemeinde gefördert werden soll. Die Partizipation wird
in vier Stufen erreicht: 1. Informieren der Gemeindemitglieder über geplante oder laufende
Aktivitäten, 2. Gemeinde nach ihrer Meinung befragen, 3. Recht auf Mitentscheidung und
4. Entwicklung eigener Projekte der Gemeinde (vgl. Margraf 2006: 21). Sollten sich durch
Klimawandel Konflikte verschärfen, könnte sich eine vermehrte Anwendung von diesen
Kooperations- und Partizipationsmaßnahmen als sinnvoll erweisen.

Eine kooperative Regelungsmethode – nicht nur für die Tourismuswirtschaft – ist auch
bei Ressourcenkonflikten entscheidend, besonders bei einer anzunehmenden zukünftigen
Ressourcenknappheit verstärkt durch Bevölkerungswachstum, Wohlstandssteigerung und
auch Klimawandel. Die Lösung solcher Konflikte bezieht sich dabei mehr auf Interaktionen
und Kooperationsstrategien zwischen den Akteuren als auf die moralische Predigt und die
Hoffnung zum altruistischen Handeln (vgl. Weede 1986: 47). Neben technischen Optionen
zur Beilegung dieser Konflikte (vgl. Gössling 2005: 298) gibt es auch verschiedene Beispiele politischer Wege im Tourismus, Umweltbeeinträchtigungen vorzubeugen. So können
die Gästezahlen durch die Unterkunftsmöglichkeiten politisch limitiert werden (vgl.
Tschurtschenthaler 1992: 649 oder Schicker 1992: 251). Internationale Konventionen, wie
die Alpen- oder Ostseekonvention regeln umweltrelevante Belange, bemühen sich, die
Zusammenarbeit zwischen Tourismuswirtschaft, Landwirtschaft, Forstwirtschaft und

Handwerk im Hinblick auf eine nachhaltige Entwicklung voranzutreiben, „Zielen widersprechende Auswirkungen zu mindern" (Bundesamt für Naturschutz 1997: 235) sowie
andere Interessen zu berücksichtigen. Aber auch informelle Regelungsinstrumente spielen
bereits im Tourismus eine immer größer werdende Rolle. Mithilfe eines Mediationsverfahrens werden ökologische Interessen beim Bau von touristischer Infrastruktur vertreten (vgl.
Zilleßen 2001: 188). Einheimische können selbst über wahrgenommene, durch Tourismusentwicklung ausgelöste Problemsituationen und Lösungsansätze diskutieren (vgl. Ferrante
1994: 268). Schon 1989 forderte hierfür Romeiß-Stracke ein „Offenes Forum Tourismus –
OFT", in welchem Konflikte offen dargelegt und alle Beteiligten in den Planungsprozess
einbezogen werden (vgl. Romeiß-Stracke 1989). Wiesmann (2001) greift das OFT auf und
gibt an, dass das Ergebnis einer solchen Konfliktregelung gemeinsam erarbeitete Zielvorstellungen sein können, die in einem Leitbild festgehalten werden. Interessenskonflikte bei
unterschiedlichen Zielvorstellungen auf ökonomischer, ökologischer oder kultureller Ebene
werden in Diskussionen geklärt und der Entwurf anschließend der Öffentlichkeit präsentiert. Dieses integrative und partizipative Vorgehen der Leitbilderarbeitung kann als „ein
lokal breit abgestützter Prozess der Konfliktbearbeitung bezeichnet werden" (Wiesmann
2001: 243). Das gesamte Entwicklungskonzept eines sanfteren Tourismus lässt sich dabei
nur realisieren, wenn alle touristischen Partner zusammenarbeiten, Umweltschutz in ihrem
Leitbild und Marketing aufnehmen und die Produkte ökologischer gestalten, ohne dabei mit
den ökonomischen Zielen in Konflikt zu stehen (vgl. Kirstges & Lück 2001: 24). Die Instrumente zur Konfliktregelung von Umweltkonflikten reichen dabei von einem „Conflict
Assessment", welches die Zusammenhänge und Beteiligten identifiziert, von Mediation
über neutrale Evaluationen bis hin zu gerichtlichen Verfahren. Sie konnten sich bereits
erfolgreich bei der Konfliktlösung bei Themen wie Landnutzung, Nutzung natürlicher Ressourcen, Wasserressourcen, Gefahrstoffe, Abfallpolitik und Luftqualität behaupten (vgl.
O'Leary & Bingham 2003: 8ff.) und können auch für Konflikte im Tourismus angewendet
werden. Eine solchermaßen partizipative Tourismusplanung, bei der die Ziele und Wünsche
der lokalen Bevölkerung und anderer Stakeholder in die Entscheidungsfindung mit einbezogen werden, sollte nach Meinung von Timothy (1999) auch die Teilhabe der Bevölkerung an Vorteilen und am Gewinn durch die Tourismusentwicklung gewährleisten (siehe
Abbildung 1):

Abbildung 1:   Normatives Modell einer partizipativen Tourismusplanung

Quelle: Timothy 1999: 372 (übersetzt von der Autorin)

Die Methode der partizipativen Planung („participatory planning") wird auch von Becken & Hay (2007) angeführt, um für den Tourismussektor relevante Stakeholder mit unterschiedlichen Interessen in den Planungs- und Entscheidungsprozess zu integrieren (vgl. Becken & Hay 2007: 290).

Ein weiterer wichtiger Ansatz ist die Kooperation des Tourismussektors mit der regionalen Wirtschaft. Mit dem Zugriff auf regionale Produkte und Dienstleistungen bleibt das Geld in der Region. Zusätzliche Arbeitsplätze und Einkommensmöglichkeiten für die Einheimischen können geschaffen werden (vgl. Schaaf 1995: 355). Neben der Konfliktregelung auf Destinationsebene kann eine Kooperation auch überregional entstehen und ein kollektives Lernen und Kooperieren in einem Netzwerkverbund erreicht werden (vgl. Saretzki et al. 2002).

Wie gezeigt wurde, spielt Kooperation im Tourismus als bisher erfolgreiches Konfliktregelungsinstrument eine bedeutende Rolle und unterstreicht die Notwendigkeit von Kooperationsprozessen auch bei zukünftigen Konfliktfeldern durch die angeführte Klimawandelproblematik. Im Folgenden wird das Projekt KUNTIKUM als Beispiel eines möglichen Kooperationsansatzes bei einer touristischen Planungsentwicklung zur Anpassung an Auswirkungen durch den Klimawandel beschrieben.

7 Konfliktprävention durch Kooperation am Beispiel des Projektes KUNTIKUM

In dem anfangs erwähnten Forschungsprojekt KUNTIKUM kooperierten Wissenschaftler der Wirtschaftswissenschaften, der Nachhaltigkeits- und der Klimaforschung untereinander sowie mit Vertretern der Tourismuswirtschaft und der Tourismuspolitik. Gerade in klimasensiblen Destinationen, wie Küsten- und Mittelgebirgsregionen, sind neue, durch den Klimawandel ausgelöste Konfliktfelder zwischen Tourismusakteuren und anderen Bereichen denkbar, die sich durch einen Anpassungsprozess ergeben können. So sind bspw. auf den Nordseeinseln kulturelle Konflikte zwischen der Bevölkerung denkbar, sollte im Sommer wegen der wärmeren Temperaturen die Anzahl der Touristen steigen und somit die Einheimischen in ihren Lebensgewohnheiten beeinträchtigen. In Gebirgen wird eine Verlagerung des Wintersports in die Höhenlagen stattfinden. Diese weisen jedoch sensible Ökosysteme auf, was Konflikte zwischen Sporttourismus und Umweltschützern verschärfen könnte.

Aus diesem Grund war entscheidend, möglichst viele Akteure an dem Anpassungsprozess zu beteiligen. Der informelle Entwicklungsprozess sollte bestehende oder in der Zukunft auftretende Konflikte frühzeitig aufzeigen. Simpson et al. (2008) empfehlen eine partizipatorische Lösung bei der Überlegung von Adaptionsstrategien. Dieser Prozess sollte eine Kooperation aller (touristischer) Stakeholder beinhalten. Sie schlagen außerdem ein Wissensnetzwerk vor, um Lücken im Klimabewusstsein zu schließen. Für den Partizipationsprozess einer Anpassungsmaßnahmenentwicklung im Tourismus schlagen sie verschiedene Gruppen vor: Erstens sollten Akteure teilnehmen, die direkt im Tourismus involviert oder vom Tourismus betroffen sind, wie die politische Ebene bzw. die Gemeindeebene. Zusätzlich sollten Gruppen mit einbezogen werden, die von den touristischen Anpassungsmaßnahmen betroffen sein können (z. B. Transport, Energie oder Landwirtschaft), solche, deren Anpassung wiederum den Tourismus betreffen könnte (z. B. Versicherungen, Gesundheitssektor) oder Akteure mit zusätzlich relevantem Wissen, wie Universitäten oder Nichtregierungsorganisationen (vgl. Simpson et al. 2008: 35). Im Projekt wurde deswegen nicht nur eine Ein-Weg-Kommunikation, sondern ein partizipativer Dialog gewählt, bei dem jeder beteiligte Akteur seine Ideen zur Anpassungsstrategie der Destination beitragen konnte. Ziel des Prozesses sollte sein, zu einer möglichst frühen Erkenntnis der Konfliktkonstellationen und Kausalitäten zu gelangen, Maßnahmen zur Konfliktvermeidung und Ursachenbearbeitung zu entwickeln und Kooperationen zu ermöglichen.

Ein Dialog zwischen den Interessenparteien, Wissenschaftlern und politischen Vertretern ist notwendig, um interne und lokale Informationen und Infrastrukturen berücksichtigen zu können (vgl. Patterson et al. 2006: 340). Insbesondere bei der Planung einer regionalen touristischen Infrastruktur sollte gemeinsam nach Marketingkonzepten und Anpassungsoptionen gesucht und Produktinnovationen durch kooperative Lern- und Gestaltungsprozesse entwickelt werden. Das Thema Klimawandel ist mithilfe wissenschaftlicher Unterstützung zu erarbeiten und mit den (heterogenen) Praxiserfahrungen und Interessen der Tourismusakteure zu vereinbaren. Dieser transdisziplinäre Entwicklungsprozess muss die soziale und sachliche Komplexität (Akteurvielfalt, Wirkungszusammenhänge, Unsicherheiten) von Anpassungsstrategien an Klimaveränderungen berücksichtigen.

Vor diesem Hintergrund wurde während des Projektes im Sinne eines „transdisziplinären Kooperationsmanagements[50]" (Schophaus et al. 2004: 29) die Zusammenarbeit der Praxisakteure der Beispielregionen Nordsee und Schwarzwald und der Wissenschaftler organisiert. Zudem sollten die Tourismuspartner untereinander ihre zukünftigen Strategien besprechen, so dass bereits während der Planungsphase unterschiedliche Interessen erkannt und Konflikte frühzeitig vermieden werden konnten. Im Projekt wurde dadurch die (Weiter-)Entwicklung von gestaltungsorientierten Partizipations- und Kooperationsmethoden im Kontext einer nachhaltigen Entwicklung gefördert. In Workshops konnten die Praxispartner (Hoteliers, Tourismusverbände, der Naturschutz, die Forstwirtschaft, der Küstenschutz etc.) der Beispielregionen eventuelle Probleme bei der Planung und Umsetzung von Anpassungsmaßnahmen formulieren. Die wissenschaftliche Seite übernahm die Funktion der Organisation und Moderation der Treffen und stellte den theoretischen Forschungsstand dar. Hierdurch konnten gemeinsam Anpassungsmaßnahmen entwickelt werden, die gleichzeitig möglichst viele Interessen berücksichtigten. So wurden in der Projektzeit in ausgewählten Gemeinden an der Nordseeküste und im Schwarzwald erste, möglichst konfliktfreie Anpassungsstrategien zu den Folgen des Klimawandels geplant. Als konkrete Beispiele können attraktive Wanderwege als Alternative zum Wintersport im Schwarzwald genannt werden, die im Sinne einer nachhaltigen Entwicklung ökologische und kulturelle Aspekte berücksichtigen und gleichzeitig die Tourismuswirtschaft aufrechterhalten. Auch verstärkte Küstenschutzmaßnahmen an der Nordsee werden gemeinsam mit den Touristikern besprochen und möglichst so geplant, dass für die Beteiligten eine Win-win-Situation entsteht bzw. kein Akteur benachteiligt wird.

8   Fazit

Unterschiedliche Konfliktfelder sowie bisher genutzte Lösungsinstrumente im Tourismussektor wurden aufgezeigt. Bisher deuten erste Ansätze darauf hin, dass ein neues Konfliktpotenzial durch die Auswirkungen des Klimawandels entstehen wird. Jedoch besteht die Möglichkeit, anhand von Kooperationen diese Konflikte regeln und sogar vermeiden zu können. Im Hinblick auf die Implementierung von Anpassungsstrategien wurde im Projekt KUNTIKUM ein inter- und transdisziplinärer Kooperationsansatz für die Planung einer nachhaltigen Tourismusentwicklung verfolgt. In Workshops wurden unterschiedliche Interessen der Beteiligten von den Wissenschaftlern aufgegriffen und bei der Planung einer möglichst konfliktfreien Strategieplanung berücksichtigt.

Generell wird das Thema Klimawandel im Tourismussektor von den Praxisakteuren bisher jedoch noch wenig beachtet. Dies könnte u. a. an dem Planungszeithorizont der Touristiker liegen. Während meteorologische Modellierungen den Klimawandel der nächsten Jahrzehnte darstellen, blickt der Tourismus auf der anderen Seite lediglich in kurzfristigen Zeiträumen von ein paar Jahren in die Zukunft (vgl. Patterson et al 2006: 343). Gene-

---

[50] „[...] Das Kooperationsmanagement begleitet die Verbundpartnerinnen in ihren (Rollen-) Klärungs- und Problemlösungsprozessen. Es zeigt Regeln, Routinen, Verhaltensweisen und Konflikte auf, die eine erfolgreiche Zusammenarbeit behindern und fördert dadurch die Entwicklung einer funktionierenden Kooperationskultur. Dies beinhaltet u. a. den Aufbau eines (möglichst) homogenen Informationsstandes, das Visualisieren von gemeinsamen und jeweils eigenen Zielen und Interessen, die Möglichkeit der Selbst- und Teamreflexion sowie eine gegebenenfalls notwendige Konfliktregulierung zwischen den Partnerinnen [...]" (Schophaus et al. 2004: 29).

rell sind zudem sowohl Klimaszenarien als auch die touristischen (Reise-)Trends und andere externe Faktoren, wie der Ölpreis oder die allgemeine Wirtschaftslage, schwer vorherzusagen.

Für eine detaillierte Untersuchung zur Verminderung von möglichen Konflikten sollte über den Projektansatz hinaus auf Destinationsebene eine Konfliktanalyse erfolgen, welche spezifische Konfliktursachen, Abläufe sowie beteiligte Personen erfasst. Dabei sollten neben den Tourismusakteuren möglichst viele regionale Akteursgruppen, wie Fischerei oder Landwirtschaft, in den Analyse- und Kooperationsprozess integriert werden. Die Chancen und Grenzen der freiwilligen Kooperation sind dabei auch von der Intensität der Konflikte abhängig. Die Methode kann im Allgemeinen jedoch als mögliches Konfliktregelungsinstrument bei der Klimawandelthematik eingesetzt werden. Als Herausforderung bleibt jedoch, wie bei vielen Partizipations- und Kooperationsprozessen, die Durchführung und Stabilisierung der erzielten Ergebnisse.

Literatur

Abegg, B. (1996): Klimaänderung und Tourismus. Klimafolgenforschung am Beispiel des Wintertourismus in den Schweizer Alpen. Schlussbericht NFP 31, Zürich.

Adger, W. N. & Agrawala, S. & Mirza, M. M. Q. & Conde, C. & O'Brien, K. & Pulhin, J. & Pulwarty, J. & Smit, B. & Takahashi, K. (2007): Assessment of adaptation practices, options, constraints and capacity. Climate Change 2007: Impacts, Adaptation and Vulnerability. Contribution of Working Group II to the Fourth Assessment Report of the Intergovernmental Panel on Climate Change, M.L. Parry, O.F. Canziani, J.P. Palutikof, P.J. van der Linden and C.E. Hanson, Eds., Cambridge, UK, 717-743.

Alcamo, J. & Moreno, J. M. & Nováky, B. & Bindi, M. & Corobov, R. & Devoy, R. J. N. & Giannakopoulos, C. & Martin, E. & Olesen, J. E. & Shvidenko, A. (2007): Europe. Climate Change 2007: Impacts, Adaptation and Vulnerability. Contribution of Working Group II to the Fourth Assessment Report of the Intergovernmental Panel on Climate Change, M.L. Parry, O.F. Canziani, J.P. Palutikof, P.J. van der Linden and C.E. Hanson, Eds., Cambridge, UK, 541-580.

Arnell, N.& Tompkins, E. & Adger, N. & Delaney, K.. (2005): Vulnerability to abrupt climate change in Europe. Tyndall Centre Technical Report 34. Tyndall Centre for Climate Change Research.

Backes, M. (2003): Ökotourismus ... und die Welt wird grüner? Aspekte der Umwelt(un)gerechtigkeit ökotouristischer Konzepte, in: Egner, Heike (Hrsg.) (2003): Tourismus – Lösung oder Fluch? Die Frage nach der nachhaltigen Entwicklung peripherer Regionen, Geographisches Institut, Johannes-Gutenberg-Universität, Mainz, 9-22.

Balazik, M. R. (2001): The economic impact of climate change on the mid-Atlantic region's downhill skiing industry (USA), in: Michigan Journal of Economics 17(1).

Barnett, J. & Adger, N. (2007). Climate Change, Human Security and Violent Conflict. Political Geography, 26 (6), 639-655.

Becken, S. & Hay, J. E. (2007). Tourism and Climate Change. Risks and Opportunities, Clevedon, UK.

Behringer, J. & Bürki, R. & Fuhrer, J. (2000): Participatory integrated assessment of adaptation to climate change in Alpine tourism and mountain agriculture, in: Integr. Assess. 1, 331-338.

Biermann, F. (2001): Die „Syndrome" des Globalen Wandels. Ein möglicher Forschungsansatz zur Stärkung der konstruktiven Konfliktbearbeitung?, in: Österreichisches Studienzentrum für Frieden und Konfliktlösung (ÖSFK) (Hrsg.) (2001). Die Umwelt. Konfliktbearbeitung und Kooperation. Münster, 99-109.

Bundesamt für Naturschutz (Hrsg.) (1997): Biodiversität und Tourismus: Konflikte und Lösungsansätze an den Küsten der Weltmeere, Berlin.

Brauch, G. (2002): Klimawandel und Konflikte. Verursacht der Klimawandel Konfliktpotenziale? Wie kann der internationale Klimaschutzprozess hierauf reagieren? Bundesministerium für Umwelt, Naturschutz und Reaktorsicherheit, Berlin.

Bürki, R. (2000): Klimaänderung und Anpassungsprozesse im Wintertourismus. Ostschweizerische Geographische Gesellschaft, Neue Folge, Heft 6, St. Gallen.

Daschkeit, A. & Schottes, P. (Hrsg.) (2002): Klimafolgen für Mensch und Küste am Beispiel der Nordseeinsel Sylt, Berlin.

Ferrante, C. L. (1994): Konflikt und Diskurs im Ferienort. Wirtschaftsethische Betrachtungen am Fallbeispiel Engelberg, Bern.

Fisher, R. J. (2000): Intergroup Conflict, in: M. Deutsch & P. Coleman (Hrsg.): The Handbook of Conflict Resolution. Theory and practice, San Francisco, 166-184.

Glasl, F. (1999): Konfliktmanagement. Ein Handbuch für Führungskräfte, Beraterinnen und Berater. 6. Auflage, Bern.

Gössling, S. (2005): Tourism's Contribution to Global Environmental Change: Space, Energy, Disease, Water, in: C. M. Hall & J. E. S. Higham (Hrsg.): Tourism, recreation and climate change. International perspectives. Aspects of Tourism Book Series, Channel View Publications, 286-300.

Halbhuber, D. (1989): Umweltprojekt Schwarzwald, in: J. Krippendorf, J. & Zimmer, P. & Glauber, H. (Hrsg.): Für einen andern Tourismus. Probleme – Perspektiven – Ratschläge. Frankfurt am Main, 82-91.

Hamilton, L.C. & Rohall, D.E. & Brown, G.F. (2003): Warming winters and New Hampshire's Lost Ski Areas: An Integrated Case Study, in: International Journal of Sociology and Social Policy 23, 52-73.

Hamilton, J. M. (2003): Climate and the Destination Choice of German Tourists, Research Unit Sustainability and Global Change. Working Paper FNU-15 (revised), Hamburg.

Hamilton, J. M. (2005): Tourism, climate change and the coastal zone. Dissertation. Fakultät Wirtschaft- und Sozialwissenschaften Department Wirtschaftswissenschaften der Universität Hamburg.

Holden, A. (2001): Environment and Tourism. Routledge Introductions to Environment Series,, London.

Homer-Dixon, T. F. (1991): On the threshold: environmental changes as causes of acute conflict, in: International Security 16 (2), 76-116.

Kirstges, T.& Lück, M. (2001): Umweltverträglicher Tourismus. Fallstudien zur Entwicklung und Umsetzung Sanfter Tourismuskonzepte. Gmeiner Verlag. Meßkirch.

König, U. (1998): Tourism in a warmer world: implications of climate change due to enhanced greenhouse effect for the ski industry in the Australian Alps. Wirtschaftsgeographie und Raumplanung 28, Zürich.

Lemmen, D. S. & Warren, F. J. (Hrsg.) (2004): Climate Change Impacts and Adaptation: A Canadian Perspective. Natural Resources Canada, Ottawa.

Lise, W. & Tol, R. S. J. (2002): Impact of climate on tourism demand. Climatic Change, 55 (4), 429-449.

Luger, K. & Inmann, K. (Hrsg.) (1995): Verreiste Berge. Kultur und Tourismus im Hochgebirge, Innsbruck.

Maddison, D. (2001): In Search of Warmer Climates? The Impact of Climate Change on Flows of British Tourists, in: D. Maddison (Hrsg.): The Amenity Value of the Global Climate, London, 53-76.

Margraf, M. (2006): Community Based Tourism. Ein Instrument nachhaltiger Entwicklung ehemals benachteiligter Bevölkerungsgruppen am Beispiel Kaymandi, Südafrika. Saarbrücken. Vdm Verlag Dr. Müller.

Mather, S. & Viner D. & Todd, G. (2005): Climate and Policy Changes: Their Implications for International Tourism Flows, in: C. M. Hall & J. E. S. Higham (Hrsg.): Tourism, recreation and climate change. International perspectives. Aspects of Tourism Book Series, Clevedon: 63-85.

O'Brien, K. & Eriksen, S. & Sygna, L & Naess, L.O.(2006): Questioning Complacency: Climate Change Impacts, Vulnerability, and Adaptation in Norway. R. Swedish Academy of Science, in: Ambio 35 (2), 50-56.

O'Leary, R. & Bingham, L. B. (Hrsg.) (2003): The promise and performance of environmental conflict resolution. Resources for the Future, Washington, DC.

Parry, M.L. & Canziani, O.F. & Palutikof J.P. and Co-authors (2007): Technical Summary. Climate Change 2007: Impacts, Adaptation and Vulnerability. Contribution of Working Group II to the Fourth Assessment Report of the Intergovernmental Panel on Climate Change, M.L. Parry, O.F. Canziani, J.P. Palutikof, P.J. van der Linden and C.E. Hanson, Eds., Cambridge, UK, 23-78.

Patterson, T. & Bastianoni, S. & Simpson, M. (2006): Tourism and Climate Change: Two-Way Street, or Vicious/Virtuous Circle?, in: Trista Journal of sustainable tourism 14 (4). 339-348.

Perry, A. (2000): Impacts of Climate Change on Tourism in the Mediterranean: Adaptive Responses, Proceedings of the Conference on the Impacts of Climate Change on the Mediterranean Area: Regional Scenarios and Vulnerability Assessment, Venice, 9–10 December, 1999, Venice, Italy.

Phillips, M. R. & Jones, A. L. (2006): Erosion and tourism infrastructure in the coastal zone: Problems, consequences and management, in: Tourism Manager 27 (3), 517-524.

Price, M. E. (1992): Patterns of the Development of Tourism in Mountain Environments, in: Geo-Journal 27 (1), 87-96.

Rest, F. (1995): Kulturelle Identität und transkulturelle Heimat. Tourismus als Bewahrer und Bedroher kultureller Identität, in: K. Luger & K. Inmann (Hrsg.): Verreiste Berge: Kultur und Tourismus im Hochgebirge, Innsbruck.

Riebsame, W. (1985): Seven challenges of climate impact research. Paper presented at the Workshop on Climate Impact Assessment in the Great Lakes Basin: Research Strategies, held February 8-9, 1985, King City, Ontario.

Romeiß-Stracke, F. (1989): Neues Denken im Tourismus: ein tourismuspolitisches Konzept für Fremdenverkehrsgemeinden, München.

Saretzki, A. & Wilken, M. & Wöhler, K. (2002). Lernende Tourismusregionen. Vernetzung als strategischer Erfolgsfaktor kleiner und mittlerer Unternehmen, Münster.

Schaaf, T. (1995): Thesen und Forderungen zum Thema "Kultur und Tourismus im Hochgebirge aus ganzheitlicher Sicht", in: K. Inmann & K. Luger (Hrsg.): Verreiste Berge. Kultur und Tourismus im Hochgebirge, Innsbruck, 349-356.

Schicker, R. (1992): Flächensparen: Maxime der Raumordnung in Tourismusregionen. Saving Open Space: High Aim for Regional Planning in Tourist Regions, in: W. Pillmann & S. Predl (Hrsg.): Strategies for reducing the environmental impact of tourism. Envirotour, Wien, 251-261.

Schirmer, M. & Schuchardt, B. (Hrsg.) (2005): Klimawandel und Küste. Die Zukunft der Unterweserregion, Berlin, Heidelberg.

Schneider et al. (2005): Schneesport ohne Schnee? Mittelgebirge (mitten) im Klimawandel, in: Praxis Geographie 35 (5/2005), 18-23.

Schophaus, M. & Schön, S. & Dienel, H.-L. (Hrsg.) (2004): Transdisziplinäres Kooperationsmanagement. Neue Wege in der Zusammenarbeit zwischen Wissenschaft und Gesellschaft, München.

Senghaas, D. (1998): Zivilisierung wider Willen, Frankfurt am Main.

Simpson, M. C. & Gössling, S. & Scott, D. & Hall, C. M. & Gladin, E. (2008): Climate Change Adaptation and Mitigation in the Tourism Sector: Frameworks, Tools and Practices. UNEP, University of Oxford, UNWTO, WMO, Paris, France.

Smit et al. (2001): Adaptation to climate change in the context of sustainable development and equity, in: J. J. McCarthy & O. Canziani & N. A. Leary & D. J. Dokken & K. S. White (Eds.): Climate change 2001: impacts, adaptation and vulnerability. IPCC Working Group II. Cambridge, Cambridge, 877-912.

Stephan, P. (2001): Die Bedeutung von nicht-staatlichen Akteuren bei der Umsetzung von Umweltregimen: Das Beispiel des Tourismus, in: Österreichisches Studienzentrum für Frieden und Konfliktlösung (ÖSFK) (Hrsg.): Die Umwelt. Konfliktbearbeitung und Kooperation, Münster, 85-98.

Sterr, H. & Klein, R. & Reese, S. (2000): Climate Change and Coastal Zones. An Overview on the state-of-the-art of Regional and Local Vulnerability Assessments, in: FEEM Working Paper Series 38.

Timothy, D. (1999) Participatory planning. A view of tourism in Indonesia. Annals of Tourism Research 26 (2), 371 - 391.

Tschurtschenthaler, P. (1992): Probleme der Umweltnutzung in hocherschlossenen alpinen Tourismusregionen, in: Pillmann, W. & Predl, S. (Hrsg.): Strategies for Reducing the Environmental Impact of Tourism, Wien, 641-656.

Umweltbundesamt (2002) (Hrsg.): Umwelt und Tourismus. Daten, Fakten, Perspektiven, Berlin.

UNWTO – Welttourismusorganisation (2003): Climate Change and Tourism. Proceedings of the 1st International Conference on Climate Change and Tourism. Djerba, Tunisia, 9-11 April 2003 http://www.world-tourism.org/sustainable/climate/brochure.htm (Zugriff: 10.09.2008).

Viner, D. (2006): Impacts of Climate Change on Tourism, in: P. J. Buckley & S. R. Dye & J. M. Baxter (Hrsg.): Marine Climate Change Impacts Annual Report Card 2006. Online Summary Reports, MCCIP, Lowestoft, http://www.mccip.org.uk/annual-report-card/2006/commercially-productive-seas/tourism/cru-pdf.aspx. Erstellt am 22.11.2006 abgerufen am 15.09.2010.

Weede, E. (1986): Konfliktforschung. Einführung und Überblick, Opladen.

Wiesmann, U. (2001): „Grindelwald 2000": Ein Leitbild zur nachhaltigen Gemeindeentwicklung, in Österreichisches Studienzentrum für Frieden und Konfliktlösung (ÖSFK) (Hrsg.): Die Umwelt. Konfliktbearbeitung und Kooperation, Münster.

Winter, A. (1995): TAURJSKA - eine Kulturidee für die Region Nationalpark Hohe Tauern. In Inmann, K. & Luger, K. (Hrsg.) (1995). Verreiste Berge : Kultur und Tourismus im Hochgebirge. 339-347. Innsbruck: StudienVerlag.

Zilleßen, H. (2001): Kooperative Konfliktbearbeitung mit 15 Parteien: Herausforderungen der Umweltmediation am Beispiel des Mediationsverfahrens im Gasteiner Tal, in: Österreichisches Studienzentrum für Frieden und Konfliktlösung (ÖSFK) (Hrsg.): Die Umwelt. Konfliktbearbeitung und Kooperation, Münster, 188–208.

Simulationen – Neue Wege zur Förderung von Kooperation und nachhaltiger Entwicklung

Silke Panebianco

Simulationen sind aus der Nachhaltigkeitsdiskussion kaum mehr wegzudenken. Dies zeigen so prominente Beispiele wie das Weltmodell von Meadows (1972) über die Grenzen des Wachstums oder die Klimaszenarien des Intergovernmental Panel on Climate Change (IPCC 2007). In diesen eher naturwissenschaftlich-physikalisch ausgerichteten Simulationen wird menschliches Verhalten als Wirkungsfaktor mehr oder weniger explizit integriert. Gerade wenn es um die aktive Gestaltung einer nachhaltigeren Entwicklung geht, ist der Faktor Mensch jedoch auch als handelndes Subjekt angesprochen und gefordert. Daher werden zunehmend Simulationen entwickelt, die gesellschaftliche Akteure in direkter Weise in die Erstellung und Anwendung einbeziehen. Sie zielen darauf ab, die Wahrnehmung von Problemen zu schärfen, Akteure zu befähigen fundierte Entscheidungen zu treffen, tradierte Verhaltensweisen zu verändern sowie gemeinsame Anstrengungen auszulösen, wo bisher keine Notwendigkeit zur Zusammenarbeit gesehen wurde. Simulationen können daher gesellschaftliche Partizipation und Kooperation zur Stärkung einer nachhaltigen Entwicklung unterstützen.

Dieser Beitrag geht den Fragen nach, wie solche Simulationen aussehen, wie sie wirken und welche Rolle sie für eine nachhaltige Entwicklung spielen können. Im Anschluss an eine Begriffsbestimmung werden die besonderen Potenziale von Simulationen im Hinblick auf Kooperation und nachhaltige Entwicklung skizziert. Drei konkrete Anwendungsbeispiele verdeutlichen die Bandbreite der Formen und Einsatzbereiche in diesem Kontext. Im Anschluss werden theoretische Ansätze zur Wirkungsweise von Simulationen vorgestellt. Diese münden in Empfehlungen, wie Simulationen ausgestaltet sein sollten, um tatsächlich praktische Erkenntnisse und Verhaltensänderungen bei den Anwendern zu generieren. Der Ausblick thematisiert weiteren Forschungsbedarf in diesem Bereich.

1 Begriffsbestimmung

Simulationen haben sich vor etwa 200 Jahren aus dem Schachspiel entwickelt und wurden zunächst v. a. zu militärischen Zwecken genutzt. Seitdem haben sie sich auf andere Gesellschaftsbereiche, insbesondere die Betriebswirtschaft und die Aus- und Weiterbildung ausgeweitet. Mit der Verbreitung der Computer-Technologie finden Simulationen nun zunehmend auch in den Sozialwissenschaften und im Bereich der Nachhaltigkeitsforschung Anwendung (Herz & Blätte 2000). Sie können – abgesehen vom reinen Entertainment – eingesetzt werden zur Unterstützung von Entscheidungen in konkreten Situationen (decision support), zur Förderung bestimmter Fähigkeiten und Denkmuster (learning/training) und zur Entwicklung und zur Evaluation von Theorien und Hypothesen (theory building and testing) (Barreteau et al. 2001; Herz & Blätte 2000; Gilbert 2004).

Im letztgenannten Ansatz des ‚theory building and testing' wird der Faktor Mensch zum Untersuchungsobjekt. Hier wird menschliches Handeln in computerbasierten Simulationen abgebildet, beispielsweise um wie bei Axelrod (1984) die Rahmenbedingungen kooperativen Verhaltens zu untersuchen. Die beiden anderen Simulationsansätze des ‚decision support' und des ‚learning/training' sind dagegen explizit auf den praktischen Nutzen für Entscheidungsträger und Bürger ausgerichtet und beziehen diese stärker auch als Anwender mit ein. Hierauf soll im Folgenden daher der Schwerpunkt gelegt werden.

Für die Einsatzbereiche des ‚decision support' und des ‚learning/training' hat sich eine ganze Bandbreite verschiedener Formen und methodischer Ansätze entwickelt. Rollenspiele, Planspiele und Modellspiele sind hier wichtige, jedoch nicht einheitlich definierte Formen. Sie können nach Herz & Blätte (2000) und Geuting (2000) wie folgt umrissen werden:

- Rollenspiel: Bei einem Rollenspiel sind mehrere Teilnehmer oder Teilnehmergruppen als handelnde Akteure in eine soziale Problemsituation gestellt. Die Akteure treten direkt in Interaktion, nehmen ihren spezifischen Rollen entsprechend Verhandlungspositionen ein und versuchen Lösungsmöglichkeiten zu finden. Eine weitere Umwelt, die Auswirkungen von Entscheidungen zurückspiegeln könnte, existiert nicht. Ein Computereinsatz ist eher selten, aber möglich, um die Interaktionen der Akteure zu kontrollieren und systematisch zu erfassen.

- Planspiel: Mehrere Teilnehmer oder Teilnehmergruppen sind als handelnde Akteure mit einer Problemsituation konfrontiert, die sich im Gegensatz zum Rollenspiel im Wesentlichen aus einer simulierten Umweltsituation ergibt. Die Umweltsituation wird durch das Verhalten der Akteure im Spiel beeinflusst und stellt damit den Handlungs- und Problemrahmen für die nächste Spielrunde dar. Auf diese Weise werden in mehreren Runden Rückkopplungen zwischen Aktivitäten der Spielteilnehmer und der simulierten Umwelt erfahrbar. Planspiele können Rollenspielkomponenten beinhalten, wenn die Akteure ihre Aktivitäten miteinander verhandeln und koordinieren. Die Veränderungen in der Umwelt können durch einen Spielleiter entsprechend festgelegter Regeln oder – insbesondere bei komplexeren Problemstellungen – mit Hilfe eines Computers ermittelt werden.

- Modellspiel: Der Unterschied zum Planspiel besteht darin, dass es nur einen Spieler oder eine Spielgruppe gibt. Ziel ist es, durch die Wahl angemessener Maßnahmen, Probleme, die sich in der Umwelt zeigen oder zu erwarten sind, zu lösen bzw. zu verhindern oder eine optimale Austarierung zwischen sich gegenseitig beeinflussenden Zielgrößen zu finden. Entwicklungen in der Umwelt, wozu auch die Aktivitäten anderer Akteure gehören, können durch Computer simuliert werden.

Allen Formen gemein ist, dass sie anhand eines Modells der Wirklichkeit oder einer fiktiven Situation Veränderungen eines sozialen Gefüges und/oder eines Umweltzustandes im Zeitverlauf abbilden. Dabei werden in der Regel nicht-triviale Situationen und Wirkungsgefüge mit einem relativ hohen Komplexitätsgrad dargestellt, die ohne die Hilfe der Simulation nur schwer verstanden werden können (Susskind & Corburn 2000; Gilbert & Troitzsch 1999). Bereits die systematische Erfassung, das Explizieren der zugrunde liegenden Annahmen und Zusammenhänge erhöht das Verständnis über das zu analysierende System (Herz & Blätte 2000; Vennix 1996). Durch eine gezielte Steuerung des Verhaltens im Rollenspiel oder von Modell-Parametern können Entwicklungen nachvollzogen und Auswirkungen veränderter Bedingungen ausgetestet werden. Das Verständnis über das dargestellte System zu verbessern, Zusammenhänge und Folgen zu erkennen und den Einfluss bestimmter Faktoren und Bedingungen mit einem Blick in die Zukunft auszutesten sind daher grundlegende Zielsetzungen von Simulationen (Gilbert 2004). Die Möglichkeit des Experimentierens wird von Geuting (2000) als konstituierende Eigenschaft von Simulationen gesehen, die gerade in den Sozialwissenschaften zum Tragen kommt, in denen bestimmte Manipulationen in der Realität kaum möglich sind oder gewünscht sein können (Susskind & Corburn 2000).

Der Erfolg von Simulationen beruht auf einem Verstehen durch Tun. Herz & Blätte (2000: 5) setzen hier den Ausspruch von Konfuzius „Was ich sehe, vergesse ich, was ich höre, behalte ich, was ich tue, verstehe ich" als Motto des Planspiels, was auch für die anderen Formen der Simulation gelten dürfte. Auch andere Ausdrücke wie „learning by doing" (Barreteau et al. 2001) oder „learning by discovery" (Geuting 2000) drücken aus, dass Simulationen geeignet sind, Lernen im Sinne einer verinnerlichten Erkenntnis unter Verzicht auf risikoreiche Erfahrung in der Realität zu fördern. Dementsprechend sind Lerntheorien für die Frage der Wirkung und sinnvollen Ausgestaltung von Simulationen sehr fruchtbar (s. Abschnitt 4).

2   Simulation und nachhaltige Entwicklung

Probleme nicht-nachhaltiger Entwicklungen beruhen zu großen Teilen auf einem hohen Maß an Komplexität sowohl innerhalb der natürlichen Umwelt als auch im Zusammenspiel der beteiligten Akteure. In systemtheoretischer Begrifflichkeit resultiert diese aus einem hohen Grad an Vernetztheit, aus Rückkopplungen, Fern- und Nebenwirkungen sowie aus nicht-linearen, eigendynamischen und irreversiblen Entwicklungen. Allein die Entwicklungslinien der natürlichen Umwelt und die Folgen von Maßnahmen in allen direkten und indirekten Auswirkungen zu überblicken und abzuschätzen, ist eine Herausforderung, der der menschliche Verstand ohne Hilfe nicht immer gewachsen ist. Dies gilt umso mehr, als Nachhaltigkeit auch eine langfristige und eine globale Perspektive hat (Buerschaper 2000; Gilbert & Troitzsch 1999). Hier können Simulationen helfen, Zusammenhänge und Unsicherheiten zu verstehen, einen Blick in die Zukunft zu werfen und die unter den gegebenen Annahmen zu erwartenden Probleme und Nebeneffekte zu erkennen. Sie unterstützen auf diese Weise die Wahl robuster Problemlösungsstrategien (Geuting 2000; Susskind & Corburn 2000). "The ability of simulations to telescope time, teaching the lessons of years in a matter of hours, makes them an ideal vehicle for this purpose" (Williams & Williams 2007: 467).

Geuting (2000) spricht Simulationen eine Rolle als Wirklichkeitsvermittler für Aspekte zu, die außerhalb des eigenen Erfahrungshorizontes liegen. Dies fördert bei den verantwortlichen Akteuren insbesondere bei einer partizipativen Modellerstellung und Anwendung eine gemeinsame Wahrnehmung der Realität, die dazu beiträgt, Missverständnisse zu vermeiden und gemeinsame Ziele zu verfolgen (Herz & Blätte 2000; Barreteau et al. 2001; D'Aquino et al. 2003; Ubbels & Verhallen 2001).

Gerade soziale Aspekte spielen bei Nachhaltigkeitsproblemen eine besondere Rolle. Verschiedene Personengruppen sind von bestimmten Entwicklungen in ganz unterschiedlicher Weise betroffen, bewerten Risiken unterschiedlich, haben divergierende Interessen und unterschiedliche Einflussmöglichkeiten. Kosten- und Gewinnkonstellationen im sozialen Gefüge, wie sie im Gefangenendilemma (s. z. B. Axelrod 1984) oder bei der Nutzung öffentlicher Güter auftreten, sind hier typisch. Simulationen können solche akteursspezifischen Aspekte und sozialen Konstellationen verständlich machen und damit den Akteuren helfen, Abhängigkeiten zu erkennen, Interessensunterschiede zu kommunizieren und anzuerkennen und sozial ausgewogene und wirkungsvolle Lösungsansätze zu finden (Barreteau et al. 2001; D'Aquino et al. 2003; Susskind & Corburn 2000). Zu diesem Zweck bieten Simulationen oftmals auch explizit eine Plattform für Austausch und Diskussion. Williams & Williams (2007) betonen, dass Simulationen zur Relativierung des eigenen Standpunktes, zu einer gesamtgesellschaftlichen Sicht auf Konflikte beitragen und so die Kompromissbereitschaft der Akteure fördern. Sie können win-win Optionen verdeutlichen und bieten ein Medium, den Mehrwert von Kooperationen bewusst zu machen. Durch das Experimentieren mit kooperativen Handlungsstrategien helfen sie, eine Vertrauensbasis aufzubauen, die auch auf die Beziehung zwischen Akteuren in der Realität zurückwirkt (Barreteau et al. 2001).

Neben der Unterstützung von Problemlösungen in konkreten Situationen haben Simulationen auch eine Wirkung auf die Problemlösungskompetenz und das Denken der Beteiligten Personen im Allgemeinen. So sind Simulationen generell geeignet, den Umgang mit komplexen Systemen einzuüben und damit Handlungskompetenz und allgemeine Lebensqualifikation zu gewinnen (Herz & Blätte 2000). Sie fördern das Suchen nach Problemlösungen, das Denken in Alternativen und die Schärfung des Bewusstseins für unerwartete Nebeneffekte des Handelns. Geuting (2000: 42) betont, dass Simulationen Übungsfelder für die Entwicklung von innovativer Kompetenz und die Schärfung des Möglichkeitssinns darstellen, in dem sie dazu auffordern, „Mut und Phantasie zu entwickeln, die Grenzen des Bekannten zu überschreiten und explorativ in unbekannte Wissensgebiete, Aktionsbereiche und Lebenswelten vorzudringen". Sie fördern die Entwicklung von Soft Skills wie insbesondere bei Rollenspielkomponenten die Bereitschaft, sich gegenseitig zuzuhören, voneinander zu lernen oder in Teams zu arbeiten. Dies beinhaltet auch das Wissen um eigene Stärken und Schwächen, einen angemessenen Umgang mit Fehlentscheidungen und die Bereitschaft zur Korrektur von Verhaltensweisen und Handlungsstrategien (Dumblekar 2004), ohne die ein Umsteuern in Richtung Nachhaltigkeit nur schwer zu erreichen sein dürfte.

Simulationen können darüber hinaus einen Beitrag zur Partizipation von Akteuren an wichtigen Entscheidungen leisten. Zum einen können Sie der Öffentlichkeit oder auch bestimmten Akteuren Zusammenhänge vermitteln und diese damit in die Lage versetzen, Probleme und Lösungsansätze zu verstehen und zu bewerten. Dies kann die Akzeptanz von Maßnahmen erhöhen und stellt auch eine Grundlage dar, demokratische Einflussmöglichkeiten informiert und gewissenhaft wahrzunehmen (Ubbels & Verhallen 2001). Partizipative Ansätze in Simulationen gehen aber häufig über diese Zielsetzungen hinaus. Sie dienen häufig auch dazu, Probleme und Lösungsmöglichkeiten gemeinsam zu entwickeln und damit die Akteure direkt an der Entscheidungsfindung zu beteiligen. Nach D'Aquino et al. (2003) zielen Simulationen auf ein ,empowerment' von Akteuren, denen Lösungsansätze nicht durch externe wissenschaftliche Beratung empfohlen werden, sondern die selbst den Prozess der Entscheidungsfindung angefangen von der Problemdefinition, der Bestimmung notwendiger Informationen bis hin zur Bewertung von Entscheidungsalternativen bestimmen. Dies beinhaltet, dass die Akteure auch die Inhalte und die Funktionsweise der Simulation selbst bestimmen sollten (vgl. auch Barreteau et al. 2001).

3   Simulationsbeispiele

Die folgenden drei Beispiele bedienen sich unterschiedlicher methodischer Ansätze und geben einen Eindruck vom praktischen Einsatz von Simulationen zur Entscheidungsunterstützung bzw. zur Vermittlung von Erfahrungen im Aushandeln kooperativer Konfliktlösung im Bereich nachhaltiger Entwicklung.

3.1   Kooperative Lösungen bei Landnutzungskonflikten

Etienne et al. (2003) beschreiben die Entwicklung und Anwendung eines Simulationsmodells in einem Landnutzungskonflikt im Causse Méjan im Süden Frankreichs. Das Gebiet ist durch eine ökologisch wertvolle offene Graslandschaft geprägt, die durch die Ausbreitung von Pinienbewuchs zunehmend beeinträchtigt wird. Neben dem Naturschutz vertreten durch die Nationalparkverwaltung Cévennes treffen hier die Nutzungsinteressen von Weidewirtschaft und Forstwirtschaft aufeinander. Mit Vertretern dieser Interessengruppen wurde in einem partizipativen Prozess ein Simulationsmodell entwickelt, das basierend auf der natürlichen Entwicklung der Vegetation sowie der menschlichen Bewirtschaftung die Landnutzung in dem Gebiet visualisiert. In einem ersten Schritt wurden für jede Interessengruppe gesondert Simulationen erstellt, die nur die jeweils interessenspezifischen Aspekte darstellen und die Eruierung individueller Maßnahmen ermöglichen. Diese wurden in gemeinsamen Treffen zusammengeführt und anhand der von den Teilnehmern genannten Kriterien bewertet. Dadurch traten die Interessensgegensätze deutlich zutage, auf die die Teilnehmer zunächst mit Vorschlägen zur Modifikation der individuellen Managementstrategien reagierten. Diese wurden wiederum mit Hilfe des Modells getestet und aus der Perspektive jeder Interessengruppe beurteilt. Etienne et al. (2003) beschreiben, dass dieses Vorgehen den Teilnehmern die Legitimität, aber auch Subjektivität jeder einzelnen Sichtweise, die Hintergründe der Differenzen und das gemeinsame Interesse an einer Lösung des Problems verdeutlichte. Eine Kompromisslösung sollte sowohl die ökologischen Qualitäten erhalten als auch die Entwicklung von Forst- und Weidewirtschaft gewährleisten. Diese Erkenntnis mündete in Vorschläge zum gemeinsamen Management der Pinienbewaldung, aus denen Managementstrategien zur weiteren Konkretisierung ausgewählt wurden, die sich in der Simulation als wesentlich effektiver als die zunächst vorgeschlagenen individuellen Maßnahmen erwiesen. Als besonders geeignet zeichnete sich die Abgrenzung von Bereichen ab, in denen eine forstwirtschaftliche Nutzung der Pinien zur Bauholzproduktion mit einer Beweidung kombiniert wird, um die Ausbreitung von Jungtrieben zu verhindern.

3.2 Entscheidungsunterstützung und Soziales Lernen zur Planung technischer Infrastruktur

Im Themenbereich technische Infrastruktur wurde im Rahmen eines europäischen Forschungsprojektes die weitere Entwicklung der Wasserversorgungskapazitäten und der entsprechenden Infrastruktur in Zürich thematisiert (Pahl-Wostl & Hare 2004). Hier hat in der Vergangenheit eine an Maximalverbräuchen ausgerichtete Versorgung zu erheblichen Überkapazitäten geführt. In einem partizipativen Prozess haben Vertreter der wichtigsten Akteure – darunter etwa die Wasserver- und -entsorgungsbetriebe, eine Wohnungsgenossenschaft, Hersteller von Sanitärtechnologien, Wasserinstallateure und die Stadtverwaltung – Strategien entwickelt, Überkapazitäten zu verringern, und gleichzeitig einen sparsamen Wasserverbrauch zu fördern, ohne die Wirtschaftlichkeit der Wasserversorgung zu gefährden. Dabei wurden verschiedene Modellierungs- und Simulationsmethoden eingesetzt, um die Zusammenhänge und Wechselwirkungen im System der Züricher Wasserversorgung aufzudecken. Eine große Rolle spielte dabei ein Planspiel, das sowohl als Brettspiel als auch als computerbasierte Simulation mit Rollenspielkomponente durchgeführt wurde. Pahl-Wostl & Hare (2004) berichten, wie das Planspiel und die ergänzenden Techniken der partizipativen Modellbildung einen sozialen Lernprozess ausgelöst haben, in dem die Beteiligten die Interessen der anderen Akteure, die wechselseitigen Einflüsse und Abhängigkeiten sowie die zentralen Konfliktpunkte nachvollziehen und somit das System der Wasserversorgung und dessen Komplexität besser verstehen lernten. Im Ergebnis haben die Akteure einen innovativen Lösungsansatz entwickelt, der den technisch-ökonomischen Rahmen des Problems im engeren Sinne überschreitet: Die in der Schweiz im System der direkten Demokratie ohnehin einflussreiche Öffentlichkeit soll unter Berücksichtigung der hohen Fixkosten und begrenzter finanzieller Ressourcen das Niveau der Versorgungssicherheit und damit die Kapazitätsreserven zur Abdeckung von Nachfragepeaks definieren, während weiterhin bestehende Überkapazitäten auf einem regionalen Markt verkauft werden sollen.

3.3 Rollenspiel zur Vermittlung von Konfliktlösungskompetenzen

Das dritte Beispiel von Krolikowska et al. (2007) stellt ein Rollenspiel dar, das eine Konfliktsituation zwischen Naturschutz und touristischer Entwicklung im polnischen Riesengebirge abbildet. Es wurde im Rahmen eines Kurses „Dynamics of Sustainable Development" eingesetzt, um Studierenden anhand eines konkreten Beispiels Erfahrungen in der Bewältigung schwieriger sozio-ökonomischer Konflikte durch das Aushandeln von Kompromisslösungen zu vermitteln. Das Rollenspiel greift einen tatsächlichen Konflikt in einem ökologisch wertvollen und für den Skisport hoch attraktiven Bereich des Riesengebirges auf. Nachdem aufgrund strenger Regularien im Nationalpark Riesengebirge die touristische Infrastruktur über Jahre hinweg nicht weiter entwickelt werden konnte und zunehmend an Attraktivität verlor, wurde Anfang der 1990er Jahre auf Druck der Kommunen und der Skiindustrie vom Umweltministerium eine Ausnahmeregelung geschaffen, die eine Entwicklung der Skiindustrie auch in sensiblen Bereichen des Nationalparks ermöglichte und diese von Umweltabgaben für die Entwaldung befreite. Die Skiindustrie konnte davon jedoch kaum profitieren, da die festgelegten Ausnahmegebiete weitgehend ungeeignet waren. Alternative Gebiete außerhalb des Nationalparks wurden nicht erschlossen, da dort

Umweltabgaben ökonomisch rentable Investitionen verhinderten. Mehrere Ansätze zur gemeinsamen Überarbeitung des Konzeptes scheiterten bislang. In dem Rollenspiel repräsentieren fünf Studentengruppen die Nationalparkverwaltung, Vertreter einer Kommune, lokale und regionale Umweltorganisationen, lokale Wirtschaftsvertreter sowie Bürger der Kommune. Nach einer Einarbeitung in die Situation und Interviews mit realen Interessenvertretern erarbeiteten die Studentengruppen ihre jeweiligen Standpunkte und traten in Verhandlungen mit anderen Gruppen ein. Die Verhandlungsergebnisse bzw. Kompromisslösungen wurden im Anschluss den realen Interessenvertretern präsentiert, um die Ergebnisse zu evaluieren und im besten Fall auch hier eine Neubewertung des festgefahrenen Konfliktes auszulösen. Die Autoren stellen fest, dass die Studierenden in dem Rollenspiel lernen mussten, dass sie dem Ursprung von Konflikten nur auf den Grund gehen und für alle Akteure akzeptable Lösungen entwickeln können, wenn sie die Interessen der einzelnen Akteure ernsthaft zu verstehen versuchen; ein Beharren auf der eigenen Sichtweise erschwerte die Kommunikation zwischen den Akteuren und blockierte die Einigung auf Lösungsansätze. Zudem wurde die herausragende Bedeutung der Art und Weise des persönlichen Umgangs miteinander deutlich. Psychologische Aspekte, wenn beispielsweise Akteure übergangen werden oder einzelne Akteure Lösungen im Alleingang entwickeln, wiegen häufig schwerer als die faktische Konfliktlage. So wurde vermittelt, dass eine wesentliche Herausforderung für kooperative Konfliktlösungen in sozialen Dilemmas darin besteht, die Beziehungen zwischen den Akteursgruppen zu gestalten, Vertrauen aufzubauen und eine Atmosphäre des Zuhörens zu schaffen.

4   Theoretische Erklärungsansätze der Wirkungsweise von Simulationen

Worauf lässt sich die vermeintlich positive Wirkung von Simulationen zurückführen? Eine umfassende Theorie, die Antwort auf diese Fragestellung geben könnte, existiert nach Susskind & Corburn (2000) nicht. Hier sollen jedoch zwei Theorieansätze vorgestellt werden, die für diese Fragestellung relevant sind. Susskind & Corburn (2000) verweisen auf das Feld der Lerntheorien. Williams & Williams (2007) betonen die Bedeutung von Identifikation in der Simulation.

4.1 Lerntheorien nach Susskind & Corburn

Susskind & Corburn (2000) sehen in dem lerntheoretischen Konzept des ‚experiential learning' eine wichtige und bisher vernachlässigte Grundlage für die Anwendung von Simulationen. Lernen beinhaltet nach diesem Konzept einen Prozess der Internalisierung von Konzepten, Prinzipien und Ideen und der Veränderung von Denkmustern und Verhalten, der durch eigene Erfahrungen (‚experience') des Lernenden angetrieben wird. Susskind & Corburn (2000) stellen drei theoretische Ansätze vor, die den Kern des Lernens in der Konfrontation bisheriger Denkmodelle (‚theories-in-use') mit neuen Modellen und der darauf folgenden Modifikation derselben sehen. Die Herausforderung besteht darin, diese Veränderung der ‚theories-in-use' tatsächlich durchzusetzen.

- Dewey (1938) betont in seiner „Experiential Theory", dass eine Veränderung der ‚theories-in-use' weniger durch die Vermittlung von Fakten als durch authentische, positive und anregende Erfahrungen erfolgt, die durch intensive Reflexionen verinnerlicht werden. Das Lernen erfolgt dabei als Kontinuum, in dem aktuelle Erfahrungen sowohl ältere Erfahrungen in der Deutung verändern als auch folgende Erfahrungen beeinflussen. Ein Lernen aus Erfahrungen kann nur im sozialen Kontext, d. h. durch Kontakt und Kommunikation mit anderen Personen erfolgen und wird durch objektive Bedingungen materieller und sozialer Art beeinflusst. Schließlich ist ein Erfahrungslernen nicht nur auf eine konkrete Situation oder eine Fragestellung bezogen, sondern geht als ‚collateral learning' über diese hinaus, indem gleichzeitig Einstellungen, Vorlieben etc. gebildet werden, die in späteren Situationen relevant werden.

- Lewin (1951) entwickelt ein ähnliches Modell vom Erfahrungslernen, bei dem ausgehend von einer konkreten Erfahrung eine Reflexion über mögliche Gründe, Bedingungen, Folgen etc. erfolgt. Daraus werden abstrakte Konzepte und Generalisierungen abgeleitet, die wiederum in neuen Situationen angewendet und damit getestet werden. Dieser zyklische Prozess wird durch eine Einbettung in eine soziale Lernumgebung gefördert, d. h. durch die Bildung von Diskussionsgruppen, die ihre konkreten Erfahrungen und die daraus abgeleiteten generellen Erkenntnisse austauschen. Argyris & Schön (1996) erweitern dieses Konzept, indem sie differenzieren, inwiefern tatsächlich eine Veränderung der abstrakten Konzepte erfolgt. Kern des Lernens ist neben der erstmaligen Entdeckung von Zusammenhängen die Feststellung und Korrektur eines Fehlers oder eines ‚mismatch' zwischen Intention und Konsequenzen von Handlungen. Häufig werden diese Fehler jedoch nicht wahrgenommen, sodass bei auftretenden Problemen das Verhalten zwar an die Situation angepasst wird, ohne jedoch die zugrunde liegenden Denkkonzepte zu verändern. Diesem ‚single loop learning' steht ein ‚double loop learning' gegenüber, bei dem bei auftretenden Fehlern auch die Werte und Annahmen hinter den Denkkonzepten hinterfragt werden, sodass weitere Fehler in Zukunft vermieden werden können.

- Eine dritte Theorieschule der kognitiven Psychologie, die wesentlich von Piaget (1970) geprägt wurde, sieht Lernen als Reorganisation kognitiver Strukturen aufgrund von kognitiven Konflikten. Diese resultieren aus einer ‚accomodation', einer Anpassung, wenn die Interpretation von Erfahrungen nicht mit bestehenden Interpretationen und kognitiven Strukturen in Einklang zu bringen ist (im Gegensatz zu ‚assimilation', wenn Erfahrungen in kognitive Strukturen problemlos eingebunden werden). Aus der Abfolge von Erfahrungen werden durch Interpretation und Neu-Interpretation immer wieder abstrakte Prinzipien abgeleitet (hermeneutic circle) (vgl. Palmer 1969). Dieses Verständnis vom Lernen deckt sich mit den Modellen von Dewey (1938), Lewin (1951) und Argyris & Schön (1996).

Diese theoretischen Ansätze sehen den Ursprung des Lernens in Erfahrungen. Nach Susskind & Corburn (2000) können diese Ansätze einen pädagogischen Ansatz des Erfahrungslernens bieten, der die Relevanz von Simulationen zur Unterstützung von Lernprozessen erklärt.

4.2 Multiple Idenficiation Theory von Williams & Williams

Williams & Williams (2007) entwickeln eine Theorie zur Wirksamkeit von Simulationen mit einem besonderen Fokus auf die Förderung kooperativen Verhaltens. Die Multiple Identification Theory (MIT) betont, dass eine Simulation einen tiefgehenden ‚attitude change' bewirken muss, damit sich Denk- und Handlungsweisen der Simulationsteilnehmer auch in der Praxis verändern. Voraussetzung dafür ist die Schaffung von Identifikation während der Simulation in dreifacher Hinsicht: affektiv (‚affective'), kognitiv (‚cognitive') und verhaltensbezogen (‚behavioral').

- ‚Affective Identification' meint, dass die Erkenntnisse der Simulation dann am ehesten als bedeutsam eingestuft und verinnerlicht werden, wenn die Spielteilnehmer emotional angesprochen werden, d. h. sich mit ihren Rollen identifizieren, sich für einen positiven Ausgang des Spiels engagieren, sich über Erfolge freuen und über Misserfolge und aggressives Verhalten ärgern.
- Für eine ‚Cognitive Identification' müssen die Teilnehmer die Struktur der Simulation, d. h. die Ergebnisse und bestimmte Designaspekte sowie die in der Simulation auftretenden Situationen als realistisch einstufen. Die Glaubwürdigkeit der Simulation ist Voraussetzung dafür, dass auf intellektueller Ebene Erkenntnisse gewonnen und neue Deutungsmuster entwickelt werden.
- ‚Behavioral Identification' beruht auf der Erfahrung, die die Teilnehmer mit ihren Handlungen und deren Konsequenzen in der Simulation machen. Wenn die Bandbreite der Handlungsalternativen und deren Konsequenzen den Teilnehmern plausibel erscheint, nehmen diese die Lehren aus der Simulation als ihre eigenen Erkenntnisse und Entscheidungen wahr und sind bereit, diese auf ihren Alltag zu übertragen und neue Verhaltensmuster tatsächlich umzusetzen.

Über diesen allgemeinen Theorieansatz zur Effektivität von Simulationen hinaus gehen Williams & Williams (2007) konkret auf die Vermittlung kooperativen Verhaltens ein. Als zentral sehen sie in Anlehnung an Deutsch (2000) diesbezüglich das Konzept der positiven oder negativen Abhängigkeit. Eine negative Abhängigkeit besteht, wenn der Erfolg einer Partei den Erfolg einer anderen Partei mindert. In einer solchen Nullsummen-Situation verhalten sich die Parteien kompetitiv. Eine positive Abhängigkeit, die Kooperation befördert, besteht dagegen, wenn der Erfolg einer Partei auch den Erfolg der anderen Parteien steigert. In Konfliktsituationen sehen die Parteien in der Regel eine negative Abhängigkeit voneinander. Simulationen sollten negative in positive Abhängigkeiten umdeuten, indem sie die Bewertungsperspektive durch die Verdeutlichung langfristiger Folgen und Nebeneffekte erweitern und damit sowohl die Nachteile kompetitiven als auch die Vorteile kooperativen Verhaltens aufzeigen. Methodisch bietet sich hier die Darstellung von ‚cascading results' (Williams & Williams 2007: 466), d. h. kurz-, mittel- und langfristigen Folgen und Bewertungsschritten an. Dazu gehören auch Aspekte im allgemeinen Umgang miteinander wie die Entwicklung von Vertrauen oder eines Zusammengehörigkeitsgefühls.

5   Empfehlungen zur Ausgestaltung von Simulationen

Wie sollten Simulationen nun gestaltet sein, damit sie bei den Teilnehmern oder Anwendern Lerneffekte auslösen und Denk- und Verhaltensänderungen in Richtung einer nachhaltigen Entwicklung bewirken? Die oben skizzierten Theorieansätze geben einige Hinweise, die im Folgenden ergänzt werden durch Empfehlungen anderer Autoren.

5.1 Realitätsnähe

Eine Simulation muss zunächst eine zentrale Problemstellung nachbilden, etwa ein wichtiges Entscheidungsproblem, eine Krisensituation oder einen Konflikt zwischen unterschiedlichen Zielen eines Akteurs bzw. Interessen verschiedener Akteure, die in ihrer Verwirklichung voneinander abhängig sind. Im Nachhaltigkeitskontext können dies beispielsweise Syndrome des globalen Wandels wie z. B. die Übernutzung natürlicher Ressourcen als typische Problemwirkungszusammenhänge sein (WBGU 1996). Um die Glaubwürdigkeit der Simulation und damit eine Übertragung der Erkenntnisse in die Realität zu fördern, müssen Problemstellung und Handlungsoptionen in ihrer Struktur realistisch sein (cognitive identification). Dies ist insbesondere eine Herausforderung, wenn menschliches Verhalten in einer Computersimulation abgebildet werden soll (Herz & Blätte 2000). Die Glaubwürdigkeit sollte unter Umständen vor der Simulation bei den Anwendern oder Teilnehmern erfragt oder sogar durch eine partizipative Modellerstellung gewährleistet werden (vgl. Giupponi & Mysiak 2008; D'Aquino et al. 2003; Etienne et al. 2003; Barreteau et al. 2001).

5.2 Negative und positive Erfahrungen

Ziel von Simulationen ist es sowohl nach Susskind & Corburn (2000) als auch nach Williams & Williams (2007), bestehende Verhaltens- und Denkweisen abzulösen. Dies geschieht am ehesten, wenn die Anwendung konventioneller Verhaltensweisen in der Simulation zu Misserfolgen oder Nachteilen führt. "Simulations can be used effectively to unfreeze past practice when the results of a simulation 'are clearly lousy'" (Susskind & Corburn 2000: 77). Simulationen sollten demnach zunächst konventionelle kompetitive Verhaltensweisen ermöglichen oder sogar nahe legen und aus einer vordergründigen Perspektive eine negative Abhängigkeit zwischen den Zielen der Spieler suggerieren. Um die negativen Konsequenzen daraus deutlich zu machen, muss die Simulation eine langfristige, vielschichtigere oder räumlich erweiterte Perspektive anbieten, die die konventionellen Verhaltensweisen in Frage stellt. Eine akteursübergreifende Perspektive kann auch durch Rollenwechsel effektiv vermittelt werden (Ubbels & Verhallen 2001).

Auf der anderen Seite sollen Simulationen positive Erfahrungen ermöglichen. Dies setzt voraus, dass die Spieler die Möglichkeit erhalten, in weiteren Spielrunden alternative Strategien auszutesten. D'Aquino et al. (2003) betonen, dass diese Runden nicht dazu genutzt werden sollten, vermeintliches Fehlverhalten aus der ersten Spielrunde zu bestrafen, sondern eine für alle Beteiligten vorteilhafte Lösung zu finden. In der Simulation sollte daher eine realistische Bandbreite alternativer Handlungsstrategien zur Verfügung stehen, die geeignet sind, Probleme und Konflikte zu lösen, einen Interessenausgleich zu erreichen und Win-win-Lösungen zu finden. Hier kann es sinnvoll sein, den Spielern geeignete Hilfsmittel, beispielsweise Verhandlungsmethoden aus dem Harvard-Konzept (z. B. Fisher et al. 1984) oder Bewertungssysteme für Handlungsalternativen mit Gewichtungen von Teilzielen (Susskind & Corburn 2000; Geuting 2000) an die Hand zu geben.

5.3 Motivierende Spielatmosphäre

Wichtig ist darüber hinaus die Schaffung einer motivierenden Spielatmosphäre. Die dargestellte Situation sollte von den Simulationsteilnehmern als kognitive Herausforderung angesehen werden. Auch Anreize für Gewinner können ein gewisses Maß an Engagement fördern, sollten jedoch nicht zu stark auf individuelles Gewinnstreben ausgerichtet sein, sondern gesamtgesellschaftliche Ergebnisse betonen und damit soziale Verantwortung und kooperatives Verhalten belohnen (Ubbels & Verhallen 2001; D'Aquino et al. 2003). Einfache, aber aussagekräftige Bilder, wie sie etwa bei D'Aquino et al. (2003) in Form von weinenden Frauen als Sinnbild für Hunger leidende Familien verwendet werden, können die emotionale Beteiligung der Teilnehmer erhöhen. Barreteau et al. (2001) betonen zudem praktische Aspekte wie die Wahl des Veranstaltungsortes oder ein angemessenes Zeitmanagement. Sowohl Langeweile durch eine ungleichmäßige Beteiligung von Spielern oder häufige Wiederholungen als auch eine Überforderung durch zu kurze Zeitschritte sind zu vermeiden. Wichtig ist, dass die Simulation tatsächlich als Experimentierraum aufgefasst wird, in dem die Teilnehmer ohne Furcht vor praktischen Konsequenzen handeln können. So kann etwa die gleichzeitige Beteiligung von Vorgesetzten und Mitarbeitern in einem Rollenspiel problematisch sein. Zudem sollte Einigkeit über den Zweck der Simulation bestehen, der möglicherweise nicht darin liegt, durch die Simulation bereits konkrete Lösungen für reale Probleme festzulegen (Ubbels & Verhallen 2001; Dumblekar 2004).

5.4 Reflexion

Zahlreiche Autoren betonen die zentrale Bedeutung einer intensiven Reflexion (‚debriefing'). Erfahrungen werden zwar in der Simulation gemacht, aber erst durch eine bewusste Reflexion durchdrungen und verinnerlicht.

> „Erst eine in der Reflexionsphase provozierte Nachdenklichkeit mag bei einer größeren Zahl von Spielteilnehmern bewirken, daß sie bestimmte problemhaltige Sachverhalte und Phänomene ihrer eigenen Umwelt, die im Planspiel thematisiert wurden, fortan bewußter und kritischer wahrnehmen, manche Vorurteile und Fehleinschätzungen korrigieren, einige Meinungsstandpunkte aufgeben, eingefahrene Interpretationsmuster weiter differenzieren, diese oder jene Entscheidung nochmals überdenken und gewisse Denkgewohnheiten grundsätzlich hinterfragen." (Geuting 2000: 39)

Dies kann in Spielunterbrechungen erfolgen, um das eigene Handeln bewusster auszuwerten, zu planen und mögliche Folgen abzuschätzen, kommt jedoch vor allem nach Abschluss einer Simulation oder einzelner Simulationsrunden zum Tragen. Geuting (2000) differenziert dabei in folgende Aspekte:

- Rekonstruktion des Spielverlaufs – Spielanalyse
- Kritische Bewertung – Spielreflexion
- Gültigkeit der Spielerfahrungen – Validität
- Übertragbarkeit und Anwendbarkeit – Generalisierung, Transfer und Applikation

Die Reflexion ist demnach von großer Bedeutung für die ‚behavioral identification' und das ‚double-loop learning' (s. Abschnitt 4), da hier über die im engeren Sinn in der Simulation abgebildete Situation hinausweisend allgemeine Handlungsprinzipien verworfen und neue entworfen werden. Susskind & Corburn (2000) betonen diesbezüglich die Bedeutung eines ‚instructors'. Dieser kann die Teilnehmer in ihren Überlegungen unterstützen, theoretische Konzepte oder Erfahrungen aus anderen Simulationen einbringen, weiterführende Fragen stellen und eine Generalisierung und Übertragung der Erkenntnisse in die Realität anregen.

5.5 Kombination von Methoden

Einzelne Simulationen haben eine zum Teil sehr spezifische Aussagekraft und auch spezifische Grenzen. Um dem Aspekt der Kontinuität von Erfahrungen – entsprechend der Experiential Theory von Dewey (1938), s. Abschnitt 4.1 – gerecht zu werden, kann es sinnvoll sein, verschiedene Simulationsansätze oder andere Methoden miteinander zu kombinieren. Nach Susskind & Corburn (2000) und D'Aquino et al. (2003) ist es sinnvoll, mit einfachen und eher abstrakten Simulationen zu beginnen und dann schrittweise einen höheren Grad an Realitätsnähe und damit auch Komplexität zu integrieren. Einfache Simulationen sind leicht zu verstehen, schnell durchzuführen und vermitteln erste fundamentale Erkenntnisse, die Voraussetzung für das Verständnis komplexerer Zusammenhänge sind. D'Aquino et al. (2003) sehen hier Vorteile in einem partizipativen Ansatz, in dem die Simulationsteilnehmer selbst bestimmen können, zu welchem Zeitpunkt welche Informationen und Zusammenhänge integriert werden. Wichtig ist auch die Kombination unterschiedlicher Simulationstypen, insbesondere von Rollenspielen und computergestützten Planspielen. Rollenspiele legen den Schwerpunkt auf die Interaktion von Akteuren, die gerade für „weiche" Aspekte der Konfliktlösung wie Kommunikation, Vertrauensaufbau oder Argumentations- und Verhandlungsführung von großer Relevanz sind. Sie sind vergleichsweise leicht durchzuführen, dienen der partizipativen Überprüfung grundlegender Annahmen und sind eine gute Grundlage für eventuell folgende Computersimulationen. Computerbasierte Plan- und Modellspiele haben ihren Vorteil dagegen gerade in der Abbildung komplexer Zusammenhänge, die mit geringerem Aufwand unter Umständen auch unabhängig von der Mitarbeit anderer Akteure analysiert werden können und damit die Erkenntnisse aus Rollenspielen erweitern (Susskind & Corburn 2000; Barreteau et al. 2001; D'Aquino et al. 2003).

Giupponi & Mysiak (2008) sehen darüber hinaus ein großes Potenzial in der Kombination von Simulationen und Entscheidungsunterstützungssystemen, bei der die Simulation den Entscheidungsträgern hilft, ein gemeinsames Verständnis von den Problemen und deren Folgen zu entwickeln, und wesentliche Informationen für die Bewertung einzelner Handlungsoptionen liefern kann.

6   Ausblick

Simulationen haben in der Nachhaltigkeitsforschung und -diskussion in den letzten Jahren und Jahrzehnten an Bedeutung gewonnen. Sie sind besonders geeignet, durch direkte Interaktion mit dem Modell bei den an der Modellerstellung und -anwendung beteiligten Akteuren wichtige Erkenntnisse und Erfahrungen für eine nachhaltige Entwicklung zu vermitteln. Dazu gehört auch die Notwendigkeit zu Kooperation bei Problemen, die eine Zusammenarbeit verschiedener Akteure erfordern.

Der Schwerpunkt liegt in der bisherigen Praxis bisher eher auf Simulationen, die auch unter Beteiligung verschiedener Akteure letztlich auf die Optimierung des Managements eines zentralen Entscheidungsträgers abzielen. Simulationen, in denen verschiedene Akteure sich aufeinander zu bewegen und ihr Verhalten abstimmen, sind selten und überwiegend im agrarischen Kontext zu finden, da es sich hier meist um frei wirtschaftende Akteure handelt, die nur sehr begrenzt oder indirekt von zentraler Stelle gesteuert werden können. Die Abstimmung von Akteuren zur Lösung von Problemen oder zur Ausnutzung von Synergiepotenzialen ist jedoch auch in stärker industriell oder technisch geprägten Handlungsfeldern von großer Bedeutung. Hier könnte das Potenzial von Simulationen noch stärker genutzt werden, um Akteure zusammenzuführen und gemeinsame Strategien zu entwickeln.

Computerbasierte Simulationen bieten ein großes Potenzial, eine breite Masse von Personen zu erreichen. So sind stand-alone Simulationen im Internet oder etwa auf Ausstellungen denkbar, die Zusammenhänge verdeutlichen und Verhaltensänderungen anregen. Da eine intensive Reflexion, die für den Lernerfolg entscheidend ist, hier nicht in Form von Diskussionen oder der Anleitung eines ,instructors' unterstützt werden kann, muss große Sorgfalt auf die Konzipierung der Randinformationen und der Darstellung der Simulationsergebnisse gelegt werden, die eventuell zusätzlich durch eine Zusammenfassung abstrakter Erkenntnisse ergänzt werden sollten.

Generell ist nach Barreteau et al. (2001) die Entwicklung von Simulationen eher als Kunst denn als Wissenschaft anzusehen. Es gibt wenige theoretische Grundlagen, wie Simulationen etwa hinsichtlich Abstraktionsgrad, Realitätsnähe oder Komplexität ausgestaltet werden müssen, um bestimmte Lerneffekte zu generieren. Eng damit verbunden ist auch die Frage der Evaluation der Effektivität von Simulationen. Ein allgemein anerkanntes methodisches Konzept, um zu untersuchen, inwiefern in Simulationen wirklich Erkenntnisse gewonnen werden, die eine nachhaltige Denk- und Verhaltensänderung in der Praxis bewirken, existiert nicht. Einzelne Ansätze liegen beispielsweise in Selbst- und Fremdeinschätzung vor und nach der Simulation hinsichtlich bestimmter Eigenschaften oder Verhaltensweisen der Teilnehmer, in der Bewertung des direkten Spielverhaltens oder in Tagebucheintragungen zur Überprüfung der Lerneffekte im Alltag (vgl. Herz & Blätte 2000; Williams & Williams 2007; Susskind & Corburn 2000; Chatman & Barsade 1995; Dumblekar 2004). Hier bestehen daher noch erheblicher Forschungs- und Entwicklungsbedarf.

Literatur

Argyris, C. & Schön, D. A. (1996): Organizational Learning II; Theory, Method, and Practice, Reading, MA.

Axelrod, R. M. (1984): The evolution of cooperation, New York.

Barreteau, O. & Bousquet, F. & Attonaty, J.-M. (2001): Role-playing games for opening the black box of multi-agent systems: method and lessons of its application to Senegal River Valley irrigates systems, in: Journal of Artificial Societies and Social Simulation 4.

Buerschaper, C. (2000): Strategisches Denken beim Umgang mit komplexen Problemen: Computersimulierte Szenarien im Forschungs- und Trainingskontext, in: D. Herz (Hrsg.): Simulation und Planspiel in den Sozialwissenschaften: Eine Bestandsaufnahme der internationalen Diskussion, Münster, 145–180.

Chatman, J. A. & Barsade, S. A. (1995): Personality, Organizational Culture, and Cooperation: Evidence from a Business Simulation, in: Administrative Science Quarterly (40), 423–443.

D'Aquino, P. & Le Page, C. & Bousquet, F. & Bah, A. (2003): Using Self-Designed Role-Playing Games and a Multi-Agent System to Empower a Local Decision-Making Process for Land Use Management: The SelfCormas Experiment in Senegal, in: Journal of Artificial Societies and Social Simulation 6 (3).

Deutsch, M. (2000): Cooperation and competition, in: M. Deutsch & P. T. Coleman (Eds.): The handbook of conflict resolution: Theory and practice, San Francisco, 21–40.

Dewey, J. (1938): Experience and Education, New York.

Dumblekar, V. (2004): Management simulations: Tests of effectiveness, Online posting on Simulation and Gaming: An Interdisciplinary Journal of Theory, Practice and Research web site, http://www.unice.fr/sg/resources/articles/dumblekar_2004_management.htm   (Zugriff: 08.03.2008).

Etienne, M. & Le Page, C. & Cohen, M. (2003): A Step-by-step Approach to Building Land Management Scenarios Based on Multiple Viewpoints on Multi-agent System Simulations, in: Journal of Artificial Societies and Social Simulation 6 (2).

Fisher, R. & Ury, W. & Raith, W. (1984): Das Harvard-Konzept: Sachgerecht verhandeln, erfolgreich verhandeln, Frankfurt/Main.

Geuting, M. (2000): Soziale Simulation und Planspiel in pädagogischer Perpsektive, in: D. Herz (Hrsg.): Simulation und Planspiel in den Sozialwissenschaften. Eine Bestandsaufnahme der internationalen Diskussion, Münster, 15–62.

Gilbert, G. N. & Troitzsch, K. G. (1999): Simulation for the social scientist, Buckingham.

Gilbert, N. (2004): Agent-based social simulation: dealing with complexity, http://www.complexityscience.org/NOE/ABSS-dealing%20with%20complexity-1-1.pdf   (Zugriff: 08.03.2008).

Giupponi, C. & Mysiak, J. (2008): Participatory Modelling and Decision Support for Natural Resources Management in Climate Change Research, http://www.feem.it/Feem/Pub/Publications/WPapers/default.htm (Zugriff: 11.04.2008).

Herz, D. & Blätte, A. (2000): Einleitung, in: D. Herz (Hrsg.): Simulation und Planspiel in den Sozialwissenschaften. Eine Bestandsaufnahme der internationalen Diskussion, Münster, 1–11.

IPCC (2007): Climate Change 2007. Synthesis Report: Contribution of Working Groups I, II and III to the Fourth Assessment Report of the Intergovernmental Panel on Climate Change [Core Writing Team, Pachauri, R.K and Reisinger, A. (eds.)], Geneva, Switzerland.

Krolikowska, K. & Kronenberg, J. & Maliszewska, K. & Sendzimir, J. & Magnuszewski, P. & Dunajski, A. & Slodka, A. (2007): Role-playing simulation as a communication tool in community dialogue: Karkonosze Mountains case study, in: Simulation & Gaming 38 (2) 195–210.

Lewin, K. (1951): Field Theory in Social Sciences, New York.

Meadows, D. (1972): Die Grenzen des Wachstums, Stuttgart.

Pahl-Wostl, C. & Hare, M. (2004): Processes of social learning in integrated resources management, in: Journal of community & applied social psychology 14 (3), 193–206.

Palmer, R. (1969): Hermeneutics. Evanston, III, Northwestern University Press

Piaget, Jean (1970): Structuralism, New York.

Susskind, L. & Corburn, J. (2000): Using Simulations to Teach Negotiation: Pedagogical Theory and Practice, in: D. Herz (Hrsg.): Simulation und Planspiel in den Sozialwissenschaften. Eine Bestandsaufnahme der internationalen Diskussion, Münster, 63–89.

Ubbels, A. & Verhallen, A. J. M. (2001): The use of role-playing in integrated water mangement, in: A. H. Schuman & M. C. Acreman & R. Davis & M. A. Marino & D. Rosbjerg & X. Jun (Hrsg.): Regional Management of Water Resources, Wallingford, 191–197.

Vennix, J. A. M. (1996): Group model building. Facilitating team learning using system dynamics, Chichester.

WBGU – Wissenschaftlicher Beirat der Bundesregierung Globale Umweltveränderungen (1996): Welt im Wandel. Herausforderung für die deutsche Wissenschaft: Jahresgutachten 1996, Berlin.

Williams, H. R. & Williams, A. J. (2007): In pursiut of peace: Attitudinal and behavioral change with simulations and Multiple Identification Theory. Unter: http://sag.sagepub.com/cgi/content/abstract/38/4/453.

V. Ausblick

Ausblick

Katina Kuhn / Harald Heinrichs / Jens Newig

Die wissenschaftliche wie öffentliche Diskussion über Partizipation und Kooperation im Kontext nachhaltiger Entwicklung fokussiert zumeist auf die Beteiligung von Bürgern und Anspruchsgruppen in politischen Zusammenhängen. Gründe dafür sind zum einen die prinzipielle Bedeutung von Partizipation in demokratisch organisierten Gesellschaften und zum anderen die vielfältigen Initiativen zur Lokalen Agenda seit den 1990er Jahren sowie die Entwicklung und Verbreitung von Beteiligungs- und Konfliktlösungsverfahren im Themenfeld Umwelt und Nachhaltigkeit.

In diesem Buch sind wir darüber hinaus der These nachgegangen, ob die Entwicklung hin zu einer nachhaltigen Gesellschaft eine Partizipations- und Kooperationskultur erfordert. Die einzelnen Beiträge dieses Bandes gingen der theoretischen und empirischen Bedeutung von Partizipation und Kooperation für eine nachhaltige Entwicklung in verschiedensten gesellschaftlichen Bereichen nach. Dazu wurden zunächst theoretische Grundlagen aufgearbeitet, die die prinzipielle gesellschaftliche Partizipations- und Kooperationsfähigkeit, aber auch deren Grenzen und Hindernisse aufzeigen. Es wurden methodische Zugänge der Partizipations- und Kooperationsforschung diskutiert und anschließend wesentliche Gesellschaftsbereiche von Politik über Wirtschaft bis hin zu Wissenschaft, Bildung und den Medien theoretisch reflektiert. Schließlich wurden Fallbeispiele aus ausgewählten Praxisfeldern exemplarisch analysiert.

In der Gesamtschau zeigen die einzelnen Beiträge, dass Partizipation und Kooperation im Kontext nachhaltiger Entwicklung in den vergangenen zwei Jahrzehnten weit über die Politik hinaus an Bedeutung gewonnen haben: In der Wirtschaft (Mitarbeiterpartizipation, Stakeholderkooperation), in den Medien (insbesondere durch das Internet), im Wissenschaftsbereich (Partizipation und Kooperation in der Nachhaltigkeitsforschung) und im Bildungsbereich (Partizipation als Gestaltungskompetenz) lassen sich partizipative und kooperative Elemente identifizieren, die die Entwicklung einer nachhaltigen Gesellschaft fördern können. In der Politik lässt sich inzwischen ein sehr differenziertes Bild feststellen. Der oft behauptete Zusammenhang zwischen mehr Partizipation und effektiver Nachhaltigkeitssteuerung ist, wie unsere kritische Revision zentraler Theorien und Konzepte gezeigt hat, ambivalent zu sehen. Und in den ausgewählten Praxisfeldern konnten Relevanz und Potentiale von Partizipation und Kooperation zur nachhaltigen Entwicklung aufgezeigt werden. Das Beispiel Abfallwirtschaft hat schließlich verdeutlicht, wie über Jahrzehnte hinweg Beteiligungsstrukturen entwickelt wurden und Partizipation institutionalisiert wurde.

Gleichwohl zeigen die Beiträge aber auch, dass Partizipation und Kooperation nicht flächendeckend verankert sind und dass die Untersuchung ihrer Nachhaltigkeitswirkungen erst in ihren Anfängen steckt. Weite Teile der Massenmedien bleiben monodirektional und bieten nur begrenzte Beteiligungs- und Einflussmöglichkeiten; Mitarbeiterbeteiligung und Stakeholderkooperation sind keine Selbstläufer in der Wirtschaft, sondern müssen immer wieder neu erstritten werden; transdisziplinäre Nachhaltigkeitsforschung und Bildung für nachhaltige Entwicklung sind erst ansatzweise eingeführt und in der Politik gibt es Wellen hinsichtlich von Partizipations- und Kooperationsmöglichkeiten, die mal stärker, mal weniger stark eröffnet und auch genutzt werden (z.B. Beschleunigung von Planfeststellungsverfahren und Einschränkung von Öffentlichkeitsbeteiligung). Gerade die politikwissenschaftlichen Analysen verweisen auch darauf, dass partizipative und kooperative Ansätze nicht unreflektiert als Allheilmittel zur nachhaltigen Entwicklung gesehen werden können, sondern Diskrepanzen zwischen Legitimität und Effektivität erkannt werden müssen. Partizipation und Kooperation zur Gestaltung einer nachhaltigen Gesellschaft lassen sich somit beschreiben als Kulturentwicklung im *status nascendi*.

Aus den in diesem Buch gewonnen Erkenntnissen folgt, dass eine systematischere wissenschaftliche Reflexion über den Status quo und die Effekte von Partizipation und Kooperation sowie experimentelle Praxisanwendungen für die Gestaltung einer nachhaltigen Gesellschaft notwendig ist. Dabei wäre es wichtig, über den stark theoretisch-konzeptionell und auch normativ ausgerichteten Fokus auf Partizipation und Kooperation im politischen Bereich hinauszugehen, andere Gesellschaftsbereiche zu adressieren und insgesamt stärker empirisch die Ausprägung und Wirkung auf Nachhaltigkeit ausgerichteter Partizipation und Kooperation zu untersuchen. Notwendig dafür sind Analysen, die versuchen, mit übergreifenden Untersuchungsdesigns und in internationalen Vergleichen den Entwicklungsstand und die Folgen der Partizipations- und Kooperationskultur für Nachhaltigkeit genauer zu erfassen. Die Erkenntnisse in diesem Band haben dazu einen Einstieg eröffnet: methodische Zugänge wurden dargestellt, die grundlagentheoretischen Diskussionen haben die prinzipielle, bislang möglicherweise unterschätzte, Partizipations- und Kooperationsfähigkeit von Menschen dargelegt, und die Einblicke in Gesellschaftsbereiche und Praxisfelder zeigen, dass Partizipation und Kooperation in einer fortgeschrittenen marktwirtschaftlichen Demokratie wie Deutschland verbreitet sind und prinzipiell Potenziale zur Weiterentwicklung einer nachhaltigen Gesellschaft bieten.

Verzeichnis der Autoren

Maik Adomßent, Dr. phil, ist wissenschaftlicher Mitarbeiter am Institut für Umweltkommunikation. Seine Arbeitsschwerpunkte sind (Hochschul-)Bildung für eine nachhaltige Entwicklung, Biodiversität und Naturschutz sowie Nachhaltigkeitskommunikation. E-Mail: adomssent@uni.leuphana.de

Claudia Bartels, diplomierte Umweltwissenschaftlerin, beschäftigt sich im Umweltbereich des Instituts für Organisationskommunikation (IFOK) mit Beteiligungsformen zum Thema Nachhaltigkeit. In ihrer Dissertation analysierte sie Auswirkungen des Klimawandels auf regionale Konfliktpotenziale in Deutschland. E-Mail: claudiabartels@gmx.net

Heiko Grunenberg, Dipl.-Soziologe und Dipl.-Erziehungswissenschaftler, war wissenschaftlicher Mitarbeiter in verschiedenen empirischen Forschungsprojekten zum Klimawandel, Küstenschutz und der Umweltsoziologie am Institut für Umweltkommunikation der Leuphana Universität Lüneburg. E-Mail: grunenberg@mfg.li

Harald Heinrichs, Prof. Dr., ist Professor für Nachhaltigkeitspolitik am Institut für Umweltkommunikation der Leuphana Universität Lüneburg. Lehr- und Forschungsschwerpunkte sind: Institutionalisierung von Nachhaltigkeitspolitik im politisch-administrativen System, Nachhaltigkeitspolitik und Wirtschaft sowie Nachhaltigkeitspolitik als Kommunikations- und Kooperationsprozess. E-Mail: harald.heinrichs@uni.leuphana.de

Maren Knolle, Diplom-Umweltwissenschaftlerin, ist Doktorandin am Institut für Umweltkommunikation und Unternehmensberaterin in den Bereichen sozial-ökologische Optimierung von Wertschöpfungsketten, Corporate Social Responsibility und Partizipation in Unternehmen. E-Mail: knolle@uni.leuphana.de

Katina Kuhn, M.A. Kulturwissenschaften, ist wissenschaftliche Mitarbeiterin am Institut für Umweltkommunikation. Ihre Arbeitsschwerpunkte sind Kultur und nachhaltige Entwicklung, Entwicklungstheorien und -politik, globaler Umweltwandel und (kulturelle) Globalisierung, Klimawandel, Küstenschutz und Risiko- sowie Umweltsoziologie. E-Mail: kuhn@uni.leuphana.de

Gesa Lüdecke, Diplom-Umweltwissenschaftlerin, ist Promotionsstipendiatin am Institut für Umweltkommunikation. Ihre Arbeitsschwerpunkte sind nachhaltige Entwicklung und Partizipation, Nachhaltigkeitskommunikation in den Medien, informelles Lernen durch Medien, Umweltbildung, Umweltpsychologie, Klimawandel und Küstenschutz. E-Mail: luedecke@uni.leuphana.de

Gerd Michelsen, Prof. Dr., ist Leiter des Instituts für Umweltkommunikation und UNESCO-Chairholder „Higher Education for Sustainable Development". Seine Arbeitsschwerpunkte sind Nachhaltige Entwicklung, (Hochschul-)Bildung für eine nachhaltige Entwicklung und Nachhaltigkeitskommunikation. E-Mail: michelsen@uni.leuphana.de

Jens Newig, Prof. Dr., ist Professor für Governance und Nachhaltigkeit am Institut für Umweltkommunikation der Leuphana Universität Lüneburg. Er arbeitet zu partizipativen, kooperativen und netzwerkförmigen Entscheidungsprozessen und leitet mehrere Forschungsprojekte, in denen evidenzbasierte Methoden (Meta-Analysen, Feldexperimente) zur vergleichenden Untersuchung der umwelt- und nachhaltigkeitsbezogenen Wirksamkeit unterschiedlicher Governanceformen eingesetzt werden. Die Forschungen verfolgen einen inter- und transdisziplinären Ansatz. E-Mail: newig@uni.leuphana.de

Silke Panebianco, Dr. nat., ist Mitarbeiterin in der Klimaschutzleistelle von Hansestadt und Landkreis Lüneburg, ehemals wissenschaftliche Mitarbeiterin am Institut für Umweltkommunikation. Ihre Arbeitsschwerpunkte in der Forschung liegen in den Bereichen Umwelt- und Ressourcenschutz, Wasserwirtschaft, soziale Simulation und Kommunikation. E-Mail: silke.panebianco@web.de

Marco Rieckmann, Dr. rer. soc., Umweltwissenschaftler, ist wissenschaftlicher Mitarbeiter am Institut für Umweltkommunikation der Leuphana Universität Lüneburg. Seine Arbeitsschwerpunkte sind Bildung für eine nachhaltige Entwicklung, Globales Lernen, Nachhaltigkeit im universitären Kontext und im Nord-Süd-Dialog, Informelles Lernen, Entwicklungstheorien und -politik. E-Mail: rieckmann@uni.leuphana.de

Daniel Schulz, Diplom-Umweltwissenschaftler, ist Promotionsstipendiat am Institut für Umweltkommunikation. Seine Arbeitsschwerpunkte sind Partizipation in den Neuen Medien, Nachhaltigkeitskommunikation sowie audiovisuelle Medien und Nachhaltige Entwicklung. E-Mail: daniel.schulz@uni.leuphana.de

Manfred Striegnitz, Präsident a.D. des Niedersächsischen Landesamtes für Ökologie. Seine Lehr- und Forschungsschwerpunkte am Institut für Umweltkommunikation der Leuphana Universität Lüneburg sind Mediation und kooperative Regulierung von Umwelt- und Nachhaltigkeitskonflikten, insbesondere in den Bereichen Altlastensanierung, Küstenschutz, Klimaanpassung. E-Mail: striegnitz@uni.leuphana.de

Ute Stoltenberg, Prof. Dr., Sozialwissenschaftlerin, ist Professorin an der Universität Lüneburg in der Fakultät Bildung und in der Fakultät Nachhaltigkeit. Lehr- und Forschungsschwerpunkte: Bildung für eine nachhaltige Entwicklung (für den Elementar- und Primarbereich, Lehrerbildung, soziale Berufe, Hochschulen, außerschulische Bildung – auch in Zusammenarbeit mit anderen europäischen und lateinamerikanischen Ländern) mit den thematischen Schwerpunkten: Konsum, Biodiversität, Ernährung/ Landwirtschaft, Arbeit, Partizipation. Zusammenhang von Bildung und Regionalentwicklung unter der Perspektive einer nachhaltigen Entwicklung. E-Mail: stoltenberg@uni.leuphana..de

Neu im Programm
Politikwissenschaft

Carlo Masala / Frank Sauer /
Andreas Wilhelm (Hrsg.)

**Handbuch der
Internationalen Politik**

Unter Mitarbeit von Konstantinos Tsetsos
2010. ca. 510 S. Br. EUR 49,95
ISBN 978-3-531-14352-1

Das Handbuch der Internationalen Politik
vermittelt theoretische und methodische
Grundlagen der Forschungsdisziplin Internationale Beziehungen. Die Einzelbeiträge
geben einen Überblick über Akteure,
Strukturen und Prozesse sowie Hand-
lungsfelder der internationalen Politik und
dienen darüber hinaus der Vermittlung
von aktuellen Erkenntnissen der Forschung. Der Sammelband richtet sich
sowohl an Studierende und Wissenschaftler als auch die interessierte Öffentlichkeit.

Thomas Meyer

Was ist Politik?

3., akt. u. erg. Aufl. 2010. 274 S. Br.
EUR 19,95
ISBN 978-3-531-16467-0

Das Buch bietet allen politisch Interessierten und all denen, die genauer verstehen
möchten, wie Politik funktioniert, eine
fundierte und leicht verständliche Einführung. Es hat zwei besondere Schwer-

punkte: die neuen politischen Fragen
(Identitätspolitik, Zivilgesellschaft, Biopoli-
tik und Globalisierung) und die neuesten
Entwicklungen der Mediendemokratie.

Gerhard Naegele (Hrsg.)

Soziale Lebenslaufpolitik

Unter Mitarbeit von Britta Bertermann
2010. 775 S. (Sozialpolitik und Sozialstaat)
Br. EUR 69,95
ISBN 978-3-531-16410-6

Die demographische Entwicklung in
Deutschland hat uns bewusst gemacht,
dass sich Gesellschaft, Politik und Wirtschaft auf die Einbindung von älteren
Menschen in die Arbeitswelt einstellen
müssen. Damit gewinnt aus durchaus
praktischen Gründen die wissenschaftliche Erforschung des sozialen Lebenslaufs
und seine politische Gestaltung insgesamt
eine zentrale Bedeutung: Die schnelle und
fundamentale Änderung von modernen
Lebensverläufen erfordert eine bewusste
Politik in zahlreichen Bereichen. Dieser
Band bietet einerseits die wissenschaftlichen Grundlagen der Lebenslauffor-
schung, andererseits untersucht er die
Politikbereiche, in denen Lebenslaufpolitik
verstärkt betrieben werden muss.

Elemente der Politik

Hrsg. von Bernhard Frevel / Klaus Schubert / Suzanne S. Schüttemeyer / Hans-Georg Ehrhart

VS VERLAG

Abraham-Lincoln-Straße 46
65189 Wiesbaden
Tel. 0611.7878 - 722
Fax 0611.7878 - 400

MIX
Papier aus verantwortungsvollen Quellen
Paper from responsible sources
FSC® C105338

If you have any concerns about our products,
you can contact us on
ProductSafety@springernature.com

In case Publisher is established outside the EU,
the EU authorized representative is:
Springer Nature Customer Service Center GmbH
Europaplatz 3, 69115 Heidelberg, Germany

Printed by Libri Plureos GmbH
in Hamburg, Germany